여러분의 합격을 응원하는
해커스공무원의 특별 혜택

JN406488

FREE 공무원 국어 특강

해커스공무원(gosi.Hackers.com) 접속 후 로그인 ▶ 상단의 [무료강좌] 클릭하여 이용

해커스공무원 온라인 단과강의 20% 할인쿠폰

74AC53C3FCA5878N

해커스공무원(gosi.Hackers.com) 접속 후 로그인 ▶ 상단의 [나의 강의실] 클릭 ▶
좌측의 [쿠폰등록] 클릭 ▶ 위 쿠폰번호 입력 후 이용

* 등록 후 7일간 사용 가능(ID당 1회에 한해 등록 가능)

합격예측 온라인 모의고사 응시권 + 해설강의 수강권

79FD7F43FC9CSDBZ

해커스공무원(gosi.Hackers.com) 접속 후 로그인 ▶ 상단의 [나의 강의실] 클릭 ▶
좌측의 [쿠폰등록] 클릭 ▶ 위 쿠폰번호 입력 후 이용

* ID당 1회에 한해 등록 가능

해커스 매일국어 어플 이용권

L8ZAHION00YUKICI

구글 플레이스토어/애플 앱스토어에서 [해커스 매일국어] 검색 ▶ 어플 다운로드 ▶
어플 이용 시 노출되는 쿠폰 입력란 클릭 ▶ 쿠폰번호 입력 후 이용

* 등록 후 30일간 사용 가능(ID당 1회에 한해 등록 가능)
* 해당 자료는 [해커스공무원 국어 기본서] 교재 내용으로 제공되는 자료로, 공무원 시험 대비에 도움이 되는 유용한 자료입니다.

쿠폰 이용 관련 문의 1588-4055

해커스공무원

매일
하프모의고사
국어 2

해커스

차례

매일 하프모의고사 교재 활용법   4
합격을 위한 학습 플랜   6

문제집

1일	하프모의고사 01	10	**11일**	하프모의고사 11	70
2일	하프모의고사 02	16	**12일**	하프모의고사 12	76
3일	하프모의고사 03	22	**13일**	하프모의고사 13	82
4일	하프모의고사 04	28	**14일**	하프모의고사 14	88
5일	하프모의고사 05	34	**15일**	하프모의고사 15	94
6일	하프모의고사 06	40	**16일**	하프모의고사 16	100
7일	하프모의고사 07	46	**17일**	하프모의고사 17	106
8일	하프모의고사 08	52	**18일**	하프모의고사 18	112
9일	하프모의고사 09	58	**19일**	하프모의고사 19	118
10일	하프모의고사 10	64	**20일**	하프모의고사 20	124

해커스공무원 매일 하프모의고사
국어 2

약점 보완 해설집 [책 속의 책]

1일	하프모의고사 01 정답·해설	2	**11일**	하프모의고사 11 정답·해설	42
2일	하프모의고사 02 정답·해설	6	**12일**	하프모의고사 12 정답·해설	46
3일	하프모의고사 03 정답·해설	10	**13일**	하프모의고사 13 정답·해설	50
4일	하프모의고사 04 정답·해설	14	**14일**	하프모의고사 14 정답·해설	54
5일	하프모의고사 05 정답·해설	18	**15일**	하프모의고사 15 정답·해설	58
6일	하프모의고사 06 정답·해설	22	**16일**	하프모의고사 16 정답·해설	62
7일	하프모의고사 07 정답·해설	26	**17일**	하프모의고사 17 정답·해설	66
8일	하프모의고사 08 정답·해설	30	**18일**	하프모의고사 18 정답·해설	70
9일	하프모의고사 09 정답·해설	34	**19일**	하프모의고사 19 정답·해설	74
10일	하프모의고사 10 정답·해설	38	**20일**	하프모의고사 20 정답·해설	78

실전모의고사 [부록]   OMR 답안지 [부록]

매일 하프모의고사 교재 활용법

1 20일 동안 매일 하프모의고사를 풀며 문제풀이 감각 익히기

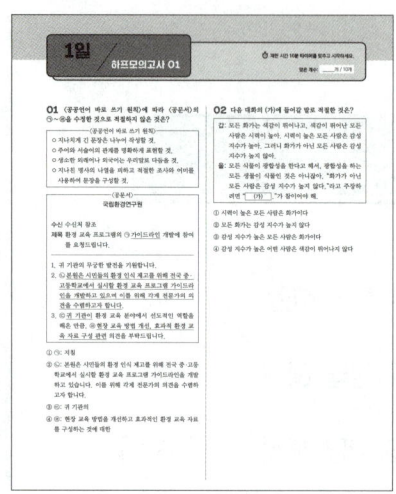 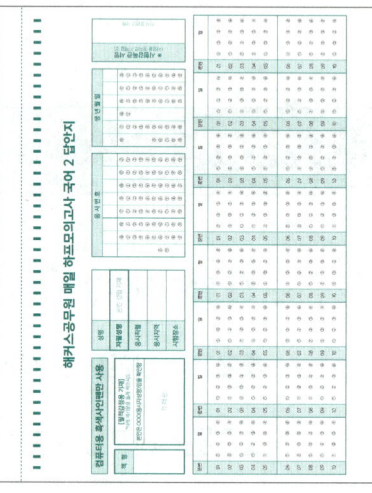

1. 문제집 맨 뒤에 수록된 OMR 답안지를 준비합니다.
2. 타이머를 '10분'으로 맞춥니다.
3. 제한 시간 10분 내 최대한 많은 문제를 정확하게 풀어 봅니다.
4. '바로 채점하기'를 통해 빠르게 채점하고 맞은 개수를 적습니다.

2 독해력 UP! 어휘 퀴즈로 어휘 완전 정복하기

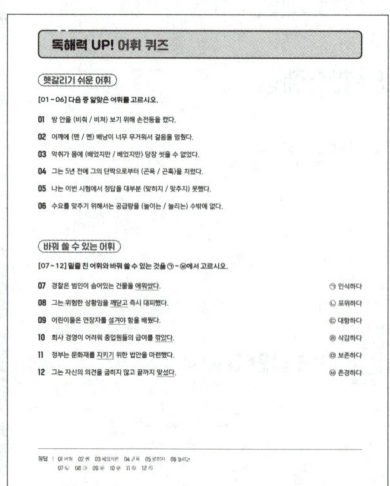

1. 하프모의고사 각 회차별 마지막 페이지의 '독해력 UP! 어휘 퀴즈'를 풀고 채점합니다.
2. 세트형 문제나 고쳐쓰기 문제에서 출제될 수 있는 헷갈리기 쉬운 어휘들과 바꿔 쓸 수 있는 어휘들을 정확히 파악합니다.
3. 틀린 문제들은 체크한 뒤 한 번 더 풀어보고 꼼꼼하게 암기합니다.

3 약점 보완 해설집으로 약점 극복하기

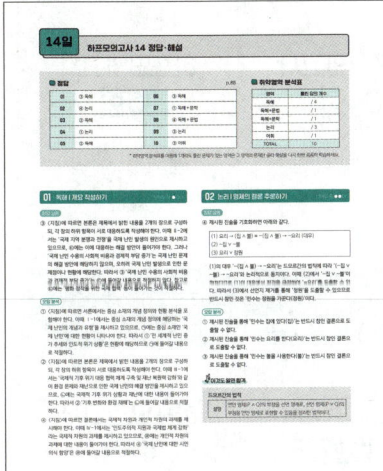

1. [약점 보완 해설집]의 '취약영역 분석표'를 활용하여 어떤 영역의 문제를 많이 틀렸는지 확인합니다.
2. 해설을 꼼꼼히 읽어보며 오답의 근거를 확인하고, 헷갈렸던 개념을 확실히 짚고 넘어가도록 합니다.
3. '이것도 알면 합격'을 통해 심화 개념까지 학습합니다.

4 합격을 위한 학습 플랜으로 목표 점수 체계적으로 달성하기

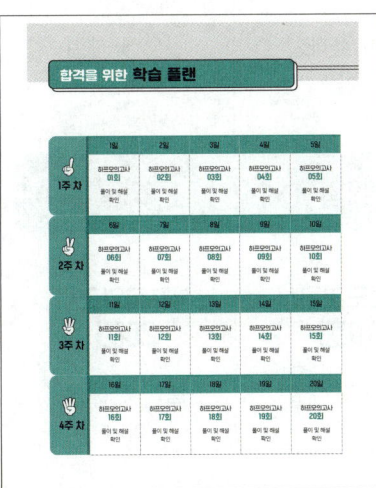 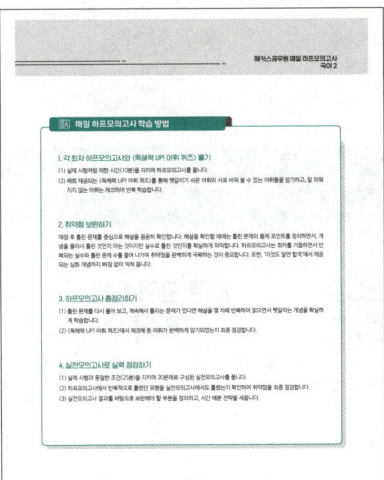

1. 20회분의 하프모의고사를 4주간 풀이하는 학습 플랜을 통해 체계적이고 지속적으로 학습합니다.
2. 문제풀이부터 영역별 심화학습과 취약점 보완까지 구체적인 방법을 제시한 '하프모의고사 학습 방법'을 통해 효율적으로 학습합니다.

합격을 위한 학습 플랜

	1일	2일	3일	4일	5일
1주 차	하프모의고사 **01회** 풀이 및 해설 확인	하프모의고사 **02회** 풀이 및 해설 확인	하프모의고사 **03회** 풀이 및 해설 확인	하프모의고사 **04회** 풀이 및 해설 확인	하프모의고사 **05회** 풀이 및 해설 확인

	6일	7일	8일	9일	10일
2주 차	하프모의고사 **06회** 풀이 및 해설 확인	하프모의고사 **07회** 풀이 및 해설 확인	하프모의고사 **08회** 풀이 및 해설 확인	하프모의고사 **09회** 풀이 및 해설 확인	하프모의고사 **10회** 풀이 및 해설 확인

	11일	12일	13일	14일	15일
3주 차	하프모의고사 **11회** 풀이 및 해설 확인	하프모의고사 **12회** 풀이 및 해설 확인	하프모의고사 **13회** 풀이 및 해설 확인	하프모의고사 **14회** 풀이 및 해설 확인	하프모의고사 **15회** 풀이 및 해설 확인

	16일	17일	18일	19일	20일
4주 차	하프모의고사 **16회** 풀이 및 해설 확인	하프모의고사 **17회** 풀이 및 해설 확인	하프모의고사 **18회** 풀이 및 해설 확인	하프모의고사 **19회** 풀이 및 해설 확인	하프모의고사 **20회** 풀이 및 해설 확인

매일 하프모의고사 학습 방법

1. 각 회차 하프모의고사와 〈독해력 UP! 어휘 퀴즈〉 풀기
(1) 실제 시험처럼 제한 시간(10분)을 지키며 하프모의고사를 풉니다.
(2) 매회 제공되는 〈독해력 UP! 어휘 퀴즈〉를 통해 헷갈리기 쉬운 어휘와 서로 바꿔 쓸 수 있는 어휘들을 암기하고, 잘 외워지지 않는 어휘는 체크하여 반복 학습합니다.

2. 취약점 보완하기
채점 후 틀린 문제를 중심으로 해설을 꼼꼼히 확인합니다. 해설을 확인할 때에는 틀린 문제의 출제 포인트를 정리하면서, 개념을 몰라서 틀린 것인지 아는 것이지만 실수로 틀린 것인지를 확실하게 파악합니다. 하프모의고사는 회차를 거듭하면서 반복되는 실수와 틀린 문제 수를 줄여 나가며 취약점을 완벽하게 극복하는 것이 중요합니다. 또한, '이것도 알면 합격'에서 제공되는 심화 개념까지 빠짐 없이 익혀 둡니다.

3. 하프모의고사 총정리하기
(1) 틀린 문제를 다시 풀어 보고, 계속해서 틀리는 문제가 있다면 해설을 몇 차례 반복하여 읽으면서 헷갈리는 개념을 확실하게 학습합니다.
(2) 〈독해력 UP! 어휘 퀴즈〉에서 체크해 둔 어휘가 완벽하게 암기되었는지 최종 점검합니다.

4. 실전모의고사로 실력 점검하기
(1) 실제 시험과 동일한 조건(25분)을 지키며 20문제로 구성된 실전모의고사를 풉니다.
(2) 하프모의고사에서 반복적으로 틀렸던 유형을 실전모의고사에서도 틀렸는지 확인하며 취약점을 최종 점검합니다.
(3) 실전모의고사 결과를 바탕으로 보완해야 할 부분을 정리하고, 시간 배분 전략을 세웁니다.

해커스공무원학원 · 공무원인강
gosi.Hackers.com

해커스공무원
매일 하프모의고사 국어 2

매일 하프모의고사 1일~20일

 잠깐! 하프모의고사 전 확인사항

하프모의고사 풀이 전, 아래 상황을 점검하고 실전처럼 시험에 임하세요.

☑ 휴대전화는 전원을 꺼주세요.
☑ 연필과 지우개를 준비하세요.
☑ 제한 시간 10분 내 최대한 많은 문제를 정확하게 풀어보세요.

1일 하프모의고사 01

01 〈공공언어 바로 쓰기 원칙〉에 따라 〈공문서〉의 ㉠~㉣을 수정한 것으로 적절하지 않은 것은?

─〈공공언어 바로 쓰기 원칙〉─
○ 지나치게 긴 문장은 나누어 작성할 것.
○ 주어와 서술어의 관계를 명확하게 표현할 것.
○ 생소한 외래어나 외국어는 우리말로 다듬을 것.
○ 지나친 명사의 나열을 피하고 적절한 조사와 어미를 사용하여 문장을 구성할 것.

─〈공문서〉─
국립환경연구원

수신 수신처 참조
제목 환경 교육 프로그램의 ㉠<u>가이드라인</u> 개발에 참여를 요청드립니다.
─────────────────
1. 귀 기관의 무궁한 발전을 기원합니다.
2. ㉡<u>본원은 시민들의 환경 인식 제고를 위해 전국 중·고등학교에서 실시할 환경 교육 프로그램 가이드라인을 개발하고 있으며 이를 위해 각계 전문가의 의견을 수렴하고자 합니다.</u>
3. ㉢<u>귀 기관이</u> 환경 교육 분야에서 선도적인 역할을 해온 만큼, ㉣<u>현장 교육 방법 개선, 효과적 환경 교육 자료 구성 관련</u> 의견을 부탁드립니다.

① ㉠: 지침
② ㉡: 본원은 시민들의 환경 인식 제고를 위해 전국 중·고등학교에서 실시할 환경 교육 프로그램 가이드라인을 개발하고 있습니다. 이를 위해 각계 전문가의 의견을 수렴하고자 합니다.
③ ㉢: 귀 기관의
④ ㉣: 현장 교육 방법을 개선하고 효과적인 환경 교육 자료를 구성하는 것에 대한

02 다음 대화의 (가)에 들어갈 말로 적절한 것은?

갑: 모든 화가는 색감이 뛰어나고, 색감이 뛰어난 모든 사람은 시력이 높아. 시력이 높은 모든 사람은 감성 지수가 높아. 그러니 화가가 아닌 모든 사람은 감성 지수가 높지 않아.
을: 모든 식물이 광합성을 한다고 해서, 광합성을 하는 모든 생물이 식물인 것은 아니잖아. "화가가 아닌 모든 사람은 감성 지수가 높지 않다."라고 주장하려면 " (가) ."가 참이어야 해.

① 시력이 높은 모든 사람은 화가이다
② 모든 화가는 감성 지수가 높지 않다
③ 감성 지수가 높은 모든 사람은 화가이다
④ 감성 지수가 높은 어떤 사람은 색감이 뛰어나지 않다

03 다음 글을 이해한 내용으로 가장 적절한 것은?

현대 시는 언어의 압축과 함축을 통해 다층적 의미를 전달한다. 특히 이미지와 상징은 현대 시에서 가장 중요한 표현 방식 중 하나로, 시인의 내면세계와 외부 현실을 연결하는 매개체 역할을 한다. 이미지는 감각적 경험을 언어로 재현한 것으로, 독자에게 직관적인 인상을 전달한다. 반면 상징은 관습적이거나 개인적인 의미 체계를 바탕으로 추상적 개념을 구체적 대상에 투영한 것이다.

현대 시에서 이미지는 정서적 반응을 불러일으키는 장치로 작용한다. 예컨대 김소월의 '진달래꽃'이나 '산유화'는 이별의 슬픔과 초월의 의지를, 윤동주의 '별'은 단순한 천체가 아닌, 양심과 이상향을 상징하는 이미지로 확장된다. 상징은 시 안에서 특정 이미지의 반복을 통해 발전하기도 하고, 문화적·역사적 맥락 속에서 다양한 의미를 획득하기도 한다. 예를 들어 백석 시의 '나무'는 고향, 뿌리, 생명력을 상징하면서 시인의 정체성을 나타낸다.

이처럼 현대 시에서 이미지와 상징은 그 자체로 완결된 의미를 지니지 않으며, 독자의 능동적인 해석과 상상력을 통해 의미가 확장되고 재창조된다. 이러한 의미의 다층성과 개방성은 현대 시의 본질적 특성으로, 시 텍스트는 고정된 의미의 저장소가 아닌 시인과 독자 간 소통 공간이다. 이 때문에 현대 시를 이해하는 핵심은 이미지와 상징을 통한 표면적 의미와 이면의 의미 관계를 파악하는 데 있다. 이는 시인의 의도를 찾는 작업이 아닌, 독자와의 대화를 통해 새로운 의미를 발견하는 과정이라고 할 수 있다.

① 이미지와 상징은 현대 시에서 내면과 현실을 연결하는 역할을 한다.
② 현대 시의 해석에서 독자의 역할은 시인이 의도한 의미를 찾아내는 것이다.
③ 현대 시의 이미지는 감각적 경험의 재현이며, 상징은 관습적 의미에만 기반한다.
④ 현대 시에서 특정 이미지가 상징으로 발전하면 그 의미는 고정되고 완결된 형태를 지닌다.

04 다음 중 ㉠에 해당하는 사례로 적절한 것은?

국어의 피동 표현은 다양한 방식으로 실현된다. 우선 피동 접사 '-이-', '-히-', '-리-', '-기-'를 동사 어근에 결합하는 방식이 있다. 또한 '하다'와 결합하는 일부 단어는 '-받-', '-되-', '-당하-' 등과 결합해 피동 의미를 나타내기도 한다. 이 밖에도 '-아/어지다'를 결합하여 피동 표현을 만들 수 있다.

특이한 것은 형용사나 자동사에 '-아/어지다'가 결합하는 경우이다. ㉠특히 형용사에 '-아/어지다'가 결합하는 경우에는 피동의 의미보다는 '상태 변화'를 나타낸다. 이 경우에는 능동문의 주어를 상정하기 어렵다는 특징이 있다. 예를 들어, 형용사 '넓다'에 '-어지다'가 결합한 형태인 '넓어지다'를 사용한 '길이 넓어졌다'라는 문장은 누가 길을 넓게 만들었는지 알 수 없다. 반면 타동사 '그리다'에 '-어지다'가 결합한 형태인 '그려지다'를 사용한 '이 그림은 16세기에 그려졌다'라는 문장은 '누군가가 이 그림을 16세기에 그렸다'와 같이 능동문의 주어를 상정할 수 있다.

① 하늘이 환해지다.
② 축구공에 유리창이 깨지다.
③ 구두가 튼튼하게 만들어지다.
④ 굴뚝이 누군가에 의해 막아지다.

05 다음 글에서 추론한 내용으로 가장 적절한 것은?

　해양 생태계에서 산호초는 '바다의 열대우림'이라 불릴 만큼 중요한 생태적 지위를 차지한다. 전 세계 해양 면적의 1% 미만을 차지하는 산호초는 해양 생물종의 약 25%에게 서식처를 제공하며, 이는 생물다양성 유지에 핵심적인 역할을 한다. 또한 산호초는 해안선을 보호하고 폭풍과 해일로부터 육지를 보호하는 자연적 방파제 역할을 하며, 산호초가 많은 지역은 관광업과 어업을 통해 연간 수십억 달러에 달하는 경제적 이익을 얻는다.
　그러나 최근 연구에 따르면 지구 온난화로 인한 해수 온도 상승, 해양 산성화 등으로 전 세계 산호초의 약 50%가 이미 사라졌으며, 현재 추세가 지속된다면 2050년까지 90%가 사라질 수 있다. 특히 해수 온도가 상승하면 산호는 공생하는 조류(zooxanthellae)를 방출하면서 하얗게 변하는 '백화현상'을 겪게 되는데, 이 상태가 장기간 지속되면 산호는 영양분을 공급받지 못해 죽게 된다. 또한 해양 산성화는 산호가 골격을 형성하는 데 필요한 탄산칼슘의 흡수를 방해하여 산호초 형성을 저해한다.
　산호초 보존은 단순한 환경 문제를 넘어 생태계 균형, 지역 경제와 직결되어 있다. 따라서 산호초 보존을 위한 종합적인 접근이 필요하다. 기후변화 완화를 위한 전 지구적인 노력과 함께 지역적 차원의 해양 오염 감소, 지속 가능한 어업 관행 도입, 그리고 산호 보호구역 설정은 산호초 보존을 위한 중요 과제이다. 최근에는 열에 강한 산호종 개발, 산호 이식 기술, 인공 산호초 조성 등 혁신적인 보존 방법도 연구되고 있다.

① 산호초의 경제적 이익은 주로 관광업에서 발생하며, 어업에 미치는 영향은 미미하다.
② 산호초는 모든 해양 생물종에게 서식처를 제공하기 때문에 '바다의 열대우림'이라 불린다.
③ 산호초의 백화현상은 해양 산성화로 인해 산호가 탄산칼슘을 흡수하지 못해 발생하는 현상이다.
④ 산호초 보존을 위해서는 전 지구적 차원의 기후변화 대응과 지역적 차원의 보호 조치가 함께 필요하다.

06 다음 글의 중심 내용으로 가장 적절한 것은?

　현대 사회에서 집단 지성이 주목받는 이유는 복잡한 문제 해결에 효과적이기 때문이다. 이때 집단 지성이란 다수의 개인이 협력하여 단일 개인보다 뛰어난 지적 성과를 도출하는 현상을 의미하며, 이는 구성원들의 다양한 배경과 관점이 결합될 때 극대화된다. 다양성이 확보된 집단은 문제를 다각도로 분석하고, 창의적인 해결책을 모색하는 데 유리하기 때문이다.
　집단 지성의 효과를 극대화하기 위해서는 몇 가지 조건이 충족되어야 한다. 첫째, 구성원들 간의 개방적 소통이 보장되어야 하며, 다양한 관점을 통합해야 한다. 둘째, 일부 구성원의 의견만 반영되지 않도록, 집단 내 위계질서가 지나치게 엄격하지 않아야 한다. 셋째, 목표가 불명확하거나 이해관계가 상충하면 협력보다 갈등이 증폭될 수 있으므로, 구성원들이 공동의 목표를 공유해야 한다.
　현대 기업과 조직에서 집단 지성의 활용은 혁신을 촉진하는 핵심 전략이 되었다. 다양한 부서의 전문가들이 문제 해결을 위한 그룹을 이루며 기존 틀에서 벗어난 창의적 해결책을 모색하는 사례가 늘고 있다. 또한 교육 분야에서도 협동 학습과 프로젝트 기반 학습을 통해 학생들의 집단 지성을 개발하는 방향으로 패러다임이 전환되고 있으며 이는 복합적 문제 해결 능력을 함양하는 데 효과적인 것으로 평가받는다.
　그러나 집단 지성이 항상 최적의 결과를 보장하는 것은 아니다. 집단 지성으로 인해 집단 내 개인의 책임감이 저하되거나, 시기적절한 대응이 어려워질 수 있다. 특히 집단의 규모가 커져 소통이 복잡해지면 협력의 효율성이 감소하거나, 전문성의 차이로 인해 지식의 불균형이 발생하여 일부 의견이 과도하게 존중되거나 무시될 수 있다. 따라서 이러한 집단 지성의 한계를 인식하고 상황에 맞게 적용하는 균형 잡힌 접근이 필요하다.

① 집단 지성은 구성원의 다양성을 통해 문제 해결력을 높인다.
② 집단 지성의 활용에는 구성원 간의 개방적 소통이 필수적이다.
③ 집단 지성은 다양한 분야에서 교육적 효과를 증진시키며 교육의 패러다임을 바꾸었다.
④ 집단 지성은 복잡한 문제 해결에 효과적이나 한계도 존재하므로 균형 있는 접근이 필요하다.

[07~08] 다음 글을 읽고 물음에 답하시오.

소셜 미디어의 등장 이후, 사회적 관계망의 형성 방식에 큰 변화가 일어났다. 과거에는 물리적 공간에서의 대면 접촉을 통해 형성되던 사회적 관계가 이제는 온라인 플랫폼을 통해서도 활발히 형성되고 있다. 이러한 변화는 '사회적 자본(social capital)'의 개념에도 새로운 차원을 더했다.

㉠이것은 개인이 자신의 사회적 관계망을 통해 접근할 수 있는 자원의 총합을 의미한다. 전통적으로 사회학자들은 ㉡이것을 '결속형'과 '교량형'으로 구분해 왔다. 결속형은 가족이나 친밀한 친구 집단처럼 강한 유대를 바탕으로 형성되며, 구성원 간의 정서적 지지와 실질적인 도움을 특징으로 한다. 반면 교량형은 서로 다른 사회적 집단 간의 느슨한 연결을 의미하며, 새로운 정보와 기회에 접근할 수 있게 해준다.

그러나 디지털 시대의 도래와 함께 ㉢이것의 형성 및 축적 방식에 대한 기존의 이해에 의문이 제기되었다. 일부 연구자들은 온라인 플랫폼을 기반으로 사회적 관계망의 형성에 영향을 주는 ㉣이것이 사회적 관계의 깊이를 감소시켜, 진정한 사회적 자본의 형성을 방해한다고 주장했다. 온라인상의 친구들과 맺는 피상적인 관계는 실질적인 지지나 자원으로 이어지지 않는다는 것이다.

이에 대해 최근의 연구자들은 (가)온라인 관계망이 독특한 형태의 사회적 자본을 창출한다고 주장한다. 이러한 새로운 형태는 전통적인 결속형과 교량형의 특성을 모두 지니면서도, 시공간의 제약을 뛰어넘는 유연성을 갖추고 있다는 것이다. 예를 들어, 전 세계 각지에 흩어져 있는 사람들이 공동의 관심사나 직업적 목표를 중심으로 온라인 커뮤니티를 형성하고, 그 안에서 정보 교환과 정서적 지지를 동시에 주고받는 현상이 관찰되고 있다.

07 윗글의 (가)를 강화하는 것만을 〈보기〉에서 모두 고르면?

〈보 기〉

ㄱ. 온라인 학술 플랫폼을 통해 연구 협업을 진행한 다방면의 전문가들이 지속적인 관계 구축을 통해 연구에 도움을 받고 있는 것으로 나타났다.

ㄴ. 온라인 커뮤니티에 가입한 사람들을 조사한 결과, 커뮤니티 활동 기간이 길어질수록 정보를 얻기보다는 익명성에 기대어 서로를 비방하는 경우가 많았다는 것이 밝혀졌다.

ㄷ. 구인구직 포털 사이트에 가입한 구직자들이 재직자 회원으로부터 얻은 정보를 바탕으로 취업하였고, 취업 후 인터뷰에서 사이트의 장점으로 다른 회원들의 전폭적인 지지를 언급한 것으로 나타났다.

① ㄱ
② ㄱ, ㄷ
③ ㄴ, ㄷ
④ ㄱ, ㄴ, ㄷ

08 윗글의 ㉠~㉣ 중 문맥상 지시 대상이 같은 것만으로 묶인 것은?

① ㉠, ㉣
② ㉡, ㉣
③ ㉠, ㉡, ㉢
④ ㉠, ㉡, ㉣

09 다음 글의 논지를 약화하는 것으로 가장 적절한 것은?

> 정부 정책의 투명성 확보를 위한 정보 공개 제도는 민주주의 발전에 핵심적 역할을 한다. 정보 공개 제도를 통해 시민들이 정부의 정책 결정 과정과 그 근거를 명확히 알 수 있게 되면, 정부에 대한 신뢰도가 향상되고 정책에 대한 시민 참여가 활성화된다는 것이다.
> 이러한 관점에서 볼 때, 정보 공개 범위가 확대될수록 정부와 시민 간의 소통이 원활해지고, 결과적으로 정책의 질적 수준도 향상된다. 실제로 정보 공개 제도를 적극적으로 시행하는 국가들에서는 정부의 부패가 감소하고 시민들의 정치 참여 의식이 높아지는 경향을 보인다. 또한 정보 접근성이 보장되면 시민들이 정부 정책에 대해 더욱 합리적이고 건설적인 비판을 할 수 있게 되어, 정책 수립 과정에서 다양한 의견이 반영될 가능성이 높아진다.
> 더 나아가 정보 공개는 정부 관료들로 하여금 정책 결정 시 더욱 신중하고 책임감 있는 태도를 갖게 만든다. 자신들의 정책 결정 과정이 공개될 수 있다는 인식은 관료들이 더욱 전문적이고 객관적인 근거를 바탕으로 정책을 수립하도록 유도하기 때문이다. 결국 정보 공개 제도의 확대는 민주적 행정의 질적 향상을 가져오는 필수 조건이라 할 수 있다.

① 예산 편성에 대한 정보 공개가 이뤄진 이후 예산 편성 과정의 투명성이 증가하며 시민의 신뢰도가 향상되었다.
② 정보 공개 제도를 도입한 국가에서 시민들의 감정적이고 비합리적인 반응이 증가하며 정부에 대한 불신이 심화되고 있다.
③ 국토 개발 사업에 대한 정보 공개로 이후 개발 사업에 대한 객관적 데이터를 확보하려는 정책 담당자들의 시도가 늘어나고 있다.
④ 교육 정책에 대한 정보 공개가 진행된 이후 시민들이 정책 결정 과정에 직접 참여하며 부패한 교육 정책을 개선하는 데 기여하고 있다.

10 다음 진술이 모두 참일 때 반드시 참인 것은?

> ○ 신입사원이 평가회에 참석하면 팀장도 평가회에 참석한다.
> ○ 부서장이 평가회에 참석하면 팀장과 과장도 평가회에 참석한다.
> ○ 신입사원이 평가회에 참석하지 않으면 과장도 평가회에 참석하지 않는다.

① 신입사원이 평가회에 참석하면, 부서장도 평가회에 참석한다.
② 과장이 평가회에 참석하지 않으면, 신입사원도 평가회에 참석하지 않는다.
③ 팀장이 평가회에 참석하지 않으면, 신입사원과 부서장도 평가회에 참석하지 않는다.
④ 부서장이 평가회에 참석하면, 신입사원은 평가회에 참석하지 않고 팀장은 평가회에 참석한다.

바로 채점하기 정답·해설 _약점 보완 해설집 p.2

01	③	02	③	03	①	04	①	05	④
06	④	07	②	08	③	09	②	10	③

독해력 UP! 어휘 퀴즈

헷갈리기 쉬운 어휘

[01~06] 다음 중 알맞은 어휘를 고르시오.

01 방 안을 (비춰 / 비쳐) 보기 위해 손전등을 켰다.

02 어깨에 (맨 / 멘) 배낭이 너무 무거워서 걸음을 멈췄다.

03 악취가 몸에 (배었지만 / 베었지만) 당장 씻을 수 없었다.

04 그는 5년 전에 그의 단짝으로부터 (곤욕 / 곤혹)을 치렀다.

05 나는 이번 시험에서 정답을 대부분 (맞히지 / 맞추지) 못했다.

06 수요를 맞추기 위해서는 공급량을 (늘이는 / 늘리는) 수밖에 없다.

바꿔 쓸 수 있는 어휘

[07~12] 밑줄 친 어휘와 바꿔 쓸 수 있는 것을 ㉠~㉥에서 고르시오.

07 경찰은 범인이 숨어있는 건물을 <u>에워쌌다</u>. ㉠ 인식하다

08 그는 위험한 상황임을 <u>깨닫고</u> 즉시 대피했다. ㉡ 포위하다

09 어린이들은 연장자를 <u>섬겨야</u> 함을 배웠다. ㉢ 대항하다

10 회사 경영이 어려워 종업원들의 급여를 <u>깎았다</u>. ㉣ 삭감하다

11 정부는 문화재를 <u>지키기</u> 위한 법안을 마련했다. ㉤ 보존하다

12 그는 자신의 의견을 굽히지 않고 끝까지 <u>맞섰다</u>. ㉥ 존경하다

정답 | 01 비춰 02 멘 03 배었지만 04 곤욕 05 맞히지 06 늘리는
07 ㉡ 08 ㉠ 09 ㉥ 10 ㉣ 11 ㉤ 12 ㉢

2일 하프모의고사 02

01 〈공공언어 바로 쓰기 원칙〉에 따라 수정한 것으로 적절하지 않은 것은?

―――――〈공공언어 바로 쓰기 원칙〉―――――
○ 명료한 수식 관계
  - ㉠ 수식어와 피수식어의 관계를 명확히 할 것.
○ 주어와 서술어의 호응
  - ㉡ 능동과 피동의 관계를 정확하게 사용할 것.
○ 외국어 번역 투 삼가기
  - ㉢ 영어 번역 투를 삼갈 것.
○ 대등한 것끼리 접속하는 경우
  - ㉣ '-고', '와/과' 등으로 대등한 것끼리 접속할 때는 구조가 같은 표현을 사용할 것.

① "100만 원 이상의 기부금 공제 혜택"을 ㉠에 따라 "기부금이 100만 원 이상인 자에게 주는 공제 혜택"으로 수정한다.
② "A 대학에서 합격자 5,000명을 선발했다."를 ㉡에 따라 "A 대학에서 합격자 5,000명을 선발되었다."로 수정한다.
③ "우리 학교는 서울에 위치하고 있습니다."를 ㉢에 따라 "우리 학교는 서울에 있습니다."로 수정한다.
④ "안전사고 예방과 시설물을 관리해야 한다."를 ㉣에 따라 "안전사고를 예방하고 시설물을 관리해야 한다."로 수정한다.

02 다음 진술이 모두 참일 때 반드시 참인 것은?

○ 안전 검사에서 불합격하거나 보류로 판정되면 엘리베이터가 멈춘다.
○ 엘리베이터가 멈추면 주민 불편이 발생한다.
○ 안전 검사에서 불합격하지 않고 보류로 판정되었다.

① 엘리베이터가 멈추면 안전 검사에서 불합격한다.
② 안전 검사에서 보류로 판정되면 주민 불편이 발생한다.
③ 엘리베이터가 멈추지 않으면 안전 검사에서 보류로 판정된다.
④ 안전 검사에서 불합격하지 않으면 안전 검사에서 보류로 판정되지 않는다.

03 다음 글의 중심 내용으로 가장 적절한 것은?

인류는 오래전부터 행복의 본질에 대해 탐구해왔다. 고대 그리스 철학자들은 행복이란 덕을 추구하며 살아가는 과정에서 찾아오는 결과라고 보았다. 반면 현대 사회에서는 행복을 물질적 충족이나 즐거움의 획득에서 오는 것으로 이해하는 경향이 강하다.

현대인들은 흔히 원하는 것을 소유하면 행복해질 것이라 믿지만, 이는 욕망의 특성을 간과한다. 인간의 욕망은 한 대상이 충족되면 곧 다른 대상으로 이동하는 속성을 지녀, 소유를 통한 행복의 추구는 완전한 만족으로 이어지지 못한다. 목표를 달성해도 일시적 기쁨만 느낄 뿐, 곧 다른 목표를 향해 나아가는 이 순환은 현대인의 만성적 불만족감을 초래한다.

철학자 쇼펜하우어는 인간의 삶을 '욕망과 권태 사이의 진자 운동'으로 표현했다. 우리는 무언가를 열망하지만, 그것을 얻으면 곧 권태를 느끼고 새로운 욕망을 찾게 된다는 것이다. 이 관점에서 진정한 행복은 욕망을 채우는 것이 아니라, 욕망에서 벗어나는 데 있다.

행복에 관한 최근 연구들은 물질적 성취보다 인간관계의 질과 내면의 성찰이 행복감에 더 큰 영향을 미친다고 보고한다. 또한, 타인에 대한 관심과 이타적 행위가 행복의 중요한 요소임을 제시한다. 이는 고대 철학의 통찰과도 일치하는데, 행복은 외부에서 주어지는 것이 아니라 내면의 조화와 타인과의 진정한 연결에서 비롯된다는 점이다.

결국 행복에 관한 현대적 착각을 극복하려면 끊임없는 소유와 성취의 집착에서 벗어나, 삶의 의미와 가치를 내면에서 찾는 접근이 필요하다. 이는 욕망을 완전히 부정하는 것이 아니라, 욕망의 본질을 이해하고 이를 초월하는 지혜를 기르는 과정이라 할 수 있다.

① 고대와 현대의 행복관은 근본적인 차이점을 가지고 있다.
② 쇼펜하우어의 철학은 욕망과 권태 사이의 관계를 설명한다.
③ 인간의 욕망은 충족되면 곧 다른 대상으로 이동하는 특성을 지닌다.
④ 행복은 외적 성취보다 내면의 성찰과 타인과의 관계에서 찾을 수 있다.

04 다음 빈칸에 들어갈 말로 가장 적절한 것은?

역사적으로 볼 때 박물관은 귀중한 유물과 예술품을 수집, 보존하여 대중에게 공개하는 역할을 수행해 왔다. 고대 문명의 유산부터 현대 예술까지, 인류의 문화적 성취를 전시함으로써 지식 전파와 문화 향유의 중심지로 기능한 것이다.

그러나 디지털 기술의 발전과 사회 환경의 변화로 인해 박물관의 전통적인 역할과 운영 방식은 큰 도전에 직면해 있다. 온라인 가상 전시, 증강현실 기술을 활용한 몰입형 경험, 소셜 미디어를 통한 소통 등 새로운 관람 형태가 등장하면서 박물관은 물리적 공간의 한계를 초월한 경험을 관람객에게 제공할 수 있게 되었다. 또한 과거에는 주로 지배층의 취향과 관점을 반영한 전시가 주를 이루었다. 하지만 오늘날에는 박물관이 다양한 계층과 문화의 목소리를 대변하고 사회적 담론을 형성하는 공론장으로서의 기능함에 따라 현대 사회에서 박물관의 사회적 책임이 중요해졌다. 이러한 변화에 발맞춰 식민주의, 성차별, 인종 문제와 같은 역사적·사회적 이슈에 대한 비판적 성찰을 유도하는 전시가 늘어나고 있다.

이러한 변화 속에서 미래의 박물관은 단순한 유물의 전시장이 아니라, ▢▢▢▢▢▢▢▢▢▢(으)로 그 정체성을 재정립해야 한다. 이를 위해서는 첨단 기술의 적극적 도입과 함께, 다양한 관점과 경험을 포용하는 포괄적인 운영 철학, 그리고 관람객과의 쌍방향 소통을 강화하는 전략이 필요하다. 또한 지속가능한 발전, 기후 위기, 사회 정의와 같은 시대적 과제에 대한 성찰과 대화를 촉진함으로써, 박물관은 과거와 현재, 그리고 미래를 연결하는 살아있는 문화 기관으로 발전해 나가야 할 것이다.

① 지역 관광 산업의 중심 시설
② 문화유산의 디지털 전시 공간
③ 교육 기관과 연계된 학습 보조 공간
④ 문화적 대화와 사회적 참여의 플랫폼

[05~06] 다음 글을 읽고 물음에 답하시오.

조선 후기 판소리는 서민 문화를 대표하는 갈래로 당대 사회상과 민중 의식을 생동감 있게 형상화한 종합 서사 예술이다. 판소리는 한 명의 소리꾼이 고수의 장단에 맞춰 창(소리), 아니리(사설), 발림(몸짓)을 유기적으로 결합하여 긴 서사를 구현하는 독창적 공연 예술 형태이다.

판소리의 문학적 특성은 다층적 서사 구조와 현실 비판 의식에서 두드러진다. 춘향가는 신분제적 모순을 사랑 서사로 은유하여 계급 갈등을 ⊙나타냈고, 심청가는 효행담을 통해 유교적 가치관과 민간 신앙을 결합시켰다. 흥부가는 형제 갈등을 선악 대립 구조로 치환하여 권선징악의 교훈을 전달했으며, 수궁가는 풍자와 해학을 통해 현실 정치에 대한 우회적 비판을 시도했다. 이들 작품은 궁극적으로 서민들의 현실 인식과 삶의 가치관을 문학적으로 반영한다.

판소리는 원래 하층민의 오락에서 비롯되었으나, 18세기 후반부터 중인층과 양반층으로 확산되면서 예술적 세련미가 더해졌다. 19세기 신재효는 판소리 사설을 문학적으로 정제하고 체계화하여 그 문예적 가치를 높였다. 판소리는 20세기 초반 이후 창극으로 무대화되었고, 오늘날에는 유네스코 인류무형문화유산으로 등재되어 세계적으로 그 가치를 인정받고 있다.

05 윗글을 이해한 내용으로 적절하지 않은 것은?

① 판소리는 창, 아니리, 발림을 유기적으로 결합한 종합 서사 예술이다.
② 신재효는 판소리를 창극으로 무대화하여 근대적 공연 예술로 발전시켰다.
③ 심청가는 효행담을 통해 유교적 가치관과 민간 신앙을 조화롭게 결합시켰다.
④ 판소리는 하층민에서 양반층으로 향유 계층이 점차 확대되면서 예술성이 더해졌다.

06 윗글의 문맥상 ⊙의 의미와 가장 가까운 것은?

① 그 사람은 우리에게 못마땅한 기색을 나타냈다.
② 오늘 만나기로 한 사람이 끝내 모습을 나타내지 않았다.
③ 그는 자신의 가치관을 작품 속에 나타내기 위해 많은 시간을 쏟았다.
④ 한 분야에서 열심히 노력한 사람은 언젠가 두각을 나타내기 마련이다.

[07~08] 다음 글을 읽고 물음에 답하시오.

생물들은 자연환경에서 다양한 방식으로 관계를 맺으며 생존한다. 이러한 관계 중 공생(共生)은 두 종 이상의 생물이 밀접하게 상호작용을 하는 현상으로, '상리공생', '편리공생', '기생' 등으로 구분된다. 상리공생은 공생 관계에 있는 모든 생물이 이익을 얻는 경우이고, 편리공생은 한쪽만 이득을 얻고 다른 쪽은 이득도 없고 해도 없는 경우이며 기생은 한쪽은 이득을 보지만 다른 쪽은 해를 입는 관계를 의미한다.

생물학자들은 공생 관계가 오랜 시간에 걸쳐 어떻게 진화해 왔는지에 주목했다. 이들은 초기에는 ㉠이것이 우연한 만남에서 시작되어 상호 이득을 얻게 되면서 발전한다고 보았다. 그러나 최근 연구에서는 (가)공생 관계의 형성과 유지에는 강력한 환경적 압력이 작용하며, 한 생물이 다른 생물에게 의존하게 되는 과정에는 오랜 기간의 진화적 적응이 요구된다는 사실이 밝혀졌다. 즉, ㉡이것은 극한 환경에서의 생존을 위한 전략적 선택의 결과물이라는 것이다.

예를 들어, 말미잘과 흰동가리의 공생 관계는 수백만 년에 걸친 공동 진화의 결과이다. 말미잘은 독성 촉수를 이용해 자신을 보호하고 먹이를 잡는데, 대부분의 물고기는 ㉢이것에 닿으면 독에 마비되어 잡아먹힌다. 그러나 흰동가리는 독에 저항하는 특수한 점액을 분비하여 말미잘 사이에서 안전하게 살 수 있다. 대신 흰동가리는 말미잘에게 먹이를 가져다주거나 불순물을 제거해 준다. ㉣이것 전에는 두 생물 모두 서로가 없이도 독립적으로 생존이 가능했다. 그러나 시간이 지나면서 일부 흰동가리와 말미잘은 단독일 때보다 ㉤이것일 때 생존율이 유의미하게 낮아질 정도로 상호 의존도가 높아졌다.

07 윗글의 (가)를 강화하는 것만을 〈보기〉에서 고르면?

〈보 기〉

ㄱ. 산소가 부족한 심해 열수구에서 발견되는 관벌레와 황박테리아의 공생 관계가 산소가 풍부한 환경에서는 발견되지 않는다는 사실이 밝혀졌다.
ㄴ. 아프리카 초원의 버팔로와 황새의 공생은 포식자의 압력이 강한 지역에서만 유지되며, 포식자의 압력이 줄어든 지역에서는 사라지는 것으로 나타났다.
ㄷ. 외래종이 침입한 지역에서 토착종과 외래종 사이의 새로운 상호작용이 빠르게 출현하여 일시적으로 공생적인 이득을 주고받은 사례가 다수 보고되었다.

① ㄱ, ㄴ ② ㄱ, ㄷ
③ ㄴ, ㄷ ④ ㄱ, ㄴ, ㄷ

08 윗글의 ㉠~㉤ 중 지시하는 바가 같은 것끼리 짝 지은 것은?

① ㉠, ㉢ ② ㉡, ㉢
③ ㉢, ㉣, ㉤ ④ ㉠, ㉡, ㉣, ㉤

09 다음 글에서 추론한 내용으로 적절하지 않은 것은?

언어마다 수를 표현하는 방식이 다양하지만, 한국어 수사 체계는 특히 독특한 특성을 보인다. 한국어에서는 수량을 나타내는 양수사(하나, 둘, 셋, 일, 이, 삼 등)와 순서를 나타내는 서수사(첫째, 둘째, 셋째 등)으로 구분된다. 이외에도 수사는 정확한 수량을 나타내는 정수(定數)와 개략적인 수량을 나타내는 부정수(不定數)로 구분되기도 하는데, 한국어에서는 '한둘, 두셋, 대여섯, 예닐곱' 등과 같은 부정수 표현이 두드러진다는 특징이 있다.

또한 한국어에서는 고유어로 된 수사와 한자어로 된 수사를 분명하게 구별하여 사용한다는 점이 특징적이다. 일상 대화에서는 주로 고유어 수사가 쓰이지만, 수를 읽을 때나 수학적인 계산에서는 한자어 수사가 더 많이 사용된다. 한편 명사, 대명사를 수식하며 아라비아 숫자로 표기된 수 관형사의 경우 그 뒤에 오는 단어의 종류에 따라 읽는 방식이 달라진다. 예를 들어 고유어나 일상적인 한자어 단위(개, 잔, 송이 등)가 오면 고유어로 읽지만, 외래어나 화폐 단위가 오면 한자어로 읽는다. 다만 '척'과 같이 일상적이지 않은 한자어 단위는 고유어나 한자어로 된 수 관형사 모두와 결합할 수 있어 '배 20척'을 '배 스무 척'으로도, '배 이십 척'으로도 읽는다.

① '주스 3잔'에서 '3잔'은 '세 잔'으로 읽는 것이 자연스럽다.
② '내가 서너째로 왔어'에서 '서너째'는 부정수 표현에 해당한다.
③ '그 물건을 5달러에 구매했다'에서 '5'는 '다섯'으로 읽는 것이 자연스럽다.
④ '2 + 3 = 5'에서 '2, 3, 5'는 '이(二), 삼(三), 오(五)'로 읽는 것이 자연스럽다.

10 다음 대화의 빈칸에 들어갈 말로 가장 적절한 것은?

민준: 바이올린을 배우면 음악 이론을 공부해요.
서연: _____.
성현: 지수는 바이올린을 배워요.
승호: 그럼 지수는 요리 수업을 듣지 않아요.

① 요리 수업을 들으면 바이올린을 배워요
② 음악 이론을 공부하면 바이올린을 배워요
③ 음악 이론을 공부하면 요리 수업을 듣지 않아요
④ 바이올린을 배우지 않으면 요리 수업을 들어요

독해력 UP! 어휘 퀴즈

헷갈리기 쉬운 어휘

[01~06] 다음 중 알맞은 어휘를 고르시오.

01 그는 (곧잘 / 곳잘) 친구들 앞에서 노래를 부른다.

02 질서를 (거슬리는 / 거스르는) 행동은 삼가야 한다.

03 예상치 못한 상황을 (맞딱뜨려 / 맞닥뜨려) 당황했다.

04 소파에 앉아 다리를 (벌리고 / 벌이고) 편하게 쉬었다.

05 도서관에서는 (말끔히 / 말끔이) 정리된 책장을 볼 수 있다.

06 선생님은 학생들의 마음을 (헤아릴 / 해아릴) 줄 알아야 한다.

바꿔 쓸 수 있는 어휘

[07~12] 밑줄 친 어휘와 바꿔 쓸 수 있는 것을 ㉠~㉥에서 고르시오.

07 그는 친구의 잘못을 <u>덮어주었다</u>. ㉠ 제시하다

08 그는 평생 자신의 학문을 <u>닦아왔다</u>. ㉡ 계산하다

09 회사는 그에게 새로운 조건을 <u>보였다</u>. ㉢ 은폐하다

10 시험 점수를 <u>헤아려</u> 합격자를 가려냈다. ㉣ 연마하다

11 회의가 끝나고 참가자들이 모두 <u>흩어졌다</u>. ㉤ 인상하다

12 시장은 상인들에게 물건 값을 <u>올리지</u> 말라고 당부했다. ㉥ 해산하다

정답 | 01 곧잘 02 거스르는 03 맞닥뜨려 04 벌리고 05 말끔히 06 헤아릴
07 ㉢ 08 ㉣ 09 ㉠ 10 ㉡ 11 ㉥ 12 ㉤

3일 하프모의고사 03

01 〈공공언어 바로 쓰기 원칙〉에 따라 〈공문서〉의 ㉠~㉣을 수정한 것으로 적절하지 않은 것은?

---〈공공언어 바로 쓰기 원칙〉---
○ 외래어나 외국어는 가급적 우리말로 다듬을 것.
○ 대등한 것끼리 접속할 때는 구조가 같은 표현을 사용할 것.
○ 능동과 피동의 관계를 정확하게 사용할 것.
○ 문맥에 어울리는 정확한 단어를 사용할 것.

---〈공문서〉---
국립환경과학원

수신 수신처 참조
(경유)
제목 환경 영향 ㉠모니터링 결과 전달 회의 안내

1. 귀 기관의 발전을 기원합니다.
2. 본 과학원은 대기질 개선과 수질 오염 방지를 위해서 환경 영향 모니터링과 ㉡결과 분석을 진행하였습니다.
3. 모니터링 결과, 지역 내 ㉢미세먼지 농도 감소 및 하천 오염도는 증가하였습니다. 이에 대한 자세한 내용을 ㉣협의하고자 하오니 담당자 회의에 참석해 주시기 바랍니다.

① ㉠: 정보 수집
② ㉡: 결과 분석이 진행되었습니다
③ ㉢: 미세먼지 농도는 감소하였으나 하천 오염도는 증가하였습니다
④ ㉣: 설명하고자 하오니

02 다음 글에서 추론한 내용으로 가장 적절한 것은?

음악적 능력의 본질을 둘러싸고 '선천론'과 '후천론'은 오랫동안 대립해 왔다. 선천론은 음악적 재능이 유전적 요인에 의해 결정된다고 주장하는 반면, 후천론은 환경과 학습 경험이 음악적 재능 발달에 결정적인 역할을 한다고 본다. 최근 쌍둥이 연구는 이 논쟁에 새로운 관점을 제시한다.

쌍둥이 연구에 따르면, 일란성 쌍둥이가 이란성 쌍둥이보다 음악적 능력에서 더 유사한 결과를 보였다. 이는 유전적 요인이 음악적 능력에 영향을 미침을 의미하는데, 연구 결과 음악적 능력은 42% 수준까지 유전적으로 설명될 수 있음이 밝혀졌다. 연구에 따르면, 기본적 음악 능력인 음감의 경우에는 유전적 요인이 미치는 영향이 매우 컸지만, 악기 연주, 가창 실력의 경우에는 유전적 요인뿐만 아니라, 훈련량, 환경의 영향을 받았다. 즉, 음악적 능력은 유전적 요인과 환경적 요인이 상호작용한 결과인 것이다.

한편, 음악 영재들의 음악 능력 발달 과정을 추적한 연구는 체계적인 훈련의 중요성을 강조한다. 많은 음악 영재들이 약 10,000시간 이상의 집중적인 연습 과정을 거쳤으며, 이 과정에서 부모의 지원과 전문가의 전문적인 지도가 결정적인 역할을 했다. 또한 음악 훈련은 뇌의 가소성을 촉진해 청각 피질과 운동 피질 간의 연결을 강화하고, 뇌량의 크기를 증가시키는 것으로 나타났다.

① 쌍둥이 연구에 의하면 음감은 음악 훈련을 통해서만 발달시킬 수 있을 것이다.
② 음악 영재 추적 연구에 의하면 영재는 유전적으로 뛰어난 음악 능력을 부여받은 존재일 것이다.
③ 쌍둥이 연구에 의하면 음악적 재능의 발달에서 유전적 요인은 환경적 요인보다 항상 더 큰 영향력을 미칠 것이다.
④ 음악 영재 추적 연구에 의하면 선천적으로 음악적 재능이 없는 아동도 적절한 지원만 있다면 음악적 능력이 향상될 것이다.

03 다음 글을 읽고 추론한 내용으로 적절하지 않은 것은?

음절의 끝소리 규칙은 한국어에서 음절 끝에 올 수 있는 자음의 개수를 제한하는 규칙이다. 한국어의 자음은 다양하지만, 음절의 끝에서는 [ㄱ, ㄴ, ㄷ, ㄹ, ㅁ, ㅂ, ㅇ]의 7개의 자음만 발음될 수 있다. 따라서 'ㄲ, ㅋ'은 [ㄱ]으로, 'ㅅ, ㅆ, ㅈ, ㅊ, ㅌ'은 [ㄷ]으로, 'ㅍ'은 [ㅂ]으로 발음된다.

이러한 음절의 끝소리 규칙이 적용된 후에도 다른 음운 현상이 연속해서 일어나는 경우가 있다. 예를 들어 '앞길'은 먼저 음절의 끝소리 규칙에 의해 'ㅍ'이 [ㅂ]으로 바뀌어 [압길]이 되고, 여기에 'ㅂ' 뒤에서 'ㄱ'이 [ㄲ]으로 발음되는 된소리되기가 적용되어 [압낄]로 발음된다.

또한 어떤 단어들은 환경에 따라 음절의 끝소리 규칙이 다르게 적용된다. '부엌'은 단독으로 쓰일 때 [부엌]으로 발음되어 'ㅋ'이 [ㄱ]으로 발음되지만, 모음으로 시작하는 조사가 이어질 때는 [ㅋ]으로 발음되어 [부어키]로 발음한다. 이는 음절의 끝소리 규칙이 적용되지 않고 연음 현상이 일어나기 때문이다. 이때 연음 현상은 홑받침이나 쌍받침, 겹받침 뒤에 모음으로 시작하는 조사나 어미, 접미사가 올 때에만 나타나는 현상이다. 홑받침이나 쌍받침은 연음 현상이 일어나면 제 음가대로 뒤 음절 첫 소리로 옮겨 발음한다. 이때 연음 현상은 '겉옷[거돋]'과 같이 뜻을 가진 모음이 오는 경우에는 일어나지 않는다.

① '밥물'에서 [밤물]로 발음되는 것은 음절의 끝소리 규칙과는 관련이 없다.
② '낮'과 '낯'의 받침 'ㅈ'과 'ㅊ'이 같은 자음으로 발음되는 것은 음절의 끝소리 규칙 때문이다.
③ '갑다'가 [갑따]로 발음되는 것은 음절의 끝소리 규칙이 적용된 후 된소리되기가 일어났기 때문이다.
④ '꽃이'는 받침 'ㅊ'이 [ㅅ]으로 발음된 후 모음으로 시작하는 조사 앞에서 연음 현상이 나타나므로 [꼬시]로 발음된다.

04 (가)~(라)를 맥락에 맞추어 가장 적절하게 나열한 것은?

(가) 수용성 식이 섬유는 물에 녹는 특성을 가지며, 과일, 견과류, 콩류, 귀리, 보리 등에 풍부하게 함유되어 있다. 이는 젤처럼 점성이 있는 물질을 형성하여 소화 과정을 늦추고, 포도당의 흡수를 지연시킨다. 이를 통해 혈당 수치의 급격한 상승을 방지하고 콜레스테롤 수치를 낮추는 데 도움을 준다.

(나) 식이 섬유는 우리 몸에서 소화되지 않는 식물성 식품의 성분으로, 건강한 식습관의 핵심 요소로 간주된다. 식이 섬유는 크게 수용성과 불용성으로 나눌 수 있으며, 각각의 유형은 인체에 서로 다른 이점을 제공한다. 세계 보건 기구(WHO)는 성인이 하루에 최소 25g 이상의 식이 섬유를 섭취할 것을 권장하지만, 대부분의 현대인은 이에 크게 못 미치는 양을 섭취하고 있다.

(다) 한편 불용성 식이 섬유는 물에 녹지 않고 그대로 장을 통과하는 특성이 있어 배변을 촉진하는 역할을 한다. 이는 통곡물, 밀기울, 채소류 등에 많이 포함되어 있으며, 장내 음식물의 이동 속도를 증가시켜 변비 예방에 효과적이다.

(라) 이처럼 충분한 식이 섬유 섭취의 건강상 이점은 혈당 수치의 급격한 상승 방지, 콜레스테롤 감소, 배변 촉진, 변비 예방 등 광범위하다. 최근 연구에서 식이 섬유가 장내 유익균의 성장을 촉진하여 면역 체계 강화에도 기여한다는 사실이 밝혀진 만큼, 식이 섬유가 풍부한 식단으로의 전환은 현대인의 건강 증진을 위한 중요한 식습관 개선 방안이라고 할 수 있다.

① (가) - (나) - (다) - (라)
② (가) - (다) - (나) - (라)
③ (나) - (가) - (다) - (라)
④ (나) - (라) - (가) - (다)

05 (가)~(다)를 전제로 할 때 빈칸에 들어갈 결론으로 가장 적절한 것은?

> (가) 음악가는 모두 감성적 표현력을 지니고 있다.
> (나) 어떤 음악가는 디지털 기기에 능숙하다.
> (다) 디지털 기기에 능숙한 모든 사람은 작곡을 할 수 없다.
> 따라서 _____.

① 음악가는 모두 작곡을 할 수 없다
② 감성적 표현력을 지닌 어떤 사람은 작곡을 할 수 없다
③ 감성적 표현력을 지닌 사람은 모두 디지털 기기에 능숙하다
④ 디지털 기기에 능숙한 사람은 모두 감성적 표현력을 지니고 있다

06 갑~병의 주장을 분석한 내용으로 적절한 것만을 〈보기〉에서 모두 고르면?

> 갑: 친환경 농업은 현대 식량 체계의 핵심 해결책입니다. 친환경 농업은 화학 비료와 농약에 의존하는 기존의 농업보다 장기적인 관점에서 더 생산적입니다. 친환경 농업은 토양을 건강한 상태로 유지하게 합니다. 토양 건강이 유지되면 작물 수확량이 안정적으로 유지되고, 생물다양성이 보존되어 해충과 질병에 대한 자연적 저항력이 생깁니다. 이와 더불어 친환경·유기농 식품에 대한 소비자 수요가 증가하면서 농부들에게도 경제적 이점을 제공합니다. 결국 친환경 농업으로의 전환은 환경 보호와 농업의 경제성을 모두 향상시킨다고 할 수 있습니다.
>
> 을: 친환경 농업에 투자하는 것은 경제적으로 합리적인 선택입니다. 연구에 따르면, 초기 전환 비용이 들더라도 장기적 관점에서 친환경 농업은 기존의 농업보다 수익성이 높을 수 있습니다. 화학 투입물 비용 절감, 유기농법을 통해 재배한 작물의 높은 가격대 확보, 토양 비옥도 향상으로 인한 생산 안정성 확보 등이 그 이유입니다. 특히 기후변화로 인한 극단적 기상 현상이 증가하는 상황에서, 회복력 있는 농업 시스템은 장기적인 농가 수입 안정에 기여합니다.
>
> 병: 친환경 농업으로의 전환은 경제적 손실을 피할 수 없습니다. 친환경 농업은 비료를 사용하는 농업 방식보다 단위 면적당 평균 수확량이 20~30% 낮다는 것이 여러 연구를 통해 입증되었습니다. 인구 증가와 식량 수요 증가에 대응하려면 오히려 집약적 농업 시스템이 필요합니다. 또한 친환경 농법으로의 전환은 상당한 초기 비용과 기술적 지원이 필요합니다. 환경적 이상에 치우쳐 경제적 현실을 무시하는 친환경 농업 전환 정책은 식량 가격 상승과 농가 소득 감소라는 부정적 결과를 초래할 수 있다는 점을 명심해야 합니다.

〈보기〉
ㄱ. 갑의 주장과 을의 주장은 대립한다.
ㄴ. 을의 주장과 병의 주장은 대립한다.
ㄷ. 병의 주장과 갑의 주장은 대립한다.

① ㄱ   ② ㄴ
③ ㄱ, ㄴ   ④ ㄴ, ㄷ

[07~08] 다음 글을 읽고 물음에 답하시오.

경제적 불평등 문제를 해결하기 위한 기본 소득제에 대한 논의가 활발하다. 기본 소득제란 모든 국민에게 정부가 일정 금액을 정기적으로 지급하는 제도로, 이때 기본 소득이란 자산이나 근로 여부와 상관없이 보편적으로 제공되는 무조건적 소득을 의미한다. 기본 소득에 대한 학계의 논의는 1960년대부터 진행되었으나, 전 세계적인 경제 양극화의 심화와 4차 산업혁명으로 인한 일자리 불안정성이 증가하며 최근에 들어서야 기본 소득에 대한 정책적 관심이 급부상하였다.

기본 소득제는 자동화와 인공지능 발전으로 인해 발생하는 일자리 감소 문제에 대응하는 효과적인 대안이 된다. 기술의 발전으로 많은 일자리가 사라질 것으로 예측되는 상황에서, ㉠기본 소득은 시민들의 기본적인 생활을 보장하고 소비 위축을 방지함으로써 경제 전체의 순환을 유지하는 데 기여한다. 또한 사회 복지망의 사각지대를 해소하고, 개인의 창의적 역량과 자기 계발을 (가)늘리는 긍정적 효과도 기대할 수 있다.

그러나 한편으로 ㉡기본 소득제는 재정적 지속 가능성과 노동 의욕 저하 측면에서 심각한 문제점을 안고 있다. 전 국민에게 의미 있는 수준의 기본 소득을 지급하기 위해서는 막대한 재원이 필요한데, 이는 증세나 기존 복지 제도 축소로 이어질 수밖에 없다. 또한 무조건적인 소득 지급은 일부 시민들의 노동 의욕을 감소시켜 국가 전체의 생산성 저하로 이어질 수 있다. 이 때문에 일각에서는 기본 소득보다는 교육과 직업 훈련을 통한 노동 시장 적응력 강화 정책이 더 효과적인 대안이라고 주장한다.

07 윗글의 ㉠과 ㉡에 대한 평가로 올바른 것은?

① 기본 소득제를 시행한 국가에서 노동자들의 노동 시간이 시행 전보다 평균 5% 증가하였다는 보고서는 ㉡을 강화한다.

② 실업률이 높은 지역에 기본 소득을 지급한 이후 수혜자들의 대형 마트 방문율이 증가하였다는 연구 결과는 ㉠을 약화한다.

③ 인공지능의 빠른 발전으로 향후 10년 내에 현재 일자리의 30%가 사라지며 노동 시장의 규모가 축소될 것이라는 전망은 ㉠을 약화한다.

④ 기본 소득제 도입에 필요한 자금을 마련하기 위해 세수를 늘릴 경우, 경제 성장률이 연평균 1.5% 포인트 이상 하락할 수 있다는 연구 결과는 ㉡을 강화한다.

08 윗글의 문맥상 (가)의 의미와 가장 가까운 것은?

① 새 건물을 지으면서 강당의 면적을 두 배로 늘렸다.

② 그는 영어 실력을 늘리기 위해 매일 회화 연습을 한다.

③ 부부는 함께 일하며 늘린 재산으로 새로운 집을 마련했다.

④ 회의 시간을 기존보다 30분 늘려서 모든 안건을 다루기로 했다.

09 다음 글에서 추론한 내용으로 가장 적절한 것은?

　가사는 고려 말에서 조선 시대에 걸쳐 발전한 한국 고유의 서정적 서사시로, 일정한 율격을 지닌 긴 형식의 시가를 말한다. 4음보를 기본으로 하는 율격 체계를 갖추고 있으며, 그 길이에 제한이 없어 작가의 의도에 따라 자유롭게 확장될 수 있다는 특징이 있다. 이러한 자유로움은 가사가 다양한 주제와 내용을 담아낼 수 있는 바탕이 되었다.
　이러한 가사 문학의 발전은 크게 세 시기로 나눌 수 있다. 조선 전기에는 정극인의 「상춘곡」 등 자연을 노래한 작품들이 주로 창작되었다. 이 시기에 가사는 주로 사대부들에 의해 창작되어 유교적 이념이나 자연에 대한 관조적 태도를 드러내는 경우가 많았다. 16세기 말에 이르러 가사의 예술성이 크게 발전되었는데, 정철의 작품이 대표작으로 꼽힌다. 정철은 세련된 언어 감각과 심미적 표현으로 가사 문학을 한 단계 높은 경지로 끌어올렸으며, 이는 역동적인 경치 묘사가 나타난 「관동별곡」에서 돋보인다. 또한 정철은 「사미인곡」과 「속미인곡」에서 여성 화자의 목소리를 빌려 정치적 좌절을 경험한 내면 심리를 섬세하게 표현하기도 했다. 이후 조선 후기에는 양반뿐만 아니라, 중인과 서민층에서도 가사를 창작하기 시작했는데, 이러한 창작층의 확대는 사회 비판이나 현실 인식을 담은 작품 창작으로 이어졌다. 대표적으로 「우부가」는 조선 후기 양반 사회가 당면했던 현실적, 경제적 몰락과 도덕적 타락, 봉건적 가치관의 몰락을 사실적으로 그려내어 주제의 확장을 보여 주었다고 할 수 있다.

① 조선 전기의 가사는 창작 계층의 이념과 태도를 바탕으로 창작되었다.
② 가사 문학은 일정한 율격이 주는 제약으로 간략한 형식을 유지하였다.
③ 조선 전기에는 여성 화자의 목소리를 통해 자연 경관을 생동감 넘치게 묘사한 가사 문학이 나타났다.
④ 조선 후기에 확장된 주제는 현대의 가사 문학 창작에도 영향을 미치며 현대 문학의 장르적 다양성을 증가시켰다.

10 다음 글의 밑줄 친 결론을 이끌어 내기 위해 추가해야 할 전제로 적절한 것은?

　대학에서 강의하는 어떤 교수는 연구 논문을 발표한다. 연구 논문을 발표하는 모든 사람은 연구소에 근무한다. 따라서 <u>대학에서 강의하는 어떤 교수는 학회에 참석한다.</u>

① 연구소에 근무하는 모든 사람은 학회에 참석한다.
② 연구소에 근무하지 않는 모든 사람은 학회에 참석한다.
③ 대학에서 강의하는 모든 교수는 연구소에 근무하지 않는다.
④ 연구 논문을 발표하는 모든 사람은 학회에 참석하지 않는다.

독해력 UP! 어휘 퀴즈

헷갈리기 쉬운 어휘

[01~06] 다음 중 알맞은 어휘를 고르시오.

01 그는 수풀을 (헤집으며 / 해집으며) 길을 만들었다.

02 오늘만큼은 (마음것 / 마음껏) 먹고 마시기로 합시다.

03 (재고/제고)의 여지는 없는지 다시 한번 생각해 주십시오.

04 지갑을 (잃어버리는 / 잊어버리는) 바람에 전철을 탈 수 없었다.

05 그는 계속 혼자 (지꺼렸지만 / 지껄였지만) 아무도 귀담아듣지 않았다.

06 나는 내 동생을 보고도 못 본 (체 / 채)해야 한다는 사실에 죄책감을 느꼈다.

바꿔 쓸 수 있는 어휘

[07~12] 밑줄 친 어휘와 바꿔 쓸 수 있는 것을 ㉠~㉥에서 고르시오.

07 정부는 복지 예산을 <u>늘렸다</u>.   ㉠ 향유하다

08 산 정상에서 아름다운 경치를 <u>누렸다</u>.   ㉡ 증액하다

09 회사는 이번 사태에 대해 책임을 <u>물었다</u>.   ㉢ 검토하다

10 우리는 그 사실을 <u>밝혀내기</u> 위해 노력했다.   ㉣ 수색하다

11 현장에 도착한 경찰은 용의자의 집을 <u>뒤졌다</u>.   ㉤ 규명하다

12 그들은 범죄와 관련된 모든 가능성을 <u>따져보았다</u>.   ㉥ 추궁하다

정답 | 01 헤집으며 02 마음껏 03 재고 04 잃어버리는 05 지껄였지만 06 체
07 ㉡ 08 ㉠ 09 ㉥ 10 ㉤ 11 ㉣ 12 ㉢

4일 하프모의고사 04

01 〈공공언어 바로 쓰기 원칙〉에 따라 수정한 것으로 적절하지 않은 것은?

――――〈공공언어 바로 쓰기 원칙〉――――
○ 중복 표현
 - ㉠ 의미가 중복되는 표현을 사용하지 않을 것.
○ 정확한 용어의 선택
 - ㉡ 어려운 전문 용어는 쉬운 말로 풀어 쓸 것.
○ 명료한 수식어구 사용
 - ㉢ 수식어구가 무엇을 수식하는지 분명히 알 수 있는 표현을 사용할 것.
○ 대등한 구조를 보여 주는 표현 사용
 - ㉣ '-고', '와/과' 등으로 접속할 때는 구조가 대등한 표현을 사용할 것.

① "회의에 참석한 사람 전원이 모두 동의했습니다."를 ㉠에 따라 "회의에 참석한 사람이 모두 동의했습니다."로 수정한다.
② "심정지 환자에게 자동 심장 충격기를 사용할 때는 사용법에 유의해야 한다."를 ㉡에 따라 "심정지 환자에게 자동 제세동기를 사용할 때는 사용법에 유의해야 한다."로 수정한다.
③ "운동장에 있는 학생들의 가방을 경비실에 보관하세요."를 ㉢에 따라 "운동장에 있는 학생들이 소지한 가방을 경비실에 보관하세요."로 수정한다.
④ "환경 보호와 건강을 증진합니다."를 ㉣에 따라 "환경을 보호하고 건강을 증진합니다."로 수정한다.

02 다음 글의 논지를 강화하는 것으로 가장 적절한 것은?

지속가능한 발전을 위해서는 경제 성장과 환경 보호 사이의 균형이 반드시 필요하다. 그러나 현재 많은 국가가 단기적 경제 성장에 치중하여 환경 문제를 후순위로 미루고 있다. 이는 장기적으로 경제적 손실을 초래할 뿐만 아니라 생태계 파괴와 기후 변화를 가속화하여 결국 인류의 생존 기반을 위협할 것이다. 실제로 환경 오염으로 인한 질병, 자연재해, 식량 부족 문제는 이미 막대한 경제적 비용을 발생시키고 있다. 따라서 환경 보호를 위한 규제와 투자는 경제 성장을 저해하는 요소가 아니라, 오히려 장기적 경제 안정을 위한 필수 조건이다. 정부와 기업은 환경 보호를 비용이 아닌 미래 투자로 인식하는 패러다임의 전환이 필요하다.

① 환경 보호를 위한 규제를 실시한 A국가의 경제 발전 속도가 규제를 실시하지 않은 B국가보다 10년 느리다는 연구 결과가 발표되었다.
② 환경 보호를 위한 엄격한 규제를 시행한 일부 국가에서는 제조업체들이 규제가 덜한 국가로 생산 시설을 이전하는 현상이 발생하여 국내 일자리가 감소하였다.
③ 신재생 에너지 기술 개발에 대한 정부 규제가 완화되면서 해당 분야의 기업들이 효과적인 친환경 기술을 개발했지만, 투자자들의 관심을 받지 못해 적자를 기록하게 되었다.
④ 세계 주요 투자기관들은 기업의 환경(E), 사회적 책임(S), 지배구조(G)를 통칭하는 ESG 성과를 투자 결정에 반영하기 시작했으며, 높은 ESG 점수를 받은 기업들이 장기적으로 더 높은 수익률을 보인다는 연구 결과가 발표되었다.

[03~04] 다음 글을 읽고 물음에 답하시오.

경영학에서는 기업의 조직 문화 형성 방식에 관한 두 가지 관점이 대립한다. 조직 심리학자 마틴은 리더십 중심 이론을 주장하며 조직 문화가 주로 창업자와 경영진의 비전과 가치관에 의해 형성되고 전파된다고 강조한다. 그는 성공적인 기업 문화의 핵심 요소는 최고 경영자의 명확한 비전 제시와 일관된 행동이며, 리더의 가치관이 조직 구성원들의 행동 양식과 의사결정 방식에 결정적인 영향을 미친다고 본다.

반면, 조직 사회학자 로젠은 상호 작용 진화론을 지지하며 조직 문화는 구성원들의 일상적인 상호 작용과 공유된 경험을 통해 자연스럽게 형성된다고 주장한다. 로젠에 따르면 조직 문화는 경영진이 의도적으로 설계하는 것이 아니라, 조직을 구성하는 ㉠이들이 업무를 수행하며 발생하는 문제들에 대응하는 과정에서 집단으로 개발하는 관행과 이해의 체계라는 것이다.

최근 경영 컨설턴트 다이어는 ㉡이들의 단편적 관점을 비판하며 통합적 관점을 제시했다. 다이어는 효과적인 조직 문화는 리더십의 방향 설정과 구성원들의 자발적 참여가 상호보완적으로 작용할 때 형성된다고 주장한다. 이에 ㉢그들은 그의 절충적 접근이 각 이론의 핵심적 통찰을 희석한다고 반박했다. 특히 마틴은 다이어의 주장이 문화 형성에 가장 중요한 요소인 리더십의 역할이 축소되는 위험을 간과했다고 지적했다.

그러나 조직 문화의 실제 형성 과정에서는 더 복잡한 요소들이 작용한다. 이러한 점에서 ㉣그들은 산업 특성, 기업 규모, 조직 연령 등의 상황적 요인과 외부 환경의 영향을 충분히 고려하지 못하고 있다고 할 수 있다. 또한 디지털 전환 시대의 원격 근무와 비대면 환경이 조직 문화 형성에 미치는 영향을 간과하고 있다는 점에서 이들의 관점은 한계가 있다.

03 윗글에 대한 평가로 가장 적절한 것은?

① 최고 경영자가 부재한 상태에서 건강한 조직 문화가 형성된 사례가 다수 발견된다면 마틴의 주장은 약화된다.
② 산업별로 조직 문화 특성을 분석했을 때 동일 산업 기업들 사이에 유사한 문화적 특징이 나타난다면 글쓴이의 주장은 약화된다.
③ 구성원 참여 중심의 문화 프로그램을 도입한 기업에서 업무 시 최고 경영자에 대한 의존도가 높아진다면 로젠의 주장은 강화된다.
④ 조직 문화 일관도를 조사했을 때 창업자의 가치관이 뚜렷한 기업이 그렇지 않은 기업보다 높은 일관도를 보인다면 마틴의 주장은 약화된다.

04 문맥상 ㉠~㉣ 중 지시 대상이 같은 것만으로 묶인 것은?

① ㉠, ㉣
② ㉡, ㉢
③ ㉠, ㉡, ㉢
④ ㉡, ㉢, ㉣

05 다음 진술이 모두 참일 때 반드시 참인 것은?

> ○ 고성능인 모든 기기는 발열 문제가 있다.
> ○ 발열 문제가 없는 어떤 기기는 저전력을 소비한다.
> ○ 발열 문제가 있는 모든 기기는 저전력을 소비하지 않는다.

① 고성능인 모든 기기는 저전력을 소비한다.
② 저전력을 소비하는 모든 기기는 고성능이다.
③ 고성능이 아닌 어떤 기기는 발열 문제가 없다.
④ 저전력을 소비하는 어떤 기기는 발열 문제가 있다.

06 다음 글의 (가)와 (나)에 들어갈 말을 적절하게 나열한 것은?

> 부사어는 관형어와 함께 부속 성분에 속한다. 관형어는 체언만을 수식하는 반면, 부사어는 ☐(가)☐ 을 수식한다. "오늘도 너무 춥다"에서 '너무'는 용언 '춥다'를 꾸미고, "아이가 빨리 달린다"에서 '빨리'는 용언 '달린다'를 꾸민다. 또한 "그녀는 정말 멋진 사람이 되었다"에서 '정말'은 관형어 '멋진'을 꾸미고, "그는 아주 많이 먹는다"에서 '아주'는 부사어 '많이'를 꾸민다. 이렇게 여러 가지 대상을 꾸미지만 그 대상은 어떤 성분으로 국한되어 있는 이러한 부사어를 성분 부사어라고 한다.
> 반면 어떤 부사어는 절 전체의 의미와 연결되어 절 전체를 꾸민다. "설마 네가 그를 배신하겠어?"에서 '설마'와 "과연 설악산은 절경이구나"에서 '과연'은 각각 뒤따르는 절 전체를 꾸며 주는 역할을 한다. "만약 그가 범인이라면 경찰에 신고해야 한다"에서 '만약'은 '그가 범인이라면'이라는 부사절을 꾸민다. 이러한 부사어를 절 부사어라고 한다.
> 부사어 중에는 ☐(나)☐ 을 의미적 관계에 따라 접속해 주는 부사어도 있다. "비가 온다. 그리고 바람도 분다"에서 '그리고'나 "그가 일을 망쳐 놓았다. 그러나 아직도 희망이 있다"에서 '그러나'와 같은 접속 부사어가 이에 해당한다.

	(가)	(나)
①	다양한 대상	부사어가 쓰인 문장과 그 앞 문장
②	용언만	부사어가 쓰인 문장의 문장 성분들
③	다양한 대상	문맥상 유사한 의미를 가진 구절들
④	용언만	부사어나 관형어 등의 부속 성분들

07 다음 대화를 분석한 내용으로 적절하지 않은 것은?

갑: 도덕적 행위란 결국 사회적 합의에 의한 것입니다. 문화와 시대에 따라 도덕 기준이 달라지는 것을 보면 알 수 있죠. 한 사회에서는 옳다고 여기는 것이 다른 사회에서는 그렇지 않을 수 있어요. 따라서 절대적인 도덕 기준은 없으며, 사회적 합의만이 도덕의 근거가 됩니다.

을: 저는 그렇게 생각하지 않습니다. 도덕적 행위의 근거는 이성에 있습니다. 인간의 이성적 사고 능력을 통해 보편적으로 적용 가능한 도덕 원칙을 도출할 수 있어요. 문화나 시대를 초월한 보편적 도덕 법칙이 존재하며, 이는 이성을 통해 발견할 수 있습니다.

병: 저는 도덕적 행위의 근원이 공감 능력에 있다고 생각합니다. 인간은 타인의 고통과 기쁨을 함께 느낄 수 있는 공감 능력이 있고, 이를 통해 자연스럽게 도덕 감정이 생겨납니다. 도덕성의 기초는 이 공감 능력에 있다고 봅니다.

갑: 공감 능력이 중요하다는 점은 인정하지만, 그것만으로는 사회적 규범을 형성하기 어렵습니다. 결국 공감을 기반으로 한 사회적 합의가 도덕규범을 만들어내는 것이죠.

을: 저 역시 공감이 중요한 요소이긴 하지만, 공감이 도덕적 판단의 기준이 될 수 없다고 봅니다. 공감은 주관적이고 상황에 따라 달라질 수 있지만, 이성을 통한 판단은 도덕과 관련해 보다 객관적이고 보편적인 기준을 제공합니다.

병: 하지만 이성으로는 도덕적 동기를 설명할 수 없습니다. 우리가 도덕적으로 행동하는 이유는 단순히 이성적 판단 때문만이 아니라 타인과의 정서적 연결 때문이기도 합니다. 도덕적 판단의 기저에는 이성이 아닌 인간의 공감 능력이 있다고 생각합니다.

① 이성이 도덕적 판단에 중요한 역할을 한다는 점에 대해 을과 병은 동의한다.
② 도덕적 행위의 근원이 공감 능력에 있다는 점에 대해 을은 동의하지 않지만 병은 동의한다.
③ 도덕적 행위가 사회적 합의에 의해 결정된다는 점에 대해 갑은 동의하지만 을은 동의하지 않는다.
④ 문화와 시대를 초월한 보편적 도덕 기준이 존재한다는 점에 대해 갑은 동의하지 않지만 을은 동의한다.

08 (가)~(다)를 맥락에 맞게 순서대로 나열한 것은?

현대 민주주의 국가에서 사법부의 독립은 삼권분립의 핵심 원칙 중 하나로, 이는 사법부가 행정부나 입법부로부터 독립되어 있을 때 법의 공정한 적용이 가능하기 때문이다.

(가) 이와 같은 역사적 배경 속에서 사법부 독립의 원칙은 많은 국가의 헌법에 명문화되었다. 특히 2차 세계대전 이후 신생 민주주의 국가들은 권력 분립을 제도화하는 과정에서 사법부의 독립을 강조했다. 그러나 법조문 상의 보장만으로는 실질적인 사법 독립을 이루기 어렵다는 사실이 드러났다.

(나) 이러한 한계로 인해 오늘날에는 사법부의 독립을 위해서는 법관의 신분 보장, 예산 자율성, 인사권 독립 등 제도적 장치가 필수적이다. 또한 국민의 수준 높은 법의식과 사법부에 대한 신뢰가 뒷받침되어야 한다. 일부 신흥 민주주의 국가들이 법을 통해 형식적인 사법 독립을 이루었음에도 불구하고 실질적인 독립성을 확보하지 못하는 이유는 이러한 요소들이 충분히 발달하지 않았기 때문이다.

(다) 사법부 독립의 기원은 18세기 계몽주의 시대로 거슬러 올라간다. 국가 권력이 서로 다른 기관을 통한 견제와 균형을 이뤄야 한다는 몽테스키외의 권력 분립론은 미국 헌법을 비롯한 여러 국가의 정치 체제에 큰 영향을 미쳤다. 이에 따라 사법부가 독자적인 권한을 가져야 한다는 인식이 확산되며 삼권분립의 토대가 구축되었다.

① (가) - (나) - (다)
② (나) - (가) - (다)
③ (나) - (다) - (가)
④ (다) - (가) - (나)

09 다음 글의 핵심 논지로 가장 적절한 것은?

　대중문화는 20세기 이후 급속히 발전하면서 우리의 일상생활에 깊숙이 자리 잡게 되었다. 과거에는 소수 엘리트 계층이 문화 생산과 향유의 주체였으나, 대중 매체의 발달과 교육 수준의 향상으로 인해 일반 대중도 문화의 생산자이자 소비자로 참여하게 되었다. 이러한 변화는 문화 민주주의의 실현이라는 측면에서 중요한 의미를 갖는다.
　문화 민주주의란 모든 사람이 문화적 활동에 동등하게 참여하고 문화를 향유할 권리를 가진다는 개념이다. 이는 단순히 고급문화를 대중에게 보급하는 '문화의 민주화'와는 다른 개념으로, 대중 스스로가 자신들의 문화를 창조하고 발전시키는 주체가 되는 것을 의미한다.
　디지털 기술의 발달은 문화 민주주의를 더욱 촉진시켰다. 인터넷과 소셜미디어의 등장으로 누구나 쉽게 자신의 문화적 표현을 공유할 수 있게 되었고, 전문가와 아마추어의 경계도 모호해졌다. 최근에는 '참여 문화'라는 개념이 주목받으며, 대중은 수동적인 문화 소비자에서 적극적인 문화 생산자로 변화하고 있다.
　그러나 문화 민주주의의 확산이 모든 문제를 해결한 것은 아니다. 여전히 문화 자본과 접근성의 불평등이 존재하며, 상업주의의 영향으로 문화적 다양성이 제한되는 경우도 있다. 또한 디지털 격차로 인해 새로운 형태의 문화적 소외가 발생하기도 한다. 따라서 진정한 문화 민주주의를 실현하기 위해서는 이러한 장벽을 없애고, 모든 사람이 문화적 표현의 자유와 다양성을 누릴 수 있는 환경을 조성해야 할 것이다.

① 문화 민주주의의 실현을 위해서는 상업주의를 극복해야 한다.
② 대중문화의 발전은 문화 생산자와 소비자 간의 경계를 모호하게 만들었다.
③ 대중문화의 발달로 문화 민주주의가 확산되었지만 여전히 해결해야 할 과제가 있다.
④ 디지털 기술의 발달은 문화 민주주의 실현을 저해하며 새로운 형태의 소외를 낳기도 한다.

10 다음 글의 밑줄 친 결론을 이끌어 내기 위해 추가해야 할 것은?

　등산을 하는 모든 사람들은 등산화를 신는다. 등산을 하는 어떤 사람은 자전거를 타지 않는다. 따라서 <u>자전거를 타지 않는 어떤 사람은 암벽등반을 한다.</u>

① 자전거를 타는 어떤 사람은 등산을 한다.
② 등산을 하는 어떤 사람은 등산화를 신는다.
③ 등산화를 신는 모든 사람은 자전거를 탄다.
④ 등산화를 신는 모든 사람은 암벽등반을 한다.

01	②	02	④	03	①	04	②	05	③
06	①	07	①	08	④	09	③	10	④

독해력 UP! 어휘 퀴즈

헷갈리기 쉬운 어휘

[01~06] 다음 중 알맞은 어휘를 고르시오.

01 그는 온갖 (핑계 / 핑게)를 대며 일을 미루었다.

02 (머지않아 / 멀지않아) 사건의 진실이 밝혀질 것이다.

03 작은 오해가 (붉어져서 / 불거져서) 큰 싸움이 되었다.

04 지금까지 일어났던 일들을 (과감/가감) 없이 말하십시오.

05 비둘기 두 마리가 내 머리 위로 빠르게 (날아갔다/날라갔다).

06 두 선수는 시합이 시작하기에 앞서 서로의 (권투 / 건투)를 빌었다.

바꿔 쓸 수 있는 어휘

[07~12] 밑줄 친 어휘와 바꿔 쓸 수 있는 것을 ㉠~㉥에서 고르시오.

07 그는 기회를 <u>잡자마자</u> 바로 움직였다.   ㉠ 부담하다

08 소방관이 불길을 잡기 위해 물을 <u>뿌렸다</u>.   ㉡ 필기하다

09 학생들은 선생님의 말씀을 빠르게 <u>적었다</u>.   ㉢ 해결하다

10 지자체는 주민들의 뜻을 모아 다리를 <u>놓았다</u>.   ㉣ 포착하다

11 그는 세계 3대 난제라고 불리는 문제를 <u>풀어냈다</u>.   ㉤ 건설하다

12 학교를 졸업한 그는 곧장 가족들의 생계를 <u>떠맡았다</u>.   ㉥ 살포하다

정답 | 01 핑계 02 머지않아 03 불거져서 04 가감 05 날아갔다 06 건투
07 ㉣ 08 ㉥ 09 ㉡ 10 ㉤ 11 ㉢ 12 ㉠

5일 하프모의고사 05

01 〈지침〉에 따라 〈개요〉를 작성할 때 (가)~(라)에 들어갈 내용으로 적절하지 않은 것은?

―〈지 침〉―
○ 서론은 중심 소재의 개념과 현황을 포함할 것.
○ 본론은 제목의 내용을 2개의 장으로 구성하되 각 장의 하위 항목끼리 대응되도록 작성할 것.
○ 결론은 제시된 방안의 기대 효과와 시행 전략을 순서대로 제시할 것.

―〈개 요〉―
○ 제목: 국내 유적지 관광화의 문제점과 지속 가능한 관광 개발 방안
Ⅰ. 서론
　1. 국내 유적지의 정의와 가치
　2. _____(가)_____
Ⅱ. 국내 유적지 관광화의 문제점
　1. 과도한 관광객 유입으로 인한 국내 유적지 훼손
　2. _____(나)_____
　3. 지역사회의 참여 부족 및 이해관계 충돌
Ⅲ. 지속 가능한 관광을 위한 개발 방안
　1. 방문객 수 제한과 예약제 도입을 통한 유적지 보호
　2. 국내 유적지 보존을 위한 법적·제도적 장치 강화
　3. _____(다)_____
Ⅳ. 결론
　1. _____(라)_____
　2. 단계적 시행 및 지속적인 모니터링 체계 구축

① (가): 국내 유적지의 관광 자원화 현황
② (나): 국내 유적지 보존을 위한 법적·제도적 장치 미흡
③ (다): 지역사회와의 협력 체계 구축 및 이익 공유 방안 마련
④ (라): 국내 유적지 관리 예산 확보를 위한 재정 지원 확대

02 다음 대화의 (가)에 들어갈 말로 적절한 것은?

갑: 이번 공연을 관람하기 위해서는 온라인 접수를 하거나 현장에서 접수해야 합니다. 현장에서 접수하면 입장료 할인을 받을 수 없고, 입장료 할인을 받지 않으면 동반자가 있는 것입니다. 따라서 저는 온라인 접수를 했습니다.
을: 당신의 주장은 논리적으로 완전하지 않습니다. "온라인접수를 했다."라고 결론짓기 위해서는 "____(가)____"라는 추가 전제가 필요합니다.

① 동반자가 없다.
② 현장에서 접수했다.
③ 입장료 할인을 받지 않았다.
④ 동반자가 있고 현장에서 접수했다.

03 다음 글을 이해한 내용으로 가장 적절한 것은?

프로이트는 인간 정신을 세 가지 층위로 구분했다. 첫째는 '의식'으로, 우리가 명확히 자각하고 있는 생각과 감정의 영역이다. 이는 정신의 표면에 해당하며 논리적 사고가 가능한 부분이다. 의식적 사고는 현실 원칙에 따라 작동하며 일상생활에서 우리가 직접 인지하고 통제할 수 있는 모든 정신적 요소를 포함한다. 둘째는 '전의식'으로, 의식과 무의식 사이에 위치한 영역이다. 이는 현재 의식하고 있지는 않지만 필요하면 쉽게 의식으로 불러올 수 있는 기억이나 정보를 포함한다. 예를 들어, 자신의 전화번호나 어제 저녁 식사 메뉴와 같은 정보는 항상 의식하고 있는 것은 아니지만, 필요할 때 쉽게 떠올릴 수 있다. 전의식은 의식과 무의식을 연결하는 중요한 매개체 역할을 한다. 마지막은 '무의식'으로, 정신의 가장 깊은 층위에 해당한다. 무의식은 억압된 욕망, 충동, 트라우마적 경험 등을 포함하며, 의식적으로 접근하기 어렵지만 꿈이나 말실수, 증상* 등을 통해 간접적으로 표출된다. 프로이트는 특히 무의식이 인간 행동에 미치는 강력한 영향력을 강조했다. 그는 인간의 많은 행동, 특히 이해하기 어려운 비이성적 행동이나 심리적 증상의 근원이 무의식에 있다고 주장했다.

* 증상: 모든 신체적 또는 정신적 현상, 상황, 또는 질병이나 정서로부터 오거나 그것들을 수반하는 그리고 그것들의 증거가 되는 신체적 또는 정신적 상태의 변화

① 전의식은 억압된 욕망과 충동이 저장되는 정신의 영역이다.
② 프로이트는 인간의 비이성적 행동이 주로 의식적 사고에서 비롯된다고 보았다.
③ 심리적 증상의 근원이 되는 정신 영역은 인간의 행동에 강력한 영향을 미친다.
④ 프로이트에 따르면 인간 정신의 가장 깊은 층위는 필요에 따라 쉽게 떠올릴 수 있다.

04 다음 글에서 추론한 내용으로 적절하지 않은 것은?

어떤 말에서 여러 발음이 있을 때, 그중 대표적인 형태를 기본형이라 하고 나머지를 이형태라고 부른다. 이형태라는 말은 형태소가 교체에 의해 달리 실현된 형태라는 의미이다. 이때 기본형은 다른 이형태들의 실현 과정을 음운 현상으로 설명할 수 있는 것으로 삼아야 하며, 교체를 하지 않는 경우에는 그 자체가 기본형이 된다.

앞서 언급한 형태소의 교체란 형태소가 일정한 환경에서 다른 형태로 나타나는 것을 말한다. 한국어에서는 음운 환경에 따라 형태가 달라지는 경우가 많다. 대표적인 예로 앞말이 주어임을 나타내는 조사 '이/가'는 앞 음절의 받침 유무에 따라 형태가 결정된다. 이렇듯 형태소는 일정한 의미와 기능을 지니며 환경에 따라 그 형태를 달리한다.

주목할 점은 모든 형태소가 이형태를 갖는 것은 아니라는 점이다. 예를 들어 '에', '도'와 같은 조사는 어떤 환경에서도 형태가 변하지 않는다. 반면, '은/는'과 같은 조사는 선행 요소가 자음인지 모음인지에 따라 형태가 바뀐다. 또한 동사나 형용사에서 어간과 어미가 결합할 때도 교체가 빈번하게 발생한다.

이러한 한국어의 교체 중에는 규칙적인 음운 변화로 설명되는 것도 있지만, 특정 어휘에만 적용되는 불규칙적인 변화도 존재한다. '걷다'의 활용형 '걸어', '파랗다'의 활용형 '파래' 등은 일반적인 음운 규칙만으로는 설명하기 어려운 불규칙 활용의 예이다. 이런 현상들은 역사적 변화의 결과로 현대 국어에 남아 있는 경우가 많다.

① '불시에', '아침에'에서 '에'는 선행 요소에 따라 형태가 달라지므로 이형태를 갖는다.
② '소리'는 교체를 하지 않는 형태소이므로 그 자체가 이형태가 없는 기본형에 해당한다.
③ '시험은'과 '문제는'의 조사 '은/는'은 의미나 기능은 같지만 선행 요소에 따라 형태가 달라진다.
④ '밭이'와 '학교가'의 조사 '이'와 '가'는 선행 요소에 따라 형태가 달라지는 형태소의 교체가 나타난다.

[05~06] 다음 글을 읽고 물음에 답하시오.

현대 희곡의 중요한 특징 중 하나는 전통적 장르의 경계를 ㉠초월한 실험적 시도에 있다. 19세기까지의 희곡이 비극과 희극의 명확한 구분 속에서 발전했다면, 20세기 이후의 현대 희곡은 이러한 장르적 구분을 의도적으로 해체하며 새로운 표현 방식을 모색했다. 특히 1차 세계대전 이후 등장한 부조리극은 인간 존재의 무의미함과 소외를 극적으로 표현하기 위해 극의 전통적 구조를 파괴하고 비논리적 구성을 채택했다.

또한 현대 희곡은 작가의 주관적 의식을 강화하는 경향이 있다. 작가들은 객관적 현실을 재현하기보다 자신의 내면세계를 투영하며 작품을 창조했고, 이는 표현주의나 상징주의 희곡에서 두드러졌다. 예를 들어 스트린드베리의 「꿈의 연극」은 인물의 심리적 상태를 외적 현실보다 중시하며, 꿈과 현실의 경계를 모호하게 처리했다.

또 다른 특징은 관객과의 관계를 재설정한다는 것이다. 전통적 희곡이 '제4의 벽'을 유지하며 관객을 수동적 관람자로 ㉡취급했다면, 현대 희곡은 관객을 공연의 적극적 참여자로 변화시키려 했다. 이를 위해 브레히트는 소외 효과를 통해 관객이 극에 감정적으로 몰입하는 대신 비판적 사고를 하도록 ㉢유도했으며, 그러한 과정을 통해 관객은 극에 대한 자신만의 주체적인 의견을 형성하게 된다. 또한 아르토는 잔혹극에서 관객을 배우로 참여시킨 뒤 관객에게 불안과 긴장을 체험하도록 해 그들에게 충격을 주며 일상적 의식에서 벗어나게 하는 것을 목표로 했다.

언어 사용에서도 현대 희곡은 전통적 대사의 논리성 대신 파편화된 언어와 침묵을 활용하며 혁신적인 모습을 보였다. 특히 베케트는 「고도를 기다리며」에서 언어를 의사소통의 도구가 아닌 의사소통의 불가능성을 반영하는 매체로 활용하는 실험적인 기법으로 현대인의 소외를 드러냈다. 이처럼 현대 희곡은 전통적 형식을 ㉣탈피하여 새로운 극적 가능성을 탐색했으며, 이는 단순한 형식적 실험을 넘어 현대 사회와 인간 존재에 대한 깊은 성찰을 담고 있었다.

05 윗글에서 추론한 내용으로 가장 적절한 것은?

① 현대 희곡은 작가의 주관보다 객관적 현실 재현에 중점을 두었다.
② 베케트의 작품에서 언어는 효과적인 의사소통 수단으로 기능했다.
③ 아르토의 잔혹극은 관객의 일상적 감정 상태를 강화하는 것을 목표로 했다.
④ 현대 희곡의 작가들은 관객이 전통적 지위에서 벗어나도록 관객의 참여성을 높이고자 했다.

06 ㉠~㉣과 바꿔 쓸 수 있는 유사한 표현으로 적절하지 않은 것은?

① ㉠: 옮긴
② ㉡: 대했다면
③ ㉢: 이끌었으며
④ ㉣: 벗어나서

[07~08] 다음 글을 읽고 물음에 답하시오.

심리학에서 '후광 효과'는 한 개인의 특성에 대한 인상이 그 사람의 다른 특성에 대한 평가에도 영향을 미치는 인지적 현상을 의미한다. 즉, 누군가에 대한 전반적인 인상이 긍정적 특성으로부터 형성되면, 그 밖의 특성도 긍정적으로 지각하게 된다는 것이다. 이는 인간의 뇌가 개인에 대한 정보를 처리할 때 모순된 정보보다 일관된 정보의 처리를 추구하는 경향에서 기인한다. 이로 인해 첫인상이나 두드러진 특성이 개인을 전체적으로 평가할 때 과도한 영향을 미치게 되는 것이다.

후광 효과는 일상생활의 다양한 영역에서 관찰된다. 예를 들어, 교육 현장에서 교사들은 외모가 단정한 학생이 학업 능력도 우수할 것이라고 판단하는 경향이 있다. 이러한 편향된 인식은 교사의 기대감으로 이어지고, 결과적으로 해당 학생의 실제 성취에도 영향을 미치는 '피그말리온 효과'를 ㉠일으킬 수 있다. 마케팅 영역에서도 후광 효과는 중요하게 활용된다. 소비자들은 유명 연예인의 긍정적 이미지를 그 연예인이 광고하는 제품에 투영하는 경향이 있다.

이러한 후광 효과는 의사 결정에 있어 심각한 오류를 초래할 수 있다. 특히 인사 평가나 채용 과정에서 지원자의 외모나 학벌과 같은 직무 수행 능력과는 무관한 요소가 직무 수행과 관련된 다른 특성을 평가하는 데 영향을 줄 수 있다. 따라서 객관적이고 공정한 평가를 위해서는 평가 항목을 명확히 구분하고, 항목별로 독립적인 평가를 하는 구조화된 평가 방법이 필요하다.

07 윗글에서 추론한 내용으로 가장 적절하지 않은 것은?

① 교복을 단정하게 입은 학생을 본 교사가 해당 학생의 과제물을 긍정적으로 평가하는 것은 후광 효과가 발생한 사례이다.

② 국민이 뇌물 수수 사실이 밝혀진 원로 정치인의 이전 정책 성과를 객관적으로 평가한다면 후광 효과가 발생했다고 할 수 있다.

③ 면접관이 지원자의 실제 직무 능력을 확인하기 위해 지원자에게 구조화된 문항지로 질문한다면 지원자를 공정하게 평가할 수 있다.

④ 행실이 바르기로 유명한 연예인을 은행에서 신규 예금 상품의 광고 모델로 채택한 것은 연예인의 이미지를 활용한 마케팅에 해당한다.

08 밑줄 친 표현이 문맥상 ㉠의 의미와 가장 가까운 것은?

① 주몽은 고구려를 일으킨 시조이다.
② 갈등을 일으킨 장본인은 바로 당신이다.
③ 찬 바람이 불자 그는 옷깃을 일으켜 세웠다.
④ 아들이 집에 돌아오자 노모는 아픈 몸을 일으켰다.

09 ㉠을 평가한 내용으로 적절한 것만을 〈보기〉에서 모두 고르면?

　책을 읽는 방식은 기술의 발전에 따라 끊임없이 변화해왔다. 종이책에서 전자책으로의 전환은 21세기 초반에 큰 주목을 받았으며, 많은 연구자가 두 매체 간의 읽기 경험 차이를 연구해 왔다.
　초기 연구들은 주로 종이책 읽기의 우월성을 강조하는 경향이 있었다. 이러한 연구들에 따르면, 독자들은 디지털 텍스트를 읽을 때보다 종이책을 읽을 때 더 깊은 이해력과 더 나은 기억력을 보였다. 그러나 이후 연구에서는 전자책의 장점도 조명되기 시작하며, 전자책의 검색 기능, 사전 연동, 글자 크기 조절 등과 같은 기능이 특정 독자층(노인, 학습 장애가 있는 학생 등)에게 읽기 접근성을 높이는 효과가 있다는 사실이 밝혀졌다.
　이처럼 독서에서 매체의 효과에 대한 논의가 계속되는 가운데, 교육공학 연구자 A는 ㉠매체 적응성 이론을 제안했다. 이 이론에 따르면, 독서 매체의 효과는 절대적이지 않고 독자의 특성 및 선호, 매체에 대한 친숙도, 독서 목적, 그리고 텍스트 유형에 따라 달라진다는 것이다. A는 특히 독자가 특정 매체에 적응하는 초기 과정에는 인지적 부담이 증가하지만, 충분한 적응 기간이 주어지면 그 차이가 크게 줄어들거나 사라질 수 있다고 주장한다.

〈보 기〉

ㄱ. 평소 전자책을 선호하는 사람에게 종이책을 읽게 한 결과 전자책을 읽었을 때보다 텍스트의 내용을 잘 이해하지 못했다는 사실은 ㉠을 강화한다.
ㄴ. 전자책에 익숙한 중고등학생들과 종이책에 익숙한 중고등학생들을 각각 조사한 결과, 두 집단 모두 종이책을 읽었을 때 텍스트의 내용을 더 잘 기억했다는 조사 결과는 ㉠을 약화한다.
ㄷ. 전자책에 익숙하지 않은 성인들을 대상으로 3년 동안 조사한 결과, 초기에는 종이책보다 전자책으로 독서를 할 때 부담을 느끼는 정도가 40% 이상 높았으나, 3개월 이후부터는 그 차이가 5% 이내로 줄었다는 사실은 ㉠을 강화한다.

① ㄱ
② ㄱ, ㄴ
③ ㄴ, ㄷ
④ ㄱ, ㄴ, ㄷ

10 다음 진술이 모두 참일 때 반드시 참인 것은?

○ 스마트폰이 있거나 태블릿 PC가 있다.
○ 노트북이 있으면 스마트폰이 없다.
○ 태블릿 PC가 없다.

① 노트북이 있다.
② 스마트폰이 없다.
③ 스마트폰이 있고 노트북이 없다.
④ 태블릿 PC가 없고 노트북이 있다.

바로 채점하기

| 01 | ④ | 02 | ① | 03 | ③ | 04 | ① | 05 | ④ |
| 06 | ① | 07 | ② | 08 | ② | 09 | ④ | 10 | ③ |

독해력 UP! 어휘 퀴즈

헷갈리기 쉬운 어휘

[01~06] 다음 중 알맞은 어휘를 고르시오.

01 그는 마음에도 없는 말로 상대방을 (꾀었다 / 꼬았다).

02 어떻게 된 게 어제보다 얼굴이 더 (하얀니 / 하야니)?

03 둘째 형은 나와는 (틀리게 / 다르게) 머리가 똑똑한 편이었다.

04 그는 우리에게 한마디 말도 없이 (홀연히 / 혼연히) 떠나 버렸다.

05 집안 형편이 예전보다 (낫다고는 / 낳다고는) 하지만 아직도 삶이 힘들다.

06 민수야, 너는 어떻게 집에 (들리지도 / 들르지도) 않고 바로 놀러갈 수 있니?

바꿔 쓸 수 있는 어휘

[07~12] 밑줄 친 어휘와 바꿔 쓸 수 있는 것을 ㉠~㉥에서 고르시오.

07 의사는 환자의 상처를 <u>꿰맨</u> 뒤 소독을 했다.   ㉠ 이완하다

08 국가대표 선수들은 경기에 앞서 몸을 <u>풀었다</u>.   ㉡ 봉합하다

09 예술가는 작품을 통해 자신의 생각을 <u>드러낸다</u>.   ㉢ 투자하다

10 그녀는 오랜 연습 끝에 고난이도 기술을 <u>익혔다</u>.   ㉣ 습득하다

11 정부는 신규 사업에 막대한 예산을 <u>쓰기로</u> 했다.   ㉤ 표출하다

12 마침내 그녀는 자신의 잘못을 <u>인정하고</u> 사과했다.   ㉥ 시인하다

정답 | 01 꾀었다 02 하야니 03 다르게 04 홀연히 05 낫다고는 06 들르지도
07 ㉡ 08 ㉠ 09 ㉤ 10 ㉣ 11 ㉢ 12 ㉥

01 〈공공언어 바로 쓰기 원칙〉에 따라 〈공문서〉의 ㉠~㉣을 수정한 것으로 적절하지 않은 것은?

〈공공언어 바로 쓰기 원칙〉
○ 외래어나 외국어는 가급적 우리말로 다듬어 사용할 것.
○ 지나친 명사 나열을 피하고 조사, '-하다'를 적절하게 활용할 것.
○ 주어와 서술어의 관계를 명확하게 표현할 것.
○ 문맥에 맞는 정확한 어휘를 사용할 것.

〈공문서〉
△△문화재단

수신 수신처 참조
제목 지역 문화 ㉠리서치 참여 요청

1. 귀 기관의 무궁한 발전을 기원합니다.
2. 본 재단은 지역 문화 활성화를 위한 정책 수립의 기초 자료로 활용하기 위해 ㉡지역 문화 현황 조사 분석 연구를 진행합니다.
3. 본 조사의 대상은 지난 5년간 △△문화재단과 협력 사업을 ㉢수행한 기관들을 대상으로 합니다.
4. 조사 결과는 별도의 보고서로 발간되며, 이를 통해 시민들의 문화생활을 ㉣저하하는 방안을 마련하고 지역 문화예술 발전에 기여하고자 합니다.

① ㉠: 조사
② ㉡: 지역 문화의 현황을 조사하고 분석하는 연구
③ ㉢: 수행한 기관들입니다
④ ㉣: 저해하는

02 다음 빈칸에 들어갈 말로 가장 적절한 것은?

카텔과 혼은 연령이 인지 기능에 미치는 영향을 연구하기 위해 종단 연구를 설계했다. 그들은 20세부터 80세까지 다양한 연령대의 참가자들을 대상으로 인지 검사를 실시했다. 첫 번째 검사 유형은 유동적 지능을 측정하기 위한 것으로 이전에 접하지 않은 추상적인 문제 해결 과제를 제시하여 참가자들에게 새로운 패턴을 발견하고 논리적 규칙을 적용하도록 요구했다. 두 번째 검사 유형은 결정체적 지능을 측정하기 위한 것으로 어휘력, 일반 상식, 문화적 지식에 관한 질문들로 구성되었다. 연구 결과, 첫 번째 검사 유형에서는 참가자들의 점수가 20대 후반에 정점에 도달한 후 30대부터 서서히 감소하기 시작하여 나이가 들수록 지속적으로 하락하는 양상을 보였다. 특히 60대 이후에는 이러한 감소 속도가 더욱 빨라졌다. 반면, 두 번째 검사 유형에서는 참가자들의 점수가 50대까지 꾸준히 상승하다가 이후 70대까지는 비교적 안정적으로 유지되었다. 또한 교육 수준이 높고 지적으로 자극이 많은 환경에서 생활한 참가자들은 두 번째 검사 유형에서 더 오랫동안 높은 수준을 유지하는 경향이 있었다. 이러한 연구를 통해 _____는 결론을 도출할 수 있었다.

① 인지 발달은 연령보다는 교육 수준과 환경에 의해 결정된다
② 결정체적 지능의 발달은 유동적 지능의 수준에 의존하며, 두 지능은 서로 분리될 수 없는 단일한 인지 체계를 형성한다
③ 모든 형태의 인지 능력은 신경학적 노화에 따라 일정한 비율로 감소하지만, 보상 메커니즘을 통해 기능적 손실이 최소화된다
④ 유동적 지능은 새로운 상황에 적응하는 능력으로 나이가 들면서 감소하는 반면, 결정체적 지능은 경험과 지식에 기반한 것으로 노년기까지 유지되거나 증가한다

03 다음 글을 읽고 추론한 내용으로 가장 적절한 것은?

국어의 높임법은 화자가 청자, 주체, 객체 중 누구를 높이느냐에 따라 상대 높임법, 주체 높임법, 객체 높임법으로 나눌 수 있다.

상대 높임법은 화자가 청자, 즉 대화 상대방을 높이거나 낮추는 표현법이다. 상대 높임법은 종결 어미를 통해 실현되며, 격식체와 비격식체로 나뉜다. 격식체에는 '하십시오체', '하오체', '하게체', '해라체'가 있고, 비격식체에는 '해요체'와 '해체'가 있다.

주체 높임법은 문장의 주체, 즉 주어가 가리키는 대상을 높이는 표현법이다. 주체 높임법은 선어말 어미 '-(으)시-'를 사용하거나, 높임의 의미를 가진 특수 어휘를 사용하여 실현된다. 예를 들어, '주무시다(자다)', '잡수시다(먹다)', '계시다(있다)', '돌아가시다(죽다)' 등의 특수 어휘가 있다. 또한 주격 조사 '이/가' 대신 '께서'를 사용하여 주체를 높이기도 한다.

객체 높임법은 문장 내에서 목적어나 부사어 등이 지시하는 대상을 높이는 표현법이다. 객체 높임법은 특수 어휘를 사용하거나, 조사의 교체를 통해 실현된다. '모시다(데리다)', '여쭈다(묻다)', '뵈다(보다)', '드리다(주다)' 등의 특수 어휘가 있으며, 부사격 조사 '에게'나 '한테' 대신 '께'를 사용하여 객체를 높인다.

이러한 높임법은 화자의 발화 상황, 대화 참여자 간의 관계, 사회적 맥락 등을 고려하여 적절하게 사용하는 것이 중요하다.

① '(딸이 어머니에게) 선생님을 학교에서 뵈었습니다'에는 특수 어휘를 통한 상대 높임법이 나타난다.
② '(손자가 아버지에게) 할머니께서는 올해로 여든입니다'에는 주체 높임법과 객체 높임법, 상대 높임법이 모두 나타난다.
③ '(손녀가 할머니에게) 아버지께서 책을 읽으셨어요'에는 선어말 어미를 통한 주체 높임법과 비격식체의 상대 높임법이 나타난다.
④ '(아들이 아버지에게) 아버지, 할아버지를 댁까지 모셔다 드렸어요'에는 특수 어휘와 종결 어미를 통한 객체 높임법이 나타난다.

04 다음 글의 밑줄 친 결론을 이끌어 내기 위해 추가해야 할 것은?

모든 교사는 판단력이 뛰어나거나 사교적이다. 사교적인 모든 사람은 자기 계발에 투자한다. 따라서 모든 교사는 자기 계발에 투자한다.

① 사교적인 모든 사람은 판단력이 뛰어나지 않다.
② 자기 계발에 투자하는 모든 사람은 사교적이다.
③ 판단력이 뛰어난 모든 사람은 자기 계발에 투자한다.
④ 판단력이 뛰어나고 사교적인 모든 사람은 자기 계발에 투자하지 않는다.

05 다음 글을 이해한 내용으로 가장 적절한 것은?

　전기(傳奇) 소설은 비현실적인 요소를 가미한 소설 양식이다. 대표적인 작가는 김시습으로 그의 작품으로는 인간과 귀신의 사랑을 다루며 금기를 넘어선 사랑의 애절함을 형상화한 「만복사저포기」와 주인공이 용궁의 잔치에 초대받아 용왕을 만난 이야기를 다룬 「용궁부연록」이 있다.
　전기 소설의 인물들은 대체로 재자가인형 인물, 즉 비범한 능력이나 뛰어난 자질을 갖춘 인물들이다. 하지만 인물들은 내면에 고독과 소외를 담고 있는데, 인물의 고독감과 소외는 작가의 현실적 한계, 사회적 소외를 드러낸다.
　전기 소설은 주로 비현실적 공간에서 기괴한 사건이 전개되는데, 이때 비현실적 공간은 현실적으로 실현하기 어려운 작가의 욕구를 실현하기 위해 구현된 것이라고 할 수 있다. 작가는 비현실적 공간을 통해 자신이 미처 이루지 못한 소망을 이루기도 하고, 현실 정치를 비판하기도 하였다.
　전기 소설의 또 다른 특징이라 하면, 삽입 시가 자주 사용되었다는 점이다. 이는 뮤지컬에서 주인공이 자신의 심정을 나타낼 때, 노래를 부르는 것과 같은 맥락으로 주인공은 삽입 시를 통해 자신의 심리나 태도를 드러냈다. 이는 묘사가 발달하지 않은 당시에 주인공의 정서를 표출하는 방법으로 유용하게 쓰인 방법이었다.

① 전기 소설의 비현실적 공간은 당시 서민의 욕구를 대리만족시켜 주었다.
② 전기 소설에서는 인물의 심리를 나타낼 때 묘사가 아닌 삽입 시를 사용하였다.
③ 전기 소설의 인물은 시련을 의연하게 극복하는 의지적인 태도를 가진 인물이었다.
④ 전기 소설은 주로 당대 현실의 구체적 사건을 있는 그대로 나타내는 데 주목하였다.

06 다음 빈칸에 들어갈 말로 가장 적절한 것은?

　철수의 한식집 주문과 관련하여 다음과 같은 사실을 확인했다.
○ 김치찌개나 된장찌개를 주문한다.
○ 된장찌개를 주문하면, 공깃밥을 주문하지 않는다.
○ 공깃밥을 주문하지 않으면, 냉면을 주문한다.
○ 냉면을 주문하지 않았다.
　이를 통해 철수가 　　　　　　는 것을 알게 되었다.

① 된장찌개를 주문했다
② 김치찌개를 주문했다
③ 공깃밥을 주문하지 않았다
④ 김치찌개를 주문하지 않았다

[07~08] 다음 글을 읽고 물음에 답하시오.

인류 역사에서 발명은 문명의 발전을 이끄는 핵심 동력이었다. 바퀴에서부터 현대의 인공지능에 이르기까지, 인간의 창조적 사고는 삶의 방식을 근본적으로 변화시켰다. 발명은 우연의 산물에서 더 나아가 필요와 문제 해결을 위한 체계적인 노력의 결과물이며, 발명가들은 기존 지식을 응용하고 새로운 관점에서 문제를 바라보며 혁신적인 발명품을 만들어 왔다.

산업 혁명 시기에는 증기기관, 방직기 등의 발명이 생산 방식의 혁신을 이루어 경제적, 사회적 변화를 촉발했으며, 20세기에는 전기, 자동차, 비행기, 컴퓨터 등의 발명이 현대 문명의 기초를 형성했다. 이러한 발명들은 인류의 생활 방식 및 사회 구조를 근본적으로 바꾸어 놓는 계기가 되었다. 예를 들어, 인터넷의 발명은 정보의 생산과 공유 방식을 혁신적으로 바꾸어 글로벌 네트워크 사회를 ⊙조성하였다.

이러한 발명의 과정은 대개 문제 인식, 아이디어 생성, 실험 및 검증, 개선의 단계를 거친다. 이 네 가시 단계에서 반드시 겪는 '실패'는 필수적인 학습 경험으로, 토마스 에디슨이 전구 발명까지 1,000번 이상의 실패를 ⓒ경험한 것과 같이 대부분의 위대한 발명가들은 수많은 시행착오를 경험했다. 이처럼 발명에서 실패는 끈기와 인내의 중요성을 잘 보여 주며, 대개 발명가들은 실패를 통한 인식의 전환으로 새로운 결과물을 만들어 낸다.

현대 사회에서 발명은 점차 개인의 영역에서 팀과 조직의 영역으로 ⓒ확장되고 있다. 복잡한 문제 해결을 위해서는 다양한 분야의 전문 지식이 필요하기 때문이다. 또한 발명의 초점도 기술적 혁신에서 지속 가능성, 접근성, 윤리적 측면을 고려한 포괄적 혁신으로 변화하고 있다. 이러한 변화의 흐름은 미래 발명의 방향이 편의성 증진은 물론, 사회적 가치 창출과 인류 공동의 문제 해결에 더욱 초점을 맞추고 있음을 ⓔ시사한다.

07 윗글을 이해한 내용으로 적절하지 않은 것은?

① 발명은 산업 혁명과 현대 문명의 기초를 이루며 인류 문명의 발전을 이끌었다.
② 발명 과정에서의 실패는 사회 구조를 근본적으로 변화시키는 데 걸림돌이 되기도 한다.
③ 현대의 발명은 개인보다 팀과 조직을 중심으로 이루어지며, 전문 지식을 필요로 하는 특성이 있다.
④ 미래의 발명은 인류의 편의를 높이고 인류가 공동으로 느끼는 문제를 해결하는 데 중점을 두고 있다.

08 윗글의 ⊙~ⓔ과 바꿔 쓸 수 있는 유사한 표현으로 적절하지 않은 것은?

① ⊙: 이었다
② ⓒ: 겪은
③ ⓒ: 넓어지고
④ ⓔ: 드러낸다

09 다음 글에 대한 평가로 가장 적절한 것은?

건축 공간과 인간 행동의 관계는 대체로 세 가지 이론적 관점에 의해 설명된다. 환경 결정론자들은 건축 환경이 인간 행동을 직접적으로 결정한다고 주장한다. 이들은 공간 구성, 재료, 빛, 색채 등의 물리적 특성이 이용자의 행동과 심리 상태를 형성한다고 본다. 예를 들어 개방적인 공간은 소통과 협업을 증가시키고, 좁고 어두운 공간은 불안감을 유발한다는 것이다.

반면 환경 가능론자들은 건축 환경이 인간 행동에 영향을 미치지만 전적으로 결정하지는 않는다고 본다. 이들에게 건축 환경은 행동 가능성의 틀을 제공할 뿐, 실제 행동은 이용자의 해석과 선택에 따라 달라진다. 같은 공간이라도 개인의 문화적 배경, 경험, 심리 상태에 따라 다르게 인식될 수 있다는 것이다. 대형 아트리움이 사회적 교류의 장이 되기도 하고, 불편한 노출 공간으로 인식되기도 하는 것이 그 예이다.

사회 구성론자들은 건축 환경의 의미가 사회문화적 맥락에서 형성된다고 주장한다. 건축물은 특정 시대와 사회의 가치와 권력관계를 반영하는 문화적 산물로, 사람들은 건축물이 상징하는 바에 부합하게 행동한다는 것이다. 또한 그들은 건축물의 의미는 시간에 따라 사회적 해석과 함께 변화하며, 그에 따라 인간의 행동도 변화한다고 주장한다. 신성하게 여겨지던 신전이 수 세기가 지난 뒤 악의 상징으로 여겨져 파괴되는 것을 예로 들 수 있다.

이처럼 건축 공간과 인간 행동의 관계는 종합적으로 고려할 때 그 복합적인 영향을 더 온전히 이해할 수 있다.

① 개방형 열람실로 새 단장한 대학 도서관에서 학생들 간의 소통과 협업이 증가했다는 조사 결과는 환경 결정론자들의 주장을 강화한다.
② 폐쇄형 사무실이 서구에서는 효율성 저하로, 동아시아에서는 소통 부담의 완화로 인식된다는 연구 결과는 환경 가능론자들의 주장을 약화한다.
③ 범죄 예방 환경 설계를 적용한 주거 단지에서 범죄율이 크게 변하지 않았다는 연구 결과는 환경 결정론자들과 환경 가능론자들의 주장을 모두 강화한다.
④ 과거 종교적 권위의 상징이었던 성당이 현대에 이르러 관광 시설로 개방되자 사람들이 건물 내부에서 소란스럽게 행동하기 시작한 것은 사회 구성론자들의 주장을 약화한다.

10 다음 대화를 분석한 내용으로 가장 적절한 것은?

갑: 대중교통 무료화는 교통 약자들의 이동권을 보장하고 사회적 불평등을 완화할 수 있는 정책입니다. 특히 저소득층의 경제적 부담을 줄여주는 효과가 큽니다.

을: 저는 무료화 정책에 대해 의문이 있습니다. 현재도 대중교통 운영은 적자인데, 무료화를 실시하면 서비스 질이 떨어질 수 있습니다. 오히려 서비스를 개선하고 적정 가격을 유지하는 것이 더 중요하지 않을까요?

병: 두 분 다 타당한 의견을 말씀하셨네요. 완전한 무료화가 아니라, 소득 수준에 따른 차등 요금제나 특정 계층 대상 무료화 같은 방법은 어떨까요?

갑: 그런 단계적 접근도 좋은 방법이지만, 요금 정책을 너무 복잡하게 만들면 행정 비용이 증가할 수 있습니다. 그리고 서비스 질 문제는 재원 확보 방안을 제대로 마련하면 해결될 수 있습니다.

을: 음, 제가 다시 생각해 보니 소득에 따른 차등 요금제는 서비스 질을 유지할 수 있는 현실적인 대안이 될 수 있겠네요. 완전 무료화보다는 부담이 적으면서도 교통 약자들을 지원할 수 있으니까요.

병: 그렇습니다. 대중교통은 공공서비스로서 형평성과 효율성을 모두 고려해야 합니다. 우리 도시의 특성과 재정 상황을 종합적으로 검토하여 최적의 방안을 찾아가는 과정이 필요하다고 봅니다.

① 자신의 전문성을 강조하여 설득력을 높이려는 사람이 있다.
② 감정적 표현을 통해 상대방의 의견을 반박하는 사람이 있다.
③ 상대방의 의견을 수용하여 자신의 생각을 수정하는 사람이 있다.
④ 논점을 의도적으로 전환하여 자신에게 유리한 방향으로 대화를 이끄는 사람이 있다.

독해력 UP! 어휘 퀴즈

헷갈리기 쉬운 어휘

[01~06] 다음 중 알맞은 어휘를 고르시오.

01 그는 자기가 하는 일에 (실증 / 싫증)을 느끼고는 한숨을 쉬었다.

02 할아버지께서는 (노름 / 놀음)에 빠지셔서 가정을 돌보지 않으셨다.

03 이번 사업 기획안은 (무난하게 / 문안하게) 통과할 것으로 보입니다.

04 그녀는 (멋적은 / 멋쩍은) 웃음을 지으며 그 상황에서 벗어나고자 했다.

05 어릴 적 나는 어려운 상황에서도 (꿋꿋이 / 꿋꿋히) 버티고 있었던 것 같다.

06 살아생전 (성깔 / 성갈)이 고약했던 그의 장례식에는 사람이 모이지 않았다.

바꿔 쓸 수 있는 어휘

[07~12] 밑줄 친 어휘와 바꿔 쓸 수 있는 것을 ㉠~㉥에서 고르시오.

07 그녀는 어려운 이웃을 돕는 일에 앞장섰다.

08 후배 직원은 선배 직원에게 궁금한 점을 물었다.

09 그녀는 매일 밤 라디오 사연을 듣는 것이 취미이다.

10 그의 여윈 몸은 병에 시달린 오랜 시간을 보여 준다.

11 아무리 큰 상처라도 세월이 지나면 아물기 마련이다.

12 그는 자신의 주장을 굽히지 않기로 사내에서 유명하다.

㉠ 선도하다
㉡ 회복하다
㉢ 질의하다
㉣ 양보하다
㉤ 청취하다
㉥ 초췌하다

정답 | 01 싫증 02 노름 03 무난하게 04 멋쩍은 05 꿋꿋이 06 성깔
07 ㉠ 08 ㉢ 09 ㉤ 10 ㉥ 11 ㉡ 12 ㉣

01 다음 글의 ㉠~㉣ 중 어색한 곳을 찾아 가장 적절하게 수정한 것은?

의례는 초자연적 존재와의 소통 여부에 따라 종교적 의례와 세속적 의례로 나눌 수 있다. 종교적 의례가 신성한 대상이나 초자연적 존재와의 소통을 목적으로 한다면, 세속적 의례는 ㉠초자연적 요소 없이 사회적 관계나 규범을 강화하기 위해 수행된다.

한편, 문화와 사회에 따라 종교적 의례와 세속적 의례의 형태를 모두 가질 수 있는 의례가 있는데, 대표적으로 통과 의례가 있다. 이는 ㉡일반적으로 분리, 전이, 통합의 세 단계로 구성된다. 분리 단계에서 개인은 기존의 사회적 위치로부터 분리되고, 전이 단계에서 이전 상태와 새로운 상태 사이의 모호한 상태에 놓이며, 통합 단계에서 새로운 사회적 위치로 편입된다. 한국 사회에서 통과 의례는 ㉢개인이 성인으로서의 권리와 책임을 부정하는 과정이기도 하다. 이처럼 통과 의례는 개인의 생물학적 성장에 사회문화적 의미를 부여하는 역할을 한다.

의례는 또한 공동체의 결속력을 강화하고 사회적 통합을 촉진한다. 특히 주기적으로 반복되는 의례는 ㉣집단의 정체성과 공유된 기억을 강화하며, 집단 내 갈등을 완화하고 사회적 질서를 유지하는 데 기여한다. 예를 들어, 설과 같은 명절 의례는 가족의 결속을 다지고 조상에 대한 존경을 표현하는 기회가 된다.

① ㉠: 초자연적 요소와 함께 사회적 관계나 규범을 강화하기 위해 수행된다
② ㉡: 일반적으로 분리, 전이, 통합의 세 단계로 구성되어진다
③ ㉢: 개인이 성인으로서의 권리와 책임을 부여받는 의례이다
④ ㉣: 집단의 정체성과 공유된 기억을 약화하며

02 (가)~(라)를 맥락에 맞추어 가장 적절하게 나열한 것은?

(가) 포스트잇은 의도치 않은 발견에서 시작된 발명품이다. 1968년 화학자 스펜서 실버는 강력 접착제를 개발하는 과정에서 점착력이 약한 접착제를 만들어냈다. 이 접착제는 표면에 잘 붙지만 쉽게 떼어낼 수 있는 특성이 있었으나, 당시 회사에서는 활용 가치가 없다고 판단하여 실패작으로 생각했다.

(나) 스펜서 실버는 이것을 활용할 방법을 계속 모색했으나 회사 내에서 큰 관심을 얻지 못했다. 그러나 이후 같은 회사의 아서 프라이는 성가대 활동 중 영감을 얻게 된다. 그는 찬송가에 표시하던 종이 쪽지가 자주 떨어지는 것에 불편함을 느꼈고, 실버의 접착제로 이 문제를 해결할 수 있겠다는 아이디어를 떠올렸다.

(다) 특히 포스트잇은 출시 이후 사무실 환경을 혁신적으로 변화시켰다. 이는 '떼었다 붙였다 할 수 있는 메모지'에서 시작해 다양한 크기와 색상, 형태로 확장되었다. 현대 사회에서 포스트잇은 아이디어 정리, 프로젝트 관리, 협업 도구로 널리 활용되며, 디지털 시대에도 여전히 사람들에게 선호되고 있다.

(라) 이후 프라이는 이 아이디어로 접착제가 발린 노란색 메모지 시제품을 만들었다. 이에 대해 마케팅 부서에서 상업적 성공 가능성에 의문을 표하기도 했지만, 아이다호주 보이시에서의 시범 판매로 실용성이 입증되었다. 이는 '포스트잇 노트'로 전국 판매가 시작된 출시 첫해부터 예상을 뛰어넘는 판매량으로 히트 상품이 되었다.

① (가) - (나) - (라) - (다)
② (가) - (라) - (다) - (나)
③ (다) - (나) - (가) - (라)
④ (라) - (다) - (가) - (나)

[03~04] 다음 글을 읽고 물음에 답하시오.

문학 작품에서 신화는 풍부한 상징체계와 원형적 서사를 제공하는 중요한 자원으로 활용되어 왔다. 특히 20세기 문학에서는 신화적 요소를 ㉠차용하고 재해석함으로써 현대인의 실존적 고뇌와 사회적 현실을 성찰하는 경향이 두드러진다. 이러한 경향은 서구 모더니즘 문학에서 ㉡분명하게 나타났으며, 한국 문학에서도 김동리의 「무녀도」 등에서 확인할 수 있다.

현대 문학에서 신화의 차용은 단순한 원형적 이야기 구조의 반복이 아니라 재맥락화를 통한 새로운 의미 생성 과정이다. 작가들은 전통적 신화 서사를 현대적 상황에 적용하며 익숙한 이야기 속에 낯선 시각을 부여하고, 고대 신화 속 인물을 현대적 문맥에서 재해석하기도 한다. 예컨대 조이스는 『율리시즈』에서 호메로스의 『오디세이』 구조를 더블린의 일상에 ㉢중첩하여, 영웅적 서사를 평범한 인물의 내면 여정으로 전환했다. 이러한 신화적 모티프는 인간 본성, 사랑, 죽음과 같은 보편적 주제를 새로운 관점으로 ㉣조명하는 방식을 취했으며, 작가들은 신화 속 인물과 상황을 통해 현대인의 무의식적 갈등과 욕망을 표현하였다.

한국 현대 문학에서는 토착 신화와 무속 신앙의 요소가 주로 민족적 정체성과 역사 인식을 매개하는 역할을 했다. 특히 일제 강점기와 전후 문학에서 신화적 상상력은 민족 공동체의 역사적 경험을 형상화하는 중요한 문학적 전략으로 활용되었다. 이런 맥락에서 신화의 재해석은 문화적 전통의 회복과 현대적 의미의 발견이라는 이중 과제를 수행하는 문학적 방식으로 나타난다.

03 윗글을 이해한 내용으로 가장 적절한 것은?

① 한국 문학에서 신화적 요소는 주로 서구 신화를 차용하는 방식으로 나타난다.
② 현대 문학에서 신화는 주로 원형적 서사 구조를 그대로 복제하는 데 의의가 있다.
③ 문학 작품에서 신화의 재맥락화는 익숙한 이야기에 새로운 의미를 부여하는 과정이다.
④ 조이스의 『율리시즈』는 신화적 요소를 배제하고 일상의 사실적 묘사에 집중한 작품이다.

04 윗글의 ㉠~㉣과 바꿔 쓸 수 있는 유사한 표현으로 적절하지 않은 것은?

① ㉠: 빌리고
② ㉡: 뚜렷하게
③ ㉢: 겹쳐
④ ㉣: 비치는

[05~06] 다음 글을 읽고 물음에 답하시오.

세포는 모든 생명체의 기본 단위로, 복잡한 구조와 다양한 기능을 수행하는 정교한 시스템이다. 세포막은 세포의 경계를 형성하며 특정 물질만 통과시키는 선택적 투과성을 통해 물질의 출입을 조절하는데, 이 세포막은 지방 성분인 인지질이 두 겹으로 쌓인 이중 층으로 구성되어 있다.

세포 내에서 중요한 구조물 중 하나는 핵이다. 핵은 유전 물질인 DNA를 포함하고 있어 유전 정보의 저장소 역할을 한다. 핵을 둘러싼 핵막은 이중으로 된 막 구조이며, 핵막에 있는 작은 구멍인 핵공을 통해 물질이 핵과 세포질 사이를 이동한다. DNA는 히스톤이라는 단백질과 결합하여 실타래 모양의 염색질을 형성하고, 세포가 분열할 때는 더욱 조밀하게 뭉쳐져 막대 모양의 염색체로 변화한다.

세포질에는 다양한 소기관들이 존재하는데, 각각 특정 기능을 ㉠맡는다. 미토콘드리아는 음식물로부터 얻은 영양소를 이용해 세포 호흡을 하고 이를 통해 에너지를 생산하므로 '세포의 발전소'라고 불린다. 리보솜은 단백질을 만드는 작은 공장과 같은 소기관으로, 세포질에 자유롭게 떠다니거나 소포체라는 막 구조에 부착되어 있다. 리보솜이 붙어 있는 거친면 소포체는 주로 리보솜에서 합성된 단백질을 운송하는 역할을 담당한다. 반면 리보솜이 없는 매끈면 소포체는 지방 성분을 합성하고 몸에 해로운 물질을 분해하는 해독 작용을 수행한다. 골지체는 소포체에서 만들어진 단백질과 지질을 최종적으로 다듬고 분류하여 세포 내 다른 부위나 세포 외부로 보내는 역할을 한다. 마지막으로 리소좀은 세포 내의 소화 기관과 같은 소기관으로, 다양한 분해 효소를 포함하고 있어 오래되거나 손상된 세포 구성 요소나 외부에서 들어온 물질을 소화하고 분해한다.

05 윗글에서 추론한 내용으로 가장 적절한 것은?

① 핵공이 막히면 DNA의 복제 속도가 증가할 것이다.
② 리소좀에 이상이 생기면 세포 내 노폐물이 축적될 것이다.
③ 미토콘드리아가 많은 세포일수록 단백질 합성 능력이 우수할 것이다.
④ 매끈면 소포체가 증가하면 세포 내 지방 성분 합성량은 감소할 것이다.

06 밑줄 친 표현이 문맥상 ㉠의 의미와 가장 가까운 것은?

① 이 숙소는 짐을 맡아 주기 때문에 편리하다.
② 주차장에서 자리를 맡아 두는 행위는 옳지 못하다.
③ 그 사업을 진행하기 위해서는 시청의 허가를 맡아야 했다.
④ 내가 이 사건을 맡은 이상 반드시 범인을 잡고 말 것이다.

07 다음 글의 ㉠과 ㉡에 대한 평가로 올바른 것은?

> ㉠기업의 채용은 객관적이고 표준화된 방식으로 이루어져야 한다. 이는 모든 지원자에게 동일한 조건과 기준을 적용함으로써 공정성과 신뢰성을 확보할 수 있기 때문이다. 특히 표준화된 시험이나 자격 검증은 지원자의 지식과 직무 능력을 효율적으로 측정하며, 다양한 지원자 집단 간 비교를 가능하게 한다. 또한 명확한 평가 기준과 점수화된 결과는 지원자의 역량 수준에 대한 객관적 정보를 제공하여, 채용과 배치 과정에서 중요한 선발 지표로 활용할 수 있다. 기업과 사회가 필요로 하는 인재를 선발하고 적재적소에 배치하기 위해서는 경쟁과 서열화를 통한 선별 기능이 필수적이며, 이를 위해 객관적이고 공정한 평가 시스템이 요구된다.
> 그러나 한편으로는 ㉡지원자 개개인의 성장 가능성과 역량 발휘 과정에 초점을 맞추는 과정적 접근 역시 필요하다. 모든 지원자에게 동일한 기준을 적용하는 표준화된 방식은 개인의 다양한 잠재력과 독창성을 제대로 평가하지 못하므로, 창의성이나 문제 해결 능력 같은 고차원적 역량을 측정하기 어려울 수 있다. 이 때문에 인턴십, 프로젝트 기반 과제, 면접에서의 협업 활동, 자기 평가와 동료 평가 등 다양한 대안적 평가 방식을 활용하여 개인의 발전 가능성에 중점을 두어야 한다. 채용 평가의 궁극적 목적은 단순한 비교와 선발이 아니라, 조직과 지원자 모두에게 성장의 기회를 제공하고, 장기적으로 인재가 역량을 최대한 발휘할 수 있도록 돕는 데 있다.

① 표준화된 채용 시험에서 높은 점수를 받은 지원자들이 실제 직무 수행에서 낮은 성과를 보인다는 연구 결과는 ㉠을 강화한다.

② 자기 평가와 역량 중심 평가 비중을 높인 기업에서 표준화된 평가 비중이 높았을 때보다 직원들의 업무 성과가 더 높게 나타났다는 조사 결과는 ㉡을 약화한다.

③ 채용 시 필기시험의 반영 비율을 줄이고 프로젝트 수행 결과나 포트폴리오를 중심으로 인재를 선발한 기업이 산업 내 혁신 지수와 성장률이 높았다는 사례는 ㉠을 강화하고 ㉡을 약화한다.

④ 면접이나 인턴십 경험 등 다양한 전형 요소를 통해 선발된 직원들이 필기시험 성적으로만 채용된 직원들보다 문제 해결 능력이 더 높고 조직 내에서도 상위 성과를 보인다는 통계 결과는 ㉠을 약화하고 ㉡을 강화한다.

08 다음 진술이 모두 참일 때 반드시 참인 것은?

> ○ 지수가 독서실에 가면 공부를 한다.
> ○ 지수가 공부를 하면 휴대폰을 사용하지 않는다.
> ○ 지수는 휴대폰을 사용하고 있다.

① 지수는 공부를 한다.
② 지수는 독서실에 간다.
③ 지수는 공부를 하고 독서실에 가지 않는다.
④ 지수는 공부를 하지 않고 독서실에 가지 않는다.

09 다음 글의 (가)와 (나)에 들어갈 말을 적절하게 나열한 것은?

> 품사에 따라 합성어의 구성 방식은 다양하게 나타난다. 합성 부사의 경우, '곧잘, 잘못'처럼 부사끼리 결합한 유형과 '길이길이, 너무너무'처럼 같은 부사가 반복된 유형이 있다. 그런데 합성 부사 중에는 부사가 아닌 요소들이 결합하여 이루어진 경우도 있다.
>
> 가령 '한층, 한바탕'은 ☐(가)☐ 와 명사가 결합한 구성이다. 이들은 명사 '층'과 '바탕'에 이들을 수식하는 '한'이 결합하여 만들어진 합성어인데, 이때 '한'은 명사인 '층'과 '바탕'의 내용을 자세하게 꾸며 준다. 이처럼 국어에서 명사, 대명사, 수사와 같은 체언을 꾸며 주는 관형사는 합성 부사의 형성에 기여할 수 있다.
>
> 한편 '이른바'는 ☐(나)☐ 와/과 의존 명사가 결합한 합성 부사이다. 이는 동사 '이르다'의 어간에 관형사형 어미 '-ㄴ'이 결합한 후 의존 명사 '바'가 결합하여 만들어진 것으로, 후행 요소로 부사가 아닌 명사나 의존 명사가 오는 경우도 많다는 점도 합성 부사의 특징이다.

	(가)	(나)
①	부사	의존 명사
②	부사	동사의 관형사형
③	관형사	부사
④	관형사	동사의 관형사형

10 다음 대화의 빈칸에 들어갈 말로 가장 적절한 것은?

> 갑: 학교 축제를 5월에 개최하면 강당에서 진행해야 합니다.
> 을: 학교 축제에서 밴드 공연을 진행하려면 마이크를 준비해야 합니다.
> 병: ☐☐☐☐☐☐☐☐☐☐☐☐☐☐☐☐☐
> 정: 여러분의 의견에 따르면, 학교 축제를 강당에서 진행하고 마이크를 준비해야 하는군요.

① 학교 축제에서 밴드 공연을 진행하지 않습니다.
② 학교 축제를 5월에 개최하고 밴드 공연을 진행합니다.
③ 학교 축제를 5월에 개최하지 않고 밴드 공연을 진행합니다.
④ 학교 축제를 5월에 개최하지 않고 밴드 공연을 진행하지 않습니다.

바로 채점하기

01	③	02	①	03	③	04	④	05	②
06	④	07	④	08	④	09	④	10	②

독해력 UP! 어휘 퀴즈

헷갈리기 쉬운 어휘

[01~06] 다음 중 알맞은 어휘를 고르시오.

01 밥솥에 쌀을 (안친 / 앉힌) 뒤 밑반찬을 만들기 시작했다.

02 (막달은 / 막다른) 길에 다다르자 동생을 만날 수 있었다.

03 시험을 (치루는 / 치르는) 일은 도무지 적응이 되지 않는다.

04 어머니께서 생선을 (졸이셨고 / 조리셨고) 나는 나물을 무쳤다.

05 일찍 부모님을 (여윈 / 여읜) 소년은 스스로를 불쌍히 여기지 않았다.

06 한약방에서는 약을 (달이는 / 다리는) 동안 재료를 손질하는 것이 일상이다.

바꿔 쓸 수 있는 어휘

[07~12] 밑줄 친 어휘와 바꿔 쓸 수 있는 것을 ㉠~㉥에서 고르시오.

07 그들은 마음을 <u>나눈</u> 오랜 친구들이다.   ㉠ 수용하다

08 그는 친구의 제안을 기꺼이 <u>받아들였다</u>.   ㉡ 도출하다

09 그들은 서로의 의견을 모아 결론을 <u>내렸다</u>.   ㉢ 공유하다

10 아버지는 막내아들에게 재산을 <u>물려주었다</u>.   ㉣ 상속하다

11 의사는 환자의 상태를 <u>살핀</u> 후 처방전을 썼다.   ㉤ 예측하다

12 경영진은 회사의 미래를 <u>내다볼</u> 줄 알아야 한다.   ㉥ 진단하다

정답 | 01 안친 02 막다른 03 치르는 04 조리셨고 05 여읜 06 달이는
07 ㉢ 08 ㉠ 09 ㉡ 10 ㉣ 11 ㉥ 12 ㉤

01 〈공공언어 바로 쓰기 원칙〉에 따라 수정한 것으로 적절하지 않은 것은?

─────〈공공언어 바로 쓰기 원칙〉─────
○ 중복되는 표현을 삼갈 것
  - ㉠ 의미가 중복되는 표현을 사용하지 않음.
○ 지나치게 긴 문장 삼가기
  - ㉡ 복잡한 내용은 여러 문장으로 나누어 표현함.
○ 조사·어미 생략 시 어법 고려하기
  - ㉢ 필요한 조사와 '-하다' 등을 적절히 사용함.
○ 외래어 순화
  - ㉣ 외국어나 외래어는 가급적 우리말로 바꿈.

① "이번 사태의 대책을 신속하고 빠르게 마련하겠습니다."를 ㉠에 따라 "이번 사태의 대책을 신속하게 마련하겠습니다."로 수정한다.

② "우리 지역의 환경 보호와 지속 가능한 발전을 위해 생활 쓰레기 분리배출 방법이 새롭게 바뀌며, 이에 따라 종이류, 플라스틱류, 유리류, 금속류 등으로 세분화하여 분리배출 해야 합니다."를 ㉡에 따라 "우리 지역의 환경 보호와 지속 가능한 발전을 위해 생활 쓰레기 분리배출 방법이 새롭게 바뀝니다. 이에 따라 종이류, 플라스틱류, 유리류, 금속류 등으로 세분화하여 분리배출 해야 합니다."로 수정한다.

③ "민원 접수 후 처리 결과 안내"를 ㉢에 따라 "민원을 접수한 후 처리 결과를 안내합니다."로 수정한다.

④ "시민 참여 프로세스를 강화하여 행정 투명성을 높인다."를 ㉣에 따라 "시민 참여 활동을 강화하여 행정 투명성을 높인다."로 수정한다.

02 다음 글의 핵심 논지로 가장 적절한 것은?

간편식에 대한 사회적 담론은 주로 건강 문제를 중심으로 전개되어 왔다. 전문가들은 대부분의 간편식에 포함된 높은 나트륨, 지방, 첨가물이 만성 질환과 연관될 수 있다고 지적해 왔다. 특히 라면과 같은 인스턴트 식품이 건강에 해롭다는 인식은 '간편식 = 건강하지 않은 식품'이라는 등식을 형성했다.

그러나 최근의 담론은 보다 복합적으로 전개되고 있다. 모든 간편식을 동일하게 평가할 수 없다는 인식이 확산되면서, 영양을 강화하고 첨가물을 최소화한 고급 간편식이 등장하였다. 이에 따라 '건강한 간편식'의 가능성이 모색되고 있다.

주목할 현상은 간편식에 대한 이중적 태도다. 대중은 간편식의 건강상 위험성을 인지하면서도 현대 생활에서 완전히 배제하기 어렵다는 딜레마를 겪고 있다. 이 때문에 식품 기업들은 나트륨과 지방 함량을 줄이고 천연 재료를 사용하여, 영양소가 강화된 덜 나쁜 간편식을 개발하는 방향으로 대응하고 있다. 이러한 사회적 노력은 개인의 선택과 책임을 넘어 식품 정책, 교육, 환경적 접근 등 다층적 대응을 요구한다. 식품 표시제 강화, 건강한 식품에 대한 접근성 향상, 영양 교육 확대 등이 논의되면서, 간편식을 둘러싼 담론은 이분법적 시각에서 보다 체계적이고 실용적인 방향으로 발전하게 될 것이다.

① 식품 기업들은 이윤 추구를 위해 간편식의 건강 위험성을 숨기고 있다.
② 간편식의 소비를 줄이기 위해서는 개인의 의지와 선택이 가장 중요하다.
③ 고급 간편식의 등장으로 소비자들은 건강한 식품을 선택할 수 있게 되었다.
④ 간편식에 대한 담론이 단순 건강 중심에서 복합적이고 실용적인 접근으로 변화하고 있다.

03 다음 진술이 모두 참일 때 반드시 참인 것은?

> ○ 동물은 모두 산소를 필요로 한다.
> ○ 어떤 수생생물은 동물이다.

① 수생생물은 모두 동물이다.
② 산소를 필요로 하면 동물이다.
③ 어떤 수생생물은 산소를 필요로 한다.
④ 산소를 필요로 하지 않으면 동물이다.

04 다음 글에서 추론한 내용으로 가장 적절한 것은?

> 세계의 전통 음악을 분석한 최근 연구는 문화적 유사성과 특수성의 복잡한 상호 작용을 보여 준다. 음악학자들과 인류학자들은 지리적·문화적으로 격리된 공동체에서도 유사한 음악적 패턴이 발견된다는 사실에 주목했다. 이는 음악의 기본 요소가 인간의 생물학적·인지적 특성과 관련될 수 있음을 드러낸다.
> 음악의 유사한 특성 중 자주 언급되는 것이 옥타브 인식으로, 이는 서로 다른 문화권에서 기본음의 2배(옥타브)를 동일하거나 밀접한 음으로 인식하는 경향이다. 또한 흔히 5~7개의 음을 선택하여 음계를 구성하기도 하는데, 일부 학자들은 이에 대해 인간이 편리하게 지각하거나 기억할 수 있도록 유사성이 나타난 것이라고 주장한다. 특히 이들은 리듬 구조를 짤 때 인지적으로 처리하기 쉬운 2:1이나 3:1의 단순한 리듬이 보편적으로 선호된다고 주장한다.
> 그러나 이러한 유사성에도 각 문화는 언어, 사회 구조, 종교적 관습 등의 문화적 요인에 따라 독특한 음악적 문법을 발전시켰다. 서구 음악은 화성적 진행에, 인도의 라가는 선율 패턴과 즉흥성에, 서아프리카 음악은 폴리리듬에 초점을 맞춘다. 또한 중동 음악은 서양의 반음보다 더 작은 음정을 활용하고, 동아시아 음악은 음색의 미묘한 변화를 중시한다.
> 한 연구팀은 문화적 배경이 다른 청자들에게 여러 문화권의 음악을 들려주고 정서적 반응을 측정했다. 그 결과, 슬픔이나 기쁨과 같은 기본적인 정서는 문화적 배경과 관계없이 대체로 유사하게 인식되었지만, 보다 복잡한 정서의 해석은 문화적 경험에 따라 크게 달랐다. 또한 자신의 문화권 음악에서는 감정의 미묘한 차이를 식별할 수 있지만, 다른 문화권의 음악에서는 이러한 능력이 감소하는 것으로 나타났다.

① 음악의 유사성은 인간의 생물학적 특성과, 음악의 특수성은 문화적인 요인과 관련이 있다.
② 서양의 반음보다 더 작은 음정을 활용하는 문화권에는 옥타브에 대한 인식이 존재하지 않는다.
③ 다양한 문화권의 음악에서 나타나는 리듬 패턴은 각 문화의 언어 구조와 일치하는 경향이 있다.
④ 동양인에게 서구 문화권의 음악을 들려주면 음악에서 나타나는 감정의 미묘한 차이를 서양인보다 더 잘 느낄 것이다.

05 다음 대화를 분석한 내용으로 적절하지 않은 것은?

민수: 우리 회사에서 칸막이를 설치하려고 하는데, 이에 대해 어떻게 생각해? 칸막이 설치가 업무 효율성 측면에서 좋을지, 아니면 기존처럼 설치하지 않는 게 나을지 의견을 나눠보자.

지현: 나는 칸막이 설치를 지지해. 개인의 업무 집중도를 높이고 불필요한 시선과 소음으로부터 보호받을 권리가 중요하다고 생각하거든. 최근 연구에 따르면 칸막이가 없어졌을 때 직원들의 대면 소통이 오히려 70% 감소했다는 결과도 있어. 칸막이로 물리적 경계를 만드는 것이 개인의 효율성을 높이는 방법이지.

유진: 난 그렇게 생각하지 않아. 칸막이는 결국 소통의 벽을 만들 뿐이야. 우리 회사의 핵심 가치는 협업과 창의성인데, 물리적 장벽은 아이디어 교환을 방해하고 팀워크를 약화시켜. 칸막이를 설치하지 않아서 발생하는 즉각적인 피드백과 자연스러운 협업의 가치가 개인의 집중도 저하보다 훨씬 더 중요하다고 봐.

민수: 내 의견도 그래. 실리콘 밸리의 혁신적인 기업들이 칸막이를 설치하지 않는 이유가 있어. 칸막이 때문에 위계질서가 강화되고 조직 문화가 경직될 위험이 있잖아. 게다가 공간 활용 측면에서도 비효율적이고, 설치와 유지에 상당한 비용이 들지. 결국 회사의 창의성과 혁신 역량이 저하될 수 있어.

서윤: 두 관점 모두 타당하지만, 업무의 성격에 따라 유연하게 접근할 필요가 있어. 집중이 필요한 개인 작업 공간과 협업이 필요한 공용 공간을 적절히 배치하는 혼합형 구조가 최선이라고 생각해. 모든 직원에게 획일적인 환경을 강요하기보다는 업무 특성과 개인 선호도를 고려한 맞춤형 접근이 필요한 시대야.

① 서윤은 집중 업무와 협업 업무의 균형을 고려한 절충적 방식을 제안한다.
② 지현은 개인의 권리와 업무 효율성을 이유로 칸막이 설치에 찬성하는 입장이다.
③ 유진은 소통의 약화를 이유로, 민수는 경제적 이유로 칸막이 설치에 대해 반대하는 입장이다.
④ 민수는 처음에는 중립적 입장이었으나 논의 과정에서 칸막이 설치를 지지하는 쪽으로 입장을 바꾼다.

06 다음 글의 밑줄 친 결론을 이끌어 내기 위해 추가해야 할 것은?

피아노를 치는 사람은 모두 손가락이 길다. 손가락이 길고 청각이 예민한 사람은 모두 연주를 잘한다. 따라서 <u>피아노를 치는 사람은 모두 연주를 잘한다.</u>

① 청각이 예민한 사람은 모두 손가락이 길다.
② 연주를 잘하는 사람은 모두 손가락이 길다.
③ 피아노를 치는 사람은 모두 청각이 예민하다.
④ 손가락이 긴 사람 중에 피아노를 치지 않는 사람도 있다.

[07~08] 다음 글을 읽고 물음에 답하시오.

영화 촬영에서 조명은 단순히 피사체를 밝게 비추는 것 이상의 의미를 갖는다. 조명은 영화의 분위기를 결정하고 이야기를 전달하는 중요한 요소이다. 고전 할리우드 영화에서는 3점 조명 기법을 주로 사용했다. 이는 주광원인 키 라이트, 그림자를 부드럽게 만드는 필 라이트, 배경과 인물을 분리하는 백 라이트로 구성된다. 이 기법은 인물의 얼굴을 명확하게 보여주면서도 얼굴에 입체감을 ⊙더하여 관객이 등장인물에 더 집중할 수 있도록 ⓒ돕는다. 반면, 필름 누아르 장르에서는 로우 키 조명이 주로 사용된다. 이 기법은 강한 명암 대비와 짙은 그림자를 만들어 미스터리하고 불안한 분위기를 형성한다. 한편, 현대 영화에서는 자연광을 활용한 촬영이 ⓒ늘고 있는데, 이는 카메라 기술의 발전으로 저조도 환경에서도 선명한 영상을 ⓔ얻을 수 있게 되었기 때문이다. 특히 다큐멘터리 영화나 사실주의 영화에서는 인위적인 조명보다는 실제 환경의 자연광을 선호하는 경향이 있다.

07 윗글에서 추론한 내용으로 가장 적절한 것은?

① 필름 누아르 영화에서는 선명한 이미지를 위해 3점 조명 기법을 주로 활용한다.
② 로맨틱 코미디 영화의 밝은 분위기를 형성하기 위해 로우 키 조명을 사용해야 한다.
③ SF 영화에서 미래 도시의 어두운 면을 강조하려면 강한 명암 대비를 활용할 수 있다.
④ 현대 영화에서는 기술 발전으로 인해 모든 장르에서 인위적인 조명 사용이 불필요해졌다.

08 윗글의 ⊙~ⓔ과 바꿔 쓸 수 있는 유사한 표현으로 적절하지 않은 것은?

① ⊙: 부과(賦課)하여
② ⓒ: 보조(補助)한다
③ ⓒ: 증가(增加)하고
④ ⓔ: 획득(獲得)할

09 다음 글의 논지를 약화하는 것으로 가장 적절한 것은?

현대 미술관의 운영 방식에 대한 논쟁이 지속되고 있다. 특히 대중성과 전문성 사이의 균형을 어떻게 맞출 것인가에 대해 상반된 견해가 대립하고 있다.

전문성 우선론자들은 미술관이 예술적 가치와 학술적 엄밀성을 최우선으로 고려해야 한다고 주장한다. 그들에 따르면 미술관의 본질적 역할은 뛰어난 예술 작품을 수집, 보존, 연구하여 후세에 전달하는 것이며, 이를 위해서는 전문 큐레이터와 미술사학자들의 학술적 판단이 모든 운영 결정의 기준이 되어야 한다는 것이다. 이들은 대중의 관심이나 상업적 성과에 치중하다 보면 예술의 본질적 가치가 훼손되고, 결국 미술관이 단순한 오락 시설로 전락할 위험이 있다고 경고한다.

또한 이들은 진정한 예술 교육은 대중의 즉흥적 호기심을 자극하는 것이 아니라, 체계적이고 깊이 있는 미술사적 지식을 바탕으로 이루어져야 한다고 강조한다. 관람객들이 처음에는 어렵게 느끼더라도, 전문적인 해설과 학술적 전시 기획을 통해 점진적으로 예술에 대한 이해를 높여 나가는 것이야말로 미술관의 진정한 교육적 사명이라는 것이다. 따라서 전문성 우선론자들은 미술관 운영의 핵심 목표가 일시적인 관람객 증가나 화제성을 배제한 채 장기적인 관점에서 예술 문화의 수준을 향상시키는 데 기여해야 한다고 결론짓는다.

① 상업성을 추구하는 미술관이 늘어남에 따라 기념품 구매를 목적으로 미술관을 방문하는 관람객이 늘었다.
② 학술 가치보다 화제성 있는 작품이 우선 보존되었으나, 시간이 지나며 화제성이 떨어지자 대량으로 폐기되고 있다.
③ 체계적인 미술사 교육을 받은 관광객일수록 미술에 흥미를 갖고 미술관을 더 자주 방문한다는 연구 결과가 밝혀졌다.
④ 체험형 놀이 프로그램을 가미한 미술 전시회를 개최한 결과, 전시회 방문 후 미술에 흥미를 갖고 미술사를 공부하는 관람객들이 늘어나고 있다.

10 다음 중 ㉠에 해당하는 사례로 적절한 것은?

언어학에서 '전제'란 어떤 문장이 성립하기 위해 이미 그 참이 보장되어야 하는 문장을 말한다. 이러한 전제는 부정문에서도 여전히 참으로 유지된다는 특징이 있다. 예를 들어 "민지의 언니가 결혼했다"라는 문장은 "민지는 언니가 있다"라는 전제를 갖는데, 이 문장을 부정하여 "민지의 언니가 결혼하지 않았다"라고 해도 "민지는 언니가 있다"라는 전제는 여전히 유지된다. 따라서 "민지는 언니가 있다"는 "민지의 언니가 결혼했다"의 ㉠전제이다.

이때 전제를 생성하는 요소를 '전제 유발자'라고 하는데, 반복 표현이나 특정 동사와 같은 다양한 형태의 전제 유발자가 존재한다. 예를 들어 "아이가 또 도둑질을 했다"에서 '또'라는 반복 표현은 "아이가 예전에 도둑질을 했다"라는 전제를 유발한다. 또한 '후회하다, 깨닫다'와 같은 특정 동사 역시 내포된 문장이 사실이라는 점을 전제한다는 점에서 전제 유발자로 기능한다. 가령 "오늘이 그녀와 나의 결혼 기념일임을 깨달았다"라는 문장에서 '깨달았다'는 "오늘이 그녀와 나의 결혼 기념일이다"라는 문장이 사실임을 전제하는 것이다. 이때 '생각하다, 믿다, 기대하다'와 같은 동사는 내포된 문장이 사실임을 전제하지 않으므로 전제 유발자로 기능하지 않는다.

① "민수는 자신이 합격한 것을 알았다"라는 문장에서 "민수는 합격하지 않았다"의 경우
② "영희의 친할머니께서 집에 오셨다"라는 문장에서 "영희는 외할아버지가 있다"의 경우
③ "그녀는 유학을 포기한 것을 후회한다"라는 문장에서 "그녀는 유학을 포기했다"의 경우
④ "그는 이번에 시험에 합격하리라고 기대했다"라는 문장에서 "그는 이번에 시험에 합격했다"의 경우

독해력 UP! 어휘 퀴즈

헷갈리기 쉬운 어휘

[01~06] 다음 중 알맞은 어휘를 고르시오.

01 어머니께서는 형이 쓴 기사를 (다달이/달달이) 모아 두셨다.

02 (그렇잖아도 / 그렇찮아도) 너를 만나러 가는 길이었는데 잘 됐다.

03 (괜스레 / 괜시리) 마음이 울적한 날에는 산책을 나가는 것이 좋다.

04 나는 (어쭙잖은 / 어줍잖은) 행동으로 친구들로부터 비웃음을 샀다.

05 젖은 (빨랫감 / 빨래감)을 널어 말리는데 갑자기 비가 오기 시작했다.

06 외출하기까지 시간이 조금 남아 방안에 (널브러진 / 널부러진) 책들을 정리했다.

바꿔 쓸 수 있는 어휘

[07~12] 밑줄 친 어휘와 바꿔 쓸 수 있는 것을 ㉠~㉥에서 고르시오.

07 친구들은 모두 그의 성공을 <u>기뻐했다</u>.　　　　　　　　　㉠ 합격하다

08 우리는 앞으로 새로운 계획을 <u>짜야</u> 한다.　　　　　　　　㉡ 실현하다

09 끝없는 노력 끝에 어려운 시험을 <u>통과했다</u>.　　　　　　　㉢ 축하하다

10 나는 아버지의 충고를 <u>귀담아듣기</u>로 하였다.　　　　　　㉣ 달성하다

11 그는 목표한 일을 <u>해내어</u> 모두를 놀라게 했다.　　　　　　㉤ 경청하다

12 그녀는 여든의 나이가 되어서야 오랜 꿈을 <u>이루었다</u>.　　 ㉥ 수립하다

정답 | 01 다달이　02 그렇잖아도　03 괜스레　04 어쭙잖은　05 빨랫감　06 널브러진
07 ㉢　08 ㉥　09 ㉠　10 ㉤　11 ㉣　12 ㉡

01 〈공공언어 바로 쓰기 원칙〉에 따라 〈공문서〉의 ㉠~㉣을 수정한 것으로 적절하지 않은 것은?

―〈공공언어 바로 쓰기 원칙〉―
○ 중복되는 표현을 삼갈 것.
○ 외국어 번역 투를 삼갈 것.
○ 문맥에 맞는 정확한 어휘를 사용할 것.
○ 문장 간의 의미 관계에 맞는 접속어를 사용할 것.

―〈공문서〉―
농촌진흥청

수신 유관 기관
제목 농업 기술의 ㉠ 증진 향상을 위한 사업

1. 귀 기관의 발전을 기원합니다.
2. 농촌진흥청은 ㉡새로운 농업 기술의 개발에 있어서 많은 성과를 거두고 있습니다. ㉢반면 이번 설명회를 통해 농업 기술 혁신의 성공 사례를 공유하고, 혁신 기술의 실용화를 촉진하고자 합니다.
3. ㉣귀 기관의 담당자가 참석해 주시기 바랍니다.

① ㉠: 향상
② ㉡: 새로운 농업 기술의 개발에서
③ ㉢: 따라서
④ ㉣: 본 기관

02 다음 글에서 추론한 내용으로 가장 적절한 것은?

건축물의 형태와 구조는 사회적, 경제적, 문화적, 기술적 요소들에 의해 복합적으로 영향을 받는다. 고대 이집트의 피라미드는 당시의 종교적 신념과 정치적 권력을 표현하는 형태였으며, 그 웅장한 규모는 노동력을 동원할 수 있는 파라오의 권위를 상징했다. 중세 유럽의 고딕 성당은 하늘을 향해 솟아오르는 형태로 신에 대한 경배와 당시의 신학적 세계관을 표현했으며, 새롭게 발전한 첨두 아치와 플라잉 버트레스 기술이 이를 가능하게 했다. 19세기 산업혁명 이후에는 철과 유리와 같은 새로운 건축 재료의 발전으로 이전에는 상상하지 못했던 형태의 건축물이 등장했다. 크리스털 팰리스와 에펠탑은 이러한 새로운 기술과 재료의 가능성을 과시하는 상징물이었다. 20세기에는 모더니즘 건축이 '형태는 기능을 따른다'라는 원칙을 강조하며, 장식을 최소화하고 기능에 충실한 디자인을 추구했다. 21세기에 들어서는 디지털 기술과 첨단 재료의 발전으로 복잡하고 유기적인 형태의 건축이 가능해졌으며, 환경 문제에 대한 인식이 높아지면서 지속 가능한 건축 디자인이 중요한 가치로 부상하고 있다.

① 건축은 사회적 맥락과 관계없이 독자적인 미학적 원칙에 따라 발전해왔다.
② 디지털 기술의 발전으로 인해 현대 건축에서는 기능성보다 형태적 실험이 더 중요시된다.
③ 바로크 건축의 장식적 특성은 당시의 경제적 번영과 절대 왕정의 권위를 반영한 것으로 볼 수 있다.
④ 현대 초고층 건물의 유리 외피 디자인은 환경적 지속 가능성보다는 미적 가치를 우선시한 결과이다.

[03~04] 다음 글을 읽고 물음에 답하시오.

현대 기업 환경에서 디지털 전환은 기업 생존의 필수 요소로 ㉠떠오르고 있다. 디지털 전환이란 기업이 디지털 기술을 활용하여 비즈니스 모델, 운영 방식, 고객 경험 등을 근본적으로 변화시키는 과정이다.

디지털 전환에 성공한 기업들은 세 가지 영역에서 변화를 이루었다. 첫째는 고객 경험의 혁신이다. 이들은 디지털 채널로 고객 데이터를 수집·분석하여 개인화된 서비스를 제공함으로써 고객 만족도를 높였다. 둘째는 운영 프로세스의 최적화로, 자동화, 인공지능 등을 통해 업무 효율성을 높이고 비용을 절감했다. 셋째는 비즈니스 모델 혁신으로, 디지털 기술로 새로운 수익 모델을 창출한 것이다.

(가) 기업의 디지털 전환 성공 여부는 향후 기업 생존과 경쟁력을 결정하는 핵심 요소가 된다. 디지털 기술 발전과 시장 환경 변화가 가속화되면서, 디지털 전환을 통한 기업의 민첩성과 혁신 능력 확보는 더욱 중요해지고 있다. 특히 기업의 빠른 의사결정과 시장 대응 능력은 급변하는 비즈니스 환경에서 경쟁 우위 확보에 필수적이다.

따라서 기업들은 디지털 전환을 단기적 프로젝트가 아닌 지속적인 혁신 과정으로 인식하고, 전사적 차원에서 디지털 역량을 강화하는 데 투자해야 한다. 이는 현재의 문제 해결을 넘어 미래 비즈니스 환경에 선제적으로 대응하기 위한 전략적 선택이다.

03. 윗글의 (가)를 강화하는 것으로 가장 적절한 것은?

① 디지털 전환 기술에 투자하였으나, 투자 비용 대비 효과를 제대로 누리지 못한다는 CEO들의 인터뷰가 발표되었다.
② 디지털 채널을 통해 고객 데이터를 수집한 기업들에 대한 소비자들의 불매 운동이 일어나고 있는 것으로 나타났다.
③ 디지털 전환에 성공했으나, 경영진의 리더십 부재와 참여 부족으로 3년 이후 폐업하게 된 기업의 사례가 보도되었다.
④ 디지털 전환을 성공적으로 이룬 대형 유통 기업들은 최근 10년간 평균 매출이 35% 증가한 반면, 디지털 전환에 소극적이었던 기업들은 시장 점유율이 절반 이상 감소했다.

04. 문맥상 ㉠의 의미와 가장 가까운 것은?

① 동해에서 아침 해가 붉게 떠오른다.
② 이 지역은 최근 관광명소로 떠오르고 있다.
③ 그 노래를 들으니 어린 시절의 추억이 떠올랐다.
④ 소식을 듣자마자 그녀의 얼굴에 미소가 떠올랐다.

05 다음 글의 중심 내용으로 가장 적절한 것은?

인공 눈물은 과거에는 노인이나 특정 질환자만 사용하는 제품으로 여겨졌으나, 디지털 기기의 사용이 증가함에 따라 이제는 현대인의 안구 건강 필수품으로 여겨지고 있다. 특히 최근에는 인공 눈물이 일상적인 관리 제품으로서 자리 잡게 되면서, 제약 회사들은 이를 치료제가 아닌 눈 건강 관리 제품으로 홍보하게 되었다.

그러나 이러한 위상 변화에도 불구하고, 인공 눈물을 효과적으로 사용하는 방법에 대한 대중의 이해는 부족한 것이 현 상황이다. 대부분의 사람들은 안구가 건조해지는 증상이 나타날 때만 인공 눈물을 일시적으로 사용하는데, 올바른 관리를 위해서는 증상이 나타나기 전에 이를 규칙적으로 사용해야 한다. 특히 컴퓨터 작업이나 독서와 같은 집중적인 시각 활동을 하기 전이나 후에 인공 눈물을 예방적으로 사용하면 안구에 피로가 축적되는 것을 방지할 수 있다. 또한 인공 눈물을 사용할 때는 오염 방지를 위해 눈과 점안기가 직접적으로 닿는 것을 피해야 한다. 이때 아래 눈꺼풀을 살짝 당겨 결막낭에 한 방울씩 떨어뜨리는 것이 효과적인데, 이는 여러 방울을 한꺼번에 떨어뜨려도 그 효과가 증가하지는 않기 때문이다.

물론 심각한 안구 건조증의 경우 인공 눈물만으로는 근본적인 문제가 해결되지 않으므로, 자가 진단이나 임의 사용보다는 전문가의 진단을 받아야 한다. 즉, 인공 눈물은 안과 치료의 보조적 수단이므로, 이를 인식하고 정기적인 안과 검진과 함께 사용하며 바람직하게 사용해야 한다.

① 인공 눈물 시장이 확대됨에 따라 제약 회사들은 마케팅 전략을 변화시키고 있다.
② 인공 눈물의 효과적인 사용법을 올바르게 인식하고 유의점을 지키며 사용해야 한다.
③ 인공 눈물 사용에 대한 대중의 오해는 다양한 부작용을 일으킬 수 있어 주의가 필요하다.
④ 현대인의 안구 건조증이 증가하는 원인은 다양하며 이에 따른 치료 방법도 다양화되고 있다.

06 다음 대화를 분석한 내용으로 가장 적절한 것은?

갑: 학교 급식에서 채식 메뉴를 확대해야 한다고 생각해. 환경 보호와 동물 복지 측면에서 매우 중요한 변화가 될 거야.
을: 급식은 성장기 학생들의 영양 균형이 최우선이야. 채식 메뉴가 단백질이나 철분 같은 필수 영양소를 충분히 공급할 수 있을지 의문이 들어.
병: 나는 급식 메뉴를 다양화하는 것은 찬성하지만, 학생들의 기호도 고려해야 한다고 봐. 채식 메뉴만 제공한다면 많은 학생들이 불만을 가질 수 있어.
갑: 영양 불균형을 걱정하는데, 콩류나 견과류 등으로도 충분한 단백질을 섭취할 수 있다는 연구가 많이 있어.
을: 음, 그런 대체 단백질 공급원이 있다는 건 알지만, 학교 급식 예산과 조리 환경에서 그런 메뉴를 지속적으로 제공하는 게 현실적으로 가능할까?
병: 양측 의견을 모두 반영한다면, 주 2~3회 정도 채식 메뉴를 도입하는 절충안은 어떨까? 점진적으로 시작해서 학생들의 영양 실태를 점검하고 학교에서 지속적으로 채식 메뉴를 도입할 수 있는지 살펴볼 필요가 있어.

① 감정에 호소하며 상대방의 동의를 이끌어내려는 사람이 있다.
② 상대방의 우려를 인정하면서 절충안을 제시하는 사람이 있다.
③ 개인적 경험을 근거로 상대방의 주장을 반박하는 사람이 있다.
④ 권위자의 견해를 인용하여 자신의 입장을 강화하는 사람이 있다.

07 (가)와 (나)를 전제로 할 때 빈칸에 들어갈 결론으로 가장 적절한 것은?

> (가) 야외 활동을 하지 않거나 체력이 향상된다.
> (나) 과도한 업무를 하면 체력이 향상되지 않는다.
> 따라서 _____.

① 야외 활동을 하는 사람은 모두 과도한 업무를 하지 않는다
② 야외 활동을 하지 않는 사람은 모두 체력이 향상되지 않는다
③ 과도한 업무를 하지 않는 사람은 모두 체력이 향상되지 않는다
④ 과도한 업무를 하면서 체력이 향상된 사람은 모두 야외 활동을 하지 않는다

08 다음 글에서 추론한 내용으로 적절한 것은?

> 단어는 다양한 측면에서 정의될 수 있는 언어 단위이다. 음성적 측면에서 단어는 휴지에 의해 분리되는 소리의 연속으로 정의되며, 음운적 측면에서는 강세나 음운 규칙의 적용 범위로 확인되는 단위이다. 정서법적 측면에서는 띄어 쓴 빈칸 사이의 글자 연쇄로, 의미적 측면에서는 단일한 의미를 가지는 단위로 정의된다. 또한 어휘적/사전적 측면에서는 사전에 올리는 단위로, 형태적 측면에서는 자립성을 가진 단위 중에서 가장 작은 단위로, 통사적 측면에서는 문장의 구성에 참여하는 단위로 정의된다.
>
> 이러한 단어를 정의하는 데 '자립성'은 중요한 기준이지만 한계도 있다. '봄꽃'이라는 단어는 '봄'과 '꽃'이라는 자립성을 가진 각각의 단어로 구성되어 있기 때문에 최소의 자립성을 가진 단위라고 보기 어렵다. 또한 학교 문법에서는 조사를 단어로 취급하는데, '나는'에서 '는'과 같은 조사는 자립성이 없어 자립성을 기준으로 단어를 정의하기는 어렵다. 그럼에도 조사를 단어로 처리한 이유는 조사 앞에 오는 체언이 자립성이 있어 조사도 최소의 자립성이 있다고 본 것이다.
>
> 한편, 단어를 판별하기 위해 '자리 이동', '휴지', '고립성' 등을 기준으로 사용하기도 한다. 단어는 문장 안에서 자리 이동이 가능한 최소 단위로서 단어의 일부만 따로 이동할 수는 없고, 단어 내부에 휴지를 둘 수 없으며, 다른 단어를 넣어 분리할 수 없는 고립된 문법 단위이다. 그러나 '나는'은 자리 이동이나 휴지를 기준으로는 하나의 단어로 볼 수 있지만, 고립성의 측면에서 보면 두 개의 단어가 되기 때문에 어느 쪽으로도 처리하기 어렵다는 한계가 있다.

① '봄꽃'은 '봄'과 '꽃'이 자립성을 가지므로 하나의 단어로 취급할 수 없다.
② 표기법에서 단어는 띄어쓰기로 구분되는 어절과 항상 일치한다고 볼 수 없다.
③ 자립성을 단어의 기준으로 삼는 이유는 모든 단어가 독립적으로 사용될 수 있기 때문이다.
④ 자리 이동, 휴지, 고립성의 기준은 모든 언어 요소를 일관되게 하나의 단어 또는 여러 단어로 분류할 수 있게 한다.

09 다음 대화의 빈칸에 들어갈 말로 가장 적절한 것은?

> 갑: 신제품을 출시하면 광고를 합니다.
> 을: 광고를 하면 마케팅이 잘됩니다.
> 병: 마케팅이 잘되면 매출이 증가합니다.
> 정:
> 갑: 그렇다면 결국 신제품을 출시하지 않았겠군요.

① 광고를 했습니다.
② 매출이 증가했습니다.
③ 마케팅이 잘되었습니다.
④ 매출이 증가하지 않았습니다.

10 다음 글의 ㉠~㉣ 중 어색한 곳을 찾아 가장 적절하게 수정한 것은?

> 전략적 의사결정은 장기적으로 성장하는 방향을 결정하는 과정으로, 기업의 경우에는 최고 경영진에 의해 주도되는 체계적인 접근법을 요구한다.
> 이때 전략적 의사결정 과정은 일반적으로 세 단계로 구분된다. 첫 번째는 전략적 분석 단계로, 기업의 내부 역량과 외부 환경을 종합적으로 분석한다. 특히 ㉠기업은 SWOT 분석으로 기업의 강점, 약점, 기회, 위협 요인을 식별하는데, 이는 전략 수립에 필수적인 요소이다. 두 번째는 전략 수립 단계로, 분석 결과를 바탕으로 다양한 전략적 대안들이 검토되며 기업은 이중 최적의 전략을 선정한다. 이 과정에서 가장 중요한 것은 ㉡기업의 장기적 비전에 부합하면서도 실현 가능한 전략을 개발하는 것이다. 세 번째는 전략 실행 단계로, ㉢선정된 전략을 조직 전체에 효과적으로 전달하여 이행한다.
> 전략적 의사결정의 효과성은 결정의 질뿐만 아니라 실행의 효율성으로도 크게 좌우된다. 많은 기업이 뛰어난 전략을 수립하더라도 실행 단계에서 어려움을 겪는데, 이는 조직 구성원들의 저항, 자원 부족, 변화 관리 능력의 한계 등 다양한 요인에서 기인한다. 따라서 성공적인 전략적 의사결정을 위해서는 ㉣최고 경영진의 리더십과 중간 관리자의 헌신이 전혀 필요하며, 전략에 대한 조직 전체의 이해와 공감을 형성하는 것이 중요하다.

① ㉠: 기업은 SWOT 분석으로 기업의 강점, 약점, 기회, 위협 요인을 식별되어지는데
② ㉡: 기업의 장기적 비전에 부합하면서도 실현 가능한 전략의 개발할 수 있다
③ ㉢: 선정된 전략을 조직 전체에 효과적으로 전가하여 이행한다
④ ㉣: 최고 경영진의 리더십과 중간 관리자의 헌신이 반드시 필요하며

바로 채점하기   정답·해설 _약점 보완 해설집 p.34

01	④	02	③	03	④	04	②	05	②
06	②	07	①	08	②	09	④	10	④

독해력 UP! 어휘 퀴즈

헷갈리기 쉬운 어휘

[01~06] 다음 중 알맞은 어휘를 고르시오.

01 아이를 (가르치는 / 가르키는) 일은 부모만의 역할은 아니다.

02 어머니께서는 고된 시집살이 때문에 (화병 / 홧병)을 얻으셨다.

03 나는 그를 (철썩같이 / 철석같이) 믿었지만 결국 배신을 당했다.

04 그가 하는 모든 말이 나에게는 (괴변 / 궤변)처럼 느껴지곤 했다.

05 상대방이 바라지 않는 행동은 (굳이 / 구지) 하지 않는 것이 좋다.

06 남의 상처를 (건들이는 / 건드리는) 것은 예의에 어긋난 행동이다.

바꿔 쓸 수 있는 어휘

[07~12] 밑줄 친 어휘와 바꿔 쓸 수 있는 것을 ㉠~㉡에서 고르시오.

07 그는 어려운 상황을 슬기롭게 <u>헤쳐</u> 나갔다.　　　　　　　　　　　　㉠ 수락하다

08 토요일에는 오전까지만 환자를 <u>볼</u> 예정입니다.　　　　　　　　　　㉡ 시정하다

09 자신의 잘못을 인정하고 <u>고치는</u> 태도는 중요하다.　　　　　　　　㉢ 진찰하다

10 정부가 새로운 정책을 <u>펼치자</u>, 지지율이 상승했다.　　　　　　　　㉣ 준수하다

11 나는 친구의 제안을 기쁜 마음으로 <u>받아들이기</u>로 했다.　　　　　　㉤ 타개하다

12 운전자는 교통 신호를 <u>따라</u> 안전 운전을 할 의무가 있다.　　　　　㉥ 시행하다

정답 | 01 가르치는 02 화병 03 철석같이 04 궤변 05 굳이 06 건드리는
07 ㉤ 08 ㉢ 09 ㉡ 10 ㉥ 11 ㉠ 12 ㉣

10일 하프모의고사 10

01 〈지침〉에 따라 〈개요〉를 작성할 때 ㉠~㉣에 들어갈 내용으로 적절하지 않은 것은?

―〈지 침〉―
○ 서론은 중심 소재의 개념을 정의하고, 현재 상황과 문제점을 제시할 것.
○ 본론은 제목의 하위 내용으로 구성하되, 각 장의 하위 항목끼리 대응하도록 작성할 것.
○ 결론은 기대 효과와 향후 과제로 구성하되, 본론에 제시된 내용의 하위 항목에 대응하도록 작성할 것.

―〈개 요〉―
○ 제목: 국악의 현대적 계승과 대중화 방안
Ⅰ. 서론
  1. 국악의 정의와 역사적 가치
  2. ㉠
Ⅱ. 국악의 현대적 계승이 지닌 문제점
  1. 전통 국악 교육 기관의 감소 및 전문 연주자 부족
  2. ㉡
Ⅲ. 국악의 현대적 계승과 대중화 방안
  1. ㉢
  2. 국악의 대중적 인지도 향상을 위한 미디어 활용 확대
Ⅳ. 결론
  1. 국악의 현대적 계승을 통한 문화적 정체성 확립
  2. ㉣

① ㉠: 국악의 현대적 가치에 대한 인식 부족과 대중화의 필요성
② ㉡: 현대 문화 속 국악의 대중적 인지도 하락
③ ㉢: 전통 국악 교육 기관의 확충 및 전문 연주자 육성 프로그램 강화
④ ㉣: 국악의 현대화에 따른 정체성 훼손 우려

02 다음 글에서 추론한 내용으로 가장 적절한 것은?

음절은 하나의 종합된 음의 느낌을 주는 말소리의 단위로, 한국어의 음절은 초성, 중성, 종성으로 구성된다. 이 중 중성은 모음이 담당하며, 이는 모든 음절에서 필수적인 요소이다. 한국어에서 음절은 구조에 따라 여러 가지 유형으로 나타난다.

음절 구조에서 'C'는 자음(consonant), 'V'는 모음(vowel), 'S'는 반모음(semi-vowel)을 가리키는데 이들의 조합에 따라 한국어의 음절 유형은 다양한 복합 구조를 보인다. 대표적으로는 V형(모음만 있는 형)이나 CV형(자음 + 모음), SV형(반모음 + 모음), VC형(모음 + 자음) 등으로 구분되지만, CSV형이나 CVC형, VSC형처럼 복합적인 구조도 다양하게 존재한다. 다만 초성의 'ㅇ'은 음가를 가지지 않으므로 '악'과 같은 음절은 CVC형이 아닌 VC형으로 분류한다.

종성이 없는 음절은 '개음절', 종성이 있는 음절을 '폐음절'이라 하며, 이들의 구분은 문법 형태소의 선택에 중요한 역할을 한다. 예를 들어 주격 조사의 형태가 '이'가 될지 '가'가 될지는 선행 명사의 끝음절이 개음절인지 폐음절인지에 따라 결정된다. '선생'과 같은 CVC형 끝음절 뒤에는 '이'가, '유리'와 같은 CV형 끝음절 뒤에는 '가'가 오는 것이다.

① 한국어에서 '옷'은 CVC형 폐음절에 해당한다.
② 한국어의 음절 유형에서 CC형 음절은 존재하지 않는다.
③ 모든 한국어 음절에서 초성과 종성은 필수적인 요소이다.
④ 폐음절 뒤에 오는 주격 조사는 '가'이고, 개음절 뒤에 오는 주격 조사는 '이'이다.

[03~04] 다음 글을 읽고 물음에 답하시오.

　건축물의 내진 설계는 현대 건축에서 빼놓을 수 없는 요소로, 붕괴를 막는 수준을 넘어 지진 에너지를 효과적으로 흡수하고 ㉠분산되게 하는 능력을 갖추도록 하는 것이다. 내진 설계의 핵심 원리 중 하나는 '연성'으로, 이는 재료가 파괴되거나 떨어져 나가기 전에 상당한 변형을 견딜 수 있는 성질이다. 건축 구조물이 충분한 연성을 갖추면 지진 발생 시 에너지를 ㉡흡수하여 갑작스러운 변형으로 인한 붕괴를 방지할 수 있다.
　또 다른 중요한 원리는 '감쇠'이다. 이는 건축물이 진동 에너지를 열로 ㉢변환해서 사라지게 하는 작용 원리를 뜻한다. 효과적인 감쇠 시스템을 갖춘 건물은 지진 진동이 빠르게 줄어들어 구조물의 부담을 ㉣경감할 수 있다. 이 때문에 현대 건축에서는 내진 설계를 위해 점성 감쇠기, 마찰 감쇠기, 금속 항복형 감쇠기 등 다양한 장치를 활용한다.
　건축물의 형태와 구조 시스템 선택도 내진 성능에 큰 영향을 미친다. 정형적이고 대칭적인 형태는 비정형적인 형태보다 지진에 더 효과적으로 대응할 수 있다. 강성*이 적절히 분포된 구조 시스템은 지진력을 균등하게 분산시켜 특정 부위에 과도한 힘이 집중되는 것을 방지하는데, 비정형 건물은 질량이나 강성의 불균형으로 인해 지진 시 비틀림 현상이 발생할 수 있으며 이 때문에 구조물의 부담이 커질 수 있다.
　오늘날 내진 설계는 성능 기반 설계로 발전하고 있다. 이는 지진 규모별 건축물의 목표 상태를 미리 설정하고 최적의 설계를 모색하는 방식으로, 건물의 용도와 중요도에 따라 차별화된 내진 성능을 제공할 수 있다.

* 강성(剛性): 어떤 물체가 외부로부터 압력을 받아도 모양이나 부피가 변하지 아니하는 단단한 성질

03 윗글을 이해한 내용으로 가장 적절한 것은?

① 비정형적인 건물은 정형적인 건물보다 지진력이 불균등하게 분산된다.
② 감쇠 시스템을 갖춘 구조물은 지진 진동에 대한 부담이 증가할 수 있다.
③ 연성은 재료가 변형을 일으키는 성질로, 건물의 붕괴를 일으키는 역할을 한다.
④ 성능 기반 설계는 모든 건축물에 동일한 수준의 내진 성능을 제공하는 것을 목표로 한다.

04 ㉠~㉣과 바꿔 쓸 수 있는 유사한 표현으로 적절하지 않은 것은?

① ㉠: 흩어지게
② ㉡: 빨아들여
③ ㉢: 바꿔서
④ ㉣: 없앨

[05~06] 다음 글을 읽고 물음에 답하시오.

노화는 시간이 흐르면서 생물체가 겪는 점진적 변화 과정으로, 신체 기능이 저하되고 질병에 대한 취약성이 커지는 현상을 말한다. 이는 대부분의 다세포 생물이 경험하는 보편적 과정이지만, 그 속도와 양상은 개체마다 상이하게 나타난다. 현대 사회에서 노화는 생물학적 현상이라는 기본적인 의미 외에도 사회적, 경제적 함의를 지닌다. 의학의 발전으로 평균 수명이 연장되며 사회는 고령화 단계에 ⊙접어들었고, 이는 노동력 구조의 변화나 의료비 증가와 같은 다양한 사회 문제를 야기하고 있다.

노화의 원인에 대해 학계에서는 다양한 이론이 제시되고 있는데, 대표적으로 텔로미어 단축설, 활성산소설, 유전자 조절설, 다인적 복합 모델 등이 있다. 이 중 텔로미어 단축설에서는 염색체 말단에 위치한 텔로미어(telomere)라는 DNA 조각이 세포 분열 과정에서 점차 짧아지며, 이러한 단축이 특정 임계점에 도달하면 세포가 더 이상 분열하지 못하고 노화가 진행된다고 본다. 그러나 텔로미어 손실을 회복하는 일부 개체가 존재하므로, 이는 개체 수준의 노화를 전적으로 설명하지는 못한다.

과학자들은 노화를 지연시키거나 관리할 수 있는 방법을 꾸준히 모색하고 있다. 예컨대 동물 실험을 통해 칼로리를 제한하거나 특정 약물을 투여함으로써 노화 관련 유전자의 발현을 변화시키는 연구가 진행 중이며, 이를 통해 수명을 연장할 수 있다는 가능성이 제기되었다. 그러나 노화의 본질은 생명의 순환 과정의 일부이므로, 완전한 극복보다는 건강한 노화를 추구하는 방향으로 연구가 진행되고 있다. 이는 단순히 수명을 늘리는 것이 아니라, 노년기의 삶의 질을 향상시키는 데 더 큰 의미를 둔 접근법이다.

05 윗글에서 추론한 내용으로 가장 적절한 것은?

① 텔로미어 단축설에서 텔로미어의 단축 속도는 사람마다 다르게 나타날 것이다.
② 고령화 사회에서는 노인의 의료비를 감소시키고 노인 의료 정책을 축소할 것이다.
③ 칼로리를 제한하여 수명을 연장하는 방법은 모든 개체에서 동일한 효과를 보인다.
④ 노화는 생물학적으로 필연적인 변화이므로 의료 개입을 통한 인위적 지연은 불가능하다.

06 문맥상 ⊙의 의미와 가장 가까운 것은?

① 시내 중심가에 접어드니 정신이 없다.
② 좁은 골목길에 접어들어 천천히 걸었다.
③ 올해도 어느덧 마지막 분기에 접어들었다.
④ 등산로에 접어들며 본격적인 산행을 시작했다.

07 다음 글의 ㉠~㉢에 들어갈 말을 적절하게 나열한 것은?

설(說)은 사물의 이치를 풀이하고 의견을 덧붙여 서술한 한문 문체 중 하나로, 이규보의 「이옥설」, 이곡의 「차마설」 등이 대표적이다. 이때 설은 대개 ㉠ 성격을 가지는데, 이는 작품에서 일상의 체험을 바탕으로 깨달음을 주는 경우가 많기 때문이다. 이를 위해 작가는 유추의 방법을 통해 개인의 경험을 보편적으로 일반화하여 독자에게 자신이 얻은 깨달음을 제시하기도 한다.

㉡ 을 대상으로 하는 설에서는 작가의 관조적 태도가 드러나며, 이는 인생에 대한 성찰로 이어지기도 한다. 예를 들어, 강유선은 「주봉설」에서 벌이 술에 빠져 죽는 것을 보며 과욕을 경계할 것을 이야기하고, 이규보는 「슬견설」에서 개와 이(虱)의 죽음을 소재로 생명의 소중함을 이야기한다. 구체적 사물에 대한 관찰을 도덕적 교훈으로 확장하는 이러한 방식은 동아시아 문학 전통에서 자주 나타난다.

한편, 허구적 대리인의 말을 빌려 교훈을 전달하는 ㉢ 의 설(說)도 있다. 예를 들어 권근의 「주옹설」에서는 손의 질문과 주옹의 대답을 통해 위태로운 상황에 대비하며 늘 조심할 것을 이야기하며, 이규보의 「경설」에서는 손의 물음과 거사의 대답을 통해 남의 허물을 감싸고 수용하는 유연한 삶의 자세를 이야기한다.

이처럼 설(說)은 고전 문학 현상이자 선인들의 사상과 정서를 이해하는 중요한 통로가 된다. 이는 오늘날에도 여전히 유효한 논리적 사고와 표현 방식의 모범이 된다는 점에서 소중한 정신적 자산이다.

	㉠	㉡	㉢
①	교훈적인	자연 경물	대화 형식
②	교훈적인	자연 경물	독백 형식
③	오락적인	역사적 사건	대화 형식
④	오락적인	역사적 사건	독백 형식

08 다음 진술이 모두 참일 때 반드시 참인 것은?

○ 용산구에 비가 오면 관악구와 서초구에도 비가 온다.
○ 용산구 혹은 노원구에 비가 온다.
○ 서초구에는 비가 오지 않는다.

① 용산구에 비가 온다.
② 노원구에 비가 온다.
③ 관악구에 비가 온다.
④ 서초구와 관악구에 모두 비가 온다.

09 다음 대화에 대한 평가로 적절한 것만을 모두 고르면?

갑: 인공지능이 예술 창작 분야에 진출하면서 예술가들의 일자리가 위협받고 있어. 인공지능이 그린 그림이 경매에서 높은 가격에 팔리고, AI 작곡 프로그램이 만든 음악이 스트리밍 서비스에서 인기를 얻고 있어. 결국 예술의 가치는 하락하고 인간 예술가들은 사라지게 될 거야.

을: 나는 인공지능이 예술가를 대체하는 것이 아니라 예술가의 도구로 활용되는 것이라고 생각해. 과거에도 카메라의 등장으로 화가들이 사라질 것이라는 우려가 있었지만, 그렇게 되지 않았고 오히려 새로운 예술 형태가 등장했잖아. 인공지능은 반복적인 작업을 대신해주어 예술가들이 더 창의적인 활동에 집중할 수 있게 해줄 거야. 또한 전문적인 예술 교육을 받지 못한 사람들도 쉽게 예술 창작에 참여할 수 있게 도와줘서 예술의 대중화에 기여할 수 있어.

갑: 하지만 인공지능이 만든 작품과 인간이 만든 작품을 구별하기 어려워지는 상황에서, 인간 예술가의 노력과 고유한 감성이 평가절하될 수 있어. 게다가 인공지능 예술 창작 도구들이 대부분 대형 기술 기업들에 의해 개발되고 있기 때문에 예술의 다양성이 제한되고 기업의 이윤 추구 논리에 예술이 종속될 가능성도 있어.

ㄱ. AI 작곡 프로그램을 사용하는 음악가들이 창작 시간을 단축하면서도 더 많은 작품을 발표하게 되었다는 통계 결과는 갑의 입장을 약화한다.

ㄴ. AI가 생성한 음악과 인간 작곡가가 만든 음악을 구분하지 못하는 청취자가 60%에 달했으며, AI의 음악에 대한 긍정적인 평가가 높았다는 설문 조사 결과는 갑의 입장을 강화한다.

ㄷ. 인공지능 그림 도구를 활용하는 장애인 예술가들이 신체적인 제약을 극복하고 자신의 예술적 비전을 효과적으로 표현하게 되면서 많은 예술 작품을 창작한 사례는 을의 입장을 강화한다.

① ㄱ, ㄴ
② ㄱ, ㄷ
③ ㄴ, ㄷ
④ ㄱ, ㄴ, ㄷ

10 다음 대화의 (가)에 들어갈 말로 적절한 것은?

갑: 과학자면 생물학을 좋아해. 철수는 생물학을 좋아해. 그러니까 철수는 과학자야.

을: 그건 잘못된 추론이야. 비가 오면 땅이 젖는 건 맞아. 하지만 지금 땅이 젖어 있다고 해도 비가 왔었다고 단정할 수는 없잖아. 네가 "철수는 과학자이다."라고 결론을 내리려면 "__(가)__."가 참이어야 해.

① 어떤 과학자는 생물학을 좋아하지 않는다
② 과학자인 사람은 모두 생물학을 좋아하지 않는다
③ 과학자가 아닌 사람은 모두 생물학을 좋아하지 않는다
④ 생물학을 좋아하지 않는 사람은 모두 과학자가 아니다

바로 채점하기

01	④	02	②	03	①	04	④	05	①
06	③	07	①	08	②	09	④	10	③

독해력 UP! 어휘 퀴즈

헷갈리기 쉬운 어휘

[01~06] 다음 중 알맞은 어휘를 고르시오.

01 돈을 (해프게 / 헤프게) 쓰는 습관은 반드시 고쳐야 한다.

02 마음이 (착잡할 / 착찹할) 때 나는 뒷산에 올라가곤 했다.

03 김치를 (담그는 / 담구는) 일에는 온 가족이 매달려야 한다.

04 나도 일이 왜 이렇게 되었는지 (당최 / 당채) 알 수가 없구나.

05 이 땅은 내가 아버지로부터 (되물림 / 대물림)을 받은 것이다.

06 아버지께서는 약수터에서 손을 (오므린 / 오무린) 채 물을 받으셨다.

바꿔 쓸 수 있는 어휘

[07~12] 밑줄 친 어휘와 바꿔 쓸 수 있는 것을 ㉠~㉥에서 고르시오.

07 그녀는 모든 상황을 꼼꼼히 <u>살폈다</u>. ㉠ 집결하다

08 그들은 서로의 의견을 <u>모아</u> 결론을 지었다. ㉡ 분배하다

09 스승은 제자들에게 새로운 기술을 <u>가르쳤다</u>. ㉢ 전수하다

10 마을 사람들이 광장에 <u>모여</u> 축제를 준비했다. ㉣ 점검하다

11 그는 생일 선물을 친구들에게 고르게 <u>나누었다</u>. ㉤ 종합하다

12 나는 팀장으로서 중요한 일을 <u>맡아</u> 처리해 왔다. ㉥ 담당하다

정답 | 01 헤프게 02 착잡할 03 담그는 04 당최 05 대물림 06 오므린
07 ㉣ 08 ㉤ 09 ㉢ 10 ㉠ 11 ㉡ 12 ㉥

11일 하프모의고사 11

01 다음 글의 ㉠~㉣ 중 어색한 곳을 찾아 가장 적절하게 수정한 것은?

지구의 기후는 대기권(공기층), 수권(바다와 강), 빙권(얼음), 지권(땅), 생물권(모든 생명체) 사이의 에너지와 물질 교환 등 다양한 요소의 상호작용으로 형성된다. 특히 ㉠ 태양 에너지가 양에 따라 기온이 결정된다. 이는 태양 에너지가 지표면에 많이 도달하는 적도 지역은 더운 반면, 적게 도달하는 극지방은 추운 것을 통해 알 수 있다.
태양 에너지 외에도 대기 중의 온실가스는 기후를 유지하는 중요한 요소이다. 온실가스는 ㉡ 지구로부터 방출되는 적외선을 흡수하고 재방출함으로써 지구에서 방출되는 열이 우주로 빠져나가는 것을 막는다. 이 덕분에 지구는 생명체가 살기에 적당한 온도를 유지할 수 있다.
이때 기후와 날씨는 서로 다른 개념으로, ㉢ 기후는 장기간에 걸친 대기 상태의 평균을 의미하는 반면, 날씨는 특정 시점과 장소의 대기 상태를 나타낸다. 예를 들어, 서울의 여름철 기후는 고온다습하지만, 오늘의 날씨는 맑고 건조할 수도 있다. 그러나 최근 지구 온난화로 인해 이러한 기후에 변화가 발생하고 있으며, ㉣ 전 세계적으로 극단적인 기상 현상이 증가하고 있다. 특히 이전에는 보기 힘들었던 태풍이나, 가뭄, 갑작스러운 폭우나 폭염 등이 빈번해지면서 전 세계인들의 생활에 직간접적인 영향을 미치고 있다. 이에 따라 기후 변화를 줄이기 위한 관심과 행동이 전 지구적으로 요구되고 있다.

① ㉠: 태양 에너지가 지구 표면에 도달하는 양에 따라 기온이 결정된다
② ㉡: 지구로부터 방출되는 적외선을 흡착하고 재방출함으로써
③ ㉢: 기후는 특정 시점과 장소의 대기 상태를 의미하는 반면, 날씨는 장기간에 걸친 대기 상태의 평균을 나타낸다
④ ㉣: 전 세계적으로 빈번하게 나타났던 기상 현상이 반복되고 있다.

02 다음 글에서 추론한 내용으로 가장 적절한 것은?

영상 편집은 장면을 이어 붙이는 기술적 작업이자 영화의 리듬과 의미를 만들어내는 창의적 과정이다. 이때 편집 기법은 크게 두 가지로 나눌 수 있다. 먼저 연속 편집은 시공간의 연속성을 유지하며 이야기를 자연스럽게 전개하는 방식이다. 이 기법은 관객이 편집을 의식하지 않고 이야기에 몰입할 수 있도록 하는 데 중점을 둔다. 대표적인 예로 180도 법칙이 있는데, 이는 카메라가 상상의 축을 넘지 않도록 하여 인물의 위치와 방향성을 일관되게 유지하는 것이다.
반면 몽타주 편집은 서로 관련 없어 보이는 장면들을 병치하여 새로운 의미를 창출하는 방식으로, 관객이 스스로 장면들 간의 관계를 파악하고 의미를 구성해 나가도록 한다. 이 기법은 감독의 의도를 강조하고 관객의 적극적인 사고를 유도한다. 예를 들어 에이젠슈테인의 '충돌 몽타주'는 상반된 이미지를 연달아 보여줌으로써 관객에게 충격과 함께 새로운 개념을 전달한다. 현대 영화에서는 이 두 기법을 상황에 맞게 혼합하여 사용하는 경향이 있으며, 이는 영화의 서사 구조와 감독의 스타일에 따라 다양하게 적용된다.

① 영화에서 관객의 능동적 해석을 유도하려면 몽타주 편집을 사용하는 것이 적절하다.
② 현대에는 연속 편집을 통해 관객에게 충격을 주어 관객의 몰입을 방해하는 경우가 많다.
③ 현대 영화에서 인물의 갈등 관계를 표현하기 위해서는 연속 편집만을 사용하는 것이 좋다.
④ 영화에서 사건을 시간 순으로 전개하기 위해 연속 편집보다 몽타주 편집이 더 많이 활용된다.

03 다음 글의 ㉠의 사례에 해당하지 않는 것은?

다의어는 두 가지 이상의 의미를 가지는 단어를 말한다. 국어에는 다의어가 매우 많은데, 이는 언어의 경제성 원리와 관련이 있다. 새로운 대상이나 개념을 표현할 때마다 새로운 단어를 만드는 것보다 기존 단어의 의미를 확장하는 것이 더 효율적이기 때문이다.

㉠<u>다의어의 의미 확장</u>은 유사성이나 인접성에 기반하여 나타나는 경우가 있다. 유사성에 기반한 의미 확장은 주로 은유(metaphor)를 통해 이루어진다. 원래의 의미와 새로운 의미 사이에 모습이나 행동 등의 유사점을 찾아 의미가 확장되는 것이다. 예를 들어 '다리'는 본래 '사람이나 동물의 몸통 아래 붙어 있는 신체의 부분'을 뜻하지만, 형태적 유사성에 근거하여 '탁자의 다리', '다리를 놓다'와 같이 의미가 확장되었다.

인접성에 기반한 의미 확장은 주로 환유(metonymy)를 통해 이루어진다. 이는 원래 지시하는 대상과 새롭게 지시하는 대상이 시간적, 공간적, 개념적으로 서로 인접해 있어서 의미가 확장되는 것이다. 예를 들어 '코'는 본래 '포유류의 얼굴 중앙에 튀어나온 부분'을 뜻하지만, 공간적 인접성에 기반하여 '콧구멍에서 흘러나오는 액체'를 의미하기도 한다.

다의어의 의미 관계를 분석할 때는 각 의미 간의 관련성을 파악하는 것이 중요하다. 언뜻 보기에 서로 관련이 없어 보이는 의미들도 의미 확장의 과정을 살펴보면 그 사이의 논리적 연결 고리를 발견할 수 있다. 다의어는 중심 의미에서 주변 의미들이 갈라져 나온 것이므로 서로 유사성을 지니며, 사전에서도 하나의 단어로 등재된다.

① '여우'는 '갯과의 포유류' 외에도 '매우 교활한 사람을 비유적으로 이르는 말'의 의미로도 쓰인다.
② '아침'은 '날이 새면서 오전 반나절쯤까지의 동안' 외에도 '아침에 끼니로 먹는 음식'의 의미로도 쓰인다.
③ '차'는 '차나무의 어린잎을 달이거나 우린 물' 외에도 '바퀴가 굴러서 나아가게 되어 있는, 사람이나 짐을 실어 옮기는 기관'의 의미로도 쓰인다.
④ '책갈피'는 '책장과 책장의 사이' 외에도 '읽던 곳이나 필요한 곳을 찾기 쉽도록 책의 낱장 사이에 끼워 두는 물건을 통틀어 이르는 말'의 의미로도 쓰인다.

04 (가)와 (나)를 전제로 할 때 빈칸에 들어갈 결론으로 가장 적절한 것은?

> (가) 채소를 좋아하는 사람 중 일부는 소화 기능이 원활하다.
> (나) 과식을 하는 사람이면 소화 기능이 원활하지 않다.
> 따라서 ▭

① 과식을 하는 어떤 사람은 소화 기능이 원활하다.
② 소화 기능이 원활한 사람이면 과식을 하는 사람이다.
③ 채소를 좋아하는 어떤 사람은 과식을 하는 사람이 아니다.
④ 소화 기능이 원활한 어떤 사람은 채소를 좋아하는 사람이 아니다.

[05~06] 다음 글을 읽고 물음에 답하시오.

체내 시계는 생명체가 환경의 주기적 변화에 맞추어 몸의 활동을 조절하는 내장된 작동 체계이다. 이 체내 시계는 생물의 몸 안에 존재하며, 외부 환경의 변화 없이도 약 24시간을 주기로 하는 생체 주기를 유지한다. 예를 들어 포유류는 뇌의 시상 하부에 있는 특별한 신경 세포 집단이 중심 시계 역할을 담당하며, 이 부위는 눈 안쪽의 망막으로부터 받은 빛 정보를 처리하여 멜라토닌의 분비를 조절한다. 멜라토닌은 수면 유도 호르몬으로, 어둠 속에서 분비가 증가하고 빛에 노출되면 감소한다.

흥미로운 점은 체내 시계가 DNA 차원에서도 작동한다는 사실이다. 과학자들은 체내 시계를 조절하는 시계 유전자가 세포의 단백질을 형성하거나 제거하며, 이 과정에서 세포 활동의 주기를 조절한다는 것을 밝혀냈다. 이는 체내 시계가 아주 작은 분자 단위에서 일어나는 복잡한 기제를 기반으로 한다는 사실을 입증했다.

이러한 체내 시계의 교란은 현대인의 건강 문제와 밀접하게 연관된다. 교대 근무나 시간대가 다른 지역으로의 여행으로 인해 체내 시계가 교란되면 수면 장애, 소화 불량, 면역 기능 저하 등이 발생할 수 있다. 특히 인공조명의 보편화로 야간에도 빛에 노출되는 환경은 체내 시계의 혼란을 가중시키는데, 전자기기에서 나오는 청색광이 멜라토닌의 분비를 억제해 수면의 질을 저하시키기 때문이다.

이러한 이유로 체내 시계를 존중하는 생활 습관은 현대인의 건강 유지에 필수적이다. 이를 위해 규칙적인 수면 시간과 식사 시간을 유지하고, 야간에는 강한 빛에 노출되지 않도록 주의하는 것이 중요하다. 또한 자연광을 적절히 ㉠받는 것 역시 생체 리듬을 조절하는 데 도움이 된다. 특히 현대 의학에서는 체내 시계의 원리를 응용한 치료법을 개발하고 있으며, 이는 수면 장애, 우울증, 심지어 암 치료에도 활용되고 있다.

05 윗글을 이해한 내용으로 가장 적절한 것은?

① 체내 시계는 외부 환경의 변화 없이도 일정한 주기를 유지한다.
② 전자기기의 빛은 멜라토닌의 분비를 촉진하여 수면의 질을 향상시킨다.
③ 시계 유전자의 발견으로 체내 시계의 기반이 단순한 반응 기제임이 입증되었다.
④ 뇌의 신경 세포 집단은 눈에서 직접 빛 정보를 수집하며 멜라토닌의 조절에 관여한다.

06 문맥상 ㉠의 의미와 가장 가까운 것은?

① 막내의 어리광을 받아만 주는 게 좋은 건 아니다.
② 그는 첫 월급을 받은 기념으로 친구들에게 밥을 샀다.
③ 그녀는 많은 사람 앞에서 주목을 받으면 얼굴이 빨개졌다.
④ 아이는 퇴근한 엄마의 손을 잡고 달빛을 받으며 골목길을 걸었다.

07 다음 대화에 대한 평가로 적절한 것만을 모두 고르면?

갑: 환경 보호 단체 회의에서 쓰레기 종량제의 효과에 대해 발표했는데, 일부 회원들이 내 분석 방법이 잘못됐다고 지적했어. 쓰레기 배출량이 감소했다는 데이터가 있는데 왜 효과가 없다고 주장하는 거야?

을: 단기간의 데이터만으로 정책의 효과를 판단해서는 안 돼. 쓰레기 배출량이 일시적으로 줄었다고 해서 종량제가 성공적이라고 볼 수는 없잖아? 더 장기적인 관찰과 다양한 요인을 고려한 분석이 필요해. 처음에는 효과가 미미해도 오랜 시간이 지나면서 성공적인 효과를 보였다면 그 정책이 나쁜 거라고 평가하긴 어렵지. 반대로 초기에는 좋게 보여도, 시간이 지나면서 효과가 크지 않았다는 게 입증되면 그 정책이 성공했다고 말하기도 어려워. 종량제 정책도 사람들이 잠시 적응하는 기간이라 효과적으로 보이는 것일 뿐, 이후 다시 배출량이 증가할 가능성도 있어.

갑: 장기적 관찰과 다양한 분석이 중요하다는 점은 인정하지만, 초기 데이터가 유의미한 감소 추세를 보인다면 그것만으로도 정책의 긍정적 효과를 인정할 수 있다고 생각해. 완벽한 데이터가 나올 때까지 기다릴 필요는 없어. 쓰레기 배출량의 감소는 그 자체로 환경 개선에 기여하고 있잖아.

ㄱ. 정책 초기 효과 분석을 통해 86%의 정확도로 장기적인 효과를 예측할 수 있다는 통계학적 모델은 갑의 입장을 강화한다.

ㄴ. 초기 데이터가 유의미한 변화를 보여도 장기적 행동 패턴은 다르게 나타날 수 있다는 행동경제학 연구는 갑의 입장을 약화한다.

ㄷ. 환경 정책의 효과는 계절적 요인, 경제 상황 등 다양한 변수에 영향을 받기 때문에 단기간 데이터로는 판단하기 어렵다는 전문가의 의견은 을의 입장을 약화한다.

① ㄱ
② ㄱ, ㄴ
③ ㄱ, ㄷ
④ ㄱ, ㄴ, ㄷ

08 다음 글을 이해한 내용으로 가장 적절한 것은?

고전 소설 중 애정 소설은 남녀 간의 사랑을 중심 제재로 삼아 당대의 사회적 가치와 인간의 보편적 감정을 형상화한다. 이러한 애정 소설은 창작 배경과 향유층에 따라 다른 양상을 보인다. 예를 들어 사대부 남성들의 한문 작품은 격조 높은 문체 속에 유교적 윤리의식을 강조하는 경우가 있다.

이때 작품의 남성 주인공은 외모, 학식, 덕성을 두루 갖춘 인물로, 여성 주인공은 미모와 정절을 지닌 인물로 묘사된다. 그러나 후기 애정 소설로 갈수록 이러한 전형성에서 벗어나 보다 복합적이고 현실적인 인물상이 등장한다. 특히 초기에 나타났던 수동적이고 정절을 중시하는 유교적 여성상은 점차 자신의 의지와 욕망을 적극적으로 드러내는 주체적 여성상으로 변모한다.

이러한 주인공들의 결합(혹은 비극적 결말) 과정에서는 주로 신분 차이나 부모의 반대, 전쟁이나 유배로 인한 혼사 장애가 나타나는데, 이는 작품의 서사적 긴장감을 높이는 동시에 당대 사회의 모순과 제약을 반영한다. 또한 신분 질서, 가부장제의 억압과 같은 장애 요소 속에서 자유로운 사랑과 개인의 행복을 추구하며 결합을 이루는 인물들의 모습은 인간 본연의 감정과 욕망을 드러낸다. 이는 다양한 계층 독자들의 공감을 끌어내 대중화와 다양화에 크게 기여했으며, 때로는 사회의 모순을 드러내고 저항 의식을 담아내는 사회 비판적 기능을 수행하기도 했다.

① 고전 애정 소설은 비극적 결말을 통한 유교적 윤리 질서의 회복을 강조한다.
② 고전 애정 소설의 혼사 장애는 작품의 긴장감을 높이고 사회적 모순을 반영한다.
③ 고전 애정 소설의 주인공들은 시대의 흐름에 따라 전형적이고 이상화된 인물로 변화한다.
④ 고전 애정 소설 중 한문으로 쓰인 소설은 서민층의 유교적 윤리의식을 생동감 있게 묘사한다.

09 다음 글의 중심 내용으로 가장 적절한 것은?

> 공유 경제는 소유보다 접근과 공유를 중시하는 새로운 경제 방식으로, 디지털 기술의 발전과 함께 빠르게 확산되었다. 이는 한정된 자원을 효율적으로 활용하여 경제적 가치를 창출하는 경제 활동을 의미한다. 물건이나 공간, 서비스를 여러 사람이 함께 나누어 사용함으로써 자원의 낭비를 줄이고 활용도를 높이는 것이 공유 경제의 핵심이다.
> 공유 경제는 현재 운송, 숙박, 금융 등 다양한 분야에서 성장하고 있다. 대표적인 예로 자동차를 소유하지 않고도 필요할 때만 빌려 쓸 수 있는 차량 공유 서비스, 빈방을 여행객에게 제공하는 숙박 공유 서비스 등이 있다. 이러한 서비스는 자원의 소유권보다 사용 가치에 중점을 두는 소비 패턴의 변화를 보여준다.
> 그러나 공유 경제의 발전으로 인한 여러 문제점도 드러나고 있다. 기존 산업과의 마찰, 노동자의 권리 보호 미흡, 품질 관리의 어려움, 법적 규제의 공백 등이 대표적이다. 특히 공유 경제 플랫폼 노동자들은 고용 안정성이나 사회 보장 측면에서 취약한 상황에 놓여 있어 이에 대한 제도적 보완이 시급하다.
> 공유 경제가 지속 가능한 경제 모델로 자리 잡기 위해서는 이러한 문제점을 해결하면서 발전해 나가야 한다. 이를 위해 적절한 규제 체계 마련, 공정한 수익 분배 구조 확립, 참여자 간 신뢰 구축이 필요하다. 나눔이라는 본질적 가치를 지키면서 사회적 가치와 경제적 이익을 균형 있게 조화시키는 방향으로 발전해야 할 것이다.

① 공유 경제는 한계를 가지고 있으므로, 이를 대체할 수 있는 새로운 경제 활동이 필요하다.
② 공유 경제는 디지털 기술 발전으로 급속히 확산되어 운송과 숙박 분야에서 특히 큰 성장을 보이고 있다.
③ 공유 경제는 기존 산업과 마찰을 일으키고 노동자의 권리 보호가 미흡하여 사회적 문제를 야기하고 있다.
④ 공유 경제는 성장하는 과정에서 발생하는 문제점들을 해결하며 사회적 가치와 경제적 이익의 균형을 추구해야 한다.

10 다음 글의 밑줄 친 결론을 이끌어 내기 위해 추가해야 할 것은?

> 나는 오늘 근력 운동을 하거나, 유산소 운동을 할 것이다. 근력 운동을 하면 기초 대사량이 증가된다. 따라서 나는 기초 대사량이 증가하거나, 심폐 지구력이 향상될 것이다.

① 유산소 운동을 하면 심폐 지구력이 향상된다.
② 근력 운동을 하면 심폐 지구력이 향상되지 않는다.
③ 심폐 지구력이 향상되었다면 유산소 운동한 것이다.
④ 유산소 운동을 하지 않으면 기초 대사량이 증가하지 않는다.

01	①	02	①	03	③	04	③	05	①
06	④	07	②	08	②	09	④	10	①

독해력 UP! 어휘 퀴즈

헷갈리기 쉬운 어휘

[01~06] 다음 중 알맞은 어휘를 고르시오.

01 문화유산을 (회손 / 훼손)하면 엄중한 처벌을 받게 된다.

02 소방대원은 위험을 (무릅쓰고 / 무릎쓰고) 사람들을 구조했다.

03 공공장소에서는 큰소리를 내는 것을 (삼가해야 / 삼가야) 한다.

04 20년 만에 방문한 고향은 예전과는 많이 (바껴 / 바뀌어) 있었다.

05 내가 당신에게 (일일이 / 일일히) 설명하기 어려운 일도 있는 법이다.

06 바닥에 떨어진 담배꽁초는 발로 (뭉겐 / 뭉갠) 다음 쓰레기통에 버려야 한다.

바꿔 쓸 수 있는 어휘

[07~12] 밑줄 친 어휘와 바꿔 쓸 수 있는 것을 ㉠~㉥에서 고르시오.

07 그는 빚을 <u>갚기</u> 위해 재산을 팔았다.   ㉠ 전개하다

08 오랜 갈등 끝에 두 사람은 서로 <u>맞섰다</u>.   ㉡ 상이하다

09 그녀는 자신의 생각을 논리적으로 <u>풀어냈다</u>.   ㉢ 변제하다

10 민수는 여러 번의 도전 끝에 운전면허를 <u>땄다</u>.   ㉣ 식별하다

11 인재를 <u>알아보는</u> 눈이 있어야 회사가 성장한다.   ㉤ 취득하다

12 여러 전문가의 견해를 들어보니 의견이 <u>엇갈렸다</u>. ㉥ 대립하다

정답 | 01 훼손 02 무릅쓰고 03 삼가야 04 바뀌어 05 일일이 06 뭉갠
07 ㉢ 08 ㉥ 09 ㉠ 10 ㉤ 11 ㉣ 12 ㉡

01 다음 글의 ㉠~㉣ 중 문맥상 어색한 곳을 수정한 것으로 가장 적절한 것은?

도덕 철학의 주요 분파인 '결과론적 윤리학'과 '의무론적 윤리학'은 행위의 도덕성을 판단하는 기준에서 근본적인 차이를 보인다. 결과론적 윤리학에서는 행위의 도덕적 옳고 그름이 ㉠그 행위 자체의 내재적 속성이 아닌, 행위가 초래하는 결과의 가치에 따라 결정된다고 본다. 대표적인 결과론적 윤리학인 공리주의는 벤담과 밀에 의해 체계화되었으며, ㉡행위가 가져오는 결과의 유용성보다 도덕 규칙을 엄격히 준수하는 것이 더 중요하다고 주장한다. 예를 들어 경제 정책 결정에서 결과론자들은 시장 개입이 국가 전체의 경제적 효용을 높일 수 있다면 '최대 다수의 최대 행복'을 실현할 수 있는 방향으로 의사결정을 해야 한다고 본다.

반면, 의무론적 윤리학은 행위의 결과보다 행위 자체의 도덕적 특성을 중시한다. 칸트로 대표되는 의무론에서는 행위의 옳고 그름이 ㉢그 행위의 동기와 의무 이행 여부에 따라 판단해야 한다고 본다. 예를 들어 기업은 단기적 이익을 넘어 노동자의 권리를 존중해야 할 의무가 있다. 따라서 의무론적 관점에서 기업이 비용 절감과 주가 상승을 위해 근로조건을 악화시키는 것은 ㉣전체 경제에 긍정적 영향을 준다 하더라도 윤리적으로 정당화될 수 없다.

실제로 두 윤리관의 차이는 경제적 쟁점에서 뚜렷하게 드러난다. 결과론자들은 경제적 총효용 극대화를, 의무론자들은 경제 주체 간 원칙을 우선시하는 경향을 보인다.

① ㉠: 그 행위가 초래하는 결과와 무관하게, 행위 자체의 내재적 속성에 따라
② ㉡: 도덕 규칙보다는 행위가 가져오는 결과의 유용성과 행복의 총량을 극대화하는 것
③ ㉢: 그 행위가 가져올 결과의 유용성이나 행복에 의해 판단해야 한다고
④ ㉣: 전체 경제에 긍정적 영향을 준다면 윤리적으로 정당화될 수 있다

02 다음 글의 논지를 강화하는 것으로 가장 적절한 것은?

대도시에서는 출퇴근 시간마다 극심한 교통 혼잡이 반복적으로 발생한다. 많은 사람들이 동일한 시간대에 도심으로 이동하면서 도로와 대중교통 모두 과부하 상태에 놓이기 때문이다. 이를 해결하기 위해 흔히 제시되는 방법은 대중교통 요금을 낮추거나 운행 횟수를 늘리는 것이다. 그러나 이러한 조치는 근본적인 해결책이 되기 어렵다. 요금 인하와 운행 횟수 증가는 단기적인 편의를 제공할 수 있지만, 교통 혼잡의 근본 원인인 근무 패턴의 문제를 해결하지는 못한다.

실제로 교통 혼잡을 줄이기 위해서는 근무 방식의 변화가 핵심이다. 기업들이 재택근무나 유연 근무제를 적극 도입하면, 직장인들이 한꺼번에 출근하는 현상이 완화된다. 이는 도로와 대중교통의 부담을 자연스럽게 줄이는 효과를 가져온다. 장기적으로 도시 중심부의 교통 문제를 완화하려면, 단순한 대중교통 정책 변경보다 근무 시간과 근무 형태를 조정하는 전략이 훨씬 실질적이고 효과적이다.

① 한 도시에서 시범적으로 대중교통 요금을 30% 인하하였더니 도시의 교통 혼잡도가 유의미하게 감소하는 효과를 보였다.
② 대중교통 만족도 조사 결과, 시민 대다수가 대중교통의 요금 부담보다 배차 간격이 길다는 점을 더 큰 불만으로 꼽았다.
③ 한 대기업에서 유연근무제를 도입한 결과, 인근 지역의 출퇴근 시간대 교통량이 많이 감소했으며 주변 도로의 혼잡도가 개선되었다.
④ A 산업단지의 기업들이 동시에 유연 근무제를 실시하였으나, 특정 시간대가 출근 시간으로 선호되면서, 해당 지역의 출근 시간 교통 체증이 심해졌다.

[03~04] 다음 글을 읽고 물음에 답하시오.

집단 기억은 사회 구성원들이 공유하는 공적 기억으로, 사회적 맥락에서 구성되고 재구성되는 과정의 결과물이다. 이는 구전 전통, 문서, 기념물, 의식, 교육 등 다양한 매개체를 통해 전승되고 유지되는 기억으로, 특히 국가는 공식 역사 서술과 교육 과정을 통해 특정한 집단 기억을 형성하고 확산시키는 데 중요한 역할을 한다. 이에 대해 프랑스 사회학자 모리스 알박스는 집단 기억이 현재의 사회적 틀과 관점에 의해 지속적으로 변형된다고 주장했다. 그에 따르면 기억은 본질적으로 사회적이며 집단 정체성과 밀접하게 연관된다.

그러나 집단 기억은 항상 경합의 대상이 된다. 다양한 사회 집단들은 자신들의 입장과 이해관계에 따라 서로 다른 기억을 주장하고, 이는 종종 기억의 정치로 이어진다. 예컨대 식민지 경험에 대한 기억은 식민 지배국과 피식민국 사이에서 상반된 형태로 나타날 수 있고, 사회 내 다양한 집단들은 동일한 역사적 사건에 대한 다른 해석과 기억을 가질 수 있다.

디지털 시대의 도래는 집단 기억 형성에 중대한 변화를 불러왔다. 인터넷과 소셜 미디어는 개인들이 자신의 기억과 경험을 더 쉽게 공유하고, 집단 기억을 형성하는 데 참여할 기회를 제공한다. 이는 전통적인 기억 권위자들의 영향력을 약화시키고, 다층적인 집단 기억의 출현을 촉진했다. 동시에 디지털 매체의 특성상 허위 정보나 왜곡된 기억이 빠르게 확산할 위험도 증가했다.

이러한 집단 기억에 대한 연구는 과거가 현재에 미치는 영향, 그리고 현재의 관점이 과거 해석을 어떻게 형성하는지 이해하는 데 중요한 틀을 제공하며 ㉠이어지고 있다. 궁극적으로 이는 사회가 과거를 이해하고 현재를 해석하며, 미래를 상상하는 방식에 지대한 영향을 미친다.

03 윗글을 이해한 내용으로 적절하지 않은 것은?

① 알박스에 의하면 사회적 틀이나 관점은 집단의 기억을 바꿀 수 있다.
② 집단 기억은 입을 통해 전해 내려오거나 국가 교육에 의해 유지된다.
③ 디지털 시대에는 개인이 집단 기억의 형성에 참여할 기회가 증가한다.
④ 집단 기억은 사회 구성원 간의 합의를 통해 단일한 형태로 확립된다.

04 문맥상 ㉠의 의미와 가장 가까운 것은?

① 두 철로가 이어져 새로운 노선이 완성되었다.
② 이 축제는 조선 시대부터 현재까지 이어지고 있다.
③ 그 소설의 마지막 부분에 이어질 내용을 상상하며 잠에 들었다.
④ 고속도로와 이어지는 국도를 따라가면 해안가에 도착할 수 있다.

05 다음 글에서 추론한 내용으로 적절하지 않은 것은?

복합적인 언어 표현의 의미는 그것을 구성하는 요소와 이들이 결합하는 방식에 의해 결정되는데, 이를 합성성 원리라고 한다. 형태소가 모이면 단어가, 단어가 모이면 문장이 되므로 각 구성 요소의 의미는 복합적인 언어 표현의 의미 형성에 기여한다. 그러나 동일한 단어로 이루어진 문장이라도 구조, 즉 결합 방식에 따라 전혀 다른 의미를 지닐 수 있다. 예를 들어 "현우가 민지를 본다"와 "민지가 현우를 본다"는 '현우', '민지', '가', '를', '본다'와 같이 동일한 단어로 구성되어 있지만 그 의미는 같다고 볼 수 없다.

합성성의 원리가 기본적으로는 문장의 의미를 파악하는 원리가 될 수는 있지만, 문장의 의미를 완전하게 설명할 수는 없다. 문장을 이루는 단어조차도 합성어나 구에서는 그 의미가 합성성의 원리로는 파악되지 않는다. 가령 '감기약'은 감기를 치료하는 약이지만, '모기약'은 모기를 치료하는 약이 아니라 모기를 쫓거나 잡는 데 쓰는 약이다. 이처럼 동일한 구조를 가진 합성어나 구가 합성성의 원리에 따라 그 의미가 해석되지 않는 이유에 대해, 인지 언어학자들은 언어의 창조성이 풍부하게 작동하기 때문이라고 설명한다. 이들은 평범한 문장에서도 엄격한 합성성이 지켜지지 않는 것을 지적한다.

관용구나 속담과 같은 관용 표현 또한 구성 성분의 의미를 합치는 것만으로는 의미를 정확히 파악할 수 없다. '머리를 굴리다'는 머리를 써서 해결 방안을 생각한다는 의미로, '가슴이 넓다'는 이해심이 많다는 의미로 사용되는데, 이는 구성 성분인 단어의 합으로는 도출되지 않는 의미이다.

① 인지 언어학자들은 합성성을 우선순위로, 창조성을 후순위로 고려하며 합성어의 의미를 파악하고자 했다.
② '현우가 민지를 본다'와 '민지가 현우를 본다'의 의미 차이는 구성 요소들의 결합 방식 차이에서 비롯된다.
③ '머리를 굴리다'가 '생각하다'의 의미로 해석되는 것은 관용 표현의 의미를 설명하기 어려운 합성성 원리의 한계를 보여 준다.
④ '감기약'과 '모기약'이 같은 구조를 가졌으나 의미 해석에 차이가 있는 것은 합성어의 의미가 단순히 구성 요소의 의미 합이 아님을 나타낸다.

06 다음 대화의 빈칸에 들어갈 말로 가장 적절한 것은?

갑: 집중력이 저하되면 학업 성취도가 저하됩니다.
을: SNS를 사용하면 집중력이 저하됩니다.
병:
정: 여러분의 의견대로라면, SNS를 사용하면 자존감이 떨어지겠군요.

① 집중력이 저하되지 않습니다.
② 학업 성취도가 저하되지 않습니다.
③ 학업 성취도가 저하되면 자존감이 떨어집니다.
④ 학업 성취도가 저하되지 않으면 집중력이 저하되지 않습니다.

07 다음 빈칸에 들어갈 말로 가장 적절한 것은?

　　예술적 영감의 원천에 관해서는 다양한 관점이 존재한다. 19세기까지 예술가의 창작 활동은 주로 신성한 영감에서 비롯된다는 관념이 지배적이었다. 특히 낭만주의 시대에는 신의 계시나 초자연적 힘에 의해 예술가가 창조적 영감을 부여받는다는 믿음이 정점에 달했으며, 예술가는 신성한 메시지를 전달하는 매개체로 간주되었다.
　　그러나 20세기에 접어들면서 정신분석학의 발전과 함께 예술적 창의성에 대한 기존의 이해는 급격히 변화하기 시작했다. 이에 따라 예술 창작이 무의식적 충동이나 억압된 욕망의 표출이라는 해석이 등장하며, 창작의 과정을 심리적 메커니즘으로 설명하려는 프로이트, 융과 같은 학자들이 등장했다.
　　한편, 사회학적 접근에서는 예술 창작이 사회적 환경과 시대적 맥락의 산물이라고 보았다. 이러한 관점에서 예술적 영감은 개인의 천재성에서 비롯된 것이 아니라, 시대정신을 구체적으로 구현한 결과로 이해된다. 따라서 예술가는 진공 상태에서 창작하는 것이 아니라, 특정 사회적·경제적·정치적 조건 속에서 형성된 의식을 작품에 반영하게 된다.
　　최근의 인지과학 연구는 예술적 창의성이 발생할 때 활성화되는 뇌 영역을 연구하며 영감의 생물학적 기반을 밝히려고 한다. 이는 예술적 영감을 신비화하기보다 인간 인지 능력의 특별한 발현으로 이해하려는 경향을 보여준다.
　　이처럼 예술적 영감의 원천에 대한 이해는 시대에 따라 변화해왔다. 신성한 계시에서 무의식적 충동, 사회적 산물, 그리고 인지적 기능에 이르기까지 다양한 설명이 제시되었다. 이러한 변화의 흐름은 　　　　　　　　.

① 예술이 지닌 본질적 가치가 약화되었음을 나타낸다
② 인간의 예술적 창의성에 대한 인식의 변화를 보여준다
③ 예술가들의 창작 의욕을 크게 저하시키는 결과를 가져왔다
④ 전통적 예술관의 우수성을 현대적 관점에서 재확인하게 했다

08 다음 빈칸에 들어갈 말로 가장 적절한 것은?

　　갑, 을, 병, 정 네 학생은 각자 〈토론부〉, 〈음악부〉, 〈체육부〉, 〈미술부〉 중 서로 다른 동아리에 가입하며, 다음의 조건에 따라 동아리에 가입한다고 한다.
　　○ 갑이 〈토론부〉에 가입하면 을은 〈음악부〉에 가입한다.
　　○ 을이 〈음악부〉에 가입하면 병은 〈미술부〉 또는 〈체육부〉에 가입한다.
　　○ 갑은 〈토론부〉에 가입한다.
　　○ 병은 〈체육부〉에 가입하지 않는다.
　　이를 통해 정이 　　　　　에 가입한다는 것을 알 수 있게 되었다.

① 〈토론부〉　　　　② 〈음악부〉
③ 〈미술부〉　　　　④ 〈체육부〉

[09~10] 다음 글을 읽고 물음에 답하시오.

전통 마을의 공간 구조는 자연환경과 인간 생활이 조화를 이루며 형성되었다. 우리나라의 전통 마을은 자연 지형을 거스르지 않고 주변 환경과 ㉠밀접한 관계 속에서 발달했다. 이는 자연과의 조화를 중요시했기 때문으로, 산지촌은 경사면을 따라 계단식 구조를 이루었으나 평야 지대 마을은 열린 구조를 보였다. 특히 풍수지리 사상이 마을의 입지를 정하고 공간을 배치하는 데 중요한 영향을 미치며, 전통 마을에서는 뒤로는 산을 등지고 앞으로는 물이 있는 배산임수 형태를 이상적으로 여겼다. 이는 자연재해로부터의 보호와 농업용 물 확보라는 실용적 목적도 있었다. 이로 인해 풍수적 명당에는 중심 건물이나 상위 계층의 가옥이 ㉡위치했으며, 마을 전체가 유기적으로 기능하도록 설계되었다.

전통 마을에서의 공간은 공적 공간과 사적 공간으로 구분된다. 공적 공간에는 마을 입구의 장승과 솟대, 공동체 활동이 이루어지는 정자나 당산, 우물이나 빨래터와 같은 공동 시설이 있다. 이러한 공간은 마을 구성원들의 소통과 결속을 강화하는 역할을 했다. 반면 사적 공간은 가족의 일상생활이 이루어지는 주거 공간으로, 구조와 배치가 계층과 생활 양식에 따라 달랐다. 양반 가옥은 안채와 사랑채로 구분되어 남녀 공간이 분리되었고, 가족 구성원의 위계에 따라 공간을 ㉢배분하였으며, 대문에서 안채까지의 동선은 꺾인 형태로 설계되어 사생활을 보호했다. 반면 민가는 상대적으로 단순한 구조였으나, 제한된 공간을 효율적으로 활용했다.

이처럼 전통 마을의 공간 구조는 자연환경에 대한 적응과 사회적 위계질서의 반영, 공동체 의식의 강화와 실용성을 모두 ㉣고려한 지혜의 산물이라고 할 수 있다.

09 윗글을 이해한 내용으로 적절하지 않은 것은?

① 민가는 양반 가옥보다 복잡한 구조를 가졌다.
② 전통 마을은 자연 지형을 고려하여 공간이 구성되었다.
③ 마을의 공적 공간은 구성원들의 소통과 결속을 강화했다.
④ 풍수지리 사상은 마을 입지와 공간 배치에 영향을 미쳤다.

10 윗글의 ㉠~㉣과 바꿔 쓸 수 있는 유사한 표현으로 적절하지 않은 것은?

① ㉠: 맞닿은
② ㉡: 자리했으며
③ ㉢: 누렸으며
④ ㉣: 생각한

독해력 UP! 어휘 퀴즈

헷갈리기 쉬운 어휘

[01~06] 다음 중 알맞은 어휘를 고르시오.

01 나는 (고갯짓 / 고개짓)을 통해 친구에게 앞쪽을 가리켰다.

02 새로 전근을 간 학교에는 (별의별 / 벼라별) 학생들이 있었다.

03 안쪽에 위치한 치아는 (썩기 / 썪기) 쉬우니까 더 주의해야 한다.

04 오늘까지 (승락 / 승낙)을 얻지 못하면 모든 것이 수포로 돌아간다.

05 연습한 대로 경기에 임하지 않으면 실수를 하기 (쉽상이다 / 십상이다).

06 어미 오리는 새끼가 위험에 빠지자 애가 (닳았는지 / 달았는지) 슬픈 울음소리를 내었다.

바꿔 쓸 수 있는 어휘

[07~12] 밑줄 친 어휘와 바꿔 쓸 수 있는 것을 ㉠~㉥에서 고르시오.

07 그는 자신의 잘못을 뉘우쳤다.   ㉠ 자각하다

08 그는 거짓말을 지어내 모두를 속였다.   ㉡ 악화하다

09 아이는 자신의 잘못을 알고는 눈물을 흘렸다.   ㉢ 반성하다

10 이번 일을 계기로 두 사람의 사이가 나빠졌다.   ㉣ 날조하다

11 신청서는 오늘 오전 아홉 시부터 내줄 예정입니다.   ㉤ 기립하다

12 회장이 회의실에 들어오자 자리에 있던 모든 임직원들이 일어섰다. ㉥ 교부하다

정답 | 01 고갯짓 02 별의별 03 썩기 04 승낙 05 십상이다 06 달았는지
07 ㉢ 08 ㉣ 09 ㉠ 10 ㉡ 11 ㉥ 12 ㉤

13일 하프모의고사 13

01 〈공공언어 바로 쓰기 원칙〉에 따라 수정한 것으로 적절하지 않은 것은?

―〈공공언어 바로 쓰기 원칙〉―
○ 어문 규범 지키기
 - ㉠ 한글 맞춤법에 근거해 띄어쓰기를 정확히 함.
○ 전문 용어 사용의 지양
 - ㉡ 어려운 전문 용어는 일반인이 이해하기 쉬운 표현으로 대체함.
○ 문장 성분의 생략 지양
 - ㉢ 주어, 목적어, 서술어 등 필수 문장 성분이 생략되지 않도록 함.
○ 정확한 접속어의 사용
 - ㉣ 접속어를 사용할 때는 앞뒤 문장의 의미 관계를 고려하여 정확한 표현을 사용함.

① "민원을 접수한 지 3일이 지났습니다."를 ㉠에 따라 "민원을 접수한지 3일이 지났습니다."로 수정한다.
② "양축 농가에서는 위생 관리에 주의해야 합니다."를 ㉡에 따라 "축산 농가에서는 위생 관리에 주의해야 합니다."로 수정한다.
③ "담당 부서와 협의한 후 제출하셔야 합니다."를 ㉢에 따라 "귀하께서는 담당 부서와 이번 문제를 협의한 후 서류를 제출하셔야 합니다."로 수정한다.
④ "지난해 우리 시의 녹지 면적은 크게 감소했다. 그리고 녹지에 대한 시민 만족도는 높게 나타났다."를 ㉣에 따라 "지난해 우리 시의 녹지 면적은 크게 감소했다. 그러나 녹지에 대한 시민 만족도는 높게 나타났다."로 수정한다.

02 다음 글에서 추론한 내용으로 적절하지 않은 것은?

관형어는 체언을 수식하는 문장 성분으로, '예쁜 꽃'에서 '예쁜'이 관형어에 해당한다. 이러한 관형어를 이루는 형식에는 관형사와 관형절이 포함된다. 관형사는 '새, 헌, 온갖, 모든' 등과 같이 체언을 꾸며 주는 품사이고, 관형절은 용언에 관형사형 어미 '-(으)ㄴ', '-는', '-(으)ㄹ', '-던'이 결합하여 체언을 꾸며 주는 구성이다.

관형절은 동격 관형절과 관계 관형절로 나눌 수 있다. 동격 관형절은 '내가 졌다는 소문이 돌았다'에서의 '내가 졌다는'과 같이 한 문장의 필수 성분을 온전히 갖추고 있는 관형절을 의미한다. 이와 달리 관계 관형절은 '범인을 잡은 경찰이 돌아왔다'에서의 '범인을 잡은'과 같이 관계 관형절이 수식하는 체언과 동일한 체언이 생략되어 있는 관형절을 의미하며, 이때, 생략된 체언은 관계 관형절 내에서 주어, 목적어, 부사어로 해석할 수 있다.

한편 관형절에서는 시제 표현이 중요하다. 과거 시제의 경우 관형사형 어미가 동사에서 '-(으)ㄴ'와 '-던'으로, 형용사에서 '-던'으로 나타난다. 또한 현재 시제의 경우에는 동사에서 '-는', 형용사나 '이다'에서 '-(으)ㄴ'으로 나타나고, 미래 시제는 '-(으)ㄹ'에 의해 표현된다.

① '먹을 음식'에서 '-(으)ㄹ'은 미래의 의미를 나타낸다.
② '쥐를 잡은 고양이가 운다'에서 '쥐를 잡은'에는 주어가 생략되었다.
③ '새 건물이 지어진 사실이 밝혀졌다'에는 동격 관형절이 포함되어 있다.
④ '아름다운 풍경에 감탄할 수밖에 없었다'에서 '아름다운'은 관형사에 해당한다.

03 다음 글을 이해한 내용으로 가장 적절한 것은?

20세기 후반, 세계 각국의 산업 도시들은 제조업 쇠퇴와 산업 구조 변화로 인해 심각한 위기에 직면했다. 산업 시설들이 기능을 상실하고 흉물로 전락하면서 도시 경관이 황폐해지고, 지역 경제는 침체의 늪에 빠진 것이다. 그러나 1980년대부터 이러한 폐산업 시설, 이른바 산업 유산을 문화 공간으로 탈바꿈해서 도시의 활력을 회복하려는 시도가 나타나기 시작했다.

이러한 산업 유산의 재활용은 물리적으로 공간을 복원하고 도시의 정체성을 재정립하는 과정이라고 할 수 있다. 지역의 역사와 주민들의 집단적 기억을 담고 있는 산업 유산을 보존하고 새로운 기능을 부여함으로써, 도시는 과거와의 연속성을 유지하면서도 미래로 나아갈 수 있는 동력을 확보한다. 이처럼 산업화 시대의 유산을 창의적으로 계승하는 노력은 과거와 현재, 미래를 잇는 도시 재생의 중요한 전략으로 자리 잡고 있다.

이는 경제적 측면에서도 의미가 있다. 독특한 산업 경관은 관광객을 유치하는 차별화된 자원이 되며, 새로운 산업의 발전을 촉진하는 환경을 조성한다. 가령 영국의 테이트 모던 미술관은 런던 템스강 남안의 폐화력 발전소를 개조한 것으로, 개관 이후 주변 지역의 부동산 가치 상승과 새로운 상권 형성에 기여했다는 점에서 의미가 있다.

그러나 산업 유산의 재활용이 항상 성공적인 결과만 보이는 것은 아니다. 무분별한 개발로 인해 역사적 가치가 훼손되기도 하고, 지나친 상업화로 지역 주민의 공간 향유권이 제한되는 경우도 있기 때문이다.

① 산업 유산은 재활용되는 과정에서 과거를 벗어나 완전히 새로운 미래로 나아간다.
② 산업 유산의 재활용은 지나친 상업화를 유발해 지역 주민의 권리를 침해하기도 한다.
③ 폐산업 시설을 문화 시설로 바꾸면 도시의 기존 상권을 회복시키며 활력이 생길 수 있다.
④ 산업 유산의 재활용은 문화유산의 역사적 가치를 회복하는 방향으로 나타나며 재활용 후 문화유산의 가치는 상승한다.

04 (가)와 (나)를 전제로 결론을 이끌어 낼 때, 빈칸에 들어갈 말로 가장 적절한 것은?

(가) 학생이면 수업료를 내거나 장학금을 받는다.
(나) 학생이면 장학금을 받지 않는다.
따라서 _____

① 학생이면 수업료를 낸다.
② 학생이면 장학금을 받는다.
③ 학생이면 수업료를 내지 않는다.
④ 학생이 아니면 장학금을 받지 않는다.

[05~06] 다음 글을 읽고 물음에 답하시오.

> 현대 건축에서 지속 가능성은 중요한 가치로 자리 잡고 있다. 지속 가능한 건축은 크게 두 가지 접근법으로 ㉠나눌 수 있다. 첫째는 '패시브 디자인'으로, 기계 장치에 ㉡기대지 않고 건물 자체의 구조와 배치를 통해 에너지 효율을 높이는 방식이다. 이는 건물의 향(向)을 고려하여 자연광을 최대한 활용하고, 단열재를 효과적으로 사용하며, 자연 환기가 잘 이루어지도록 설계하는 것을 말한다. 예를 들어, 남향으로 배치된 창문은 겨울철 태양열을 실내로 ㉢들여 난방 효과를 높이고, 처마나 차양 장치는 여름철 직사광선을 차단하여 냉방 효과를 높인다. 둘째는 '액티브 디자인'으로, 태양광 패널, 지열 시스템, 빗물 재활용 시스템 등 첨단 기술을 활용하여 에너지 효율을 높이는 방식이다. 이는 건물이 필요로 하는 에너지를 스스로 생산하거나 자원을 재활용함으로써 외부 에너지 의존도를 ㉣낮추는 것을 목표로 한다. 최근에는 이 두 가지 접근법을 통합한 '혼합형 디자인'이 주목받고 있으며, 이는 패시브 디자인의 장점과 액티브 디자인의 효율성을 결합한 방식이다.

05 윗글에서 추론한 내용으로 가장 적절한 것은?

① 전통 한옥의 온돌과 마루는 액티브 디자인의 대표적 사례이다.
② 혼합형 디자인은 액티브 디자인보다 더 많은 에너지를 소비한다.
③ 추운 북반구에 지어진 남향 건물은 패시브 디자인의 원리를 활용한 사례이다.
④ 지속 가능한 건축을 위해서는 패시브 디자인보다 액티브 디자인을 우선시해야 한다.

06 윗글의 ㉠~㉣과 바꿔 쓸 수 있는 유사한 표현으로 적절하지 않은 것은?

① ㉠: 구분(區分)할
② ㉡: 의존(依存)하지
③ ㉢: 인입(引入)하여
④ ㉣: 절하(切下)하는

07 〈개요〉의 빈칸에 들어갈 내용으로 적절하지 않은 것은?

> 〈개 요〉
>
> ○ 제목: 접경 지역 갈등의 원인과 평화적 공존 방안
>
> Ⅰ. 서론
>   1. 접경 지역의 정의와 지정학적 중요성
>   2. 접경 지역 갈등의 역사적 배경과 현대적 양상
>
> Ⅱ. 접경 지역 갈등의 주요 원인
>
>
> Ⅲ. 접경 지역의 평화적 공존 방안
>   1. 접경 지역 주민 간 사회문화적 교류 증진
>   2. 국제법과 조약에 기반한 명확한 경계선 설정
>   3. 공유 자원의 지속 가능한 관리를 위한 협력 체제 구축

① 접경 지역의 경제 협력 기회 확대
② 접경 지역 주민 간 사회문화적 차이
③ 접경 지역의 자원 이용을 둘러싼 갈등
④ 영토 경계선 획정을 둘러싼 국가 간 마찰 증가

[08~09] 다음 글을 읽고 물음에 답하시오.

기업의 현금 보유 정책에 관한 논쟁은 경영학과 재무 이론에서 중요한 위치를 차지한다. 일반적으로 기업이 현금을 보유하는 이유는 예상치 못한 지출에 대비하거나 투자 기회가 생겼을 때 즉시 활용하기 위함이다. 그러나 과도한 현금 보유는 여러 문제를 야기할 수 있다. 기업이 대규모 현금을 보유하면 경영자는 이를 비효율적인 인수 합병이나 불필요한 설비 투자에 사용할 위험이 있다. 또한 현금은 투자되지 않은 상태에서는 수익을 가져다주지 않으므로 기업 전체의 자본 수익률을 떨어뜨릴 수 있다.

비슷한 맥락에서 최근 경영학계에서는 (가) 기업의 과도한 현금 보유가 장기적으로 해당 기업의 혁신 역량과 경쟁력을 약화한다는 주장이 제기되고 있다. 이 관점에 따르면, 대규모의 현금을 보유한 기업은 위험을 감수하는 혁신적 시도보다 안정적인 경영을 선호하게 되며, 이는 점진적으로 시장 변화에 대한 기업의 적응력을 저하한다. 즉 현금이 풍부할수록 경영자들은 실패의 위험이 큰 혁신적 프로젝트를 추진하기보다 현상 유지에 안주하는 경향이 강해진다는 것이다.

반면 현금 보유의 긍정적 측면을 강조하는 학자들은 현금을 풍부하게 보유한 기업이 경기 침체기에 현금 보유량이 상대적으로 적은 경쟁사보다 더 안정적으로 운영될 수 있고, 예상치 못한 투자 기회가 발생했을 때 신속하게 투자함으로써 이익을 얻을 수 있다고 주장한다. 또한 금융 위기와 같은 외부 충격이 발생했을 때, 현금 보유량이 많은 기업들의 생존 가능성이 더 높다는 연구 결과는 이들의 주장을 뒷받침한다.

그런데도 최근의 실증 연구들은 장기간 대규모의 현금을 보유한 기업들이 시간이 지남에 따라 산업 내 혁신적인 명성을 ㉠잃어버리는 경향이 있음을 보여 주고 있다. 현금 보유와 혁신 사이의 관계는 단순하지 않으며, 적정 수준의 현금 보유와 이를 효과적으로 활용하는 경영 전략이 중요하다는 것이 최근 경영학계의 중론이다.

08 윗글의 (가)를 강화하는 것으로 가장 적절한 것은?

① 현금을 많이 보유한 기업일수록 경제 불황기에 평균 생존율이 20% 더 높은 것으로 나타났다.

② 현금 보유량이 많은 기업들은 미래 불확실성에 대비하여 더 철저한 위기 관리 시스템을 구축하는 경향이 있는 것으로 조사되었다.

③ 최근 5년간 현금 보유량이 많은 글로벌 기술 기업들의 특허 건수가 현금 보유량이 적은 기업들보다 평균 30% 적은 것으로 나타났다.

④ 산업별로 상위권에 속하는 기업들은 대체로 다른 경쟁 기업보다 현상 유지를 선택하며 현금을 많이 보유하고 있는 것으로 조사되었다.

09 밑줄 친 표현이 문맥상 ㉠의 의미와 가장 가까운 것은?

① 그 마을은 개발로 인해 전통적인 모습을 잃어버렸다.

② 오해 때문에 소중한 친구이자 스승을 잃어버리게 되었다.

③ 전쟁에서 그는 한쪽 팔을 잃어버리고 고향으로 돌아왔다.

④ 너무 긴장한 나머지 무대에서 침착함을 잃어버리고 실수했다.

10 다음 대화의 빈칸에 들어갈 말로 가장 적절한 것은?

> 갑: 이번 행사에서 사전 홍보가 이뤄지면, 자원봉사자가 옵니다.
> 을: 이번 행사는 ⬚
> 병: 모집 공고를 내지 않으면, 자원봉사자가 오지 않습니다.
> 정: 그렇다면 우리는 반드시 모집 공고를 내겠군요.

① 사전 홍보가 이뤄집니다.
② 모집 공고를 내지 않습니다.
③ 자원봉사자가 오지 않습니다.
④ 사전 홍보가 이뤄지지 않고 모집 공고를 내지 않습니다.

바로 채점하기

| 01 | ① | 02 | ④ | 03 | ② | 04 | ① | 05 | ③ |
| 06 | ④ | 07 | ① | 08 | ③ | 09 | ① | 10 | ① |

독해력 UP! 어휘 퀴즈

헷갈리기 쉬운 어휘

[01~06] 다음 중 알맞은 어휘를 고르시오.

01 모든 인원이 각자의 (역활 / 역할)에 충실해야만 한다.

02 어른이 말씀하시는데 (어따 / 얻다) 대고 말대꾸를 하느냐?

03 (여태껏 / 여지껏) 숙제도 다 하지 않고 무엇을 하고 있었느냐?

04 정신을 (흩트리지 / 흐트리지) 않는 것이야말로 공부의 기본이다.

05 구석기 시대에 주먹 도끼는 (요기나게 / 요긴하게) 쓰였을 것이다.

06 (올바른 / 옳바른) 행동을 하기 위해서는 맑은 정신을 갖추고 있어야 한다.

바꿔 쓸 수 있는 어휘

[07~12] 밑줄 친 어휘와 바꿔 쓸 수 있는 것을 ㉠~㉥에서 고르시오.

07 의사는 환자의 환부를 <u>살폈다</u>.   ㉠ 운반하다

08 그들은 무거운 짐을 <u>나르고</u> 있었다.   ㉡ 주시하다

09 봄이 되자 꽃이 아름답게 <u>피어났다</u>.   ㉢ 개화하다

10 중대한 결정 앞에서는 <u>망설일</u> 수밖에 없다.   ㉣ 편찬하다

11 여행자들은 깊은 계곡을 <u>건너</u> 마을에 도착했다.   ㉤ 주저하다

12 그는 역사적 사료를 하나하나 엮어 책을 <u>만들었다</u>.   ㉥ 횡단하다

정답 | 01 역할 02 얻다 03 여태껏 04 흩트리지 05 요긴하게 06 올바른
07 ㉡ 08 ㉠ 09 ㉢ 10 ㉤ 11 ㉥ 12 ㉣

14일 / 하프모의고사 14

01 〈지침〉에 따라 〈개요〉를 작성할 때 ㉠~㉣에 들어갈 내용으로 적절하지 않은 것은?

〈지 침〉
○ 서론에서는 중심 소재의 개념 정의와 현황 분석을 포함할 것.
○ 본론은 제목에서 밝힌 내용을 2개의 장으로 구성하되, 각 장의 하위 항목이 서로 대응하도록 작성할 것.
○ 결론에서는 국제적 차원과 개인적 차원의 과제를 제시할 것.

〈개 요〉
○ 제목: 국제 난민 문제의 원인과 해결 방안
Ⅰ. 서론
　1. 국제 난민의 개념과 유형
　2. ㉠
Ⅱ. 국제 난민 발생의 원인
　1. ㉡
　2. 국제 지역 분쟁과 전쟁
Ⅲ. 국제 난민 문제의 해결 방안
　1. 국제적 기후 위기 대응 협력 체계 구축 및 재난 복원력 강화
　2. ㉢
Ⅳ. 결론
　1. 인도주의적 지원과 국제법 체계 강화
　2. ㉣

① ㉠: 전 세계적 국제 난민 증가 추세와 인도적 위기 상황
② ㉡: 기후 변화와 환경 재해
③ ㉢: 국제 난민 수용의 사회적 비용과 경제적 부담 증가
④ ㉣: 국제 난민에 대한 시민 의식 함양

02 다음 진술이 모두 참일 때 반드시 참인 것은?

○ 민수가 요리를 한다면, 집에 있고 불을 사용한다.
○ 민수는 집에 없거나 불을 사용하지 않는다.
○ 민수는 요리를 하거나 정원을 가꾼다.

① 민수는 집에 있다.
② 민수는 요리를 한다.
③ 민수는 불을 사용한다.
④ 민수는 정원을 가꾼다.

03 다음 글을 이해한 내용으로 가장 적절한 것은?

구강 위생을 위한 노력은 비단 현대에서만 이뤄지고 있는 것은 아니다. 과거 이집트인들은 기원전 5000년 경부터 소금, 민트, 후추 등을 섞어 만든 치약 가루를 사용했으며, 이후 그리스인과 로마인들은 뼈와 굴껍데기를 분쇄하여 만든 가루를 사용했다. 또한 중국인들은 소금, 꿀, 약초를 혼합한 치약을 개발했다. 이러한 역사적 사례는 인류가 오래전부터 치약을 활용해 구강을 관리해 왔음을 보여준다.

한편 현대 치약의 주요 성분은 크게 세정제, 연마제, 불소, 감미료, 방부제, 습윤제로 구분할 수 있다. 세정제는 치아 표면의 음식물 찌꺼기와 세균을 제거하는 역할을 하며, 연마제는 치아 표면의 착색을 제거하는 데 도움을 준다. 불소는 1914년에 치약의 주요 성분으로 추가되었으며, 1950년대에 대중적으로 널리 쓰이게 되었다. 이는 치아의 겉에 위치한 에나멜을 강화하고 충치를 예방해 준다. 또한 감미료는 치약의 맛을 좋게 하며, 방부제는 보존 기간을 연장하고, 습윤제는 치약이 마르지 않게 유지해 준다.

이때 각각의 성분 비율은 제조사마다 차이가 있지만, 연마제가 10~40%, 세정제가 1~2%, 불소가 0.1~0.15%, 습윤제가 20~40%, 물이 20~30%를 차지하는 것이 일반적이다. 여기에 특수 목적에 따라 치은염 예방, 치석 형성 방지, 치아 미백, 지각 과민 완화 등의 기능성 성분이 추가되기도 한다.

치약을 선택할 때는 개인의 구강 상태와 필요에 맞는 제품을 선택하는 것이 중요하다. 충치 예방이 필요하다면 불소 함량이 높은 치약을, 잇몸 질환이 있다면 항균 성분이 포함된 치약을, 치아 미백이 필요하다면 미백 성분이 함유된 치약을 선택하는 것이 좋다.

① 과거 이집트의 치약은 소금, 민트, 후추를 포함하여 현대 치약과 유사한 성분으로 구성되었다.
② 1910년대에 치약의 주요 성분으로 추가된 불소는 1950년대에 대중적으로 사용되기 시작했다.
③ 현대 치약의 성분 중 가장 적은 비율을 차지하는 세정제는 치아 표면의 이물질을 제거하는 기능을 한다.
④ 개인의 구강 상태와 관계없이 충치 예방에 가장 효과적인 방법은 항균 성분이 포함된 치약을 사용하는 것이다.

04 다음 대화의 빈칸에 들어갈 말로 가장 적절한 것은?

갑: 이번 주에 회의실을 예약하고 연차인 직원이 없으면 회의가 진행됩니다.
을: 이번 주 회의실을 예약했습니다.
병: 이번 주에는 _____.
정: 그렇다면, 이번 주에는 회의가 진행되겠군요.

① 연차인 직원이 없습니다
② 연차인 직원이 있습니다
③ 회의실을 예약하지 않았습니다
④ 회의실을 예약했고 연차인 직원이 있습니다

[05~06] 다음 글을 읽고 물음에 답하시오.

> 식물들은 수백만 년 동안 다양한 환경 변화에 적응하면서 여러 생존 및 번식 전략을 발달시켜 왔다. 이 가운데 번식 방식의 차이는 특히 주목할 만하다.
> 사막에 주로 서식하는 선인장은 극한의 건조 환경에서 살아남기 위해 비교적 집중된 시기에만 개화하는 경향이 있다. 예를 들어, 일시적으로 강우가 있거나 적합한 조건이 오면, 선인장은 ㉠크고 화려한 꽃을 피워 수분 매개자인 곤충이나 새 등을 효율적으로 유인한다. 이는 집중형 번식 전략으로, ㉡에너지와 자원을 한 번에 집중 투자하는 전략으로 볼 수 있다.
> 반면, 양치식물은 주로 습윤하고 비교적 안정적인 환경에서 포자를 통해 번식한다. 이들은 ㉢크기가 매우 작고 가벼운 포자를 대량 생산하여 바람이나 물에 의해 널리 퍼지도록 한다. 이런 분산형 번식 전략은 지속적으로 번식 기회를 늘리는 데 적합하다.
> 이런 차이는 서식 환경과 밀접하게 연관되어 있다. 사막과 같이 물과 영양분, 수분 매개자가 제한적인 환경에서는, 생존과 번식을 위해 ㉣한 번의 개화에 큰 투자를 하는 전략이 효과적일 수 있다. 이와 달리 열대 우림과 같은 습윤한 환경에서는 자원의 접근성이 좋고 매개자도 풍부하여 여러 번에 걸쳐 다량의 번식 출현이 가능하다.
> 하지만 최근 기후 변화와 인간 활동에 따라 식물의 번식 시기나 빈도에 변동이 관찰되고 있다. 예를 들어, 건조화가 심해지는 지역의 식물들이 개화 시기와 빈도를 조절하거나, 인공 관개가 가능한 환경에서는 선인장이 비교적 자주 꽃을 피우기도 한다. 이는 식물 번식 전략이 환경 변화에 따라 어느 정도 유연하게 조정될 수 있음을 시사한다. 다만 번식 전략 자체가 근본적으로 바뀐 것이라기보다는, 개화 시기와 빈도를 조절하는 수준에서 이루어진다고 보는 것이 보다 정확하다.

05 윗글에서 추론한 내용으로 가장 적절한 것은?

① 기후가 변화하면 모든 식물이 번식 전략을 집중형으로 바꿀 것이다.
② 사막화가 일어나는 지역에 서식하는 식물 중 일부는 꽃의 개화 시기와 빈도를 조절할 것이다.
③ 사막의 식물은 화려한 꽃으로 수분 매개체를 쉽게 유인하는 대신 번식 성공률이 떨어질 것이다.
④ 양치식물은 꽃을 피우는 대신 포자를 생산해 새들의 위협으로부터 스스로를 보호하는 전략을 사용한다.

06 윗글의 ㉠~㉣ 중 문맥상 의미가 나머지와 다른 하나는?

① ㉠
② ㉡
③ ㉢
④ ㉣

07 다음 글의 ㉠~㉢에 들어갈 말을 적절하게 나열한 것은?

현대 시에서 주제 의식은 시대적 상황과 긴밀하게 연결되어 변화해 왔다. 1920년대에는 일제로부터 겪는 민족의 고통과 그들에 대한 저항의식을 직·간접적으로 표현했는데, 이는 억압적 현실에 대한 시인들의 ㉠ 으로 볼 수 있다. 가령 이 시기에 창작된 한용운의 「님의 침묵」 속 '님'은 표면적으로는 연인을 의미하지만, 더 깊은 차원에서는 빼앗긴 조국으로 해석할 수 있다. 이 때문에 작품은 일제강점기 속 민족의 고통을 드러내며 광복에 대한 의지와 신념을 노래한 시로 해석되기도 한다.

1930년대에 모더니즘 시 운동이 전개된 이후에는 도시 문명과 실존적 고뇌를 주제로 한 작품들이 등장했다. 이 시기에 김기림, 이상 등의 시인들은 급격한 근대화 과정에서 발생하는 인간 소외와 정체성 혼란을 새로운 형식 실험을 통해 표현했다. 특히 이상의 시에 나타나는 단절된 언어와 기하학적 이미지는 근대 문명에 대한 비판적 인식을 담아내는 독특한 ㉡ 이다.

해방 이후에는 산업화와 독재 정권에 대한 비판 의식이 시의 중요한 흐름을 형성했다. 특히 김수영, 신동엽은 자유와 민주주의에 대한 열망을 시로 표현했으며, 이는 당시 사회 운동과 연결되어 시가 사회 변혁의 도구로 기능했음을 보여준다. 이 시기 또 다른 대표 시인인 김지하는 「타는 목마름으로」와 같은 작품을 통해 민중의 고통과 저항 의지를 형상화하며 문학의 ㉢ 을 강조했다.

사회주의가 몰락한 후 이념 대립이 사라진 1990년대 이후에는 이념에 치우쳤던 경향에서 벗어나 '나'에게서 시작하는 일상의 삶이 주목받게 되었다. 이 시기 현대 시는 다원화된 양상을 보이게 되었으며, 현대 시의 주제 의식은 현재에도 사회적 맥락 속에서 끊임없이 재구성되고 있다.

	㉠	㉡	㉢
①	예술적 저항	실험적 장치	사회적 역할
②	수용과 체념	실험적 장치	내재적 기능
③	예술적 저항	전형적 장치	내재적 기능
④	수용과 체념	전형적 장치	사회적 역할

08 다음 글에서 추론한 내용으로 적절하지 않은 것은?

단어의 형성 과정에서는 어근과 파생 접사가 결합하여 새로운 파생어가 만들어질 수 있다. 그러나 다른 단어가 이미 존재하여 거의 동일한 의미로 쓰이는 경우, 잠재적으로 형성 가능한 다른 파생어가 실제로 사용되지 못하는 현상이 발생한다. 이를 저지(blocking) 현상이라고 한다. 예를 들어, '-이'와 '-기' 모두 척도 명사의 파생에 참여하는 접미사이다. '밝기', '굵기', '크기'에서 볼 수 있듯이 '-기'가 척도 명사 파생에 참여하므로 '높-', '깊-'에도 '-기'가 결합한 파생어 형성이 가능하다. 그런데 실제로는 '높기', '깊기'가 일반적으로 사용되지 않는다. 이는 이미 '높이', '깊이'와 같은 단어가 존재하여 거의 동일한 의미로 쓰이기 때문이다.

① '-기'는 어근에 결합해서 척도 명사를 만드는 접미사이다.
② '길이'의 존재로 인해 '길기'라는 단어가 일반적으로 사용되지 않는다.
③ 이미 존재하는 단어가 유사한 의미의 다른 단어 형성을 방해할 수 있다.
④ 저지 현상으로 인해 동일한 의미를 가진 단어들이 모두 소멸하게 된다.

[09~10] 다음 글을 읽고 물음에 답하시오.

기존의 폐기물 관리 정책은 매립과 소각에 의존하는 처분 중심이었으나, 이는 자원 낭비와 환경오염을 ⓐ낳는다. 이에 순환 경제 모델은 제품 설계 단계부터 재활용과 재사용을 고려하고, 폐기물을 새로운 자원으로 인식하는 패러다임 전환을 요구한다. 현재의 선형적 '생산 – 소비 – 폐기' 방식에서 벗어나 자원이 지속적으로 재사용되는 폐쇄적 순환 구조로 패러다임을 ⓑ바꿔야 한다는 것이다.

이를 위해 순환 경제 모델을 지지하는 학자들은 생산자 책임 재활용 제도 같은 정책적 틀을 도입할 것을 주장한다. 이들에 따르면, 제품의 전 생애 주기에 대한 책임을 기업에게 부여하여 재활용률을 크게 향상시킬 수 있다. 또한 생물학적으로 분해 가능한 소재를 ⓒ만들고 제품을 조립과 분해가 ⓓ쉬운 모듈식으로 설계하는 것은 자원의 재사용을 극대화하며 폐기물 발생을 원천적으로 감소시킨다. 이들에게 순환 경제 모델은 자원의 효율성을 증대하고 환경 부담을 줄일 수 있는 대안책이다. 동시에 이는 혁신적인 비즈니스 모델과 일자리 창출을 통해 경제적 이익도 가져올 수 있는 지속 가능한 해결책이기도 하다. 즉 이러한 모델을 지지하는 학자들에게 ㉠순환 경제 모델은 환경적, 경제적으로 이익을 가져올 수 있는 최선의 대안책인 것이다.

09 ㉠을 평가한 내용으로 적절한 것만을 〈보기〉에서 모두 고르면?

〈보 기〉

ㄱ. 순환 경제 원칙에 따라 설계된 에어컨이 일반 제품보다 내구성이 떨어지고 수리 가능성이 제한되어 오히려 교체 주기가 짧아진다는 소비자 조사 결과가 발표된다면 ㉠은 강화된다.

ㄴ. 순환 경제 모델에 따라 일부 기업에서 분해가 가능한 컴퓨터를 출시했으나, 소비자들이 성능 향상을 위해 이를 재조립하면서 기존 부품을 폐기하고 있다는 조사 결과가 발표된다면 ㉠은 약화된다.

ㄷ. 순환 경제 모델을 도입한 기업들의 폐기물 관리 비용이 단기적으로 증가했으나, 원자재 비용 절감과 브랜드 가치 상승으로 인해 결과적으로는 수익성이 향상되었다는 조사 결과가 발표된다면 ㉠은 강화된다.

① ㄴ
② ㄱ, ㄴ
③ ㄴ, ㄷ
④ ㄱ, ㄴ, ㄷ

10 윗글의 ⓐ~ⓓ와 바꿔 쓸 수 있는 유사한 표현으로 적절하지 않은 것은?

① ⓐ: 초래(招來)한다
② ⓑ: 전환(轉換)해야
③ ⓒ: 계발(啓發)하고
④ ⓓ: 용이(容易)한

독해력 UP! 어휘 퀴즈

헷갈리기 쉬운 어휘

[01 ~ 06] 다음 중 알맞은 어휘를 고르시오.

01 날이 너무 추우니 난방기를 (켜고 / 키고) 자도록 하자.

02 키가 큰 동생은 머리가 (천정 / 천장)에 닿을 것만 같다.

03 점심에 밥을 많이 먹으면 오후에 항상 (졸립다 / 졸리다).

04 그는 (꾀 / 꽤)를 부려 모두가 만족할 만한 결과를 이끌어냈다.

05 철수는 (일찍이 / 일찌기) 부모에게서 독립해 혼자 생활해 왔다.

06 (일부로 / 일부러) 나에게 피해를 준 것이 아니라면 괜찮습니다.

바꿔 쓸 수 있는 어휘

[07 ~ 12] 밑줄 친 어휘와 바꿔 쓸 수 있는 것을 ㉠ ~ ㉥에서 고르시오.

07 마침내 그는 오랜 빈곤에서 <u>벗어났다</u>.   ㉠ 선별하다

08 화살이 과녁 중심을 정확히 <u>꿰뚫었다</u>.   ㉡ 체포하다

09 그는 실수를 <u>되풀이하지</u> 않겠다고 다짐했다.   ㉢ 경쟁하다

10 경찰은 도주 중인 절도범을 간신히 <u>붙잡았다</u>.   ㉣ 관통하다

11 기업들은 시장 점유율을 높이기 위해 치열하게 <u>다툰다</u>. ㉤ 반복하다

12 심사위원들은 좋은 작품을 <u>가려내는</u> 데 많은 시간을 들였다. ㉥ 탈피하다

정답 | 01 켜고 02 천장 03 졸리다 04 꾀 05 일찍이 06 일부러
　　　 07 ㉥ 08 ㉣ 09 ㉤ 10 ㉡ 11 ㉢ 12 ㉠

01 〈공공언어 바로 쓰기 원칙〉에 따라 〈공문서〉의 ㉠~㉣을 수정한 것으로 적절하지 않은 것은?

〈공공언어 바로 쓰기 원칙〉
- 외래어나 외국어는 가급적 우리말로 다듬을 것.
- 대등한 것끼리 접속할 때는 구조가 같은 표현을 사용할 것.
- 능동과 피동 표현에 유의하여 주어와 서술어를 호응시킬 것.
- 중복되는 표현을 삼갈 것.

〈공문서〉
한국교육개발원

수신 각 지역교육청
(경유)
제목 교육 정책 ㉠피드백 제출 요청

1. 귀 기관의 무궁한 발전을 기원합니다.
2. 본원은 교육 정책에 대해 효과적으로 ㉡성과 달성과 계획을 수립하기 위해서 현장의 의견을 수렴하고자 합니다.
3. 각 기관에서는 조사에 성실히 참여하여 응답을 ㉢제출해 주시기 바랍니다.
4. 이번 조사 결과는 ㉣교육 정책의 앞으로의 계획에 중요한 자료로 활용될 예정이니 협조 부탁드립니다.

① ㉠: 평가 의견
② ㉡: 성과를 달성하고 계획을 수립하기
③ ㉢: 제출되어야 합니다
④ ㉣: 교육 정책의 계획에

02 다음 글의 (가)와 (나)에 들어갈 말을 적절하게 나열한 것은?

한국어의 음운 체계는 자음, 모음, 반모음 등의 음소와 장단이라는 운소로 구성된다. 특히 한국어 모음 체계는 역사적으로 많은 변화를 겪었다. 중세 한국어에는 'ㆍ'와 같은 모음이 존재했으나 현대 한국어에서는 사라졌고, 이중 모음의 발음 양상도 달라졌다. 이러한 변화는 언어가 시간이 흐름에 따라 　(가)　 특성을 보여 주며, 언어가 살아있는 유기체처럼 시대와 환경에 따라 적응하고 발전함을 드러낸다.

이때 음운 체계의 변화는 발음의 경제성을 높이기 위한 방향으로 진행된다. 예를 들어 비음화는 조음의 방식을 유사하게 맞추어 발음을 효율적으로 사용하도록 하는 현상이며, 구개음화는 인접한 소리의 영향으로 조음 위치가 바뀌는 현상이다. 이는 인간이 발음할 때 최소한의 노력으로 최대한의 의사소통 효과를 얻으려는 보편적 경향을 의미하며, 발음 기관의 움직임을 효율적으로 조절함으로써 조음의 부담을 　(나)　 방향으로 음운 변화가 일어나는 현상을 설명한다.

	(가)	(나)
①	고정되는	줄이는
②	고정되는	높이는
③	변화하는	줄이는
④	변화하는	높이는

03 다음 글의 밑줄 친 결론을 이끌어 내기 위해 추가해야 할 것은?

> 시장에서 찹쌀떡을 구매하는 모든 사람은 단팥빵을 구매한다. 단팥빵을 구매하지 않고 호떡을 먹지 않는 사람이 있다. 따라서 <u>찹쌀떡을 구매하지 않고 시루떡을 먹는 사람이 있다.</u>

① 찹쌀떡을 구매하는 모든 사람은 호떡을 먹는다.
② 호떡을 먹지 않는 모든 사람은 시루떡을 먹는다.
③ 단팥빵을 구매하고 찹쌀떡을 구매하는 사람이 있다.
④ 호떡을 먹지 않는 모든 사람은 시루떡을 먹지 않는다.

04 다음 글의 논지를 약화하는 것으로 가장 적절한 것은?

> 글로벌 제조 업체 D사는 최근 공급망 운영 전략을 근본적으로 변경했다. 기존에는 생산 비용 절감을 위해 해외 저임금 국가에 생산 기지를 집중했지만, 이제는 주요 시장 근처에 생산 기지를 분산 배치하는 '지역화 전략'을 채택했다.
>
> 이러한 전략 변화의 핵심 논리는 다음과 같다. 생산 기지를 시장 근처로 이전하면 운송비와 같은 물류비가 대폭 절감되고, 고객 요구에 대한 신속한 대응이 가능해진다. 또한 환율 변동 리스크를 줄이고 현지 규제에 효과적으로 대응할 수 있다. 특히 최근 글로벌 공급망이 불안정해지면서 운송 지연과 비용 증가가 빈번하게 발생하고 있어, 지역화 전략은 이러한 위험을 최소화하는 해결책으로 평가 받고 있다.
>
> D사의 경영진은 생산 비용이 다소 증가하더라도 운송비 절감과 리스크 감소 효과가 더 크기 때문에 전체적인 수익성이 향상될 것이라고 확신하고 있다. 실제로 지역화 전략을 먼저 도입한 일부 경쟁사들이 안정적인 공급망 운영을 통해 시장 점유율을 확대한 사례도 이를 뒷받침한다.

① 생산 기지를 주요 시장 인근으로 이전한 A사는 제품을 시장으로 운송하는 비용이 35% 줄어들었다.
② 최근 글로벌 운송비가 지속적으로 하락하며 자국 내에서 제품을 생산하는 B사의 운송비 부담이 감소하였다.
③ 전 세계적으로 환율이 급등한 상황에서도 현지 시장에서 생산을 진행한 C사는 높은 영업 이익을 달성하였다.
④ 현지 생산 체제를 통해 시장별 맞춤 제품을 신속하게 출시한 E사가 현지 소비자 만족도에서 1위를 차지하였다.

05 다음 진술이 모두 참일 때 반드시 참인 것은?

> 과일에 대한 선호 조사에서 진우는 아래와 같이 응답했다.
> ○ 사과를 좋아하지 않거나 배를 좋아한다.
> ○ 딸기를 좋아한다면 사과도 좋아한다.
> ○ 딸기를 좋아하지 않으면 포도를 좋아한다.
> ○ 배를 좋아하지 않는다.
> 이를 통해 진우가 [   ]는 것을 알게 되었다.

① 배를 좋아한다
② 딸기를 좋아한다
③ 사과를 좋아한다
④ 포도를 좋아한다

[06~07] 다음 글을 읽고 물음에 답하시오.

아들러는 인간을 본능의 지배를 받는 존재로 바라본 프로이트와는 달리, 인간이 목적과 방향성을 가진다고 보았다. 그는 인간이 ㉠좇는 가장 근본적인 심리적 동기를 '우월성 추구'로 보았는데, 이는 열등감을 극복하고자 하는 노력에서 ㉡비롯한다. 아들러에 따르면 모든 사람은 성장 과정에서 어떤 형태로든 열등감을 경험하게 되며, 이 열등감은 부정적인 요소가 아니라 발전의 동기가 될 수 있다. 즉, 인간은 자신의 결핍을 ㉢채우기 위해 스스로 삶의 목표를 설정하고 이를 향해 나아간다는 것이다. 그는 또한 인간을 파편화되고 분리된 개체가 아닌 사회적 존재로 여겼다. 개인이 건강한 방식으로 성장하기 위해서는 사회적 관심, 다시 말해 타인과의 협력과 공감 능력 함양이 중요하다고 보았으며, 이러한 능력은 공동체 속에서 조화로운 삶을 ㉣살아가는 데 필수적인 요소이다. 이와 같이 아들러 심리학은 목표 지향성, 열등감 극복, 사회적 관심이라는 세 가지 핵심 개념을 중심으로, 인간을 능동적이고 전체적인 존재로 이해한다. 그의 심리학은 상담과 치료 영역에서 현대 심리학에 큰 영향력을 미친 것으로 평가받으며, 인간을 중심으로 하는 인본주의적 상담 이론의 토대가 되었다.

06 윗글의 내용과 일치하지 않는 것은?

① 아들러 이론은 인본주의적 상담 이론에 영향을 주었다.
② 아들러는 열등감을 인간의 성장과 변화의 동력으로 본다.
③ 아들러는 인간을 사회적 존재로 규정하고 협력과 공감을 강조했다.
④ 아들러 심리학은 개인이 가진 본능을 인간 행동의 핵심 원인으로 본다.

07 윗글의 ㉠~㉣과 바꿔 쓸 수 있는 유사한 표현으로 적절하지 않은 것은?

① ㉠: 추구(追求)하는
② ㉡: 기인(起因)한다
③ ㉢: 충족(充足)하기
④ ㉣: 영속(永續)하는

[08~09] 다음 글을 읽고 물음에 답하시오.

과학적 사고방식은 지식을 축적하는 것과 현상을 ㉠바라보는 독특한 관점을 형성하는 데 있다. 과학자들은 자연 현상을 접할 때 체계적인 의심을 통해 진리에 접근하려 노력한다. 이러한 탐구 방식은 가설을 수립하고, 이를 검증하기 위한 실험을 설계하며, 결과를 분석하여 결론에 도달하는 과정으로 구체화된다.

특히 과학적 방법론에서 핵심적인 부분은 반증 가능성이다. 어떤 이론이나 가설이 과학적이라고 인정받기 위해서는 그것이 틀릴 수 있다는 가능성을 내포해야 한다. 반증될 수 없는 주장은 과학의 영역에서 배제되는데, 이는 과학이 절대적 진리가 아닌 현재까지 가장 타당한 설명을 추구하기 때문이다. 또한 과학적 사고는 편향을 최소화하기 위해 객관성을 중시한다. 연구자의 주관적 기대나 희망과 관계없이 데이터가 말하는 바를 수용하는 태도는 과학 발전의 원동력이 되어왔다. 이러한 객관성은 연구 결과의 재현성을 통해 강화되는데, 동일한 조건에서 실험을 반복했을 때 유사한 결과가 도출되어야 한다는 원칙이다.

과학적 사고방식은 일상생활에도 적용될 수 있다. 문제 상황에 직면했을 때 가능한 원인을 체계적으로 분석하고, 각 가설을 검증할 방법을 모색하며, 증거에 기반하여 결론을 도출하는 접근법은 합리적 의사결정의 토대가 된다. 또한 자신의 신념이나 주장이 틀릴 수 있다는 가능성을 열어 두는 지적 겸손함은 더 나은 해결책을 발견하는 데 도움이 된다.

08 윗글에서 추론한 내용으로 적절하지 않은 것은?

① 자신이 정립한 이론이 틀릴 수 없다고 주장하며 비판을 수용하지 않는 태도는 과학적 사고방식에 부합한다.

② 의사가 환자의 증상을 여러 가설에 비추어 검사한 후 진단에 대해 결론 내리는 것은 과학적 사고방식을 적용한 것이다.

③ 연구자가 자신이 수립한 가설과 반대되는 실험 결과가 나왔을 때 그 결과를 인정하고 가설을 수정하는 것은 과학적 태도이다.

④ 사회 현상의 원인을 분석할 때 다양한 데이터를 수집하고 객관적으로 분석하여 결론을 도출하는 과정은 과학적 방법론을 따른 것이다.

09 밑줄 친 표현이 문맥상 ㉠의 의미와 가장 가까운 것은?

① 현실을 제대로 바라보지 못하면 성공할 수 없다.

② 혹시 누가 너를 불러도 앞만 바라보고 걸어가라.

③ 어머니께서는 이제 여든을 바라보는 나이가 되셨다.

④ 사원인 그는 승진만을 바라보고 열심히 노력해 왔다.

10 다음 빈칸에 들어갈 말로 가장 적절한 것은?

조선 전기 문학의 중요한 영역을 차지하는 악장(樂章)은 음악에 맞추어 부르는 노래의 가사로, 당시 궁중 의례와 밀접한 관련을 맺으며 발전하였다. 조선에서는 나라의 창업과 문물 제도를 송축하거나, 왕의 덕을 기리기 위해 이러한 악장을 사용하였다. 때문에 악장의 내용에는 왕과 왕실의 권위를 높이고 국가의 안녕과 풍요를 기원하는 내용을 담는 경우가 많았다.

악장은 새로운 조선 왕조의 정당성을 강조하기 위해 과장된 찬양을 담고 있거나, 임금이 후대 임금에게 권계하는 내용을 담고 있었기 때문에 일정한 목적을 띠는 경우가 많았다. 또한 이는 궁중에서 사용되는 경우가 많아 향유 계층이 제한되며 □□□□□□□을 드러내기도 했다. 비록 일부 악장은 한자어가 아닌 순수한 우리말을 사용하거나 비유적 표현을 통해 예술성을 드러냈다는 점에서 의의가 있지만, 이 역시 백성들에게 왕권의 정당성을 설파해 왕권을 공고히 하기 위함이었다는 점에서 일반 서민층에게까지 일반화되지 못하고 소멸하게 되었다.

① 현실 비판적 성격
② 자연 친화적 성격
③ 서민 문학의 성격
④ 귀족 문학의 성격

독해력 UP! 어휘 퀴즈

헷갈리기 쉬운 어휘

[01~06] 다음 중 알맞은 어휘를 고르시오.

01 밥을 급하게 먹었더니 속이 (매시껍다 / 매스껍다).

02 동생이 맞고 온 것을 본 나는 (부아 / 부화)가 났다.

03 아이는 모래를 한 (움큼 / 웅큼) 쥐어서 통에 담았다.

04 (허구한 / 허구헌) 날 오락만 하면 공부는 언제 하느냐?

05 지금까지 공개된 일부 영상은 (맛보기 / 맛빼기)에 불과하다.

06 아버지께서는 내 사진을 보시며 (흐뭇한 / 흐믓한) 웃음을 지으셨다.

바꿔 쓸 수 있는 어휘

[07~12] 밑줄 친 어휘와 바꿔 쓸 수 있는 것을 ㉠~㉥에서 고르시오.

07 나는 결정을 내일로 <u>미루었다</u>.

08 그는 규칙을 <u>어겨</u> 팀에서 제외되었다.

09 작가는 고향의 풍경을 세밀하게 <u>그렸다</u>.

10 많은 청년들이 성공한 사업가를 <u>부러워한다</u>.

11 의사들은 심정지 환자를 <u>되살리기</u> 위해 노력했다.

12 사람은 자신의 능력에 <u>맞는</u> 보수를 받기 마련이다.

㉠ 상응하다
㉡ 선망하다
㉢ 묘사하다
㉣ 위반하다
㉤ 연기하다
㉥ 소생시키다

정답 | 01 매스껍다 02 부아 03 움큼 04 허구한 05 맛보기 06 흐뭇한
07 ㉤ 08 ㉣ 09 ㉢ 10 ㉡ 11 ㉥ 12 ㉠

16일 / 하프모의고사 16

01 〈공공언어 바로 쓰기 원칙〉에 따라 수정한 것으로 적절하지 않은 것은?

─────〈공공언어 바로 쓰기 원칙〉─────
○ 여러 뜻으로 해석되는 표현 삼가기
  - ㉠ 중의적 표현을 명확한 표현으로 바꿈.
○ 정확한 용어 선택
  - ㉡ 이해하기 쉬운 용어를 사용함.
○ 영어 번역 투 표현 삼가기
  - ㉢ 어색한 피동 표현을 능동 표현으로 바꿈.
○ 접속어 사용
  - ㉣ 문장 간의 의미 관계에 맞는 접속어를 사용함.

① "경찰은 증거와 용의자를 확보했다."를 ㉠에 따라 "경찰은 용의자와 증거를 확보했다."로 수정한다.

② "서식이 있는 규정을 모두 바꾼 후 송부했습니다."를 ㉡에 따라 "서식이 있는 규정을 모두 바꾼 후 보냈습니다."로 수정한다.

③ "정보는 관련 부서에 의해 지속적으로 확인되고 있다."를 ㉢에 따라 "관련 부서가 정보를 지속적으로 확인하고 있다."로 수정한다.

④ "환경오염이 심각해지고 있다. 반면 정부는 환경 정책을 강화하기로 했다."를 ㉣에 따라 "환경오염이 심각해지고 있다. 따라서 정부는 환경 정책을 강화하기로 했다."로 수정한다.

02 다음 대화의 (가)에 들어갈 말로 적절한 것은?

갑: 나는 버스를 타거나 지하철을 탈 것입니다. 만약 내가 지하철을 탄다면 교통카드를 충전할 것이고, 교통카드를 충전한다면 할인 혜택을 받을 것입니다. 따라서 내가 버스를 타거나 지하철을 탄다면 할인 혜택을 받을 것입니다.

을: 당신의 주장은 논리적으로 타당하지 않습니다. 당신이 "버스를 타거나 지하철을 탄다면 할인 혜택을 받을 것"이라는 결론을 이끌어 내려면 " (가) "라는 조건이 추가로 필요합니다.

① 버스를 탄다면 교통카드를 충전할 것입니다.
② 버스를 타고 교통카드를 충전하지 않을 것입니다.
③ 할인 혜택을 받으면 교통카드를 충전할 것입니다.
④ 지하철을 타지 않고 교통카드를 충전하지 않을 것입니다.

03 (가)~(라)를 맥락에 맞추어 가장 적절하게 나열한 것은?

(가) 세계 문화유산이 되려면 독특한 역사적 가치를 지녀야 한다. 여기서 '독특하다'는 것은 그 유산이 가진 역사적·문화적 특성이 다른 유산과 구별되는 고유한 특성을 가진다는 뜻이다. 이것은 유네스코가 제시한 가장 기본적인 조건이다.

(나) 이러한 조건들을 충족해 세계 문화유산으로 등재되면 유네스코로부터 보호와 관리를 위한 기술적·재정적 지원을 받을 수 있다. 또한 세계적인 관광 명소가 되어 경제적 이익을 얻을 수 있으며, 문화적 자긍심도 높아지는 효과가 있다.

(다) 유네스코는 전 세계의 귀중한 문화유산을 보호하기 위해 세계 문화유산 제도를 만들었다. 이 제도는 인류 역사에서 중요한 의미를 갖는 문화유산을 선정하여 보존하고 관리하는 것을 목적으로 한다.

(라) 또한 문화유산이 잘 보존되어 있어야 하며, 관리 체계가 갖추어져 있어야 한다. 심사 과정은 매우 엄격하다. 각 국가가 신청한 유산에 대해 전문가들로 구성된 심사위원회가 현장을 방문하여 조사하고, 최종적으로 세계 유산 위원회에서 결정한다.

① (가) - (나) - (다) - (라)
② (가) - (라) - (다) - (나)
③ (다) - (가) - (라) - (나)
④ (다) - (라) - (가) - (나)

04 다음 대화를 분석한 내용으로 가장 적절한 것은?

갑: 요즘 금융 교육이 의무화되어야 한다는 목소리가 커지고 있어. 학생들이 기본적인 금융 지식도 없이 사회에 나가면 부채에 시달리거나 사기를 당할 위험이 크잖아.

을: 금융 교육의 필요성은 인정하지만, 학교 교육과정에 추가하는 것은 신중해야 해. 이미 학생들의 학습 부담이 과중한데 또 하나의 과목을 추가하는 건 부담을 가중할 수 있어.

병: 나는 금융 교육이 필요하다고 봐. 투자, 저축, 보험 같은 금융 활동은 모든 시민의 삶에 직결되는 문제인데도, 체계적인 교육이 없어서 많은 사람이 어려움을 겪고 있어.

갑: 을의 우려도 일리가 있어. 별도의 과목으로 신설하기보다 금융 교육을 기존 사회나 경제 교과에 통합하는 방식은 어떨까? 그러면 추가적인 부담을 최소화할 수 있을 것 같아.

병: 좋은 생각이야. 게다가 단순한 지식 전달이 아니라 실생활과 연계된 실습 형태로 진행되면 더 효과적일 거야.

을: 사실 내가 걱정하는 건 교과 시간의 문제만이 아니라, 금융 교육의 중립성이야. 특정 금융 상품이나 투자 방식을 권장하는 방향으로 흘러가면 위험하지 않을까? 금융 기관이나 시장의 이해관계에서 자유로운 교육이 가능할지 의문이 들어.

① 상대방의 발화 의도를 확대 해석하여 비판하는 사람이 있다.
② 이전까지 논의되지 않았던 새로운 쟁점을 제기하는 사람이 있다.
③ 자신이 제기한 문제에 대해 스스로 해결책을 제시하는 사람이 있다.
④ 처음에는 반대 입장이었다가 논의 과정에서 찬성 입장으로 바뀐 사람이 있다.

05 (가)~(다)를 전제로 할 때 빈칸에 들어갈 결론으로 가장 적절한 것은?

> (가) 적당한 수분을 섭취하면 피부 건강이 유지된다.
> (나) 피부 건강이 유지되면 노화가 느려진다.
> (다) 스트레스를 많이 받는 사람들은 모두 노화가 느려지지 않는다.
> 따라서 _____.

① 스트레스를 많이 받지 않는 사람은 모두 노화가 느려진다
② 노화가 느려지지 않은 사람은 모두 피부 건강이 유지된다
③ 적당한 수분을 섭취하는 사람은 모두 노화가 느려지지 않는다
④ 스트레스를 많이 받는 사람은 모두 적당한 수분을 섭취하지 않는다

06 다음 글을 읽고 추론한 내용으로 가장 적절한 것은?

> 된소리되기는 예사소리(평음)가 된소리(경음)로 바뀌는 음운 현상으로, 발생 원인과 환경에 따라 크게 세 가지로 나눌 수 있다.
> 첫째, 받침 'ㄱ(ㄲ, ㅋ, ㄳ, ㄺ), ㄷ(ㅅ, ㅆ, ㅈ, ㅊ, ㅌ), ㅂ(ㅍ, ㄼ, ㄿ, ㅄ)' 뒤에서 발생하는 된소리되기이다. 이는 앞 음절 받침의 영향으로 뒤에 오는 예사소리 'ㄱ, ㄷ, ㅂ, ㅅ, ㅈ'이 된소리로 발음되는 현상으로, '학교[학꾜]', '닫다[닫따]', '꽃집[꼳찝]'과 같은 예가 있다. 이러한 된소리되기는 필수적으로 적용된다.
> 둘째, 합성어에서 나타나는 사잇소리 현상으로서의 된소리되기이다. 이는 '햇볕[해뼏/핻뼏]'과 같이 명사와 명사가 결합하여 합성 명사를 만들 때 뒤 단어의 첫소리를 된소리로 발음하고 'ㅅ'을 받쳐 적는 현상이다. 단, 뒤 단어가 모음으로 시작하면 'ㄴ' 소리가 첨가되고, 된소리되기는 일어나지 않는다.
> 셋째, 한자어에서 나타나는 된소리되기이다. 일부 한자어에서는 '발달[발딸]', '일시[일씨]', '열정[열쩡]'과 같이 'ㄹ'로 끝나는 한자와 'ㄷ, ㅅ, ㅈ'로 시작하는 한자가 결합할 때 'ㄷ, ㅅ, ㅈ'이 된소리로 발음되는 경우가 있다. 그러나 이러한 된소리되기는 모든 한자어에 적용되는 것은 아니며, 예외도 있다.
> 된소리되기는 국어의 음운 변동 중에서도 특히 복잡하고 예외가 많은 현상 중 하나이다. 같은 환경에서도 된소리되기가 일어나는 경우와 그렇지 않은 경우가 있어 일관된 규칙을 세우기 어렵다. 예를 들어 '비바람'은 사이시옷 현상으로서의 된소리되기가 적용되지 않아 [비바람]으로 발음되지만, '물고기'는 [물꼬기]로 발음된다.

① 한자어 '일생(一生)'에서는 사잇소리 현상으로서의 된소리되기가 일어난다.
② 순우리말 '코'와 '등'이 결합한 '콧등'에서는 합성어의 사잇소리 현상으로서의 된소리되기가 일어나지 않는다.
③ 순우리말 '대'와 '잎'이 결합한 '댓잎'에서는 합성어의 사잇소리 현상으로서의 된소리되기가 일어나지 않는다.
④ 순우리말인 '꽃'과 '다발'이 결합한 '꽃다발'에서는 앞 음절 받침의 영향으로 인한 된소리되기가 일어나지 않는다.

07 다음 글에 대한 평가로 가장 적절한 것은?

현대 오페라계에서는 오페라 공연의 현대적 연출에 관한 논의를 활발히 진행하고 있다. 전통주의자들은 오페라 공연에서 작곡가와 대본가의 원래 의도를 충실히 구현하는 것이 가장 중요하다고 강조한다. 이들은 원작의 시대적 배경과 연출 지시를 존중하여 작품의 진정성을 유지해야 한다고 주장한다.

그러나 현대주의자들은 오페라의 생존을 위해 현대 관객과 소통하기 위해서는 과감한 재해석이 필요하다고 주장한다. 수백 년 전 작품을 현대적 맥락에 맞게 재해석함으로써 현대 관객들에게 새로운 공감대를 형성할 수 있다는 것이다. 이들은 전통적 연출보다 현대적 해석을 가미할 때 젊은 관객 유입률을 높일 수 있으므로, 오페라의 현대적 연출을 긍정한다.

한편 전통적 요소와 현대적 해석 모두 균형을 이루는 것이 중요하다는 중도적 절충주의자들도 있다. 전통과 현대가 균형을 이룰 때 오페라의 본질을 유지하면서도 현대 관객과 소통할 수 있다는 것이다. 그들은 음악적 요소는 원작에 충실하게 유지하면서, 시각적 요소만 현대화한 프로덕션들을 예로 들며, 전통과 현대의 조화로움을 수용하는 자세가 오페라계에 필요하다고 주장한다.

① 역사적 맥락을 무시한 현대적 연출의 오페라가 공연 후 관객들의 작품 이해도 측정에서 낮은 점수를 기록했다면, 현대주의자들의 주장은 약화될 것이다.
② 오페라 작품을 원작의 연출 지시를 따르지 않고 변형해 연출하더라도, 원작자의 의도를 충분히 전달할 수 있다는 연구가 발표된다면, 전통론자들의 주장은 강화될 것이다.
③ 청년층에서 원작의 의도를 충실히 구현한 전통 오페라와 현대적 해석을 가미한 오페라의 티켓 판매율이 비슷하다는 통계가 발표된다면, 현대주의자들의 주장은 강화될 것이다.
④ 전통 요소와 현대 해석을 모두 반영한 오페라 공연의 관객 만족도가 순수 전통적 접근이나 순수 현대적 접근보다 평균 25% 낮게 나타났다면, 중도적 절충주의자들의 주장은 강화될 것이다.

08 다음 글을 이해한 내용으로 적절하지 않은 것은?

자연 상태의 물은 정수 과정만을 거치면 생수가 된다. 이는 일반적으로는 지하수나 샘물 등에서 채취되며, 미세 여과나 자외선 살균과 같은 최소한의 정수 과정만을 거치기 때문에, 염소 같은 화학 물질이 첨가되지 않는다는 특징이 있다.

20세기 중반 유럽에서 시작된 생수 산업은 산업화로 인한 수질 오염에 대한 우려로 깨끗한 물에 대한 관심이 증가한 1970년대 이후 전 세계적으로 급성장하였다. 이때 생수는 미네랄 워터와 정제수로 구분되는데, 전자가 자연 상태에서의 미네랄을 함유한 물이라면 후자는 역삼투압 방식 등을 통해 미네랄을 제거한 순수한 물이라고 할 수 있다. 일부 소비자들은 최소한의 정수만을 거친 것이 건강에 이롭다고 믿으며 미네랄 성분에 관심을 보이지만, 이에 대한 과학적 근거는 아직 충분하지 않아 둘 중 어떤 생수가 건강에 이로운지는 알 수 없다.

특히 수돗물과 생수의 품질과 안전성을 비교하면 큰 차이가 없다는 연구 결과들은 생수의 유용성이나 효율성에 대한 의문을 제기하기도 한다. 선진국의 경우 수돗물이 엄격한 기준으로 관리되며, 이를 위해 수돗물이 생수보다 더 많은 검사를 거친다는 것이다. 또한 생수 산업이 성장하며 환경 문제를 일으키고 있어, 건강을 위해 선택한 생수가 오히려 환경에는 부정적인 영향을 미친다는 지적도 있다. 플라스틱 병에 담긴 생수가 플라스틱 폐기물을 증가시키며, 생산과 운송 과정에서 많은 탄소를 배출한다는 점에서 생수 산업에 대한 우려의 목소리가 커지고 있다. 일부는 생수 채취로 지하수 고갈 문제가 발생하고 있다는 점을 언급하며, 생수보다 수돗물을 마셔야 한다고 주장하기도 한다.

① 수돗물과 생수의 품질 차이가 크지 않다는 연구 결과는 생수 산업의 필요성에 의문을 제기하는 근거가 된다.
② 생수 산업의 환경적 영향을 고려할 때, 건강을 위해 선택한 생수가 오히려 환경에 부정적인 영향을 가하고 있다.
③ 정제수가 자연 상태의 미네랄을 유지하는 반면, 미네랄 워터는 인위적으로 미네랄을 첨가하여 영양가를 높인 생수이다.
④ 1970년대 이후 생수 산업의 급성장은 산업화로 인한 수질 오염 우려와 깨끗한 물에 대한 소비자 관심 증가가 결합한 결과로 볼 수 있다.

[09~10] 다음 글을 읽고 물음에 답하시오.

현대 건축에서 대비되는 두 가지 경향인 지역주의와 국제주의는 서로 다른 건축적 가치를 추구한다. 이 중 지역주의 건축은 지역의 기후, 풍토, 문화, 역사적 맥락을 반영한 디자인을 중시한다. 이는 지역 고유의 건축 재료와 공법을 활용하고, 현지의 생활 방식과 문화적 특성이 반영된 공간을 구성하여 그 지역만의 정체성을 표현하고자 한다. 예를 들어, 핀란드 건축가 알바 알토는 자국의 자연환경과 문화를 반영한 디자인으로 유명하다. 그는 현지에서 ㉠구할 수 있는 목재를 주재료로 활용하고, 핀란드의 호수와 숲의 풍경을 건축에 반영하였다.

반면, 국제주의 건축은 보편적이고 표준화된 디자인 언어를 추구한다. 이는 지역적 특성보다는 기능과 효율성을 우선시하며, 강철과 유리, 콘크리트와 같은 현대적 재료를 활용한다. 20세기 초 미스 반 데어 로에나 르 코르뷔지에와 같은 건축가들은 지역에 상관없이 적용할 수 있는 국제적 스타일을 발전시켰다. 이러한 국제주의 건축은 산업화와 세계화의 흐름 속에서 세계 각지에 유사한 형태의 건물들을 등장시키는 데 기여했다. 이에 따라 오늘날 많은 건축가는 지역주의와 국제주의에 대한 통합을 시도하며, 현대적 재료와 기술을 활용하면서도 지역의 맥락과 정체성을 존중하는 방향으로 나아가고 있다.

09 윗글에서 추론한 내용으로 가장 적절한 것은?

① 현대 건축에서는 지역주의보다 국제주의 경향이 더 높은 미적 가치를 인정받고 있다.
② 르 코르뷔지에의 건축 철학은 지역의 문화적 특성보다 보편적 디자인 원칙을 중시했다.
③ 전통적 생활 공간에 현지 생활 방식을 반영한 건축은 표준화된 디자인 언어를 추구한 결과물이다.
④ 열대 기후 지역에서 열대 우림의 활엽수를 활용해 지은 건물은 국제주의 건축의 사례로 볼 수 있다.

10 밑줄 친 표현이 문맥상 ㉠의 의미와 가장 가까운 것은?

① 그는 발품을 판 끝에 드디어 살 만한 집을 구했다.
② 아버지께서는 집 수리를 위해 주인에게 양해를 구하셨다.
③ 사원은 급한 마감을 처리하기 위해 동료에게 협조를 구했다.
④ 그녀는 어려운 상황에 처하자 이웃에게 도움의 손길을 구했다.

독해력 UP! 어휘 퀴즈

헷갈리기 쉬운 어휘

[01~06] 다음 중 알맞은 어휘를 고르시오.

01 그는 밤새 연구를 하느라 밤을 (샜다 / 새웠다).

02 농사가 (한창 / 한참)인 아랫마을에는 활기가 돌고 있었다.

03 (며칠 / 몇일)만에 집에 돌아오니 그제야 안도감이 들었다.

04 내가 사는 마을에는 (희안한 / 희한한) 소문이 돌기 시작했다.

05 옆집과 땅의 경계를 구분하기 위해 팻말을 (꼽았다 / 꽂았다).

06 유정이는 자신이 당한 일은 반드시 (되갚음 / 대갚음)하는 성격이다.

바꿔 쓸 수 있는 어휘

[07~12] 밑줄 친 어휘와 바꿔 쓸 수 있는 것을 ㉠~㉥에서 고르시오.

07 태풍이 남부 지방을 <u>휩쓸고</u> 지나갔다.   ㉠ 연발하다

08 그는 실수를 반성하며 사과를 <u>거듭했다</u>.   ㉡ 강타하다

09 회사는 사업 영역을 <u>넓히기</u>로 결정했다.   ㉢ 부각되다

10 영미는 언제나 책임을 맡는 것을 <u>꺼려했다</u>.   ㉣ 확장하다

11 화려한 옷차림을 한 그녀는 파티에서 <u>돋보였다</u>.   ㉤ 음미하다

12 두보는 항상 시를 <u>읊조리며</u> 하루를 보냈다고 한다.   ㉥ 기피하다

정답 | 01 새웠다 02 한창 03 며칠 04 희한한 05 꽂았다 06 대갚음
07 ㉡ 08 ㉠ 09 ㉣ 10 ㉥ 11 ㉢ 12 ㉤

17일 하프모의고사 17

01 〈공공언어 바로 쓰기 원칙〉에 따라 〈공문서〉의 ㉠~㉣을 수정한 것으로 적절하지 않은 것은?

―〈공공언어 바로 쓰기 원칙〉―
○ 중복되는 표현을 삼갈 것.
○ 주어와 서술어를 호응시킬 것.
○ 여러 뜻으로 해석되는 표현을 삼갈 것.
○ 대등한 것끼리 접속할 때는 구조가 같은 표현을 사용할 것.

―〈공문서〉―
천문학연구센터

수신 과학기술정보통신부
(경유)
제목 천체 관측 결과 보고서 제출

1. 귀 부처의 국가 과학기술 발전을 위한 ㉠<u>수고와 노고</u>에 감사드립니다.
2. 본 센터는 ㉡<u>귀 부처가 요청한 첨단 장비를 활용해 연구진과</u> 천체 관측을 진행했습니다.
3. 이에 본 센터에서는 첨부와 같이 ㉢<u>천체 관측 결과를 제출되며</u>, 앞으로도 ㉣<u>다양한 항성 분석과 별자리를 연구하겠습니다</u>. 귀 부처의 검토와 승인을 요청드립니다.

① ㉠: 노고
② ㉡: 연구진과 귀 부처가 요청한 첨단 장비를 활용해
③ ㉢: 천체 관측 결과를 제출하며
④ ㉣: 다양한 항성을 분석하고 별자리를 연구하겠습니다

02 다음 글의 ㉠의 사례가 포함되어 있지 않은 것은?

언어학에서 음성 동화는 한 소리가 인접한 다른 소리의 영향을 받아 비슷하게 변하는 현상을 말한다. 이러한 현상은 인류 언어의 보편적 특성이면서도 각 언어마다 독특한 양상으로 나타난다. 특히 한국어의 경우, 음성 동화는 다양한 형태로 발견되는데, 그중에서도 ㉠<u>비음화</u>는 가장 두드러진 예이다.

비음화란 비음이 아닌 자음이 비음의 영향을 받아 비음으로 바뀌는 현상이다. 한국어에서는 앞 음절의 받침이 대표음 'ㄱ(ㄲ, ㅋ, ㄳ, ㄺ), ㄷ(ㅅ, ㅆ, ㅈ, ㅊ, ㅌ, ㅎ), ㅂ(ㅍ, ㄼ, ㄿ, ㅄ)'인 받침들이 'ㄴ, ㅁ'과 같은 비음 앞에서 각각 [ㅇ, ㄴ, ㅁ]으로 변하는 현상이 대표적이다. 예를 들어 '밥물'은 [밤물]로, '곡물'은 [공물]로 발음된다.

흥미로운 점은 비음화가 단어 경계를 넘어서도 적용된다는 것이다. '국물'처럼 단일어 내에서 발생하는 비음화뿐만 아니라 '책-만[챙만]', '옷-맵시[온맵씨]'처럼 단어 간 경계에서도 비음화가 일어난다. 비음화의 적용 범위는 언어마다 다르며, 한국어처럼 단어 경계를 넘어서까지 적용되는 경우도 있지만, 영어와 같이 단어 내부에서만 제한적으로 적용되는 언어도 있다.

① 맏며느리가 시부모님께 인사를 드렸다.
② 비가 와서 앞마당이 질척질척하게 변했다.
③ 어머니께서 옷만이라도 단정히 입으라고 당부하셨다.
④ 문을 닫을 때는 소리가 나지 않게 조심히 닫아야 한다.

03 다음 글의 (가), (나)에 들어갈 말을 적절하게 나열한 것은?

　한 언어가 소멸한다는 것은 단순히 의사소통 도구의 상실을 넘어 인류 지식의 거대한 보물 창고가 사라짐을 의미한다. 언어학자들에 따르면 현재 지구상에 존재하는 약 7,000개의 언어 중 절반 이상이 금세기 내에 사라질 위기에 처해 있다. 이러한 언어들은 대부분 소수 민족이나 토착 공동체에서 사용되며, 세계화와 도시화의 물결 속에서 점차 그 사용 영역을 잃어가고 있다.
　언어는 기호 체계의 의미를 넘어 특정 문화권의 세계관, 지식 체계, 자연 이해 방식을 응축하고 있다. 아마존 유역의 일부 토착어에 우리가 알지 못하는 수천 가지 식물의 명칭과 약용 지식이 담겨 있는 것에서 알 수 있듯이, 언어는 수천 년에 걸쳐 축적된 특정 환경과 문화에 대한 지식의 　(가)　 이다.
　더욱이 언어는 공동체 구성원들의 정체성을 　(나)　 하는 핵심 매개체이기도 하다. 조상으로부터 물려받은 언어를 상실한 공동체는 문화적 뿌리와의 연결이 약화되고, 집단적 정체성의 혼란을 경험하게 된다. 이는 단순히 과거와의 단절만을 의미하는 것이 아니라, 미래 세대가 자신의 문화적 유산에 접근할 수 있는 통로가 차단됨을 의미한다.
　따라서 언어 다양성의 보존은 생물 다양성 보존만큼이나 중요한 과제이다. 언어학자들과 각국 정부, 국제 기구들은 소멸 위기에 처한 언어들을 기록하고, 교육 과정에 포함시키며, 디지털 보존 프로젝트를 통해 이를 후대에 전승하기 위한 노력을 기울이고 있다.

　　　(가)　　　　(나)
① 실험체　　　단절
② 실험체　　　형성
③ 집약체　　　형성
④ 집약체　　　단절

04 다음 진술이 모두 참일 때 반드시 참인 것은?

○ 눈이 오면 빙판이 생기거나 제설 작업을 한다.
○ 제설 작업을 하면 교통사고가 일어나지 않는다.
○ 교통사고가 일어나고 빙판이 생기지 않았다.

① 눈이 왔다.
② 제설 작업을 했다.
③ 눈이 오지 않았다.
④ 빙판이 생기고 제설 작업을 하지 않았다.

05 〈지침〉에 따라 〈개요〉를 작성할 때 (가)~(라)에 들어갈 내용으로 적절하지 않은 것은?

〈지 침〉
○ 서론은 장애인 사회 통합의 의미와 필요성을 포함할 것.
○ 본론은 장애인 사회 통합의 장벽과 활성화 방안으로 구성하되, 각 장의 하위 항목이 서로 대응하도록 할 것.
○ 결론은 장애인 사회 통합의 기대 효과와 향후 과제를 포함할 것.

〈개 요〉
○ 제목: 장애인 사회 통합의 현황과 활성화 방안
Ⅰ. 서론
  1. 장애인 사회 통합의 개념
  2. ____(가)____
Ⅱ. 장애인 사회 통합의 장벽
  1. 물리적 환경의 접근성 부족
  2. ____(나)____
  3. 장애인에 대한 사회적 편견과 차별
Ⅲ. 장애인 사회 통합 활성화 방안
  1. 물리적 접근성 개선
  2. 장애인 교육 및 취업 기회 확대를 위한 지원 강화
  3. ____(다)____
Ⅳ. 결론
  1. 장애인 사회 통합을 통한 사회적 다양성 증진
  2. ____(라)____

① (가): 장애인 사회 통합의 사회적 한계
② (나): 장애인을 위한 교육 및 취업 기회 제한
③ (다): 장애 인식 개선을 위한 교육 및 캠페인 강화
④ (라): 장애인 사회 통합을 위한 제도적 지원체계 마련

06 다음 글을 이해한 내용으로 가장 적절한 것은?

우리 고전 시가에서 자연은 작가의 정신세계와 깊이 연결된 상징적 공간이다. 특히 조선 중기에 접어든 이후 사대부 시조에서 자연은 정치적 혼란을 피해 은거하는 공간이자 학문 수양의 장소로 그려졌다.

퇴계 이황의 시조는 자연과 인간의 조화로운 관계를 통해 성리학적 이상을 구현하고자 하는 의지를 보여준다. 그의「도산십이곡」에서 자연은 학문에 정진하는 모습을 노래하는 공간으로 나타났는데, 이를 통해 자연을 성리학적 이치를 발견하는 공간으로 인식한 작가의 태도를 확인할 수 있다. 반면 조식은 조선 중기의 정치적 혼란 속에서 자연을 은거의 공간으로 여기며, 자연 속에서 심리적 위안을 찾고자 하였다.

이후 시조에서의 자연 인식은 더욱 다양해졌는데, 이는 윤선도의「오우가」에서 확인할 수 있다. 작품에서 등장하는 자연물인 '물', '돌', '소나무', '대나무', '달'은 화자가 친구로 삼으며 교감하는 대상으로, 작가는 이를 통해 정신적 고결함을 추구하였다. 이는 자연과의 친화적 태도를 드러내는 것에서 더 나아가, 혼탁한 세상을 초월한 선비의 고고한 정신세계를 반영하는 것이었다.

이처럼 우리 고전 시가에서 자연은 단순한 풍경이 아닌, 작가의 이상과 현실 인식, 정치적 상황과 밀접하게 연결된 복합적 의미를 지닌 공간으로 해석된다. 이러한 이유로 고전 시가에서 나타나는 자연의 양상을 올바르게 해석하는 것은 작품의 배경을 이해하고, 작가의 정신을 이해하는 데 필요한 작업이라고 할 수 있다.

① 조선 중기의 자연은 주로 시조에서의 아름다운 경치를 묘사하는 배경으로 활용되었다.
② 퇴계 이황은 자연을 정치적 혼란의 위안처로, 조식은 성리학적 이치를 발견하는 공간으로 인식했다.
③ 윤선도의 작품에서 자연은 혼탁한 세상을 초월한 작가의 고고한 정신을 드러내는 공간으로 나타났다.
④ 조선 후기에는 자연에 대한 작가들의 관심이 감소하며 인간 군상의 복잡한 양상을 드러내는 시가 문학이 창작되었다.

[07~08] 다음 글을 읽고 물음에 답하시오.

역사적 사건의 인과관계를 분석하는 방법론에는 여러 학파가 ㉠존재한다. 이 중 실증주의 역사학과 구조주의 역사학은 역사적 사건의 인과관계를 분석하는 것에 대한 서로 다른 입장을 ㉡취한다. 실증주의 역사학은 개인의 결정과 특정 사건이 역사의 흐름을 ㉢결정한다고 보는 반면, 구조주의 역사학은 경제적, 사회적 구조가 역사 발전의 근본 원인이라고 주장한다.

이때 (가)특정 역사적 사건을 완전히 이해하기 위해서는 실증주의적 접근과 구조주의적 접근이 모두 필요하다. 예를 들어, 프랑스 혁명을 분석할 때 루이 16세의 개인적 결정이나 바스티유 감옥 습격과 같은 개별 사건만으로는 혁명의 전체 맥락을 설명할 수 없다. 마찬가지로 당시의 계급 구조와 경제적 위기만으로도 혁명의 구체적 전개 과정을 ㉣설명하기 어렵다.

그러나 (나)두 접근법을 통합한다고 해서 모든 역사적 사건을 완벽히 설명할 수 있는 것은 아니다. 역사는 우연적 요소와 예측 불가능한 인간 행동의 영향으로 인해 인과관계에 대해 설명할 수 없는 영역이 존재한다. 또한 사료의 한계와 해석의 주관성으로 인해 모든 역사적 사건을 완전히 이해하는 것에는 근본적 제약이 따른다.

07 윗글의 (가)와 (나)에 대한 평가로 옳지 않은 것은?

① 실증주의적 접근만으로 특정 역사적 사건의 원인을 충분히 설명한 연구 사례가 다수 발견된다면 (가)는 약화될 것이다.

② 구조주의적 접근과 실증주의적 접근을 모두 활용한 연구에서도 특정 역사 사건의 중요한 측면을 설명하지 못한 사례가 있다면 (나)는 강화될 것이다.

③ 두 접근법을 통합한 역사 연구 방법론이 표준화되어 대부분의 역사적 사건에 대해 학계가 합의하는 설명을 도출하는 데 성공한다면, (나)는 강화될 것이다.

④ 특정 역사적 사건의 인과관계에 대해 실증주의적 접근과 구조주의적 접근을 통합한 연구가 개별 접근법만을 사용한 연구보다 더 합리적인 설명을 제공했다면 (가)는 강화될 것이다.

08 ㉠~㉣과 바꿔 쓸 수 있는 유사한 표현으로 적절하지 않은 것은?

① ㉠: 있다
② ㉡: 가진다
③ ㉢: 얽어낸다고
④ ㉣: 말하기

09 (가)~(라)를 맥락에 맞추어 가장 적절하게 나열한 것은?

(가) 색채는 빛의 파장이 망막을 자극해 인지되는 시각 현상이다. 고대부터 인류는 광물과 식물에서 추출한 안료로 색채를 표현했으며, 청색과 자색은 희귀하여 왕권이나 신성함을 상징했다. 색채 연구는 17세기 뉴턴의 프리즘 실험으로 본격화되어 색채학이라는 학문이 형성되었다.

(나) 이러한 특성에 따라 미술사에서는 미학관을 반영하고 각 시대의 미술 기법을 통해 색채를 활용하였다. 중세 미술은 종교적 상징을 강조하기 위해 금색과 푸른색을 주로 사용했고, 자연주의적 표현이 발달했던 르네상스 시대의 미술은 주로 옅은 하늘색, 부드러운 녹색 등을 사용해 밝고 맑은 분위기를 형성했다. 19세기 인상주의 화가들은 보색 대비 등 색채 이론을 활용해 빛의 변화를 표현했으며, 이는 전통적 회화 방식에 대한 도전이었다.

(다) 이는 인간의 심리와 생리에 직접 영향을 미친다. 붉은색은 심리를 자극하고 흥분 효과를 줄 수 있지만, 파란색은 진정 효과를 줄 수 있다. 이런 색채의 효과는 문화적 맥락에서 다양하게 해석된다. 서구에서 검은색이 죽음을 상징하는 반면, 동아시아에서는 흰색이 장례식과 관련된 색으로 인식된다.

(라) 20세기 이후 현대 미술에서 색채는 독립적 표현 요소로 자리 잡았다. 칸딘스키와 몬드리안 같은 추상 화가들은 색채의 정신적, 음악적 특성에 주목했으며, 로스코와 뉴먼은 색채의 심리적 효과를 극대화했다. 디지털 기술의 발달로 색채는 더 다양하게 실험되고 있으며, 설치 미술에서는 공간의 분위기를 좌우하는 핵심 요소가 되었다.

① (가) – (나) – (라) – (다)
② (가) – (다) – (나) – (라)
③ (나) – (가) – (다) – (라)
④ (나) – (다) – (가) – (라)

10 다음 대화의 빈칸에 들어갈 말로 가장 적절한 것은?

갑: 식이 요법을 하면 샐러드를 먹고 운동을 해야 해.
을: 운동을 하면 체육관을 가야 해.
병: 나는 _____.
정: 그렇다면 병은 식이 요법을 안 하고 있구나.

① 운동을 하고 있어
② 체육관을 가지 않고 있어
③ 운동을 하고 샐러드를 먹고 있어
④ 체육관에 가고 샐러드를 먹고 있어

바로 채점하기

01	02	03	04	05
②	④	③	③	①

06	07	08	09	10
③	③	③	②	②

독해력 UP! 어휘 퀴즈

헷갈리기 쉬운 어휘

[01~06] 다음 중 알맞은 어휘를 고르시오.

01 그녀는 (가냘픈 / 갸날픈) 몸으로 하루에 12시간씩 노동을 했다.

02 그의 거짓 자백으로 인해 (애먼 / 엄한) 사람이 징역을 살게 되었다.

03 지민이는 드라마에 (출연 / 출현)하기 위해 열심히 연기 연습을 했다.

04 이번에 국어 과목에 (취중해 / 치중해) 공부를 했더니 수학 성적이 떨어졌다.

05 할아버지께서는 고향에 돌아가고 싶다는 말씀을 버릇처럼 (되뇌셨다 / 되뇌이셨다).

06 내가 외출한 사이에 범인이 우리 집에 들어왔었다는 사실에 소름이 (돋힌다 / 돋친다).

바꿔 쓸 수 있는 어휘

[07~12] 밑줄 친 어휘와 바꿔 쓸 수 있는 것을 ㉠~㉥에서 고르시오.

07 치열한 접전 끝에 우리 팀이 <u>이겼다</u>. ㉠ 당황하다

08 그는 아버지의 뜻을 어기지 않고 <u>따랐다</u>. ㉡ 발굴하다

09 연구팀은 유적지를 파헤쳐 유물을 <u>찾아냈다</u>. ㉢ 창작하다

10 늦은 밤 갑자기 찾아온 손님에 그는 <u>어리둥절했다</u>. ㉣ 자제하다

11 작가는 역사적 사실을 바탕으로 이야기를 <u>지어냈다</u>. ㉤ 승리하다

12 친구의 행동에 화를 내고 싶은 마음이 들었지만 <u>참았다</u>. ㉥ 복종하다

정답 | **01** 가냘픈 **02** 애먼 **03** 출연 **04** 치중해 **05** 되뇌셨다 **06** 돋친다
07 ㉤ **08** ㉥ **09** ㉡ **10** ㉠ **11** ㉢ **12** ㉣

01 〈공공언어 바로 쓰기 원칙〉에 따라 〈공문서〉의 ㉠~㉣을 수정한 것으로 적절하지 않은 것은?

―〈공공언어 바로 쓰기 원칙〉―
○ 지나치게 긴 문장 삼가기
 - ㉠ 복잡한 내용은 여러 문장으로 나누어 표현함.
○ 대등한 구조 사용하기
 - ㉡ '와/과', '-고/-으며' 등으로 연결될 때 구조가 같은 표현을 사용함.
○ 명사의 나열 최소화하기
 - ㉢ 적절한 표현을 사용하여 지나친 명사 나열을 피함.
○ 능동과 피동 표현 바르게 사용하기
 - ㉣ 주체와 대상에 맞는 능동과 피동 표현을 사용함.

① "재난 상황에서는 신속한 초기 대응과 체계적 사후 관리가 중요하며, 이를 위해서는 지침서 보급이 필수적이고, 지역 주민들의 적극적 참여 및 협조가 요구됩니다."를 ㉠에 따라 "재난 상황에서는 신속한 초기 대응과 체계적 사후 관리가 중요합니다. 이를 위해서는 지침서 보급이 필수적입니다. 또한 지역 주민들의 적극적 참여와 협조가 요구됩니다."로 수정한다.

② "지역 일자리 창출과 주민 소득을 향상하는 데 힘쓰겠습니다."를 ㉡에 따라 "지역 일자리를 창출하고 주민 소득을 향상하는 데 힘쓰겠습니다."로 수정한다.

③ "우리 기관은 민원인 편의 제공 위해 노력하고 있습니다."를 ㉢에 따라 "우리 기관은 민원인에게 편의를 제공하기 위해 노력하고 있습니다."로 수정한다.

④ "내년부터 보조금을 지원받는 단체는 활동 결과를 분기별로 보고되어야 합니다."를 ㉣에 따라 "내년부터 보조금을 지원하는 단체는 활동 결과를 분기별로 보고되어야 합니다."로 수정한다.

02 (가)와 (나)를 전제로 결론을 이끌어 낼 때, 빈칸에 들어갈 말로 가장 적절한 것은?

(가) 디지털 아트를 배우는 학생은 모두 그래픽 디자인에 관심이 있다.
(나) 그래픽 디자인에 관심이 있으면서 코딩을 배우는 학생은 없다.
따라서 ⬚

① 디지털 아트를 배우는 학생은 모두 코딩을 배운다.
② 디지털 아트를 배우지 않는 학생은 모두 코딩을 배운다.
③ 코딩을 배우는 학생은 모두 그래픽 디자인에 관심이 있다.
④ 코딩을 배우는 학생은 모두 디지털 아트를 배우지 않는다.

[03~04] 다음 글을 읽고 물음에 답하시오.

현대 시의 패러디는 기존 텍스트의 언어적 특징, 형식, 주제 의식을 차용하면서도, 원텍스트와의 비판적 대화를 통해 현대적 맥락에서 의미를 재구성한다는 점에서 모방과 구별되는 창조적 행위로 분류된다. 우리 문학사에서 패러디 시는 1970년대 이후 산업화 과정에서 전통 가치가 ㉠붕괴하고 새로운 문화적 정체성을 요구하던 시기에 ㉡등장했다. 특히 1980년대에 이르러 민중시 계열의 작가들은 시조, 가사, 민요 등의 전통 형식에 현대적 내용을 담은 패러디를 적극 활용하여 현실 비판적 메시지를 전달했다.

이러한 패러디 시의 주요 특징은 중의적 기능이다. 독자는 원텍스트와 패러디 텍스트를 동시에 인식하며 두 텍스트 간 의미론적 차이를 경험하는데, 이때 발생하는 아이러니와 긴장이 비판적 성찰의 계기가 된다. 예컨대 황지우의 「새들도 세상을 뜨는구나」는 백석의 「흰 바람벽이 있어」를 패러디하여 원작의 서정성을 ㉢상실한 현대 도시의 소외된 삶을 비판석으로 소냉한다.

또한 패러디는 원작의 권위에 도전하는 해체적 기능과 원작을 재해석하는 창조적 기능을 동시에 갖는다. 이는 문학이 고립된 창작물이 아닌 기존 텍스트와의 대화 속에서 의미가 형성되는 열린 텍스트라는 관점을 보여 준다.

이러한 특성으로 인해 현대 시에서 패러디는 문학적 전통과 현재를 ㉣매개하는 도구이자 기존 가치의 비판과 재해석 도구로 중요한 위치를 차지한다. 이는 문학과 사회의 관계를 재고하게 하며, 독자에게 능동적 읽기와 비판적 사고를 요구한다.

03 윗글에서 추론한 내용으로 가장 적절한 것은?

① 패러디 시는 원텍스트의 권위를 인정하고 이를 계승하는 데 주된 목적이 있다.
② 현대 시에서 패러디는 독자에게 전통과 현재의 단절을 통한 능동적 읽기를 요구한다.
③ 패러디를 통한 창조적 행위는 원텍스트와 현대적 맥락 사이의 긴장을 조성하며 새로운 의미를 창출한다.
④ 황지우의 패러디 시는 백석 시의 서정성을 계승하여 현대인이 도시에서 느끼는 정서를 비판하는 데 초점을 맞추었다.

04 ㉠~㉣과 바꿔 쓸 수 있는 유사한 표현으로 적절하지 않은 것은?

① ㉠: 무너지고
② ㉡: 나타났다
③ ㉢: 잃은
④ ㉣: 그리는

05 다음 글에서 추론한 내용으로 적절하지 않은 것은?

언어는 세계를 인식하고 범주화하는 도구로, 같은 대상이라도 언어마다 다르게 개념화할 수 있다. 이러한 언어적 차이를 분석하는 방법으로 의미장 이론과 성분 분석이 있다.

의미장은 의미적으로 관련된 단어들의 집합을 말한다. 이러한 의미장은 언어마다 다르게 구성되며, 언뜻 보기에 동일한 의미를 가진 언어들이 의미장에서 차지하는 영역이 다를 수 있다. 예를 들어 영어에서의 'brother'의 경우 기준이 되는 사람의 성별과 무관하게 남자인 동기를 가리킬 때 모두 사용될 수 있다. 그러나 한국어에서 '형'은 남성이 손위 동기를 가리킬 때만 사용될 수 있다.

의미장은 항상 채워진 상태인 것은 아니며, 개념적으로는 있을 법한 단어가 실제로 존재하지 않는 경우도 있다. 예를 들어 시간을 나타내는 의미장에는 '그제 - 어제 - 오늘 - (내일) - 모레 - 글피'와 같이 '내일(來日)'에 해당하는 고유어 명사는 존재하지 않아 빈자리가 생기기도 한다.

한편 성분 분석은 단어의 의미를 더 작은 의미 자질로 분해하는 방법이다. 성분 분석에 따르면 '소녀'는 [+인간], [+여성], [-성년], [-기혼]으로, '처녀'는 [+인간], [+여성], [+성년], [-기혼]으로 분석할 수 있으며, 이러한 분석은 단어들이 가진 의미의 공통점과 차이점을 파악하는 데도 유용하다. 성분 분석은 막연할 수 있는 의미를 보다 명확하게 기술하도록 도와 주며, 의미 관계의 기반이 된다.

그러나 성분 분석에도 한계는 존재한다. 예를 들어 '구름'이나 '아지랑이'와 같은 단어는 명확한 의미 자질로 분석하기 어렵고, 성분 분석의 의미 성분을 어떤 기준으로 선택해야 하는지도 분명하지 않기 때문이다.

① 의미장은 경우에 따라 채워지지 않을 수 있다.
② 성분 분석을 통해 설명할 수 없는 단어가 있다.
③ 성분 분석에 따른 의미 자질로 단어의 의미 관계를 파악할 수 있다.
④ 동일한 의미를 가진 것으로 판단되는 언어들은 언어권이 다른 나라에서도 의미장이 동일하다.

06 다음 글의 ㉠~㉣ 중 어색한 곳을 찾아 가장 적절하게 수정한 것은?

문학 작품, 그중에서도 시를 읽을 때는 시인과 작중 화자를 구분하는 것이 중요하다. 특히 시를 분석할 때 많은 독자들이 혼동하는 부분이 바로 이것이다. ㉠ 시적 화자는 시인이 창조한 허구적 인물로, 시인과 동일시되어서는 안 된다. 예를 들어 이별을 노래하는 시에서 화자는 시인 자신이 아닌, 시인에 의해 만들어진 작품 속 인물이다.

시인의 작품 창작 과정에서 경험이 영향을 미칠 수 있지만, 그 경험은 시적 변용을 거친다. 이 때문에 ㉡ 시인은 실제 경험을 그대로 쓰고, 시적 화자와 시인은 동일한 대상으로 존재하게 된다. 그러나 시인의 경험은 해석의 방향성을 제시하여 화자의 감정을 더 잘 이해하게 하므로, ㉢ 시인이 경험한 사실을 아는 것은 작품의 이해에 도움이 된다.

물론 실제 사실에만 몰두해서 작품을 이해하는 것은 오히려 왜곡된 해석을 만들어 낼 수 있다. 따라서 작품을 감상할 때는 ㉣ 시인의 경험과 작품 자체의 내용을 균형 있게 살펴볼 필요가 있다.

① ㉠: 시적 화자는 시인 자신으로
② ㉡: 시인은 실제 경험을 그대로 쓰지 않고, 시적 화자와 시인은 분리된 대상으로 존재하게 된다
③ ㉢: 시인이 경험한 사실을 모르는 것은 작품의 이해에 도움이 된다
④ ㉣: 시인의 경험은 배제하고 작품 자체의 내용만을 살펴볼 필요가 있다

[07~08] 다음 글을 읽고 물음에 답하시오.

블록체인 기술은 데이터를 담은 '블록'을 시간 순서대로 연결한 '체인' 구조를 통해 데이터의 무결성을 보장한다. 블록체인의 핵심 철학은 탈중앙화로, 단일 기관이나 개인이 아닌 네트워크 참여자 모두가 데이터를 공유하고 검증함으로써 중앙 통제 없이도 시스템이 작동하게 한다는 것이다.

이러한 기술은 크게 퍼블릭 방식과 프라이빗 방식으로 구분된다. 퍼블릭 블록체인은 누구나 참여할 수 있는 개방형 시스템으로, 참여자들이 동등한 권한을 가진 상태에서 거래를 검증하고 기록한다. 이 방식에서는 모든 거래 내역이 참여자들에게 공개되어 투명성이 보장되며, 참여자 간 상호 견제와 감시를 통해 시스템의 안정성을 유지한다. 반면 프라이빗 블록체인은 허가를 받은 주체만 참여할 수 있는 폐쇄적 시스템으로, 중앙 관리자가 참여자의 권한을 통제한다. 이 방식에서는 거래 내역이 제한된 참여자에게만 공개되어 기밀성이 보장되고, 중앙 관리자의 통제 하에 시스템이 운영된다.

두 방식은 각기 다른 장단점을 지닌다. 퍼블릭 블록체인은 참여자가 많을수록 시스템이 안정화되는 반면, 모든 참여자가 거래를 검증해야 하므로 처리 속도가 느리고 에너지 소모가 크다. 또한 익명성이 보장되어 불법적 용도로 ㉠쓰일 위험이 있다. 실제로 일부 범죄 조직들은 암호화폐를 이용해 불법 거래 대금을 주고받기도 한다. 한편 프라이빗 블록체인은 제한된 참여자만 검증에 참여하므로 처리 속도가 빠르고 에너지 효율성이 높으나, 소수의 주체가 시스템을 통제하므로 중앙화되는 경향이 있어 블록체인 본래의 탈중앙화 철학과는 거리가 있다.

블록체인의 응용 분야는 적용 방식에 따라 명확히 구분된다. 퍼블릭 블록체인은 주로 디지털 화폐와 같은 투명성이 중요한 분야에서 활용되며, 프라이빗 블록체인은 기업 간 거래나 의료 정보 관리 등 데이터 기밀성이 중요한 분야에서 주로 활용된다. 이처럼 블록체인 기술은 구현 목적과 환경에 따라 서로 다른 방식으로 발전하고 있다.

07 윗글에서 추론한 내용으로 가장 적절한 것은?

① 참여자가 적은 초기 단계라도 퍼블릭 블록체인 시스템의 안정성은 확보될 것이다.
② 기업 간 계약 시에는 거래의 투명성보다 기밀성이 중요하므로 퍼블릭 블록체인이 적합할 것이다.
③ 퍼블릭 블록체인에 기반한 디지털 화폐를 많이 보유한 사람일수록 시스템 내에서 더 큰 권한을 가질 것이다.
④ 소수의 권한 있는 참여자만 관여하는 중앙은행의 디지털 문서는 프라이빗 블록체인에 기반할 가능성이 높다.

08 밑줄 친 표현이 문맥상 ㉠의 의미와 가장 가까운 것은?

① 어제 본 그 사람에게 자꾸만 마음이 <u>쓰인다</u>.
② 작은 공사임에도 인부가 세 사람이나 <u>쓰였다</u>.
③ 움집을 짓는 데는 주로 나뭇가지와 지푸라기가 <u>쓰였다</u>.
④ 식비에 너무 많은 돈이 <u>쓰인</u> 탓에 공과금을 내지 못했다.

09 다음 글의 밑줄 친 결론을 이끌어 내기 위해 추가해야 할 것은?

> 이론 학습을 한 모든 학생은 기억력이 뛰어나다. 기억력이 뛰어난 모든 학생은 협동 능력이 뛰어나다. 따라서 이론 학습을 한 모든 학생은 <u>지식이 풍부하다</u>.

① 협동 능력이 뛰어난 모든 학생은 지식이 풍부하다.
② 협동 능력이 뛰어난 모든 학생은 지식이 풍부하지 않다.
③ 기억력이 뛰어난 모든 학생은 협동 능력이 뛰어나지 않다.
④ 협동 능력이 뛰어나지 않은 모든 학생은 지식이 풍부하다.

10 다음 글의 (가)를 강화하는 것으로 가장 적절한 것은?

> 피아제의 인지 발달 이론은 아동의 인지 능력이 네 가지 주요 단계를 거쳐 발달한다고 주장한다. 감각운동기(0-2세)에 아동은 감각과 운동을 통해 세계를 이해하고, 전조작기(2-7세)에 상징적 사고가 발달하지만 논리적 사고는 제한적이다. 특히 전조작기 아동은 자기중심적 사고를 보이며 타인의 관점을 이해하는 능력이 부족하다고 여겨진다. 이후 구체적 조작기(7-11세)에 구체적 대상에 대한 논리적 사고가 가능해지며, 형식적 조작기(11세 이상)에 추상적 사고와 가설 연역적 추론이 가능해진다.
> 피아제에 따르면, 이와 같은 인지 발달은 순차적이고 보편적이며, 각 단계는 이전 단계의 구조를 통합하면서 더 복잡한 사고를 가능하게 한다. 그는 아동의 인지 발달이 생물학적 성숙과 환경적 경험이 상호 작용하는 과정에서 이루어진다고 보며, 그 이유를 행동과 환경 사이의 불일치를 해결하려는 아동의 시도로 주장했다. (가) 하지만 최근 연구들은 피아제가 제시한 발달 시기보다 더 어린 나이에도 특정 인지 능력을 보이는 경우가 많으며, 문화적 맥락과 교육 경험에 따라 인지 발달 양상이 다양하게 나타날 수 있음을 보여 준다.

① 서양 문화권과 동양 문화권 아동들의 수학적 개념 습득 순서가 동일하다는 국제 비교 연구 결과가 있다.
② 모든 문화권에서 아동들의 인지 발달 단계 진행 순서와 시기가 동일하게 나타난다는 대규모 비교 연구 결과가 발표되었다.
③ 특별한 인지 훈련을 받은 5세 아동들과 그렇지 않은 아동들이 모두 자기중심적 사고를 보였다는 실험 결과가 나왔다.
④ 이중 언어 환경의 4세 아동들이 단일 언어 환경의 4세 아동들보다 타인의 관점을 이해하는 능력이 뛰어나다는 연구가 발표되었다.

바로 채점하기

01	02	03	04	05
④	④	③	④	④
06	07	08	09	10
②	④	③	①	④

독해력 UP! 어휘 퀴즈

헷갈리기 쉬운 어휘

[01 ~ 06] 다음 중 알맞은 어휘를 고르시오.

01 올해 삼치 (어획양 / 어획량)은 작년 대비 50%에 불과하다.

02 성민이는 무엇인가 (캥기는 / 켕기는) 것이 있는지 안절부절못했다.

03 이 영화는 다른 영화와 드라마를 (짜집기 / 짜깁기)해서 만든 것 같다.

04 야생 늑대의 등장은 양의 (생존율 / 생존률) 감소에 엄청난 영향을 미친다.

05 공급이 수요를 따라가지 못하자 가격이 (천정부지 / 천장부지)로 치솟기 시작했다.

06 그녀가 제시한 이익을 보고 눈이 (휘둥그레지 / 휘둥그래진) 그는 앞뒤 가릴 것이 없었다.

바꿔 쓸 수 있는 어휘

[07 ~ 12] 밑줄 친 어휘와 바꿔 쓸 수 있는 것을 ㉠~㉥에서 고르시오.

07 나는 친구의 조언을 새겨듣는 편이다.

08 그는 할아버지의 장인 정신을 이어받았다.

09 신하들은 죽은 왕의 시신을 왕릉에 묻었다.

10 아이들은 새로운 놀이에 완전히 빠져 있었다.

11 학생들은 회의에서 각자 자기 생각을 내놓았다.

12 국가는 빼앗긴 문화재를 되찾기 위해 노력해야 한다.

㉠ 환수하다
㉡ 피력하다
㉢ 몰입하다
㉣ 매장하다
㉤ 계승하다
㉥ 유념하다

정답 | 01 어획량 02 켕기는 03 짜깁기 04 생존율 05 천정부지 06 휘둥그래진
07 ㉥ 08 ㉤ 09 ㉣ 10 ㉢ 11 ㉡ 12 ㉠

01 다음 글의 ㉠~㉣ 중 어색한 곳을 찾아 가장 적절하게 수정한 것은?

인류의 이동은 역사를 통해 확인할 수 있다. 고대부터 현대에 이르기까지 인류는 기후 변화, 식량 확보, 전쟁 등의 이유로 끊임없이 이동해 왔다. 이때 이동의 방향은 ㉠ 대부분 살기 좋은 환경에서 생존에 불리한 환경으로 이루어졌다. 극심하게 추운 지역에서 온난한 지역으로 이동하거나 농사에 적합한 강가 주변으로 이동하는 것들이 이러한 인구 이동에 해당한다. 인구 이동으로 인해 ㉡ 새로운 정착지의 문화는 다양화되는데, 이는 문화 접변의 일종으로 한 문화가 다른 문화에 완전히 흡수되거나, 두 문화가 조화롭게 혼합되는 등 여러 결과로 나타난다.

오늘날에는 세계화의 영향으로 인구 이동이 더욱 활발해졌다. 특히 ㉢ 국제 이주민의 증가는 현대 사회에서 다문화주의를 확산했으며, 이러한 문화적 변화 양상으로 다양한 인종과 민족이 공존하는 사회가 형성되었다. 이러한 변화는 때로는 서로 간의 견해 차이로 ㉣ 문화적 갈등을 초래하기도 하지만, 궁극적으로는 서로를 이해하는 과정에서 다양한 문화의 융합과 발전에 기여한다.

① ㉠: 대부분 생존에 불리한 환경에서 살기 좋은 환경으로
② ㉡: 새로운 정착지의 문화는 획일화되는데
③ ㉢: 국제 이주민의 증가는 현대 사회에서 단일 문화주의를 확산했으며
④ ㉣: 문화적 화합을 가져오며

02 다음 진술이 모두 참일 때 반드시 참인 것은?

○ A 사원이 출장을 가지 않으면 B 사원이 출장을 간다.
○ C 사원이 출장을 가지 않으면 B 사원도 출장을 가지 않는다.
○ B 사원이 출장을 가지 않고 C 사원이 출장을 가지 않으면 D 사원이 출장을 간다.
○ C 사원은 출장을 가지 않는다.

① A 사원과 D 사원은 출장을 간다.
② A 사원과 B 사원은 출장을 간다.
③ B 사원과 C 사원은 출장을 간다.
④ C 사원과 D 사원은 출장을 간다.

[03~04] 다음 글을 읽고 물음에 답하시오.

우주의 탄생과 진화에 관한 현대 천문학의 주류 이론은 '빅뱅 이론'이다. 이 이론에 따르면, 우주는 약 138억 년 전 극도로 뜨겁고 밀도가 높은 상태에서 시작되어 급격히 팽창했다. 빅뱅 이후 약 38만 년 동안 우주는 너무 뜨거워서 원자가 형성될 수 없었고, 빛은 자유롭게 ⓐ움직일 수 없었다.

우주가 팽창하면서 온도가 낮아지자, 전자와 양성자가 결합하여 수소 원자를 형성했고, 이때부터 빛이 자유롭게 이동할 수 있게 되었다. 이 시기에 방출된 빛은 오늘날 우주의 모든 방향에서 오는 오래된 빛인 '우주 마이크로파 배경 복사'로 관측되며, 이는 빅뱅 이론의 강력한 증거로 여겨진다. 원자 형성 후 중력에 의해 물질이 모이기 시작했고, 약 1억 년 후에는 최초의 항성과 은하가 형성되었다.

은하는 수십억 개의 항성과 성간 물질, 암흑 물질로 구성된 천체 집단으로, 그 형태는 나선형, 타원형, 불규칙형으로 분류된다. 우리가 속한 은하는 약 2,000억 개의 별을 포함하는 나선형 은하로, 현대 관측 기술에 따르면 약 2조 개의 은하가 관측 가능한 우주에 존재하는 것으로 추정된다.

흥미로운 점은 우주의 팽창이 가속화되고 있다는 사실이다. 이러한 우주의 팽창을 설명하기 위해 제안된 개념인 '암흑 에너지'는 우주의 팽창을 가속하는 미지의 에너지로, 현재 우주 전체 에너지의 약 68%를 차지하는 것으로 추정된다. 나머지는 약 27%의 암흑 물질과 약 5%의 일반 물질로 구성된다. 이때 우리가 직접 관측할 수 있는 물질은 우주 전체의 5%에 불과하며, 나머지 95%는 직접 관측할 수 없는 암흑 물질과 암흑 에너지이다.

03 윗글을 이해한 내용으로 가장 적절한 것은?

① 빅뱅 직후부터 원자가 형성되기 시작했다.
② 지구가 속해 있는 은하는 타원형 은하로 분류된다.
③ 일반 물질은 우주 전체 에너지의 절반 이상을 차지한다.
④ 우주 마이크로파 배경 복사는 현대 천문학 주류 이론의 증거로 여겨진다.

04 윗글의 문맥상 ⓐ의 의미와 가장 가까운 것은?

① 수리를 하니 기계가 다시 움직인다.
② 그의 진심 어린 사과에 내 마음이 움직였다.
③ 잠에서 깨어난 아이가 몸을 움직이기 시작했다.
④ 금융 시장이 정부의 새로운 정책에 따라 움직인다.

[05~06] 다음 글을 읽고 물음에 답하시오.

(가) 도시 집적 효과 이론은 1890년에 경제학자 마셜에 의해 처음 제시되었다. 이 이론의 핵심은 동일한 산업의 기업들이 특정 지역에 ㉠집중되면 규모의 경제를 통해 생산성이 향상된다는 것이다. 이때 집적 효과는 기업이나 인구의 수, 고용 규모, 도시 규모, 산업 특성, 시장 접근성 등 질적인 환경적 조건이 복합적으로 맞물릴 때 나타난다. 다만 도시 집적 효과 이론에 의하면 이는 적절한 수준에서 이뤄져야 하며, 일정 범위 이상으로 기업이 과밀하게 되면 오히려 ㉡과도한 경쟁으로 인해 비효율이 발생할 수 있다.

이러한 도시 집적 효과 이론을 뒷받침하는 대표적인 연구 사례로는 '산업단지 연구'가 있다. 산업단지란 계획적으로 조성된 공업 지역으로, 동일 업종 기업들이 ㉢인접하게 배치된 단지를 일컫는다. 연구에 따르면 개별적으로 운영될 때보다 동일 업종 기업들이 인접하게 ㉣배치되었을 때, 평균적으로 높은 생산성을 보였다. 이는 특정 조건에서 기업 집적이 경제적 효율성을 크게 향상할 수 있음을 보여 준다.

05 (가)를 평가한 내용으로 적절한 것만을 <보기>에서 모두 고르면?

<보 기>

ㄱ. A사의 편의점이 있는 아파트 단지에 B사와 C사의 편의점이 개점하였으나 A사 편의점의 매출 생산성에는 변동이 없었다면 (가)는 약화된다.

ㄴ. 소형 대학가에 커피 전문점들이 과도하게 입점하자 가게 간 경쟁이 심해지며 과도한 할인 이벤트를 진행하였고, 이로 인해 상권이 붕괴했다면 (가)는 강화된다.

ㄷ. 새로 조성된 출판 산업 단지에 입점한 D사의 생산성을 조사한 결과, 단지 입점 후 생산성이 떨어졌고 이는 입점하지 않은 E사보다도 떨어진다는 것이 확인된다면 (가)는 강화된다.

① ㄱ, ㄴ
② ㄱ, ㄷ
③ ㄴ, ㄷ
④ ㄱ, ㄴ, ㄷ

06 윗글의 ㉠~㉣과 바꿔 쓸 수 있는 유사한 표현으로 적절하지 않은 것은?

① ㉠: 모이면
② ㉡: 내리친
③ ㉢: 이웃하게
④ ㉣: 놓였을

07 다음 글의 밑줄 친 결론을 이끌어 내기 위해 추가해야 할 것은?

선인장류를 좋아하지 않는 모든 사람은 양치식물류를 좋아하지 않는다. 관엽식물류를 좋아하는 모든 사람은 양치식물류를 좋아한다. 따라서 <u>선인장류를 좋아하는 어떤 사람은 덩굴식물류를 좋아한다.</u>

① 선인장류를 좋아하는 모든 사람은 양치식물류를 좋아한다.
② 덩굴식물류를 좋아하는 어떤 사람은 관엽식물류를 좋아한다.
③ 양치식물류를 좋아하지 않는 어떤 사람은 덩굴식물류를 좋아한다.
④ 양치식물류를 좋아하는 모든 사람은 덩굴식물류를 좋아하지 않는다.

08 다음 글에서 추론한 내용으로 가장 적절한 것은?

언해(諺解)는 한문으로 된 원전을 우리말로 번역한 문헌을 의미한다. 고려 시대에도 이두나 구결 등을 통해 한문을 우리말로 읽는 방식이 있었으나, 본격적인 언해 문헌은 훈민정음 창제 이후에 등장하였다. 이러한 언해는 우리말 번역만 실은 '순언해', 한문 아래에 언해문을 배치한 '한문 본문 병기 언해', 한문 원문에 구결을 달아 놓은 '구결식 언해'로 나뉜다. 이때 언해의 형태는 언해의 목적과 대상 독자층에 따라 선택되었으며, 특히 한문에 익숙하지 않은 여성이나 아이들을 위해 순언해 형식이 자주 사용되었다.

언해 사업은 단순한 문헌 번역을 넘어 조선의 문화 정책과 밀접히 연관되었다. 특히 세종과 세조는 언해 사업을 적극적으로 후원하여 불교 경전과 유교 경전의 번역을 장려했다. 이는 민족 문자인 훈민정음의 실용화를 꾀하고, 백성들의 교화와 지식 보급을 통한 국가 통치의 안정화를 목표로 한 것이었다. 후대에는 실학자들에 의해 실용 서적의 언해가 활발히 이루어지면서 실질적인 지식의 대중화에 기여하기도 했다.

이러한 언해 문헌은 시대에 따라 그 언어적 특성이 변화했다. 15세기 초기 언해는 중세 국어의 특징을 온전히 담고 있어 현재는 소실된 'ㅿ', 'ㆍ' 등의 문자가 나타난다. 이후 16세기 언해에서는 모음 조화의 붕괴 징후가 보이기 시작하고, 17세기에 이르러서는 현대 국어에 가까운 형태로 변화했다. 따라서 언해 문헌을 통시적으로 비교하면 국어의 변천 과정을 실증적으로 확인할 수 있다.

① 언해 문헌은 시대에 따른 언어의 변화를 반영하여 국어의 변천 과정을 나타낸다.
② 언해 사업은 백성들의 한문 학습을 독려하기 위해 실시한 교육 정책의 일환이었다.
③ 한문에 익숙하지 않은 독자층을 대상으로 할 때 언해 문헌은 구결식 언해로 나타났다.
④ 17세기 언해에서는 현재 소실된 문자가 나타나기 때문에 현대 국어와 다른 형태를 보인다.

09 다음 빈칸에 들어갈 말로 가장 적절한 것은?

키네틱 아트는 정적인 미술의 한계를 뛰어넘어 움직임을 통해 새로운 예술적 경험을 제공하는 장르로, 바람이나 전기 모터, 물의 흐름, 빛, 관람객의 참여 등 다양한 동력원을 활용하여 작품에 생명력을 불어넣는다. 이러한 움직임은 물리적 변화와 시간의 흐름, 그리고 공간의 변화를 작품 속에 담아내어 관람객에게 다차원적 체험을 선사한다.

현대 키네틱 아트는 첨단 기술과 결합하여 더욱 다양한 표현이 가능해졌다. 모터를 이용한 자동 드로잉 로봇이 그 예로, 프로펠러나 회전축에 붙인 막대의 움직임을 통해 예측할 수 없는 패턴의 그림을 그려낸다. 이는 인간 창작자의 의도와 기계의 우연성이 결합한 독특한 창작 방식이다. 이때 무게 중심을 한쪽으로 치우치게 하여 불규칙한 움직임을 만들어 내는 원리는 예술과 물리학이 만나는 지점을 보여준다.

키네틱 아트는 미디어 아트의 발전과도 맞닿아 있다. 미디어 아트가 '대중에게 많은 정보를 전달하는 매체'를 활용한다면, 키네틱 아트는 움직임 자체에 집중한다. 그러나 오늘날에는 두 영역이 융합되어 센서, 프로그래밍, AI 등 첨단 기술을 활용한 양방향 작품들이 등장하고 있다. 이러한 작품들은 관람객과 작품 간의 능동적 상호 작용을 유도하며, 고정된 결과물이 아닌 지속적으로 변화하는 예술 경험을 창출한다. 이처럼 키네틱 아트는 _____.

① 인간보다 기계의 자율성에 의해 결정되는 예술 형태이다
② 물리적 변화를 배제하고 감정 표현에 집중하는 예술이다
③ 정적인 예술 형식을 고수하며 창작자의 의도를 명확히 전달한다
④ 기술의 발전과 함께 예술의 정의와 경계를 확장하는 역할을 한다

10 다음 글을 읽고 추론한 내용으로 적절하지 않은 것은?

> 문장은 동작이나 행위를 누가 하느냐에 따라 능동문과 피동문으로 나뉜다. 능동문은 주어가 행위의 주체가 되어 제힘으로 하는 문장이고, 피동문은 주어가 행위의 대상이 되어 다른 사람이나 사물에 의해 행위를 받거나 당하는 문장이다. 이때 피동문은 능동문의 목적어가 주어로, 능동문의 주어는 부사어로, 서술어인 능동사는 피동사로 바뀌면서 형성된다.
> 　피동 표현은 파생적 피동과 통사적 피동으로 나뉜다. 이 중 파생적 피동은 능동사 어간에 피동 접미사 '-이-, -히-, -리-, -기-'가 결합하여 이루어진다. 예를 들어 '꺾다'의 어간에 '-이-'가 결합해 '꺾이다'가 된다. 반면 통사적 피동은 동사나 형용사 뒤에 '-아/-어지다'나 '-게 되다'가 결합한다. 그러나 모든 능동문을 피동문으로 바꿀 수 있는 것은 아니다. '얻다', '잃다'와 같은 수혜 동사, '알다', '바라다'와 같은 지각 동사는 피동사 파생이 불가능해 피동문을 형성하지 못하며, '-하다'로 끝나는 동사 역시 피동사로 파생되지 않으므로 피동문을 형성하지 못한다.
> 　이러한 피동문은 주어인 피동작주에 초점이 가게 되면서 동작주의 동작성이 잘 드러나지 않는다. 예를 들어 '사람이 개에게 물렸다'라는 문장에서는 초점이 '개'가 아닌 '사람'에게 가면서, 동작주인 '개'의 행위가 적극적으로 표현되지 않는다. 이를 피동문의 탈동작성이라고 한다.

① '나는 너의 행복을 바란다'를 피동문으로 바꾸는 것은 불가능하다.
② '나무가 바람에 흔들린다'는 주어가 행위의 주체가 되는 능동문이다.
③ '경찰이 도둑을 붙잡았다'를 파생적 피동문으로 바꾸면 주어가 바뀌게 된다.
④ '이 책은 많은 사람들에게 읽혔다'는 동작주의 동작성이 잘 드러나지 않는 특성이 있다.

독해력 UP! 어휘 퀴즈

헷갈리기 쉬운 어휘

[01~06] 다음 중 알맞은 어휘를 고르시오.

01 공문서를 작성할 때는 (띄워쓰기 / 띄어쓰기)를 잘 지켜야 한다.

02 사과를 10개 샀는데, 집에 와서 보니 (개수 / 갯수)가 모자랐다.

03 울타리에 머리가 부딪혀 다섯 바늘을 (꿰메게 / 꿰매게) 되었다.

04 공무원을 향한 과도한 민원은 (눈쌀 / 눈살)을 찌푸리게 만든다.

05 (머리말 / 머릿말)에는 주로 작가가 작품을 쓴 목적을 적어 둔다.

06 살림이 (단출한 / 단촐한) 나는 이사를 가는 데 시간이 오래 걸리지 않는다.

바꿔 쓸 수 있는 어휘

[07~12] 밑줄 친 어휘와 바꿔 쓸 수 있는 것을 ㉠~㉥에서 고르시오.

07 간호사는 환자를 정성껏 돌보았다.

08 사장은 회사 경영권을 아들에게 넘겼다.

09 그는 정확한 예측으로 주가 변동을 맞혔다.

10 그는 어둠 속에서 길을 헤매며 집을 찾았다.

11 교수는 역사적 사건을 시간 순으로 늘어놓았다.

12 많은 동물이 극한 환경에서 살아남기 위해 진화했다.

㉠ 적중하다
㉡ 생존하다
㉢ 간호하다
㉣ 나열하다
㉤ 방황하다
㉥ 이양하다

정답 | 01 띄어쓰기 02 개수 03 꿰매게 04 눈살 05 머리말 06 단출한
07 ㉢ 08 ㉥ 09 ㉠ 10 ㉤ 11 ㉣ 12 ㉡

20일 / 하프모의고사 20

01 〈공공언어 바로 쓰기 원칙〉에 따라 수정한 것으로 적절하지 않은 것은?

> ─〈공공언어 바로 쓰기 원칙〉─
> ○ 외래어와 외국어의 사용
>   - ㉠ 외국어나 외래어를 불필요하게 사용하지 않고 가급적 우리말로 표현할 것.
> ○ 적절한 조사와 '-하다' 등의 사용
>   - ㉡ 지나친 명사 나열을 피하고 적절한 조사와 '-하다' 등을 활용할 것.
> ○ 정확한 단어의 사용
>   - ㉢ 문맥에 맞는 정확한 단어를 사용할 것.
> ○ 문장 성분의 생략
>   - ㉣ 주어, 필수적 부사어, 서술어 등 필수 문장 성분이 생략되지 않도록 할 것.

① "이 식당은 파인 다이닝의 정수를 보여 주는 곳입니다."를 ㉠에 따라 "이 식당은 고급 식사의 정수를 보여 주는 곳입니다."로 수정한다.
② "민원 신청 시 민원인께서는 필요 서류 지참해 주시기를 바랍니다."를 ㉡에 따라 "민원을 신청할 시 민원인께서는 필요한 서류를 지참해 주시기를 바랍니다."로 수정한다.
③ "사업에 대한 이해도를 향상하기 위해 설명회를 개최합니다."를 ㉢에 따라 "사업에 대한 이해도를 첨가하기 위해 설명회를 개최합니다."로 수정한다.
④ "더운 날씨에도 참여하였다."를 ㉣에 따라 "더운 날씨에도 행사 참여자들이 프로그램에 참여하였다."로 수정한다.

02 다음 진술이 모두 참일 때 반드시 참인 것은?

> ○ 환경 보호 활동에 참여하면 자원 절약과 생태계 보존을 위해 노력한다.
> ○ 과도한 소비주의에 빠지면 자원 절약을 위해 노력하지 않는다.

① 생태계 보존을 위해 노력하면 환경 보호 활동에 참여한다.
② 환경 보호 활동에 참여하지 않으면 과도한 소비주의에 빠진다.
③ 과도한 소비주의에 빠지면 환경 보호 활동에 참여하지 않는다.
④ 자원 절약을 위해 노력하지 않으면 환경 보호 활동에 참여한다.

03 다음 빈칸에 들어갈 말로 가장 적절한 것은?

한국 현대소설은 일제 강점기를 거쳐 해방과 전쟁, 그리고 산업화 시대를 관통하며 독특한 문학적 지형을 형성해 왔다. 1920년대 초기 소설이 감상적이고 퇴폐적인 경향을 보였다면, 1930년대 문학은 사회적 현실에 더 집중하며 당대의 모순을 드러내는 방향으로 발전했다. 특히 염상섭, 채만식 같은 작가들은 당시 사회의 부조리와 식민지 현실을 날카롭게 포착하여 작품화했다. 해방 이후에는 전쟁의 상흔과 이데올로기 갈등, 분단의 아픔이 소설의 주요 소재로 등장했으며, 1970~1980년대에는 급격한 산업화와 도시화 과정에서 발생한 인간 소외와 계층 간 갈등이 주된 소재로 다루어졌다.
이러한 흐름은 소설이 허구적 이야기를 넘어 시대의 증언자 역할을 수행해 왔다는 점에서 의미가 크다. 작가들은 개인의 삶과 역사적 상황을 유기적으로 연결하며, 시대의 아픔을 문학적으로 승화시켰다. 김동인의 심리 묘사, 박경리의 서사적 규모 등 다양한 기법을 통해 한국 현대소설은 풍부한 문학적 자산을 축적해 왔다. 이처럼 한국 현대소설은 시대의 변화에 민감하게 반응하며 ▭▭▭▭▭ 을 추구해 왔고, 이는 독자들이 작품을 통해 자신이 살아가는 사회와 역사를 더 깊이 이해할 수 있게 하는 원동력이 되었다.

① 내면 심리의 탐색
② 현실 도피적 낭만성
③ 전통적 가치관의 계승
④ 사회 현실의 문학적 증언

04 다음 중 ㉠에 해당하는 사례로 적절한 것은?

반의어는 상보 반의어와 등급 반의어로 나눌 수 있다. ㉠상보 반의어는 양분적 대립 관계에 있어 상호 배타적인 영역을 가지는 반의어이다. 예를 들어 '기혼-미혼', '합격-불합격' 등이 있다. 상보 반의어는 한쪽 단어의 긍정과 다른 쪽 단어의 부정이 같은 의미를 표현하며, '조금', '매우' 등과 같이 정도를 표현하는 부사의 수식을 받을 수 없고, 상보 반의 관계를 이루는 기준이 객관적이며 절대적이다.
등급 반의어는 정도성을 가지는 척도에서 대립하는 두 단어를 말한다. 예를 들어 '뜨겁다-차갑다', '얇다-두껍다' 등이 있다. '뜨겁다'와 '차갑다'는 '뜨겁다-따뜻하다-미지근하다-시원하다-차갑다'의 척도상에서 대립을 보인다. 등급 반의어는 두 단어를 동시에 부정할 수 있고, 정도 부사의 수식을 받을 수 있으며, 등급 반의 관계를 이루는 기준이 다분히 주관적이다.

① 길다 - 짧다
② 죽다 - 살다
③ 크다 - 작다
④ 넓다 - 좁다

05 다음 글의 (가)와 (나)의 주장에 대해 평가한 내용으로 가장 적절한 것은?

> 일반적으로 예술 작품의 가치를 평가하는 데에는 두 가지 접근 방식이 있다. 하나는 예술 작품의 가치가 전적으로 작품 자체의 내재적 속성에서 비롯된다는 견해이고, 다른 하나는 예술 작품의 가치가 사회적·역사적 맥락에서 결정된다는 견해이다. (가) 예술 작품의 가치는 오로지 작품 자체의 형식적 완성도와 미적 속성에 의해 결정된다는 주장은 작품 그 자체의 구성 요소에 집중한다. 이런 '내재적 가치론'에 따르면, 훌륭한 예술 작품은 시대와 장소를 초월하여 보편적인 가치를 지닌다. 반면, 사회적 맥락을 중시하는 학자들은 (나) 예술 작품의 가치는 항상 특정 사회적, 문화적, 역사적 맥락 속에서 평가되어야 한다고 주장한다. 이 '맥락주의적 가치론'에 따르면, 예술 작품의 의미와 가치는 그것이 창작되고 수용되는 사회적 배경에 따라 달라진다.
> 내재적 가치론자들은 뛰어난 예술 작품은 시대와 문화를 초월해 인간의 감성을 울리는 보편적 요소를 담고 있다고 본다. 이들은 순수하게 형식적인 측면, 예컨대 구도의 균형, 색채의 조화, 리듬감 등이 작품의 가치를 결정한다고 믿는다. 맥락주의적 가치론자들은 이에 반박하며, 작품에 대한 해석과 평가는 항상 특정한 사회적 맥락 속에서 이루어진다고 주장한다. 이들은 동일한 작품이라도 다른 시대, 다른 문화권에서는 전혀 다르게 해석되고 평가될 수 있음을 강조한다. 두 관점은 각각의 타당성을 인정받으며 예술 비평의 중요한 두 축을 형성하고 있다.

① 대칭과 균형으로 과거에 극찬을 받은 작품이 현대에는 지나친 형식주의를 보여준다는 이유로 비판을 받는다면 (가)의 주장은 약화된다.
② 어떤 예술 작품이 창작 당시 보수적 사회 분위기로 인해 외면받았으나, 사회 가치관이 변화한 후 재평가받게 되었다면 (가)의 주장은 강화된다.
③ 특정 문화권에서만 높이 평가받는 예술 형식이 다른 문화권에서는 평가 절하된다면 (나)의 주장은 약화된다.
④ 작품의 창작 의도나 시대적 맥락을 전혀 모르는 상태에서도 모든 관람자가 일관되게 미적 감동을 받는다면 (나)의 주장은 강화된다.

06 다음 대화의 빈칸에 들어갈 말로 가장 적절한 것은?

> 갑: 기후 변화가 심각해지지 않으면 탄소 규제를 강화하지 않아도 됩니다.
> 을: 탄소 규제를 강화하거나 재생 에너지에 대한 투자를 늘립니다.
> 병: 재생 에너지에 대한 투자를 늘리면 산업 구조는 변화할 것입니다.
> 정:
> 무: 여러분의 의견대로라면, 산업 구조는 변화하겠군요.

① 기후 변화가 심각해진다.
② 기후 변화가 심각해지지 않는다.
③ 재생 에너지에 대한 투자를 늘리지 않는다.
④ 산업 구조가 변화하지 않으면 재생 에너지에 대한 투자를 늘리지 않는다.

07 다음 글의 빈칸에 들어갈 결론으로 가장 적절한 것은?

기술 결정론은 기술의 변화가 사회 변화의 주된 원인이라고 주장한다. 이 관점에 따르면 농경 기술의 발명이 정착 생활을, 인쇄술이 지식의 대중화를, 산업 혁명이 현대 도시 사회를 형성한 것이므로, 기술 결정론자들은 새로운 기술의 출현이 불가피하게 특정 사회적 결과를 초래한다고 믿는다.

반면, 사회 구성주의자들은 기술이 사회적 선택과 가치관의 산물이라고 주장한다. 이들은 특정 기술이 개발되고 사용되는 방식은 그 사회의 권력 구조, 경제적 이해관계, 문화적 가치에 의해 결정된다고 주장한다. 예를 들어, 자동차 기술의 발전 방향은 효율성만이 아니라 소비자의 취향, 지위 과시 욕구, 환경 의식 등 다양한 사회적 요인에 영향을 받는다는 것이 사회 구성주의자들의 견해이다.

기술과 사회의 관계에 대한 균형 잡힌 관점은 상호 결정론으로, 이 관점은 기술과 사회가 서로 영향을 주고받는 상호 작용적 관계에 있다고 본다. 기술은 사회적 환경 속에서 개발되지만, 일단 도입된 기술은 사회 구조와 인간 행동에 변화를 불러온다는 것이다. 특히 디지털 기술의 급속한 발전은 이러한 상호 작용의 속도를 가속화하고 있으며, 인공지능, 빅데이터 등의 기술은 사회의 기본 구조와 가치관을 재편하는 역할을 한다.

이러한 논의는 현대 사회에서 더욱 두드러지게 나타난다. 오늘날 알고리즘이 개인의 정보 접근과 의사 결정에 미치는 영향력이 커지면서, 기술의 설계와 운영 방식은 중요한 사회적 문제가 되고 있다. 이로 인해 현대 사회에서 기술과 사회는 더욱 복잡하고 중층적인 관계의 양상을 띠게 되었다. 기술의 발전이 사회를 변화시키는 동시에 사회적 요구와 가치가 기술의 방향을 결정하므로, 이러한 상호 작용의 이해 없이는 _____.

① 기술의 발전을 효과적으로 저지할 수 없다
② 기술 변화에 따른 사회 현상을 이해할 수 없다
③ 현대 사회의 문제를 근본적으로 해결할 수 없다
④ 기술 혁신의 경제적 가치를 제대로 평가할 수 없다

08 다음 글의 ㉠~㉣ 중 문맥상 어색한 곳을 수정한 것으로 가장 적절한 것은?

인공지능 기술은 현대 사회의 다양한 분야에서 혁신적 변화를 이끌고 있다. 인공지능 발전의 핵심은 기계 학습 알고리즘으로, 이는 크게 '지도 학습'과 '비지도 학습'으로 구분할 수 있다. 지도 학습에서는 ㉠입력 데이터와 출력 데이터가 함께 제공되어 알고리즘이 제공된 두 데이터 간의 관계를 학습할 수 있으며, 인식된 패턴은 예측 모델 구축에 활용된다. 지도 학습의 대표적인 예로는 이미지 인식이 있으며, 알고리즘은 예측 모델을 통해 ㉡학습 데이터에 포함되지 않은 새로운 이미지도 적절히 분류할 수 있다.

반면, 비지도 학습은 출력 데이터 없이 입력 데이터만으로 패턴을 발견하는 학습 방식이다. 비지도 학습에서는 ㉢알고리즘이 데이터 구조와 패턴을 스스로 발견하며, 이를 통해 인간의 도움 없이 데이터를 군집화하거나 차원을 축소한다. 이러한 자율적 학습 능력은 인간이 미처 발견하지 못한 데이터 내의 관계를 찾아내는 데 큰 장점이 있다. 현대의 인공지능 시스템은 이러한 학습 방식들을 결합하여 ㉣더 복잡한 문제를 해결하는 데 한계를 보이며, 단순 작업에만 효과적으로 적용된다.

① ㉠: 입력 데이터 없이 출력 데이터만 제공되어
② ㉡: 학습 데이터에 포함된 이미지만 정확히 분류할 수 있다
③ ㉢: 알고리즘이 인간의 개입으로 데이터 구조와 패턴을 학습하며
④ ㉣: 더 복잡한 문제를 해결하는 데 뛰어난 성능을 보이며, 다양한 영역에

[09~10] 다음 글을 읽고 물음에 답하시오.

> 인간은 진정한 자기 이해를 추구하는 과정에서 끊임없이 성찰한다. 성찰은 자기 자신에 대한 관조를 통해 내면을 들여다보는 행위로, 인간이 자신의 존재 의미를 탐구하는 근원적 활동이다. 고대 그리스의 철학자 소크라테스는 자기 성찰의 중요성을 강조하며, 무지(無知)의 자각에서 출발하는 성찰이 참된 지혜의 시작이라고 주장했다.
> 자기 성찰은 자신을 아는 것에 그치지 않고 실천적 차원으로 확장된다. 독일의 철학자 칸트는 인간의 이성이 비판적 성찰을 통해 도덕적 행위의 원칙을 스스로 수립할 수 있다고 보았다. 그는 타율이 아닌 자율에 기초한 도덕적 판단이 진정한 도덕의 토대가 된다고 보았으며 이러한 성찰적 사고는 자신의 행위를 반성하고 개선하는 원동력이 된다고 주장했다.
> 현대 사회에서 성찰의 의미는 더욱 중요해지고 있다. 정보의 홍수 속에서 개인은 자신의 가치관과 신념을 점검하고 정립해야 하는 과제에 직면한다. 이때 필요한 것이 바로 비판적 성찰 능력이다. 이는 맹목적으로 외부의 정보를 수용하는 것이 아니라, 자신만의 사고 틀을 통해 정보를 취사선택하고 재구성하는 힘을 말한다. 이러한 성찰 과정은 타인과의 소통을 통해 더욱 풍부해질 수 있다. 타인의 관점을 수용함으로써 자신의 사고의 편향을 발견하고, 더 넓은 시야에서 세계를 이해할 수 있게 된다. 결국 성찰은 자기 완결적 행위가 아니라 타인과 ⊙어울리며 지속적으로 발전하는 열린 과정인 것이다.

09 윗글을 이해한 내용으로 가장 적절한 것은?

① 칸트는 도덕적 성찰이 타인의 행위에 기초해야 한다고 보았다.
② 소크라테스는 자신의 무지를 깨닫는 것을 지혜의 시작으로 여겼다.
③ 성찰은 타인과 단절된 자기 완결적 행위로 사고의 편향을 강화하는 과정이다.
④ 현대 사회에서 성찰은 외부의 정보를 그대로 받아들이는 과정을 통해 이뤄질 수 있다.

10 윗글의 문맥상 ⊙의 의미와 가장 가까운 것은?

① 푸른 벽지와 흰색 가구가 서로 어울려 방 안이 더 넓어 보였다.
② 동료들과 어울리는 걸 보니 민수는 사교적인 사람이 분명하다.
③ 짙은 갈색 책장과 베이지색 소파가 잘 어울려서 공간이 안락해 보인다.
④ 가을이 되자 노란 은행과 빨간 단풍이 한데 어울려 아름다운 풍경을 만들었다.

독해력 UP! 어휘 퀴즈

헷갈리기 쉬운 어휘

[01 ~ 06] 다음 중 알맞은 어휘를 고르시오.

01 나는 의학 분야에 대해서는 (문외한 / 문외안)이라고 할 수 있다.

02 이 앞을 지나가기 위해서는 바위를 (부서뜨려야 / 부숴뜨려야) 한다.

03 이 조각상은 작가가 3년 동안 (심여 / 심혈)을 기울여 만든 작품이다.

04 그는 과학 분야 중에서도 생물학에 (일가견 / 일각연)이 있는 사람이다.

05 전문가라면 자신 앞에 놓인 문제를 (어물쩍 / 어물쩡) 넘어가면 안 된다.

06 이 작가는 자신이 썼던 소설의 내용을 (울궈먹기로 / 우려먹기로) 유명하다.

바꿔 쓸 수 있는 어휘

[07 ~ 12] 밑줄 친 어휘와 바꿔 쓸 수 있는 것을 ㉠~㉥에서 고르시오.

07 경제 불황이 서민들의 삶을 <u>짓눌렀다</u>.　　　　　　　　　　　　　　㉠ 압박하다

08 스키 선수가 경사면을 빠르게 <u>내려왔다</u>.　　　　　　　　　　　　　㉡ 지적하다

09 그는 열심히 일한 끝에 부장으로 <u>올라갔다</u>.　　　　　　　　　　　　㉢ 활강하다

10 기술자는 망치로 철판을 <u>두드려</u> 모양을 만들었다.　　　　　　　　　㉣ 비유하다

11 그는 자신의 상황을 옛 이야기에 <u>빗대어</u> 설명했다.　　　　　　　　　㉤ 승진하다

12 선생님은 학생의 잘못을 정확히 <u>짚어</u> 내 고쳐주었다.　　　　　　　　㉥ 타격하다

정답 | 01 문외한　02 부서뜨려야　03 심혈　04 일가견　05 어물쩍　06 우려먹기로
07 ㉠　08 ㉢　09 ㉤　10 ㉥　11 ㉣　12 ㉡

해커스공무원학원·공무원인강
gosi.Hackers.com

해커스공무원
매일 하프모의고사 국어 2

실전
모의고사

 잠깐! 실전모의고사 전 확인사항

실전모의고사 풀이 전, 아래 상황을 점검하고 실전처럼 시험에 임하세요.

☑ 휴대전화는 전원을 꺼주세요.
☑ 연필과 지우개를 준비하세요.
☑ 제한 시간 25분 내 최대한 많은 문제를 정확하게 풀어보세요.

실전모의고사

01 〈공공언어 바로 쓰기 원칙〉에 따라 수정한 것으로 적절하지 않은 것은?

―〈공공언어 바로 쓰기 원칙〉―
○ 접속 표현의 사용
  - ㉠ 앞뒤 문장의 의미 관계를 고려하여 정확한 접속 어를 사용함.
○ 문장 성분의 생략
  - ㉡ 주어, 목적어, 서술어 등 필수 문장 성분이 생략 되지 않도록 함.
○ 중복 표현
  - ㉢ 의미가 겹치는 표현을 사용하지 않음.
○ 한자어 및 외래어
  - ㉣ 어려운 한자어나 불필요한 외래어는 쉬운 우리말 로 바꾸어 씀.

① "올해 폭염으로 인해 전력 사용량이 급증했다. 하지만 정전 사고가 빈번하게 발생했다."를 ㉠에 따라 "올해 폭염으로 인해 전력 사용량이 급증했다. 그런데 정전 사고가 빈번하게 발생했다."로 수정한다.

② "안전사고 예방을 위하여 철저하게 점검하겠습니다."를 ㉡에 따라 "안전사고 예방을 위하여 시설을 철저하게 점검하겠습니다."로 수정한다.

③ "사전 예고 없이 공사 일정이 변경될 수도 있습니다."를 ㉢에 따라 "예고 없이 공사 일정이 변경될 수도 있습니다."로 수정한다.

④ "금번 행사는 퍼블릭 스페이스를 최대한 활용합시다."를 ㉣에 따라 "이번 행사는 공공 공간을 최대한 활용합시다."로 수정한다.

02 〈지침〉에 따라 〈개요〉를 작성할 때 (가)~(라)에 들어갈 내용으로 적절하지 않은 것은?

―〈지 침〉―
○ 서론에는 주제 선정의 배경과 목적을 순서대로 제시할 것.
○ 본론은 제목의 내용을 두 개의 장으로 구성하되, 2장의 하위 항목이 3장의 하위 항목과 대응하도록 할 것.
○ 결론은 논의된 내용의 의의와 향후 과제를 포함할 것.

―〈개 요〉―
○ 제목: 농업 기술의 현황과 발전 방안
1장 서론
  1. (가)
  2. 농촌 인구 감소와 고령화에 대응하는 농업 발전 방안 모색
2장 농업 기술의 현황
  1. (나)
  2. 농업 기술 활용을 위한 농업인 교육 및 지원 체계 부족
3장 농업 기술의 발전 방안
  1. 농가 맞춤형 기술 개발 및 보급 확대
  2. (다)
4장 결론
  1. 농업 기술 확산의 경제적·사회적 의의
  2. (라)

① (가): 기후 변화와 식량 안보 위기에 따른 농업 생산성 향상 필요성 대두

② (나): 농가별 기술 도입률 저조와 기술 표준화 미흡

③ (다): 농업 기술 활용을 위한 농업인 역량 강화 프로그램 구축

④ (라): 4차 산업혁명 시대에 맞는 농업 기술 발전의 필요성

03 다음 중 ㉠에 해당하는 사례로 가장 알맞은 것은?

언어를 연구하거나 가르칠 때 수많은 단어를 그대로 다루기는 어렵다. 이 때문에 학자들은 공통된 성질을 지닌 단어들을 묶어 체계적으로 설명하려 하였는데, 이렇게 나눈 범주가 바로 품사이다. 단어를 품사별로 분류하면 그 단어가 문장에서 어떻게 쓰일지를 예측할 수 있으며, 낱말의 문법적 속성을 효율적으로 파악할 수 있다.

품사를 분류할 때는 일정한 기준이 필요하다. 가장 기본적인 기준은 기능, 형태, 의미 세 가지이다. 기능적 기준은 단어가 문장 안에서 다른 단어들과 어떤 문법적 관계를 맺는지를 가리킨다. 예컨대 '학생이 온다'라는 문장에서 '학생'은 주어로 쓰이고, '온다'는 이 주어에 대해 서술하는 역할을 한다. 형태적 기준은 낱말이 활용이나 결합 면에서 보이는 특징을 통해 정하는 방식이다. 예를 들면, '읽다'라는 단어는 '읽고', '읽으니', '읽는다'처럼 다양한 어미와 결합하여 모습을 바꾸지만, '책'이나 '내일'은 그러한 변화를 겪지 않는다. 마지막으로 ㉠ 의미적 기준은 개별 단어의 뜻이라기보다, 특정 품사 집단 전체가 공유하는 일반적 의미를 가리킨다. 예를 들어 명사는 사물이나 사람의 이름을 나타내고, 형용사는 상태나 성질을, 동사는 동작을 드러내는 식이다. '푸르다', '맑다'와 같은 단어들은 개별적 의미가 다르지만, '어떤 상태나 성질을 표현한다'는 공통성을 바탕으로 한 품사에 묶인다.

① '달리다'는 다양한 어미와 결합할 수 있다.
② '바람'은 자연 현상의 이름을, '시원하다'는 기온에 대한 상태를 표현하는 말이다.
③ '먹다'는 '먹고', '먹으니'처럼 어미에 따라 활용이 가능하지만, '하늘'은 형태 변화가 나타나지 않는다.
④ '그는 갑자기 일어나서 크게 웃었다'에서 '갑자기', '크게'는 뒤에 오는 말을 꾸며주며 문장의 내용을 구체화한다.

04 다음 글을 이해한 내용으로 적절하지 않은 것은?

조선 후기에 등장한 사설시조는 기존 평시조의 형식적 틀을 벗어난 새로운 시가 형태였다. 평시조가 3장 6구의 정형적 율격을 엄격하게 지켰다면, 사설시조는 중장이나 종장을 대폭 확대하여 자유로운 표현을 추구했다. 이러한 형식적 변화는 단순한 기교의 변화가 아니라, 조선 후기 사회 변동과 밀접한 관련이 있었다.

사설시조의 내용적 특징은 일상적이고 현실적인 소재를 다룬다는 점이다. 기존의 시조가 주로 자연이나 이념적 주제를 노래했다면, 사설시조는 서민들의 생활상과 애환을 생생하게 그려냈다. 특히 상인, 수공업자, 기생 등 신분이 낮은 계층의 목소리가 작품에 반영되었다. 이들은 기존 지배층의 가치관에 도전하면서도 해학과 풍자를 통해 현실을 비판했다.

사설시조의 언어적 특징도 주목할 만하다. 한문 투의 어려운 표현 대신 일상어와 속어를 과감하게 사용했으며, 의성어와 의태어를 풍부하게 활용하여 생동감을 높였다. 또한 문답법, 설의법, 영탄법 등 다양한 표현 기법을 구사하여 감정을 직접적으로 드러냈다. 이러한 언어 사용은 서민 문학의 특성을 잘 보여주는 것으로, 문학의 대중화에 기여했다.

① 사설시조는 서민들의 생활상과 애환을 그리는 데 주목했다.
② 사설시조는 평시조가 지닌 3장 6구 정형적 율격을 엄격하게 지켰다.
③ 사설시조에는 다채로운 표현 기법을 통해 감정을 직접적으로 표현했다.
④ 사설시조는 일상어와 속어를 거리낌 없이 사용하는 언어적 특징을 보인다.

05 다음 글의 ㉠~㉣ 중 어색한 곳을 찾아 가장 적절하게 수정한 것은?

> 화석은 과거에 살았던 생물의 유해나 흔적이 오랜 세월에 걸쳐 암석 속에 보존된 것을 말한다. 공룡 화석의 발견과 연구는 지구 역사상 가장 성공적인 생물군이었던 공룡의 생태와 진화를 이해하는 데 핵심적인 역할을 한다.
>
> 공룡 화석이 형성되는 과정은 매우 복잡하고 특별한 조건을 필요로 한다. ㉠공룡이 죽은 후 그 시체가 빠르게 퇴적물로 덮여야 하며, 급격하게 산소가 차단된 환경에서 세균의 분해 작용을 최소화해야 한다. 이후 오랜 세월에 걸쳐 퇴적물이 압축되고 광물이 침투하면서 뼈와 같은 단단한 부분이 암석으로 치환되어 화석이 완성된다.
>
> 화석화 과정에서 보존되는 부분에 따라 다양한 유형의 화석이 만들어진다. 체화석은 공룡의 뼈, 치아, 알 등 몸 일부가 직접 보존된 것이고, 생흔 화석은 발자국, 배설물 등 공룡의 생활 흔적이 보존된 것이다. ㉡특히 공룡 발자국 화석은 공룡의 걸음걸이, 무리 생활, 서식 환경 등에 대한 정보를 제공하여 공룡의 행동 양식을 연구하는 데 매우 중요하다.
>
> 공룡 화석 연구 방법도 CT 스캔과 3D 모델링과 같은 과학 기술의 발달과 함께 크게 발전했다. ㉢이러한 기술들을 통해 화석의 내부 구조를 손상 없이 관찰할 수 있게 되었으며, 알에서의 공룡 성장 과정뿐만 아니라, 대사율, 서식 환경의 온도 등까지 추정할 수 있게 되었다.
>
> 최근 공룡 화석 연구의 중요한 발견 중 하나는 공룡 알과 둥지 화석의 발굴이다. 이러한 발견들은 공룡의 번식 행동과 육아 행동에 대한 새로운 정보를 제공하고 있다. ㉣공룡 알 화석을 통해 일부 공룡이 알을 낳고 난 후 둥지를 적극적으로 보호했다는 사실이 밝혀졌으며, 이는 공룡의 행동이 현재 파충류가 알을 방치하는 행동 패턴과 유사했음을 보여준다.

① ㉠: 공룡이 죽은 후 그 시체가 천천히 퇴적물로 덮여야 하며
② ㉡: 특히 공룡의 뼈 화석은 공룡의 걸음걸이, 무리 생활, 서식 환경 등에 대한 정보를 제공하여
③ ㉢: 이러한 기술들을 통해 화석의 외부 구조만을 관찰할 수 있게 되었으며
④ ㉣: 공룡 알 화석을 통해 일부 공룡이 알을 낳고 난 후 둥지를 완전히 방치했다는 사실이 밝혀졌으며

06 (가)~(라)를 맥락에 맞추어 가장 적절하게 나열한 것은?

> (가) 하지만 초기 낸드 플래시는 제조 공정의 한계로 인해 저장 용량이 제한적이었다. 특히 평면 구조에서는 회로선폭을 줄이는 데 물리적 한계가 있었고, 셀 간 간섭 현상으로 인한 데이터 오류 발생률도 높아지는 문제가 있었다.
>
> (나) 이러한 한계를 극복하기 위해 3차원 낸드 플래시 메모리 기술이 개발되었다. 평면적으로 배치된 메모리 셀을 수직으로 적층하여 같은 면적에서도 훨씬 많은 데이터를 저장할 수 있게 되었다. 현재 128단 이상의 적층 기술까지 상용화되면서 테라바이트급 저장 용량을 구현할 수 있게 되었다.
>
> (다) 1980년대 D사에서 개발한 낸드 플래시 메모리는 전력 공급 없이도 데이터를 보존할 수 있는 비휘발성 메모리로, 디지털 저장매체 혁명의 시작이었다. 기존 하드디스크와 달리 기계적 구동부가 없어 충격에 강하고 소음이 없으며 전력 소모가 적다는 장점을 가지고 있었다.
>
> (라) 현재 낸드 플래시 메모리는 스마트폰, 태블릿, SSD 등 다양한 디지털 기기의 핵심 부품으로 자리 잡았다. 특히 클라우드 컴퓨팅과 빅데이터 시대에 맞춰 더욱 빠른 속도와 높은 신뢰성을 요구받고 있으며, 차세대 저장 기술인 ReRAM, PCM 등과의 경쟁도 치열해지고 있다.

① (다) - (가) - (나) - (라)
② (다) - (나) - (가) - (라)
③ (라) - (나) - (가) - (다)
④ (라) - (나) - (다) - (가)

[07~08] 다음 글을 읽고 물음에 답하시오.

소설 속 인물의 갈등 구조는 작품의 주제 의식을 ㉠<u>이루는</u> 핵심 요소이다. 특히 주인공과 대립 인물 간의 관계 설정은 작가가 드러내고자 하는 가치관을 명확하게 보여준다. 전통적인 선악 구조에서는 주인공이 선을, 대립 인물이 악을 대표하여 독자들에게 뚜렷한 도덕적 메시지를 제공한다.

하지만 현대소설에서는 이러한 이분법적 구조가 점차 ㉡<u>무너지고</u> 있다. 주인공과 대립 인물 모두 복합적이고 모순적인 성격을 지니며, 선악의 경계가 모호해졌다. 예를 들어 황석영의 「무기의 그늘」에서 주인공 '안영규'는 베트남 전쟁이라는 극한 상황에서 가해자이면서 동시에 피해자의 모습을 보인다. 이러한 복합적 인물 설정을 통해 작가는 단순한 도덕적 판단을 넘어서는 인간 존재의 복잡성을 탐구한다.

또한 현대소설에서는 주인공 자체가 분열적 성격을 지니는 경우도 많다. 최인훈의 「광장」에서 주인공 '이명준'은 남한과 북한, 자유와 평등 사이에서 끊임없이 갈등하며, 일관된 정체성을 확립하지 못하고 ㉢<u>헤맨다</u>. 이는 현대인의 내적 혼란과 정체성의 위기를 반영한 것으로, 전통적인 영웅적 주인공과는 전혀 다른 양상이다. 다만 이러한 복합적 인물 창조가 독자들을 깊이 있는 성찰로 이끄는 장점이 있는 반면, ㉣<u>지나치게</u> 복잡한 심리 구조는 때로는 독자의 이해를 어렵게 만들어 작품의 대중적 접근성을 제한하는 한계도 지니고 있다.

07 윗글을 이해한 내용으로 적절하지 않은 것은?

① 현대소설에서는 주인공과 대립 인물의 선악 경계가 모호해지는 특징을 보인다.
② 「광장」에서 주인공은 자유와 평등 사이의 갈등으로 인해 정체성 혼란을 겪는다.
③ 현대소설의 복합적 인물 설정은 작품의 대중적 접근성을 제한하고 독자로 하여금 깊이 있는 성찰을 방해하기도 한다.
④ 「무기의 그늘」에서 주인공은 한편으로는 가해자의 역할을 수행하면서, 다른 한편으로는 피해자로서의 면모도 드러낸다.

08 윗글의 ㉠~㉣과 바꿔 쓸 수 있는 유사한 표현으로 적절하지 않은 것은?

① ㉠: 형성(形成)하는
② ㉡: 정체(停滯)되고
③ ㉢: 방황(彷徨)한다
④ ㉣: 과(過)하게

09 다음 진술이 모두 참일 때 반드시 참인 것은?

○ 공연에 참석한 사람들은 모두 초대권을 받았다.
○ 초대권을 받은 사람들은 모두 SNS에 홍보를 했다.
○ 입장권을 구매하지 않은 사람들은 모두 SNS 홍보를 하지 않았다.

① SNS에 홍보를 한 사람들은 모두 초대권을 받았다.
② 공연에 참석한 사람들은 모두 SNS에 홍보를 하지 않았다.
③ 입장권을 구매한 사람들은 모두 SNS에 홍보를 하지 않았다.
④ 입장권을 구매하지 않은 사람들은 모두 공연에 참석하지 않았다.

[10~11] 다음 글을 읽고 물음에 답하시오.

　　현대 법의학 분야는 과학기술의 발전에 따라 크게 세 시기로 구분된다. 19세기 말부터 20세기 초까지는 '기초 법의학 시기'로, 주로 맨눈 검사와 단순 현미경 검사를 통해 사인을 규명하는 데 중점을 두었다. 이 시기에는 법의학자의 경험과 관찰에 의존하는 경향이 ㉠강했다. 20세기 중반부터 1990년대까지는 '임상 법의학 시기'로, 생화학적 분석과 면역학적 기법이 도입되었다. 혈액형 분석, 독성학적 검사 등이 법의학 분야에 적용되어 사인 규명의 정확도가 크게 향상되었다. 이 시기 법의학자들은 의학적 소견과 과학적 분석을 결합하여 증거를 해석했다. 1990년대부터 현재까지는 '분자 법의학 시기'로, DNA 분석 기술의 발달로 혁명적 변화가 일어났다. 미량의 생체 시료만으로도 개인 식별이 가능해졌으며, 디지털 이미지 처리 기술과 컴퓨터 단층촬영(CT)과 같은 비침습적 검사 방법도 법의학에 도입되었다. 이 시기에는 법의학자뿐만 아니라 유전학자, 생물정보학자 등 다양한 전문가가 협력하는 다학문적 접근이 이루어지고 있다.

　　한편, 현대 법의학의 발전 과정에서 빼놓을 수 없는 것이 법의인류학이다. 법의인류학은 골격 유해를 분석하여 개인 식별, 사망 시기, 사인 등을 밝히는 분야로, 디지털 기술의 발전으로 3D 모델링을 통한 얼굴 복원까지 가능해졌다.

10 윗글을 이해한 내용으로 가장 적절한 것은?

① 현대 법의학에서 DNA 분석은 다량의 시료가 있어야만 가능하다.
② '임상 법의학 시기'에는 의학적 소견만으로 증거를 해석할 수 있었다.
③ '분자 법의학 시기'에는 다양한 전문 분야의 협력이 이루어지고 있다.
④ 법의인류학은 '기초 법의학 시기'에 독립적인 학문 분야로 정립되었다.

11 문맥상 ㉠의 의미와 가장 가까운 것은?

① 그 품종은 더위에 강하다.
② 그녀는 나의 팔을 강하게 잡고 걸어갔다.
③ 임기응변에 강하면 위기를 잘 넘길 수 있다.
④ 강한 의지 덕분에 어려운 상황도 극복할 수 있었다.

12 다음 글의 빈칸에 들어갈 결론으로 가장 적절한 것은?

　　생태계는 생물적 요소와 비생물적 요소가 상호작용하는 복잡한 시스템이다. 생태계 내에서 모든 종은 고유한 역할을 수행하며, 어떤 종이 사라지면 생태계 전체에 연쇄 반응을 일으킬 수 있다. 이러한 현상을 생태적 계단식 효과라고 한다. 예를 들어, 해양 생태계에서 상위 포식자인 상어의 개체 수가 감소하면 중간 포식자인 물고기 개체 수가 증가하고, 이는 다시 플랑크톤과 같은 하위 생물의 감소로 이어진다. 플랑크톤은 광합성을 통해 산소를 생성하고 이산화탄소를 흡수하기 때문에 이들의 감소는 수중 산소 농도 저하와 해양 산성화를 초래할 수 있다. 또한 육상 생태계에서 꿀벌과 같은 수분 매개체의 감소는 식물의 번식에 직접적인 영향을 미쳐 식물 다양성 감소로 이어진다. 이는 그 식물에 의존하는 초식 동물에게 영향을 주고, 연쇄적으로 육식 동물에게까지 영향을 미친다. 생물 다양성은 생태계가 환경 변화에 적응하고 회복하는 능력인 생태적 탄력성을 제공한다. 종 다양성이 높은 생태계는 한 종이 사라지더라도 유사한 기능을 수행하는 다른 종이 그 역할을 대체할 수 있어 생태계 기능을 유지할 가능성이 높다. 그러므로 _____.

① 어떤 생물의 개체 수 감소는 생태계 전체로 이어지지 않는다
② 수분 매개체의 감소에도 육식 동물의 먹이 사슬은 영향을 받지 않는다
③ 종 다양성이 낮은 생태계일수록 환경 변화에 효과적으로 대응할 수 있다
④ 생물의 다양성을 보존하는 것은 생태계 안정을 위한 요소라고 할 수 있다

[13~14] 다음 글을 읽고 물음에 답하시오.

'내적 초점화'는 서사학에서 이야기가 특정 인물의 시점에서 제한적으로 전달되는 서술 방식을 의미한다. 이때 서술자는 해당 인물이 알고, 느끼고, 생각하는 것만을 전달한다.

심리소설에서 내적 초점화는 인물의 내면 심리를 깊이 있게 탐색하는 데 활용된다. ㉠이는 인물의 의식 흐름, 내적 갈등, 미묘한 감정의 변화를 생생하게 전달함으로써 인간 심리의 복잡성을 드러낸다. 버지니아 울프의「댈러웨이 부인」은 댈러웨이의 의식을 통해 하루 동안의 외적 사건과 회상이 교차하는 내적 경험을 섬세하게 그린다. 그녀가 파티 준비를 하며 과거의 연인 피터 월시를 떠올리는 장면에서, 현재의 행동과 과거의 기억이 복잡하게 얽혀 ㉡이것의 흐름을 형성한다. 이처럼 심리소설에서 내적 초점화는 '의식의 리얼리티'를 구현하는 수단이 된다.

반면, 추리소설에서 내적 초점화는 정보의 제한을 통해 미스터리와 서스펜스를 창출하는 데 활용된다. 작가는 독자에게 특정 인물만이 알 수 있는 ㉢이것으로 이야기를 전개함으로써, 다른 인물들이 모르는 사실을 독자만 알게 하거나 ㉣이것을 의도적으로 숨겨 독자의 추리를 유도한다. 아서 코난 도일의「셜록 홈스」시리즈에서는 주로 왓슨 의사의 시점으로 사건이 전개되며, 홈스의 뛰어난 추리 과정은 왓슨과 독자에게 동시에 밝혀진다. 이러한 서술 전략은 독자로 하여금 왓슨과 함께 사건의 미스터리를 풀어가는 과정에 참여하게 만든다. 즉 추리소설에서 내적 초점화는 '정보의 전략적 배치'를 통한 서사적 긴장감 조성의 기법이라고 할 수 있다.

내적 초점화의 이러한 차이는 각 장르가 추구하는 미학적 목표를 반영한다. 심리소설이 인간 내면의 복잡성과 주관적 경험의 진실성을 추구한다면, 추리소설은 논리적 사고와 객관적 진실의 발견에 초점을 맞춘다. 두 장르 모두 제한된 시점을 활용하지만, 그것을 통해 도달하고자 하는 서사적 효과는 근본적으로 다른 것이다.

13 윗글에서 추론한 내용으로 가장 적절한 것은?

① 「셜록 홈스」에서는 소설 속의 모든 정보가 독자에게 전달될 것이다.
② 내적 초점화는 심리소설에서는 효과적이지만 추리소설에서는 서사적 긴장감을 떨어뜨리는 요소로 작용한다.
③ 심리소설과 추리소설에서 내적 초점화가 활용되는 방식은 두 장르가 추구하는 목표와 효과의 차이에서 기인한다.
④ 「댈러웨이 부인」과 「셜록 홈스」는 모든 인물의 내면을 독자에게 균등하게 보여주는 전지적 서술 방식을 사용한다.

14 문맥상 ㉠~㉣ 중 지시 대상이 같은 것만으로 묶인 것은?

① ㉠, ㉢
② ㉢, ㉣
③ ㉠, ㉡, ㉢
④ ㉠, ㉡, ㉣

15 다음 글의 밑줄 친 결론을 도출하기 위해 추가해야 할 전제는?

수정테이프가 없으면, 볼펜을 사용하지 않는다. 신입 사원이 볼펜을 사용하거나 연필을 사용한다. 수정테이프가 없다. 따라서 <u>신입 사원이 지우개를 구매한다.</u>

① 신입 사원이 수정 테이프가 있다.
② 신입 사원이 연필을 사용하면 지우개를 구매한다.
③ 신입 사원이 볼펜을 사용하면 수정테이프가 있다.
④ 신입 사원이 볼펜을 사용하지 않으면 수정테이프가 없다.

16 다음 글의 ㉠의 사례가 아닌 것은?

한국어의 부정문은 크게 짧은 부정문과 긴 부정문으로 나뉜다. 짧은 부정문은 부사 '안'이나 '못'이 서술어 앞에 오는 형태이고, 긴 부정문은 서술어의 어간에 '-지'를 붙이고 '않다', '못하다'와 같은 보조 용언을 더한 형태이다.

이 두 부정문 형식은 모두 부정어를 해석할 때 초점을 어디에 맞추느냐에 따라서 여러 가지로 해석되는 경우가 많다. 또한 짧은 부정문은 긴 부정문에 비해 사용에 제약이 많다. 특히 파생어나 합성어인 서술어는 짧은 부정문을 허용하지 않는 경우가 많다. 예컨대 '교육자답다' 등과 같은 서술어는 긴 부정문을 사용해야 한다. 이는 '안 교육자답다'와 같은 짧은 부정문보다 '교육자답지 않다'와 같은 긴 부정문이 자연스럽기 때문이다. 또한 '행복하다'와 같은 형용사는 못 부정문을 만들 때 짧은 부정문은 만들 수 없고 ㉠'-지 못하다'를 사용한 긴 부정문만 만들 수 있는 경우에 해당한다. 이때 '-지 못하다'를 사용한 긴 부정문은 기대에 미치지 못하는 상황을 뜻하게 된다. 반면 서술어가 동사인 경우에는 '못'을 사용한 짧은 부정문을 사용할 수 있다.

① 집에 간다.
② 국물이 개운하다.
③ 아침 바람이 시원하다.
④ 오늘따라 거리가 유독 깨끗하다.

17 다음 진술이 모두 참일 때 반드시 참인 것은?

○ 축구를 하는 모든 선수는 뛰어난 팀워크를 갖추고 있다.
○ 국제 대회에 출전하는 모든 선수는 체력이 강하다.
○ 축구를 하는 어떤 선수는 체력이 강하지 않다.

① 축구를 하는 모든 선수는 체력이 강하지 않다.
② 축구를 하는 어떤 선수는 국제 대회에 출전한다.
③ 뛰어난 팀워크를 갖춘 어떤 선수는 체력이 강하다.
④ 뛰어난 팀워크를 갖춘 어떤 선수는 국제 대회에 출전하지 않는다.

18 다음 글의 ㉠을 강화하는 것만을 〈보기〉에서 모두 고르면?

현대 의학에서는 유전자 치료법의 효과를 검증하기 위해 다양한 실험 방법을 사용한다. 특히 희귀 유전질환의 경우 환자 수가 매우 제한적이어서 대규모 임상시험을 실시하기 어렵다. 이런 상황에서 연구자들은 동물 모델을 활용한 전임상 연구를 통해 치료법의 효과를 입증하려 한다.

최근 A연구팀이 발표한 연구에서는 희귀 신경퇴행성 질환인 '레베르 선천성 흑암증'에 대한 유전자 치료법을 개발했다고 주장했다. 이들은 해당 질환을 유발하는 유전자 변이를 가진 실험용 쥐 50마리에게 정상 유전자를 주입하는 치료를 시행했으며, 3개월 후 치료받은 쥐들의 90%에서 시각 기능이 현저히 개선되었다고 발표했다.

그러나 이 연구에 대한 비판적 의견도 제기되었다. 이들은 실험용 쥐와 인간의 생리학적 차이 등을 지적하며 동물 실험의 결과를 인간에게 직접 적용하기에는 한계가 있다고 주장했다. 하지만 ㉠A연구팀의 연구 방법론과 결과 해석에는 근본적인 문제가 없으며, 희귀질환 연구의 현실적 제약을 고려할 때 이는 충분히 유의미한 성과라고 볼 수 있다.

실제로 희귀질환의 경우 환자 집단이 매우 소규모이기 때문에 통계적으로 유의한 결과를 얻기 위한 환자 수를 확보하기 어려운 경우가 대부분이다. 따라서 동물 모델을 통한 전임상 연구는 희귀질환 치료법 개발에서 필수적이다.

〈보 기〉

ㄱ. 레베르 선천성 흑암증 환자 수는 매우 적어 대규모 임상시험이 불가능하다.
ㄴ. 실험용 쥐의 시각 구조는 인간과 달리 자외선 영역까지 감지할 수 있어 인간과는 근본적으로 다른 구조를 가진다.
ㄷ. 동물 실험 결과가 신빙성 있는 근거로 인정되어 여러 국가의 규제 기관에서 동물 실험을 희귀질환 치료제 개발의 필수 단계로 의무화하고 있다.

① ㄱ
② ㄱ, ㄷ
③ ㄴ, ㄷ
④ ㄱ, ㄴ, ㄷ

19 다음 대화를 분석한 내용으로 가장 적절한 것은?

갑: 최근 관측된 결과에 따르면, 도심에 위치한 지하철역 근처에서 지하수위가 급격히 낮아지고 있다고 합니다. 지하철 건설 당시에 배수 시스템이 제대로 설계되지 않아 지하수가 유출되고 있는 것 같아요.

을: 지하수위가 낮아지는 게 정말 지하철 배수 시스템만의 문제일까요? 도심에는 고층 건물들이 많습니다. 이런 건물의 지하 구조물이 지하수 흐름에 영향을 미쳤을 수도 있어요. 이 점을 고려해 보셨나요?

갑: 물론 고려했습니다. 하지만 지하철 노선을 따라 지하수위가 감소하는 현상이 나타나는 걸 보면, 점점이 있는 고층 건물들의 지하 구조물보다 길게 늘어진 지하철의 영향이 더 크다고 생각합니다.

병: 두 분 모두 중요한 관점을 제시하셨지만, 지하수 문제를 도시 기반 시설의 관점에서만 볼 게 아니라 생태학적 관점에서 접근할 필요가 있습니다. 지하수위 저하는 도심의 나무들이 죽고 땅이 가라앉을 수도 있기 때문이죠.

을: 네, 맞네요. 제가 도시 계획 측면만 강조했네요. 생태학적 영향까지 고려하면 이 문제는 더 복합적이고 긴급하게 다뤄져야 할 사안이네요. 다양한 분야의 전문가들이 협력해야 할 것 같습니다.

갑: 저도 기술적 측면에만 집중했던 것 같습니다. 문제 해결을 위해서는 지하수 관리 정책, 도시 계획, 생태 보존을 종합적으로 고려한 접근이 필요하겠네요. 지하철 배수 시스템만 개선하는 것으로는 한계가 있을 것 같아요.

① 감정적 호소를 통해 상대방의 의견을 반박하는 사람이 있다.
② 자신의 주장에 대한 한계를 인정하고 더 넓은 관점을 수용하는 사람이 있다.
③ 상대방의 의견을 비판하기 위해 구체적인 통계 자료를 제시하는 사람이 있다.
④ 자신의 의견이 반박되자 새로운 쟁점을 제시해 논의의 초점을 바꾸는 사람이 있다.

20 다음 대화에 대한 평가로 적절한 것만을 모두 고르면?

갑: 인공지능의 의사결정에 따른 피해는 인공지능 개발자가 책임져야 한다고 봅니다. 개발자가 알고리즘을 설계했으니 그 결과에 대한 책임도 개발자에게 있어요. 마치 제조사가 결함 제품에 책임지는 것과 같은 원리죠. 특히 자율주행차가 일으킨 사고처럼 인공지능이 내린 판단이 인명 피해로 이어진다면 개발자의 책임은 더욱 명확해집니다.

을: 저는 인공지능 책임 소재가 그렇게 단순하지 않다고 봅니다. 인공지능 시스템은 개발자뿐만 아니라 학습 데이터 제공자, 운영자, 사용자 등 다양한 주체들의 영향을 받아 작동하죠. 특히 현대 인공지능은 학습 후 개발자도 예측하지 못한 결정을 내리기도 합니다. 따라서 책임은 여러 주체에게 분산되어야 한다고 생각합니다.

병: 두 분 모두 중요한 관점을 말씀하셨지만, 저는 인공지능 자체에도 일정한 도덕적 지위와 책임을 부여해야 한다고 생각합니다. 인공지능이 고도화될수록 자율성을 갖게 되며, 이는 책임의 주체가 될 수 있음을 의미합니다. 물론 인공적인 주체에 대한 법적 책임 체계를 재구성해야 하는 과제가 있지만, 인공지능에도 책임을 묻는 방향으로 나아가야 합니다.

ㄱ. 인공지능에 별개의 법적 책임을 부여하며 인공지능의 독립적인 법적 책임을 인정한 해외의 판례는 병의 입장을 강화한다.
ㄴ. 인공지능 개발자들을 대상으로 한 설문 조사에서 70% 이상이 사용자들의 반복적인 명령어로 인해 인공지능을 통제하기 어려웠다고 응답한 결과는 갑의 입장을 약화한다.
ㄷ. 데이터 제공자가 편향된 정보를 제공할 경우 인공지능이 사회적 편향성을 학습하고, 사용자들에게 특정 관점이 반영된 결과를 제공할 수 있다는 전문가들의 경고는 을의 입장을 강화한다.

① ㄱ, ㄴ ② ㄱ, ㄷ
③ ㄴ, ㄷ ④ ㄱ, ㄴ, ㄷ

해커스공무원
gosi.Hackers.com

해커스공무원
gosi.Hackers.com

해커스공무원 매일 하프모의고사 국어 2 답안지

해커스공무원
gosi.Hackers.com

해커스공무원 매일 하프모의고사 국어 2 답안지

해커스공무원
gosi.Hackers.com

2026 대비 최신판

해커스공무원
매일 하프모의고사
국어 2

초판 2쇄 발행 2026년 1월 26일
초판 1쇄 발행 2025년 11월 3일

지은이	해커스 공무원시험연구소
펴낸곳	해커스패스
펴낸이	해커스공무원 출판팀
주소	서울특별시 강남구 강남대로 428 해커스공무원
고객센터	1588-4055
교재 관련 문의	gosi@hackerspass.com
	해커스공무원 사이트(gosi.Hackers.com) 교재 Q&A 게시판
	카카오톡 채널 [해커스공무원 노량진캠퍼스]
학원 강의 및 동영상강의	gosi.Hackers.com
ISBN	979-11-7404-551-5 (13710)
Serial Number	01-02-01

저작권자 ⓒ 2025, 해커스공무원

이 책의 모든 내용, 이미지, 디자인, 편집 형태에 대한 저작권은 저자에게 있습니다.
서면에 의한 저자와 출판사의 허락 없이 내용의 일부 혹은 전부를 인용, 발췌하거나 복제, 배포할 수 없습니다.
이 책의 내용 중 일부는 국립국어원이 제공하는 '표준국어대사전', '한국어 어문 규범'을 참고하였습니다.

공무원 교육 1위,
해커스공무원 gosi.Hackers.com

해커스공무원

- 정확한 성적 분석으로 약점 극복이 가능한 **합격예측 온라인 모의고사**(교재 내 응시권 및 해설강의 수강권 수록)
- 해커스 스타강사의 **공무원 국어 무료 특강**
- **해커스공무원 학원 및 인강**(교재 내 인강 할인쿠폰 수록)
- 필수어휘와 사자성어를 편리하게 학습할 수 있는 **해커스 매일국어 어플**

한경비즈니스 2024 한국품질만족도 교육(온·오프라인 공무원학원) 1위

5천 개가 넘는
해커스토익 무료 자료!

대한민국에서 공짜로 토익 공부하고 싶으면 　해커스토익 Hackers.co.kr ▼　검색

토익 강의 　무료

베스트셀러 1위 토익 강의 150강 무료 서비스,
누적 시청 1,900만 돌파!

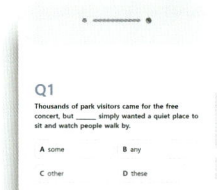

토익 실전 문제 　무료

토익 RC/LC 풀기, 모의토익 등
실전토익 대비 문제 제공!

최신 특강 　무료

2,400만뷰 스타강사의
압도적 적중예상특강 매달 업데이트!

고득점 달성 비법 　무료

**토익 고득점 달성팁, 파트별 비법,
점수대별 공부법 무료 확인**

*미션 달성 시

가장 빠른 정답까지!

615만이 선택한 해커스 토익 정답!
시험 직후 가장 빠른 정답 확인

[5천여 개] 해커스토익(Hackers.co.kr) 제공 총 무료 콘텐츠 수(~2017.08.30)
[베스트셀러 1위] 교보문고 종합 베스트셀러 토익/토플 분야 토익 RC 기준 1위(2005~2023년 연간 베스트셀러)
[1,900만] 해커스토익 리딩 무료강의 및 해커스토익 스타트 리딩 무료강의 누적 조회수(중복 포함, 2008.01.01~2018.03.09 기준)
[2,400만] 해커스토익 최신경향 토익적중예상특강 누적 조회수(2013-2021, 중복 포함)
[615만] 해커스영어 해커스토익 정답 실시간 확인서비스 PC/MO 방문자 수 총합/누적, 중복 포함(2016.05.01~2023.02.22)

더 많은
토익무료자료 보기 ▶

2026 대비 최신판

해커스공무원
매일
하프모의고사
국어 2

약점 보완 해설집

해커스공무원

해커스공무원
매일
하프모의고사
국어 2

약점 보완 해설집

1일 하프모의고사 01 정답·해설

■ 정답   p.10

01	③ 독해	06	④ 독해
02	③ 논리	07	② 논리
03	① 독해+문학	08	③ 독해
04	① 독해+문법	09	② 논리
05	④ 독해	10	③ 논리

■ 취약영역 분석표

영역	틀린 답의 개수
독해	/ 4
독해+문법	/ 1
독해+문학	/ 1
논리	/ 4
어휘	/ -
TOTAL	10

* 취약영역 분석표를 이용해 1개라도 틀린 문제가 있는 영역은 그 영역의 문제만 골라 해설을 다시 한번 꼼꼼히 학습하세요.

---

01 독해 | 공공언어 바로 쓰기   난이도 하 ●○○

정답 설명

③ 귀 기관의(×) → 귀 기관이(○): 공공언어 바로 쓰기 두 번째 원칙에 따르면 공문서를 작성할 때는 주어와 서술어의 관계를 명확하게 표현해야 한다. '귀 기관'은 주어이므로 주격 조사 '이/가'를 사용하는 것이 적절하다. 이를 '귀 기관의'로 수정하는 것은 문장의 주어-서술어 관계를 불명확하게 만드는 것이므로 적절하지 않다.

오답 분석

① 가이드라인(×) → 지침, 방침(○): ㉠의 '가이드라인(guideline)'은 생소한 외래어에 해당한다. 따라서 이를 공공언어 바로 쓰기 세 번째 원칙에 따라 '지침'이라는 우리말로 다듬어 쓴 것은 적절하다.

② 본원은 시민들의 환경 인식 제고를 위해 전국 중·고등학교에서 실시할 환경 교육 프로그램 가이드라인을 개발하고 있으며 이를 위해 각계 전문가의 의견을 수렴하고자 합니다(×) → 본원은 시민들의 환경 인식 제고를 위해 전국 중·고등학교에서 실시할 환경 교육 프로그램 가이드라인을 개발하고 있습니다. 이를 위해 각계 전문가의 의견을 수렴하고자 합니다(○): 공공언어 바로 쓰기 첫 번째 원칙에 따르면 지나치게 긴 문장은 나누어 작성해야 한다. ㉡은 한 문장에 여러 내용이 포함되어 있어 이해하기 어려우므로, 두 개의 문장으로 나누어 수정한 것은 적절하다.

④ 현장 교육 방법 개선, 효과적 환경 교육 자료 구성 관련(×) → 현장 교육 방법을 개선하고 효과적인 환경 교육 자료를 구성하는 것에 대한(○): 공공언어 바로 쓰기 네 번째 원칙에 따르면 지나친 명사의 나열은 피하고 조사와 어미를 적절히 사용하여 문장을 구성해야 한다. ㉢은 명사가 연속적으로 나열되어 있어 의미 파악이 어려우므로 적절한 조사와 어미를 사용하여 수정한 것은 적절하다.

---

02 논리 | 명제의 전제 추론하기   난이도 하 ●○○

정답 설명

③ 갑의 진술을 기호화하면 아래와 같다.

```
(1) 화가 → 색감 뛰어남
(2) 색감 뛰어남 → 시력 높음
(3) 시력 높음 → 감성 지수 높음
[결론] ~화가 → ~감성 지수 높음
```

(1)~(3)을 결합하면 '화가 → 색감 뛰어남 → 시력 높음 → 감성 지수 높음'이므로, '화가 → 감성 지수 높음'을 도출할 수 있다. 이때 결론으로 '~화가 → ~감성 지수 높음'을 제시하였는데 이는 '화가 → 감성 지수 높음'의 전건을 부정하여 후건의 부정을 도출한 전건 부정의 오류를 범한 것이다. 이때 ③ '감성 지수가 높은 모든 사람은 화가이다(감성 지수 높음 → 화가)'가 전제로 추가되면, 이것의 대우인 '~화가 → ~감성 지수 높음'을 결론으로 도출할 수 있다. 따라서 (가)에 들어갈 말로 적절한 것은 ③이다.

오답 분석

① '시력이 높은 모든 사람은 화가이다(시력 높음 → 화가)'가 전제로 추가되더라도 결론은 도출할 수 없다.

② '모든 화가는 감성 지수가 높지 않다(화가 → ~감성 지수 높음)'가 전제로 추가되더라도 결론은 도출할 수 없다.

④ '감성 지수가 높은 어떤 사람은 색감이 뛰어나지 않다(감성 지수 높음 ∧ ~색감 뛰어남)'가 전제로 추가되더라도 결론은 도출할 수 없다.

03 독해 + 문학 | 세부 내용 파악하기, 문학의 이해 난이도 하 ●○○

정답 설명

① 1문단을 통해 이미지와 상징은 시인의 내면세계와 외부 현실을 연결하는 역할을 한다는 것을 알 수 있다. 따라서 이미지와 상징이 현대 시에서 내면과 현실을 연결하는 역할을 한다는 ①의 설명은 적절하다.

오답 분석

② 3문단을 통해 현대 시의 이해는 시인의 의도를 찾는 작업이 아닌, 독자와의 대화를 통해 새로운 의미를 발견하는 과정이라는 것을 알 수 있다. 따라서 현대 시의 해석에서 독자의 역할이 시인이 의도한 의미를 찾아내는 것이라는 ②의 설명은 적절하지 않다.

③ 1문단을 통해 현대 시의 이미지는 감각적 경험을 언어로 재현한 것임을 알 수 있다. 또한 상징은 관습적이거나 개인적인 의미 체계를 바탕으로 추상적 개념을 구체적 대상에 투영한 것임을 알 수 있다. 따라서 현대 시의 이미지는 감각적 경험의 재현이라는 것은 적절하나, 상징이 관습적 의미에만 기반한다는 ③의 설명은 적절하지 않다.

④ 2문단에서 윤동주의 '별'이 양심과 이상향을 상징하는 이미지로 확장된다는 것은 특정 이미지가 상징으로 발전함을 의미한다. 이때 2문단 끝에서 3~4번째 줄을 통해 상징은 문화적·역사적 맥락 속에서 다양한 의미를 획득한다는 것을 알 수 있다. 또한 3문단을 통해 현대 시에서 이미지와 상징은 그 자체로 완결된 의미를 지니지 않는다는 것을 알 수 있다. 따라서 현대 시에서 특정 이미지가 상징으로 발전하면 그 의미는 고정되고 완결된 형태를 지닌다는 ④의 설명은 적절하지 않다.

이것도 알면 합격

1. 김소월, '진달래꽃'의 주제 및 특징
   (1) 주제: 이별의 슬픔에 대한 승화
   (2) 특징
   • 이별을 가정하며 시상을 전개함.
   • 3음보의 민요적 율격과 여성적인 어조가 나타남.

2. 김소월, '산유화'의 주제 및 특징
   (1) 주제: 존재가 지닌 근원적인 고독
   (2) 특징
   • 1연과 4연이 대응되는 구조가 나타남.
   • 3음보와 종결 어미의 반복으로 리듬감을 형성함.

04 독해 + 문법 | 사례 추론하기, 피동 표현 난이도 중 ●●○

정답 설명

① '하늘이 환해지다'는 '빛이 비치어 맑고 밝다'를 뜻하는 형용사 '환하다'에 피동 표현 '-아지다'가 결합한 것으로 피동의 의미보다는 상태 변화를 나타내며, 능동문의 주어를 상정할 수 없다. 따라서 ㉠에 해당하는 사례로 적절한 것은 ①이다.

오답 분석

② '축구공에 유리창이 깨지다'는 '단단한 물체를 쳐서 조각이 나게 하다'를 뜻하는 타동사 '깨다'에 피동 표현 '-어지다'가 결합한 것이다. 또한 '누군가가 축구공으로 유리창을 깨다'와 같이 능동문의 주어를 상정할 수 있다. 따라서 ②는 ㉠에 해당하는 사례로 적절하지 않다.

③ '구두가 튼튼하게 만들어지다'는 '노력이나 기술 따위를 들여 목적하는 사물을 이루다'를 뜻하는 타동사 '만들다'에 피동 표현 '-어지다'가 결합한 것이다. 또한 '누군가가 구두를 튼튼하게 만들다'와 같이 능동문의 주어를 상정할 수 있다. 따라서 ③은 ㉠에 해당하는 사례로 적절하지 않다.

④ '굴뚝이 누군가에 의해 막아지다'는 '길, 통로 따위가 통하지 못하게 하다'를 뜻하는 타동사 '막다'에 피동 표현 '-아지다'가 결합한 것이다. 또한 '누군가가 굴뚝을 막다'와 같이 능동문의 주어를 상정할 수 있다. 따라서 ④는 ㉠에 해당하는 사례로 적절하지 않다.

이것도 알면 합격

피동의 실현 방법

구분	실현 방법	예
파생적 피동	능동사의 어간에 피동 접미사 '-이-, -히-, -리-, -기-' 나 '-되다'가 결합하여 실현됨	이 책은 사람들에게 많이 읽힌다. 아름다운 음악이 들리다. 새로운 부임지가 결정되다.
통사적 피동	'-어지다, -게 되다'에 의해서 실현됨	오래 전에 만들어진 작품이다. 꿈은 반드시 이루어진다. 좋은 기회가 주어졌다.

05 독해 | 숨겨진 내용 추론하기 난이도 하 ●○○

정답 설명

④ 제시문 마지막 문단에서 산호초 보존을 위해 기후변화 완화를 위한 전 지구적 노력과 해양 오염 감소, 지속 가능한 어업 관행 도입, 보호구역 설정과 같은 지역적 차원의 조치가 모두 중요함을 알 수 있다. 그러므로 산호초 보존을 위해 전 지구적 차원의 대응과 지역 차원의 보호 조치가 함께 필요하다는 ④의 추론은 적절하다.

오답 분석

① 제시문 1문단에서는 산호초가 관광업과 어업을 통해 경제적 가치를 창출함을 알 수 있다. 또한 제시문에서 어업의 영향이 미미하다는 내용은 찾아볼 수 없으므로 ①의 추론은 적절하지 않다.

② 제시문 1문단에서는 산호초가 전체 해양 면적의 1% 미만을 차지함에도 해양 생물종의 약 25%에게 서식처를 제공함을 알 수 있다. 따라서 모든 해양 생물종에게 서식처를 제공한다는 것은 과장된 일반화로, ②의 추론은 적절하지 않다.

③ 제시문 2문단에 따르면 산호의 백화현상은 해수 온도 상승으로 인한 공생 조류 방출로 발생하며, 이 현상이 지속되면 산호가 영양분을 공급받지 못해 죽게 된다. 따라서 해양 산성화는 산호의 탄산칼슘 흡수를 방해하는 요인일 뿐, 백화현상의 직접적인 원인은 아니므로 ③의 추론은 적절하지 않다.

06 독해 | 중심 내용 및 핵심 논지 파악하기　난이도 하 ●○○

정답 설명
④ 1~2문단에서는 현대 사회에서 집단 지성이 주목받는 이유와 집단 지성의 효과를 극대화하기 위한 조건을 설명한다. 이에 대해 3문단에서는 현대 기업과 조직에서 집단 지성의 활용이 혁신을 촉진하는 핵심 전략이 되었음을 설명한다. 그러나 4문단에서는 이러한 집단 지성이 항상 최적의 결과를 보장하는 것은 아니므로, 집단 지성의 한계를 인식하며 균형 있게 접근해야 함을 설명한다. 따라서 제시문은 집단 지성의 효과와 한계를 다루며 상황에 맞는 균형 잡힌 접근을 강조하므로, 제시문의 중심 내용으로 가장 적절한 것은 ④이다.

오답 분석
① 1문단에서는 집단 지성이 구성원들의 다양한 배경과 관점이 결합될 때 극대화되며, 다양성이 확보된 집단은 문제를 다각도로 분석하고 창의적인 해결책을 모색한다고 설명한다. 그러나 집단 지성의 구성원이 다양성을 통해 문제 해결력을 높인다는 것은 집단 지성의 긍정적인 측면만을 부분적으로 다루는 내용이므로, 제시문의 전체 내용을 포괄하지 못한다. 따라서 ①은 제시문의 중심 내용으로 적절하지 않다.

② 2문단에서는 집단 지성의 효과를 극대화하기 위해 구성원들 간의 개방적 소통이 보장되어야 함을 설명한다. 그러나 집단 지성의 활용에 구성원 간의 개방적 소통이 필수적이라는 내용은 집단 지성 효과의 극대화를 위한 조건 중 일부에 해당하므로, 제시문의 전체 내용을 포괄하지 못한다. 따라서 ②는 제시문의 중심 내용으로 적절하지 않다.

③ 3문단에서는 집단 지성을 개발하는 방향으로 교육의 패러다임이 전환되었음을 설명한다. 그러나 집단 지성이 다양한 분야에서 교육적 효과를 증진시켰는지는 제시문을 통해 알 수 없으며, 교육의 패러다임이 바뀐 것은 제시문의 내용 중 일부에 해당한다. 따라서 ③은 제시문의 중심 내용으로 적절하지 않다.

07 논리 | 논증의 강화 및 약화 평가하기　난이도 중 ●●○

정답 설명
② 제시문에 따르면 (가)는 결속형과 교량형의 특성을 함께 가진 온라인 관계망이 시공간의 제약을 뛰어넘으며 독특한 형태의 사회적 자본을 창출한다는 주장이다. 이때 (가)를 강화하는 것만을 <보기>에서 모두 고른 것은 'ㄱ, ㄷ'이므로 답은 ②이다.

- ㄱ: 온라인 학술 플랫폼을 통해 서로 다른 학문 분야나 기관에 속한 사회적 집단인 다방면의 전문가들이 지속적인 관계 구축을 진행하는 것은 온라인 관계망이 정서적 지지라는 결속형 자본을 형성한 사례이다. 또한 이를 통해 연구에 도움을 받고 있는 것은 서로 다른 사회적 집단이 새로운 정보와 기회에 접근하는 교량형 자본을 형성하는 것이다. 이는 온라인 관계망이 시공간의 제약을 뛰어넘어 결속형과 교량형의 특성을 모두 가진 독특한 형태의 사회적 자본을 창출하고 있음을 보여준다. 따라서 ㄱ은 (가)를 강화한다.

- ㄷ: 구인구직 포털 사이트에 가입한 구직자들이 재직자 회원들로부터 얻은 정보로 취업한 것은 온라인 관계망을 통해 새로운 정보에 접근하는 교량형 자본을 형성한 사례이다. 또한 이들이 취업 후 인터뷰에서 사이트의 장점으로 다른 회원들의 전폭적인 지지를 언급한 것을 통해 온라인 관계망이 정서적 지지라는 결속형 자본을 형성했음을 알 수 있다. 이는 온라인 관계망이 정보 교환과 정서적 지지를 동시에 주고받는 독특한 형태의 사회적 자본을 창출하고 있음을 보여준다. 따라서 ㄷ은 (가)를 강화한다.

오답 분석
ㄴ: 온라인 커뮤니티에 가입해 활동한다는 것은 이용자들이 온라인 관계망을 통해 다른 사회적 집단과 느슨한 연결을 형성한 것이라고 할 수 있다. 하지만 커뮤니티 활동 기간이 길어질수록 정보를 얻기보다는 익명성에 기대어 서로를 비방하는 경우가 많았다는 것은 커뮤니티 활동을 통해 새로운 정보나 기회에 접근하거나, 정서적 지지, 실질적 도움을 주고받은 것으로 보기 어렵다. 그러므로 결속형과 교량형의 특성을 모두 지닌 사회적 자본을 창출한 것으로 볼 수 없다. 따라서 ㄴ은 (가)를 강화하지 않는다.

08 독해 | 세부 내용 파악하기　난이도 하 ●○○

정답 설명
③ 지시 대상이 같은 것만으로 묶인 것은 'ㄱ, ㄴ, ㄷ'이므로 답은 ③이다.

- ㄱ: ㄱ의 앞 문장에서는 소셜 미디어의 등장으로 인한 변화가 사회적 자본의 개념에 새로운 차원을 더했다고 설명한다. 또한 ㄱ이 포함된 문장에서는 사회적 자본의 개념을 설명한다. 따라서 ㄱ은 문맥상 '사회적 자본'을 의미한다.

- ㄴ: ㄴ의 앞 문장에서는 사회적 자본의 개념을 설명한다. 또한 ㄴ이 포함된 문장에서는 사회적 자본을 결속형과 교량형으로 구분해 왔다고 설명한다. 따라서 ㄴ은 문맥상 '사회적 자본'을 의미한다.

- ㄷ: ㄷ의 앞 문장에서는 사회적 자본에 대한 기존의 이해를 설명한다. 또한 ㄷ이 포함된 문장에서는 디지털 시대의 도래로 인하여 사회적 자본의 형성과 축적 방식에 대한 기존의 이해에 대해 의문이 제기되었다고 설명한다. 따라서 ㄷ은 문맥상 '사회적 자본'을 의미한다.

오답 분석
ㄹ: 1문단에서는 소셜 미디어가 사회적 관계망의 형성 방식을 변화시켰으며, 사회적 관계가 온라인 플랫폼을 통해 형성되고 있다고 설명한다. 또한 ㄹ이 포함된 문장에서는 온라인 플랫폼을 기반으로 하는 ㄹ이 사회적 관계망의 형성에 영향을 주며, 사회적 관계의 깊이를 감소시킨다고 설명한다. 따라서 ㄹ은 문맥상 온라인 플랫폼을 기반으로 하며, 사회적 관계의 형성에 영향을 미치는 '소셜 미디어'를 의미한다.

09 논리 | 논증의 강화 및 약화 평가하기   난이도 하 ●○○

정답 설명

② 제시문에서는 정보 공개 제도로 인한 긍정적인 영향을 설명하며, 이것의 확대가 민주적 행정의 질적 향상을 가져옴을 주장한다. 이를 통해 제시문의 논지는 '정부 정책의 투명성을 위한 정보 공개 제도는 민주주의 발전의 필수 조건이다'임을 알 수 있다. 또한 2문단 끝에서 1~4번째 줄에 의하면 정보 접근성이 보장되면 시민들이 정부 정책에 대한 합리적인 비판이 가능해져, 정책 수립 과정에 다양한 의견이 반영될 가능성이 높아진다. 이때 ②에서 정보 공개 제도를 도입한 국가에서 시민들의 감정적이고 비합리적인 반응이 증가하며 정부에 대한 불신이 심화되고 있다는 것은 제시문의 주장과는 상반된 결과가 나타났음을 보여 준다. 따라서 ②는 정보 공개 제도의 긍정적 효과를 강조하며 확대를 주장하는 제시문의 논지를 약화한다.

오답 분석

① 1문단 마지막 문장과 2문단 1~3번째 줄에 의하면 정보 공개 범위가 확대될수록 정부에 대한 시민의 신뢰도가 향상되고 정책의 질적 수준이 향상된다. 이때 ①에서 예산 편성에 대한 정보 공개가 이뤄진 이후 예산 편성 과정의 투명성이 증가하며 시민의 신뢰도가 향상되었다는 것은 정보 공개 범위가 확대됨에 따라 시민의 신뢰도가 향상되고 정책의 질적 수준이 향상되었음을 의미한다. 따라서 ①은 정보 공개 제도를 긍정하며 확대를 주장하는 제시문의 논지를 강화한다.

③ 3문단 끝에서 3~5번째 줄에 의하면 정보 공개는 관료들이 전문적이고 객관적인 근거를 바탕으로 정책을 수립하도록 유도한다. 이때 ③에서 국토 개발 사업에 대한 정보 공개 이후 개발 사업에 대한 객관적 데이터를 확보하려는 정책 담당자들의 시도가 늘어나고 있다는 것은 정보 공개가 정책 수립 과정에서 관료들의 객관적 정책 수립을 유도하였음을 의미한다. 따라서 ③은 정보 공개 제도를 긍정하며 확대를 주장하는 제시문의 논지를 강화한다.

④ 1문단 마지막 문장과 2문단 3~5번째 줄에 의하면 정보 공개 제도가 시행되면 정책에 대한 시민 참여가 활성화되고 정부 부패가 감소한다. 이때 ④에서 교육 정책에 대한 정보 공개가 진행된 이후 시민들이 정책 결정 과정에 직접 참여하며 부패한 교육 정책을 개선하는 데 기여하고 있다는 것은 정보 공개 제도의 확대가 시민의 정치 참여 증가와 정부 부패 감소에 기여했음을 의미한다. 따라서 ④는 정보 공개 제도를 긍정하며 확대를 주장하는 제시문의 논지를 강화한다.

10 논리 | 명제의 결론 추론하기   난이도 하 ●○○

정답 설명

③ 제시된 진술을 기호화하면 다음과 같다.

> (1) 신입사원 → 팀장 ≡ ~팀장 → ~신입사원 (대우)
> (2) 부서장 → (팀장 ∧ 과장)
> ≡ (~팀장 ∨ ~과장) → ~부서장 (대우)
> (3) ~신입사원 → ~과장 ≡ 과장 → 신입사원 (대우)

(1)의 대우에 의해 '팀장이 평가회에 참석하지 않으면 신입사원도 평가회에 참석하지 않음(~팀장 → ~신입사원)'을 알 수 있다. 또한 (2)의 대우를 통해 '팀장이나 과장이 평가회에 참석하지 않으면 부서장도 평가회에 참석하지 않음[(~팀장 ∨ ~과장) → ~부서장]'을 알 수 있다. 따라서 진술이 모두 참일 때 반드시 참인 것은 ③ '팀장이 평가회에 참석하지 않으면, 신입사원과 부서장도 평가회에 참석하지 않는다[~팀장 → (~신입사원 ∧ ~부서장)]'이다.

오답 분석

① (1)을 통해 '신입사원이 평가회에 참석하면 팀장도 평가회에 참석함(신입사원 → 팀장)'을 알 수 있다. 또한 (2)를 통해 '부서장이 평가회에 참석하면 팀장과 과장도 평가회에 참석함[부서장 → (팀장 ∧ 과장)]'을 알 수 있다. 하지만 이를 통해 신입사원이 평가회에 참석하면 부서장도 평가회에 참석함(신입사원 → 부서장)은 알 수 없다. 따라서 ①은 반드시 참인 것으로 적절하지 않다.

② (3)을 통해 '신입사원이 평가회에 참석하지 않으면 과장도 평가회에 참석하지 않음(~신입사원 → ~과장)'은 알 수 있다. 하지만 그것의 역인 '과장이 평가회에 참석하지 않으면 신입사원이 평가회에 참석하지 않음(~과장 → ~신입사원)'이 참인지는 알 수 없다. 따라서 ②는 반드시 참인 것으로 적절하지 않다.

④ (2)를 통해 '부서장이 평가회에 참석하면 팀장과 과장도 평가회에 참석함[부서장 → (팀장 ∧ 과장)]'은 알 수 있다. 하지만 (3)의 대우를 통해 '과장이 평가회에 참석하면 신입사원도 평가회에 참석함(과장 → 신입사원)'을 알 수 있으므로, 이를 통해 '부서장이 평가회에 참석하면 팀장과 과장도 평가회에 참석하며, 신입사원도 평가회에 참석함[부서장 → (팀장 ∧ 과장 ∧ 신입사원)]'을 알 수 있다. 따라서 ④는 논리적으로 모순되므로 반드시 참인 것으로 적절하지 않다.

2일 하프모의고사 02 정답·해설

■ 정답   p.16

01	② 독해	06	③ 어휘
02	② 논리	07	① 논리
03	④ 독해	08	④ 독해
04	④ 독해	09	③ 독해 + 문법
05	② 독해 + 문학	10	③ 논리

■ 취약영역 분석표

영역	틀린 답의 개수
독해	/ 4
독해 + 문법	/ 1
독해 + 문학	/ 1
논리	/ 3
어휘	/ 1
TOTAL	10

* 취약영역 분석표를 이용해 1개라도 틀린 문제가 있는 영역은 그 영역의 문제만 골라 해설을 다시 한번 꼼꼼히 학습하세요.

01 독해 | 공공언어 바로 쓰기   난이도 하 ●○○

정답 설명

② A 대학에서 합격자 5,000명을 선발되었다(×) → A 대학에서 합격자 5,000명을 선발했다(○): 공공언어 바로 쓰기 원칙에 따르면 능동과 피동의 관계를 정확하게 사용해야 한다. 이때 ②의 수정 전 문장에서는 'A 대학에서'가 주어 역할을 하고 '선발했다'라는 능동 표현을 사용하여 주체와 행위가 분명하게 드러난다. 그러나 수정 후 문장에서는 'A 대학에서'라는 표현을 그대로 둔 채 '합격자 5,000명을 선발되었다'라는 피동 표현을 사용하여 문장 성분들 간의 호응이 적절하지 않다. 따라서 기존 표현을 유지하는 것이 적절하므로 ②는 ㉡에 따라 수정한 것으로 적절하지 않다.

오답 분석

① 100만 원 이상의 기부금 공제 혜택(×) → 기부금이 100만 원 이상인 자에게 주는 공제 혜택(○): 공공언어 바로 쓰기 원칙에 따르면 수식어와 피수식어의 관계를 명확히 해야 한다. 이때 ①의 수정 전 표현은 '100만 원 이상의'라는 수식어가 '기부금'을 수식하는지 '공제 혜택'을 수식하는지 불분명하다. 수정 후 문장에서는 '기부금이 100만 원 이상인 자에게 주는'으로 명시하여 수식 관계가 분명해졌다. 따라서 ①은 ㉠에 따라 수정한 것으로 적절하다.

③ 우리 학교는 서울에 위치하고 있습니다(×) → 우리 학교는 서울에 있습니다(○): 공공언어 바로 쓰기 원칙에 따르면 영어 번역 투를 삼가야 한다. 이때 수정 전 문장에서 '위치하고 있습니다'는 영어 'be located in'을 직역한 표현이므로 영어 번역 투 표현이 사용되었다. 수정 후 문장에서는 이를 '있습니다'라는 우리말 표현으로 바꾸었으므로 자연스럽다. 따라서 ③은 ㉢에 따라 수정한 것으로 적절하다.

④ 안전사고 예방과 시설물을 관리해야 한다(×) → 안전사고를 예방하고 시설물을 관리해야 한다(○): 공공언어 바로 쓰기 원칙에 따르면 대등한 것끼리 접속할 때는 구조가 같은 표현을 사용해야 한다. 이때 ④의 수정 전 문장에서는 구조가 다른 '안전사고 예방'과 '시설물을 관리해야 한다'를 대등하게 연결하고 있다. 수정 후 문장에서는 '안전사고를 예방하고'와 '시설물을 관리해야 한다'로 바꾸어 동일한 구조로 대등하게 연결할 수 있도록 하였다. 따라서 ④는 ㉢에 따라 수정한 것으로 적절하다.

02 논리 | 명제의 결론 추론하기   난이도 중 ●●○

정답 설명

② 제시된 진술을 기호화하면 아래와 같다.

(1) (불합격 ∨ 보류) → 엘리베이터 멈춤
(2) 엘리베이터 멈춤 → 주민 불편
(3) ~불합격 ∧ 보류

(3)에서 '~불합격 ∧ 보류'가 확정되었으므로 이를 (1)에 대입하면 '보류 → 엘리베이터 멈춤'을 확정할 수 있다. 이어서 이를 (2)와 결합하면 '보류 → 엘리베이터 멈춤 → 주민 불편'이므로 '보류 → 주민 불편'을 확정할 수 있다. 따라서 제시된 진술이 모두 참일 때 반드시 참인 것은 ② '안전 검사에서 보류로 판정되면 주민 불편이 발생한다(보류 → 주민 불편)'이다.

오답 분석

① (3)을 통해 '~불합격'과 '보류'가 확정되었고, 이를 (1)에 대입해 '엘리베이터 멈춤'도 확정할 수 있다. 따라서 '엘리베이터 멈춤 → 불합격'에서 후건이 거짓이므로, '엘리베이터가 멈추면 안전 검사에서 불합격한다(엘리베이터 멈춤 → 불합격)'는 거짓이다.

③ (3)에서 '~불합격 ∧ 보류'가 확정되었으므로 이를 (1)에 대입하면 '보류 → 엘리베이터 멈춤'을 확정할 수 있다. 이로 인해 이것의 대우인 '~엘리베이터 멈춤 → ~보류'도 참이 된다. 따라서 '엘리베이터가 멈추지 않으면 안전 검사에서 보류로 판정된다(~엘리베이터 멈춤 → 보류)'는 거짓이다.

④ (3)을 통해 '~불합격'과 '보류'가 확정되었으므로, '~불합격 → ~보류'에서 후건이 거짓이 된다. 따라서 '안전 검사에서 불합격하지 않으면 안전 검사에서 보류로 판정되지 않는다(~불합격 → ~보류)'는 거짓이다.

03 독해 | 중심 내용 및 핵심 논지 파악하기 난이도 하 ●○○

정답 설명

④ 제시문은 행복의 본질과 행복을 찾는 방법에 대해 설명하며, 2문단에서 현대 사회에서 물질적 충족과 소유를 통한 행복의 추구에 한계가 있음을 설명한다. 이에 따라 3~4문단에서는 진정한 행복은 욕망에서 벗어나는 데 있으며, 행복은 외부에서 주어지는 것이 아니라 내면의 조화와 타인과의 진정한 연결에서 비롯됨을 설명한다. 따라서 제시문의 중심 내용으로 가장 적절한 것은 ④ '행복은 외적 성취보다 내면의 성찰과 타인과의 관계에서 찾을 수 있다'이다.

오답 분석

① 1문단에서 고대 그리스와 현대 사회에서의 행복의 본질에 대한 내용을 설명하고 있으나, 이는 제시문의 전체 내용을 설명하지 못한다. 따라서 ① '고대와 현대의 행복관은 근본적인 차이점을 가지고 있다'는 제시문의 중심 내용으로 적절하지 않다.

② 3문단에서 쇼펜하우어의 철학에 대해서 설명하고 있으나, 이는 행복과 욕망의 관계를 설명하기 위한 사례로 제시되었다. 따라서 ② '쇼펜하우어의 철학은 욕망과 권태 사이의 관계를 설명한다'는 제시문의 중심 내용으로 적절하지 않다.

③ 2문단에서 인간의 욕망이 지닌 특성에 대해서 설명하고 있으나, 이는 제시문의 전체 내용을 설명하지 못한다. 따라서 ③ '인간의 욕망은 충족되면 곧 다른 대상으로 이동하는 특성을 지닌다'는 제시문의 중심 내용으로 적절하지 않다.

04 독해 | 빈칸 내용 추론하기 난이도 하 ●○○

정답 설명

④ 1~2문단에서는 전통적으로 박물관이 지식 전파와 문화 향유의 중심지로 기능했으나, 디지털 기술의 발전과 사회 환경의 변화로 인해 물리적 공간의 한계를 초월한 경험을 제공하고 있음을 설명한다. 또한 박물관의 사회적 책임이 중요해짐에 따라 다양한 계층과 문화의 목소리를 대변하고, 사회적 담론을 형성하는 기능이 강화되고 있음을 설명한다. 이는 박물관이 유물의 전시장이라는 전통적인 역할에서 더 나아가, 문화적 대화의 공간이자 사회적 참여를 유도하는 공간으로 기능하고 있음을 의미한다. 따라서 빈칸에 들어갈 말로 가장 적절한 것은 ④ '문화적 대화와 사회적 참여의 플랫폼'이다.

오답 분석

① 2문단에서는 박물관이 사회적 책임을 지니고, 비판적 성찰을 유도하는 공간이 되어야 한다고 강조할 뿐 박물관이 지역 관광 산업의 중심 시설로서 기능하고 있음을 주장하지 않는다. 따라서 ① '지역 관광 산업의 중심 시설'은 빈칸에 들어갈 말로 적절하지 않다.

② 2문단에서는 디지털 기술의 발전으로 박물관의 역할이 변화하며 박물관의 사회적 책임이 중요해졌음을 설명한다. 그러나 이는 박물관이 전통적인 정체성에서 그 정체성을 재정립하게 된 원인일 뿐, 문화유산의 디지털 전시 공간으로서 박물관이 기능해야 함을 의미하지는 않는다. 따라서 ② '문화유산의 디지털 전시 공간'은 빈칸에 들어갈 말로 적절하지 않다.

③ 1문단에서는 박물관이 지식 전파와 문화 향유의 중심지로 기능했음을 설명한다. 그러나 이는 박물관의 전통적인 기능으로, 박물관이 교육 기관과 연계된 학습 보조 공간으로서 기능해야 함을 의미하지는 않는다. 따라서 ③ '교육 기관과 연계된 학습 보조 공간'은 빈칸에 들어갈 말로 적절하지 않다.

05 독해 + 문학 | 세부 내용 파악하기, 문학의 이해 난이도 하 ●○○

정답 설명

② 3문단 3~4번째 줄을 통해 19세기에 신재효가 판소리 사설을 문학적으로 정제 및 체계화하여 판소리의 문예적 가치를 높였음을 알 수 있다. 하지만 3문단 끝에서 2~3번째 줄을 통해 알 수 있듯이 판소리가 창극으로 무대화된 것은 20세기 초반이다. 따라서 신재효가 판소리를 창극으로 무대화하여 근대적 공연 예술로 발전시켰다는 ②의 설명은 적절하지 않다.

오답 분석

① 1문단을 통해 판소리가 창, 아니리, 발림을 유기적으로 결합하여 긴 서사를 구현하는 공연 예술임을 알 수 있다. 따라서 판소리가 창, 아니리, 발림을 유기적으로 결합한 종합 서사 예술이라는 ①의 설명은 적절하다.

③ 2문단 3~4번째 줄을 통해 심청가가 효행담을 통해 유교적 가치관과 민간 신앙을 결합한 작품임을 알 수 있다. 따라서 ③의 설명은 적절하다.

④ 3문단 1~3번째 줄을 통해 판소리는 초기 하층민의 오락에서 비롯되었으나, 18세기 후반부터 중인층과 양반층으로 향유 계층이 확대되면서 예술적 세련미가 더해졌음을 알 수 있다. 따라서 판소리가 하층민에서 양반층으로 향유 계층이 점차 확대되면서 예술성이 더해졌다는 ④의 설명은 적절하다.

06 어휘 | 다의어의 의미　　난이도 하 ●○○

정답 설명

③ 그는 자신의 가치관을 작품 속에 나타내기 위해 많은 시간을 쏟았다: ③과 ⊙의 기본형 '나타내다'는 문맥상 '생각이나 느낌 따위를 글, 그림, 음악 따위로 드러내다'의 의미로 사용되었다. 따라서 ⊙과 의미가 가장 가까운 것은 ③이다.

오답 분석

① 그 사람은 우리에게 못마땅한 기색을 나타냈다: 이때 '나타내다'는 '내면적인 심리 현상을 얼굴, 몸, 행동 따위로 드러내다'의 의미로 사용되었다.
② 오늘 만나기로 한 사람이 끝내 모습을 나타내지 않았다: 이때 '나타내다'는 '보이지 아니하던 어떤 대상이 모습을 드러내다'의 의미로 사용되었다.
④ 언젠가 두각을 나타내기 마련이다: 이때 '나타내다'는 '어떤 일의 결과나 징후를 겉으로 드러내다'의 의미로 사용되었다.

07 논리 | 논증의 강화 및 약화 평가하기　　난이도 하 ●○○

정답 설명

① (가)는 공생 관계의 형성과 유지에 환경적 압력이 작용하며, 공생 관계로 인한 의존 과정에는 장기간의 진화적 적응이 요구됨을 설명한다. 이때 (가)를 강화하는 것만을 모두 고른 것은 'ㄱ, ㄴ'이므로 답은 ①이다.
- ㄱ: (가)에 따르면 공생 관계의 발전과 유지에는 환경적 압력이 필수적이다. 이때 ㄱ에서 '산소가 부족한 심해 열수구'라는 극한 환경에서 관벌레와 황박테리아가 형성하던 공생 관계가 산소가 풍부한 환경에서는 발견되지 않았다는 것은 공생 관계의 유지에 환경적 압력이 필수적임을 보여준다. 이는 공생 관계가 극한 환경에서의 생존을 위한 전략적 선택의 결과물이라는 (가)를 뒷받침하므로, (가)를 강화한다.
- ㄴ: (가)에 따르면 공생 관계의 발전과 유지에는 환경적 압력이 필수적이다. 이때 ㄴ에서 버팔로와 황새의 공생 관계가 포식자의 압력이 강한 지역에서만 유지되고, 포식자의 압력이 줄어든 지역에서는 사라졌다는 것은 공생 관계의 형성과 유지가 환경적 압력에 의해 결정됨을 보여준다. 이는 공생 관계가 우연히 생겨나는 것이 아니라, 생존을 위협하는 극한 환경에서 전략적으로 선택되는 것이라고 보는 (가)를 뒷받침하므로, (가)를 강화한다.

오답 분석

ㄷ: (가)에 따르면 공생 관계의 형성과 유지에는 환경적 압력과 장기간의 진화적 적응이 요구된다. 토착종과 외래종 사이의 새로운 상호작용이 짧은 기간에 빠르게 출현하여 일시적으로 공생적인 이득을 주고받았다는 사례는 공생 관계가 장기간의 적응 없이도 우연히 형성될 수 있음을 보여준다. 이는 공생 관계의 형성과 유지에 장기간의 진화적 적응이 필수적이라는 (가)를 반박하는 사례이므로, (가)를 약화한다.

08 독해 | 세부 내용 파악하기　　난이도 하 ●○○

정답 설명

④ 지시하는 바가 같은 것끼리 짝 지은 것은 '⊙, ⓒ, ⓔ, ⓜ'이므로 답은 ④ '⊙, ⓒ, ⓔ, ⓜ'이다.
- ⊙: ⊙의 앞 문장에서는 생물학자들이 공생 관계가 오랫동안 어떻게 진화했는지에 관심을 가져왔다고 설명하고, ⊙이 포함된 문장에서는 공생 관계에 대한 생물학자들의 초기 견해를 설명하고 있다. 따라서 ⊙이 지시하는 바는 '공생 관계'이다.
- ⓒ: ⓒ의 앞 문장에서는 공생 관계의 발생과 유지에 강력한 환경적 압력이 필수적임을 설명하고, ⓒ이 포함된 문장에서는 앞 문장의 내용을 정리하여 설명하고 있다. 따라서 ⓒ이 지시하는 바는 '공생 관계'이다.
- ⓔ: ⓔ의 앞 문장에서는 흰동가리와 말미잘의 공생 관계에 대해서 설명하고, ⓔ이 포함된 문장에서는 공생 관계 전의 두 생물의 관계를 설명하고 있다. 따라서 ⓔ이 지시하는 바는 '공생 관계'이다.
- ⓜ: ⓜ의 앞 문장에서는 흰동가리와 말미잘이 공생 관계 전에 독립적으로 생존 가능했음을 설명하고, ⓜ이 포함된 문장에서는 공생 관계가 형성된 두 생물의 상호 의존도가 높아졌음을 설명하고 있다. 따라서 ⓜ이 지시하는 바는 '공생 관계'이다.

오답 분석

ⓓ: ⓓ이 포함된 문장에서는 말미잘이 독성 촉수를 이용해서 먹이를 잡으며, 대부분의 물고기가 ⓓ에 닿으면 독에 마비되어 잡아먹힌다는 것을 설명하고 있다. 따라서 ⓓ이 지시하는 바는 '독성 촉수'이다.

09 독해 + 문법 | 사례 추론하기, 품사의 구별　　난이도 중 ●●○

정답 설명

③ 2문단에 따르면, 아라비아 숫자로 표기된 수 관형사는 뒤에 오는 단어의 종류에 따라 읽는 방식이 달라진다. 고유어나 일상적인 한자어 단위가 오면 고유어 수사로 읽고, 외래어나 화폐 단위가 오면 한자어 수사로 읽는다. '5달러'에서 '달러'는 화폐 단위이므로, 아라비아 숫자 '5'는 고유어 수사 '다섯'이 아니라 한자어 수사 '오(五)'로 읽는 것이 자연스럽다. 따라서 ③의 '5'를 '다섯'으로 읽는다는 ③의 추론은 적절하지 않다.

오답 분석

① 2문단에 따르면 명사, 대명사를 수식하며 아라비아 숫자로 표기된 수 관형사의 경우 뒤에 일상적인 한자어 단위가 오면 고유어로 읽는다. 이때 아라비아 숫자 '3'은 뒤에 오는 일상적인 한자어 단위 명사인 '잔(盞)'을 수식하는 수 관형사에 해당하므로, '3'은 고유어 수사 '세'로 읽힌다는 것을 추론할 수 있다. 따라서 '3잔'은 '세 잔'으로 읽는 것이 자연스럽다는 ①의 추론은 적절하다.

② 1문단에 따르면, 부정수 표현은 정확한 수량을 나타내지 않고 개략적인 수량을 나타낸다. '서너째'는 특정하지 않은 서수 범위를 의미하므로 이는 정수가 아닌 부정수 표현에 해당한다. 따라서 '내가 서너째로 왔어'에서 '서너째'가 부정수 표현이라는 ②의 추론은 적절하다.

④ 2문단에 따르면 한국어 수사의 경우 수학적인 계산에서는 한자어 수사가 더 많이 사용된다. '2 + 3 = 5'에서 '2, 3, 5'는 수학적인 계산에서 사용되고 있으므로, 한자어 수사가 사용되어 한자어로 읽힌다는 것을 추론할 수 있다. 따라서 '2, 3, 5'는 '이(二), 삼(三), 오(五)'로 읽는 것이 자연스럽다는 ④의 추론은 적절하다.

이것도 알면 합격

수사와 수 관형사

수사	양수사	수량을 지시하는 수사 예 하나, 서넛, 일, 이
	서수사	순서를 가리키는 수사 예 첫째, 서너째, 제일, 제이
수 관형사		체언을 꾸며 주며 수량을 나타내는 관형사 예 한 사람, 배 세 척

10 논리 | 명제의 전제 추론하기   난이도 하 ●○○

정답 설명

③ 제시된 진술을 기호화하면 다음과 같다.

> (1) 바이올린 → 음악 이론
> (2) 바이올린
> [결론] ~요리 수업

(2)에서 '바이올린'이 확정되었으므로 (1)의 전건을 긍정하여 '음악 이론'을 확정할 수 있다. 이때 결론이 '~요리 수업'이 되기 위해서는 '음악 이론'과 '~요리 수업'을 연결하는 전제가 추가되어야 한다. 따라서 빈칸에 들어갈 말로 가장 적절한 것은 '음악 이론을 공부하면 요리 수업을 듣지 않아요(음악 이론 → ~요리 수업)'이다.

오답 분석

① '요리 수업 → 바이올린'이 전제로 추가되어도 '음악 이론'과 '~요리 수업'을 연결할 수 없으므로 '~요리 수업'을 결론으로 도출할 수 없다. 따라서 ① '요리 수업을 들으면 바이올린을 배워요(요리 수업 → 바이올린)'는 빈칸에 들어갈 말로 적절하지 않다.

② '음악 이론 → 바이올린'이 전제로 추가되어도 '음악 이론'과 '~요리 수업'을 연결할 수 없으므로 '~요리 수업'을 결론으로 도출할 수 없다. 따라서 ② '음악 이론을 공부하면 바이올린을 배워요(음악 이론 → 바이올린)'는 빈칸에 들어갈 말로 적절하지 않다.

④ '~바이올린 → 요리 수업'이 전제로 추가되어도 '음악 이론'과 '~요리 수업'을 연결할 수 없으므로 '~요리 수업'은 결론으로 도출할 수 없다. 따라서 ④ '바이올린을 배우지 않으면 요리 수업을 들어요(~바이올린 → 요리수업)'는 빈칸에 들어갈 말로 적절하지 않다.

3일 하프모의고사 03 정답·해설

정답   p.22

01	② 독해	06	④ 독해
02	④ 독해	07	④ 논리
03	④ 독해+문법	08	② 어휘
04	③ 독해	09	① 독해+문학
05	② 논리	10	① 논리

취약영역 분석표

영역	틀린 답의 개수
독해	/ 4
독해 + 문법	/ 1
독해 + 문학	/ 1
논리	/ 3
어휘	/ 1
TOTAL	10

* 취약영역 분석표를 이용해 1개라도 틀린 문제가 있는 영역은 그 영역의 문제만 골라 해설을 다시 한번 꼼꼼히 학습하세요.

---

01 독해 | 공공언어 바로 쓰기   난이도 하 ●○○

정답 설명

② 결과 분석이 진행되었습니다(×) → 결과 분석을 진행하였습니다(○): 세 번째 원칙에 의하면 공문서를 작성할 때는 능동과 피동의 관계를 정확하게 사용해야 한다. ⓒ이 포함된 문장은 '본 과학원은 대기질 개선과 수질 오염 방지를 위해서 환경 영향 모니터링과 결과 분석을 진행하였습니다'로, 주체(본 과학원)가 행위(진행)를 한 것이 명확하게 표현된 능동문이다. 이를 '결과 분석이 진행되었습니다'라는 피동 표현으로 수정하면 주체가 모호해지고 문장의 구조도 어색해진다. 따라서 원래 문장의 능동 표현이 주체와 행위의 관계를 명확히 드러내고 있으므로, ⓒ을 피동 표현으로 수정하는 것은 적절하지 않다. 따라서 ②는 공공언어 바로 쓰기 원칙에 따라 수정한 것으로 적절하지 않다.

오답 분석

① 모니터링(×) → 정보 수집(○): 첫 번째 원칙에 의하면 공문서를 작성할 때는 외래어나 외국어는 가급적 우리말로 다듬어야 한다. ㉠ '모니터링'은 외래어에 해당하므로 이를 우리말인 '정보 수집'으로 다듬어야 한다. 따라서 ①은 공공언어 바로 쓰기 원칙에 따라 수정한 것으로 적절하다.

③ 미세먼지 농도 감소 및 하천 오염도는 증가하였습니다(×) → 미세먼지 농도는 감소하였으나 하천 오염도는 증가하였습니다(○): 두 번째 원칙에 의하면 공문서를 작성할 때는 대등한 것끼리 접속하는 경우, 구조가 같은 표현을 사용해야 한다. 수정 전 문장에서는 '미세먼지 농도 감소'와 '하천 오염도는 증가하였습니다'라는 서로 다른 구조가 '및'으로 연결되어 있어 어색하다. 수정된 문장에서는 '미세먼지 농도는 감소하였으나'와 '하천 오염도는 증가하였습니다'라는 동일한 구조의 표현을 사용하여 대등한 것끼리 접속하도록 하였다. 따라서 ③은 공공언어 바로 쓰기 원칙에 따라 수정한 것으로 적절하다.

④ 협의하고자 하오니(×) → 설명하고자 하오니(○): 네 번째 원칙에 의하면 공문서를 작성할 때는 문맥에 어울리는 정확한 단어를 사용해야 한다. 공문서의 맥락상 과학원이 모니터링 결과를 전달하는 회의이므로, '둘 이상의 사람이 서로 협력하여 의논함'이라는 뜻의 '협의(協議)'보다 '어떤 일이나 대상의 내용을 상대편이 잘 알 수 있도록 밝혀 말함'을 뜻하는 '설명(說明)'이 문맥에 더 적합하다. 따라서 ④는 공공언어 바로 쓰기 원칙에 따라 수정한 것으로 적절하다.

---

02 독해 | 숨겨진 내용 추론하기   난이도 중 ●●○

정답 설명

④ 3문단의 음악 영재 추적 연구에 의하면 음악 영재들은 음악 능력을 발달시키기 위해 체계적인 훈련과 집중적인 연습 과정을 거치며, 그 과정에서 부모의 지원과 전문가의 전문적인 지도가 결정적인 역할을 한다. 이는 아동의 음악적 재능이 부모의 지원과 같은 환경과 훈련을 통해 발달함을 의미한다. 이에 근거하면 선천적으로 음악적 재능이 없는 아동이라도 적절한 지원만 있다면 음악적 능력이 향상될 것임을 추론할 수 있으므로 ④의 추론은 적절하다.

오답 분석

① 2문단의 쌍둥이 연구에 의하면 기본적 음악 능력인 음감의 경우에는 유전적 요인이 미치는 영향이 매우 크다. 따라서 음감은 음악 훈련을 통해서만 발달시킬 수 있다는 추론은 적절하지 않다.

② 3문단의 음악 영재 추적 연구에 의하면 많은 음악적 영재들이 집중적인 연습 과정을 거쳤으며, 그 과정에서 부모의 지원과 전문가의 전문적인 지도가 결정적인 역할을 했다. 하지만 3문단에 제시된 정보만으로는 영재가 유전적으로 뛰어난 음악 능력을 부여받은 존재임을 추론할 수는 없다.

③ 2문단의 쌍둥이 연구에 의하면 음악적 능력은 42% 수준까지 유전적 요인으로 설명이 가능하며, 음악적 능력은 유전적 요인과 환경적 요인이 상호작용한 결과이다. 이는 훈련량, 환경적 요인이 미치는 영향이 58% 수준까지 나타날 수 있음을 의미한다. 따라서 음악적 재능의 발달에서 유전적 요인이 환경적 요인보다 항상 더 큰 영향력을 미칠 것이라는 추론은 적절하지 않다.

03 독해+문법 | 사례 추론하기, 음운의 변동 난이도 하 ●○○

정답 설명

④ 3문단에 따르면 연음 현상은 홑받침이나 쌍받침, 겹받침 뒤에 모음으로 시작하는 조사나 어미, 접미사가 올 때에만 나타나며, 홑받침이나 쌍받침에서 이는 제 음가대로 뒤 음절 첫 소리로 옮겨 발음하는 현상이다. 따라서 '꽃이'에서 모음으로 시작하는 조사 앞에서 연음 현상이 나타난다는 설명은 적절하다. 그러나 음절 끝에서 'ㅊ'은 제 음가대로 뒤 음절 첫 소리로 옮겨 [꼬치]로 발음되므로 'ㅊ'이 [ㅅ]으로 발음된다는 ④의 추론은 적절하지 않다.

오답 분석

① 1문단에 따르면 음절의 끝에서는 'ㄱ, ㄴ, ㄷ, ㄹ, ㅁ, ㅂ, ㅇ'의 7개의 자음만 발음될 수 있다. 따라서 '밥물[밤물]'에서 음절 '밥'의 'ㅂ'이 [ㅁ]으로 발음되는 것은 음절의 끝소리 규칙과는 관련이 없으므로 ①의 추론은 적절하다. 참고로 'ㅂ'이 [ㅁ]으로 발음되는 것은 받침 'ㅂ(ㅍ, ㄼ, ㄿ, ㅄ)'이 'ㄴ, ㅁ' 앞에서 [ㅁ]으로 발음되는 비음화 현상을 적용받았기 때문이다.

② 1문단에 따르면 음절의 끝소리 규칙의 적용을 받아 'ㅈ, ㅊ'은 [ㄷ]으로 발음된다. 따라서 '낮'과 '낯'의 받침 'ㅈ'과 'ㅊ'은 음절의 끝소리 규칙에 따라 같은 자음인 [ㄷ]으로 발음되므로 ②의 추론은 적절하다.

③ 1문단에 따르면 음절의 끝소리 규칙의 적용을 받아 'ㅍ'은 [ㅂ]으로 발음된다. 또한 2문단에 따르면 음절의 끝소리 규칙이 적용된 후에도 된소리되기와 같은 다른 음운 현상이 연속해서 일어나는 경우가 있다. 따라서 '갚다'가 [갑따]로 발음되는 것은 음절의 끝소리 규칙에 따라 음절 '갚'의 받침 'ㅍ'이 [ㅂ]으로 발음된 후, 'ㅂ' 뒤에서 'ㄷ'이 [ㄸ]로 발음되는 된소리되기가 적용되었기 때문이므로 ③의 추론은 적절하다.

🤘이것도 알면 합격

음절의 끝소리 규칙

'ㄱ, ㄴ, ㄷ, ㄹ, ㅁ, ㅂ, ㅇ'의 7자음만이 음절의 끝소리(받침이 되는 소리)로 발음되며, 그 외의 받침은 7자음 중의 하나로 바뀌어 발음되는 현상

받침 (끝소리)	발음	예
ㄲ, ㅋ	[ㄱ]	밖[박], 부엌[부억]
ㅅ, ㅆ, ㅈ, ㅊ, ㅌ	[ㄷ]	낫[낟], 났[낟], 낮[낟], 낯[낟], 낱[낟ː]
ㅍ	[ㅂ]	무릎[무릅], 잎[입]

04 독해 | 글의 순서 파악하기 난이도 하 ●○○

정답 설명

③ (가)~(라)를 맥락에 맞추어 가장 적절하게 나열한 것은 '(나) - (가) - (다) - (라)'이므로 답은 ③이다.

순서	중심 내용	순서 판단의 단서와 근거
(나)	식이 섬유의 정의와 유형	키워드 '식이 섬유': 접속어나 지시 표현으로 시작하지 않으면서 글의 중심 화제인 '식이 섬유'의 개념과 유형에 대해 설명함
(가)	수용성 식이 섬유의 특성과 기능	키워드 '수용성 식이 섬유': (나)에서 언급된 '수용성 식이 섬유'의 특성과 기능을 구체적으로 설명함
(다)	불용성 식이 섬유의 특성과 기능	접속어 '한편': (가)에서 설명하는 '수용성 식이 섬유'와 대비되는 '불용성 식이 섬유'의 특성과 기능을 구체적으로 설명함
(라)	식이 섬유의 충분한 섭취가 가지는 긍정적 의의	지시 표현 '이처럼': (가)와 (다)에서 언급된 '수용성 식이 섬유'와 '불용성 식이 섬유'의 기능을 요약하며 글을 마무리함

05 논리 | 명제의 결론 추론하기 난이도 하 ●○○

정답 설명

② 제시된 전제를 기호화하면 아래와 같다.

> (가) 음악가 → 감성적 표현력
> (나) 음악가 ∧ 디지털 기기
> (다) 디지털 기기 → ~작곡

(가)와 (나)를 결합하여 '감성적 표현력 ∧ 디지털 기기'를 도출할 수 있고, 이것을 (다)와 결합하면 '감성적 표현력 ∧ ~작곡'을 도출할 수 있다. 따라서 빈칸에 들어갈 말로 가장 적절한 것은 ② '감성적 표현력을 지닌 어떤 사람은 작곡을 할 수 없다(감성적 표현력 ∧ ~작곡)'이다.

오답 분석

① (나)와 (다)를 통해 '음악가 ∧ ~작곡'은 알 수 있으나, 제시된 전제를 통해 '음악가는 모두 작곡을 할 수 없다(음악가 → ~작곡)'는 도출할 수 없으므로 ①은 빈칸에 들어갈 말로 적절하지 않다.

③ (가)와 (나)를 통해 '감성적 표현력 ∧ 디지털 기기'는 알 수 있으나, 제시된 전제를 통해 '감성적 표현력을 지닌 사람은 모두 디지털 기기에 능숙하다(감성적 표현력 → 디지털 기기)'는 도출할 수 없으므로 ③은 빈칸에 들어갈 말로 적절하지 않다.

④ (가)와 (나)를 통해 '감성적 표현력 ∧ 디지털 기기'는 알 수 있으나, 제시된 전제를 통해 '디지털 기기에 능숙한 사람은 모두 감성적 표현력을 지니고 있다(디지털 기기 → 감성적 표현력)'는 도출할 수 없으므로 ④는 빈칸에 들어갈 말로 적절하지 않다.

06 독해 | 주장 및 견해 파악하기   난이도 하 ●○○

정답 설명

④ 친환경 농업과 관련하여 '갑'은 친환경 농업이 장기적으로 더 생산적이며, 토양 건강 유지와 자연적 저항력에 도움이 되고, 친환경·유기농 식품에 대한 소비자 수요 증가로 경제적 이점도 제공한다고 주장한다. '을'은 친환경 농업이 초기 전환 비용이 들더라도 장기적 관점에서 수익성이 높을 수 있으며, 화학 투입물 비용 절감, 유기농법을 통해 재배한 작물의 높은 가격대 확보, 생산 안정성 확보 등이 경제적 이점이라고 주장한다. 반면, '병'은 친환경 농업으로의 전환이 경제적 손실을 피할 수 없고, 친환경 농업은 단위 면적당 수확량이 20~30% 낮으며, 인구 증가와 식량 수요 증가에는 집약적 농업 시스템이 필요하다고 주장한다.

- ㄴ: '을'은 장기적으로 친환경 농업이 경제적으로 합리적인 선택이라고 주장하는 반면, '병'은 단위 면적당 수확량 감소와 초기 전환 비용으로 인해 경제적 손실을 초래한다고 주장한다. 따라서 '을'과 '병'은 친환경 농업의 경제성에 대해 상반된 관점을 보이고 있으므로 대립한다.
- ㄷ: '갑'은 친환경 농업이 장기적으로 더 생산적이고 경제성을 향상시킨다고 주장하지만, '병'은 친환경 농업이 경제적 손실을 피할 수 없으며 단위 면적당 수확량이 20~30% 낮다고 반박하고 있다. 따라서 '병'과 '갑'은 친환경 농업의 생산성과 경제성에 대해 상반된 관점을 보이므로 대립한다.

오답 분석

ㄱ: '갑'은 친환경·유기농 식품에 대한 소비자 수요 증가로 경제적 이점이 있다고 주장하고, '을' 역시 장기적 관점에서 친환경 농업이 수익성이 높을 수 있다고 주장하고 있다. 따라서 '갑'과 '을'은 친환경 농업의 경제성에 대해 같은 관점을 보이므로 대립하지 않는다.

07 논리 | 논증의 강화 및 약화 평가하기   난이도 하 ●○○

정답 설명

④ ⓒ은 기본 소득제가 재정적으로 지속이 가능하지 않고 노동 의욕을 저하시킬 수 있다는 주장으로, 기본 소득제가 가진 부정적 측면을 강조한다. 이때 기본 소득제 도입에 필요한 자금을 마련하기 위해 세수를 늘리면, 경제 성장률이 하락할 수 있다는 연구 결과는 기본 소득제가 경제 성장에 부정적 영향을 미침을 의미한다. 이는 기본 소득제가 가진 부정적인 측면을 뒷받침하므로, ⓒ을 강화한다.

- 세수(稅收): 국민에게서 조세(租稅)를 징수하여 얻는 정부의 수입

오답 분석

① ⓒ은 기본 소득제가 노동 의욕 저하라는 문제점을 안고 있다는 주장으로, 기본 소득제의 부정적 측면을 강조한다. 이때 기본 소득제를 시행한 국가에서 노동자들의 노동 시간이 시행 전보다 증가하였다는 보고서는 기본 소득제가 노동 의욕을 향상시킬 수 있음을 보여준다. 이는 기본 소득제가 가진 긍정적인 측면을 뒷받침하므로, ⓒ을 강화하지 않고 약화한다.

② ㉠은 기본 소득제가 소비 위축을 방지함으로써 경제 전체의 순환을 유지하는 데 기여한다는 주장으로, 기본 소득제의 긍정적 측면을 강조한다. 이때 실업률이 높은 지역에 기본 소득을 지급한 이후 수혜자들의 대형 마트 방문율이 증가하였다는 연구 결과는 기본 소득이 시민들의 소비 위축을 방지할 수 있음을 보여준다. 이는 기본 소득제가 가진 긍정적인 측면을 뒷받침하므로, ㉠을 약화하지 않고 강화한다.

③ ㉠은 기본 소득제가 시민들의 기본적인 생활을 보장하며 경제 전체의 순환을 유지한다는 주장으로, 기본 소득제의 긍정적 측면을 강조한다. 이때 인공지능의 빠른 발전으로 향후 10년 내에 현재 일자리의 30%가 사라지며 노동 시장의 규모가 축소될 것이라는 전망은 일자리 감소에 대응하는 방안의 필요성을 보여준다. 이는 기본 소득제 시행의 필요성을 시사하므로 ㉠을 약화하지 않고 강화한다.

08 어휘 | 다의어의 의미   난이도 중 ●●○

정답 설명

② 그는 영어 실력을 늘리기 위해 매일 회화 연습을 한다: (가)의 기본형 '늘리다'는 문맥상 '재주나 능력 따위를 나아지게 하다'를 의미하므로, (가)의 의미와 가장 가까운 것은 ②의 '늘리다'이다.

오답 분석

① 새 건물을 지으면서 강당의 면적을 두 배로 늘렸다: 이때 '늘리다'는 문맥상 '물체의 넓이, 부피 따위를 본디보다 커지게 하다'를 의미한다.

③ 부부는 함께 일하며 늘린 재산으로 새로운 집을 마련했다: 이때 '늘리다'는 문맥상 '살림을 넉넉하게 하다'를 의미한다.

④ 회의 시간을 기존보다 30분 늘려서 모든 안건을 다루기로 했다: 이때 '늘리다'는 문맥상 '시간이나 기간을 길게 하다'를 의미한다.

09 독해 + 문학 | 숨겨진 내용 추론하기, 문학의 이해   난이도 하 ●○○

정답 설명

① 2문단을 통해 조선 전기 가사는 주로 사대부에 의해 창작되어 유교적 이념이나 자연에 대한 관조적 태도를 드러내는 경우가 많았음을 알 수 있다. 이는 조선 전기에는 창작 계층의 이념과 태도를 바탕으로 가사 문학이 창작되었음을 의미한다. 따라서 조선 전기의 가사가 창작 계층의 이념과 태도를 바탕으로 창작되었다는 ①의 추론은 적절하다.

오답 분석

② 1문단을 통해 가사는 4음보를 기본으로 하는 일정한 율격 체계를 갖추고 있으며, 길이에 제한이 없어 작가의 의도에 따라 자유롭게 확장되었음을 알 수 있다. 이는 가사 문학이 일정한 율격 체계를 가졌음에도 형식적 자유로움을 가졌음을 의미한다. 따라서 가사 문학이 일정한 율격이 주는 제약으로 간략한 형식을 유지하였다는 ②의 추론은 적절하지 않다.

③ 2문단을 통해 조선 전기에는 정철이 여성 화자의 목소리를 빌려 정치적 좌절을 경험한 자신의 내면을 표현한 「사미인곡」, 「속미인곡」과 같은 작품을 창작하였음을 알 수 있다. 이는 정철이 여성 화자의 목소리를 빌려 섬세한 내면 심리를 표현하였음을 의미한다. 하지만 여성 화자의 목소리로 자연 경관을 생동감 넘치게 묘사했는지는 제시문을 통해 알 수 없다. 따라서 조선 전기에는 여성 화자의 목소리를 통해 자연 경관을 생동감 넘치게 묘사한 가사 문학이 나타났다는 ③의 추론은 적절하지 않다.

④ 2문단을 통해 조선 후기에는 다양한 계층으로 창작층이 확대되면서 「우부가」와 같은 작품에서 주제의 확장이 일어났음을 알 수 있으나, 이러한 확장이 현대의 가사 문학에도 영향을 미쳤는지는 알 수 없다. 따라서 조선 후기에 확장된 주제는 현대의 가사 문학 창작에도 영향을 미치며 현대 문학의 장르적 다양성을 증가시켰다는 ④의 추론은 적절하지 않다.

이것도 알면 합격

1. 정철, '관동별곡(關東別曲)'의 주제 및 특징
    (1) 주제: 관동 지방 8경의 절경에 대한 찬양
    (2) 특징
      - 공간의 이동에 따라 시상을 전개함
      - 3구 4·4·3조의 운두문이 나타남

2. 작자 미상, '우부가(愚夫歌)'의 주제 및 특징
    (1) 주제: 도덕적으로 타락한 양반들의 행실에 대한 비판
    (2) 특징
      - 인물들의 악행을 서술함
      - 열거, 반복, 대구를 통해 시상을 전개함

10 논리 | 명제의 전제 추론하기   난이도 하 ●○○

정답 설명

① 제시된 진술을 기호화하면 아래와 같다.

(1) 대학 교수 ∧ 논문 발표
(2) 논문 발표 → 연구소 근무
[결론] 대학 교수 ∧ 학회 참석

(1)과 (2)를 결합하면 '대학 교수 ∧ (논문 발표 → 연구소 근무)'를 도출할 수 있고, 이를 통해 '대학 교수 ∧ 연구소 근무'를 도출할 수 있다. 결론을 도출하기 위해서는 '연구소 근무'와 결론의 '학회 참석'을 연결하는 전제가 추가되어야 한다. 이때 '연구소 근무 → 학회 참석'이 전제로 추가되면, 이것을 (1)과 (2)를 통해 도출한 '대학 교수 ∧ 연구소 근무'와 결합하여 '대학 교수 ∧ (연구소 근무 → 학회 참석)'을 도출할 수 있다. 이를 통해 '대학 교수 ∧ 학회 참석'을 결론으로 도출할 수 있으므로, 추가해야 할 전제로 적절한 것은 '연구소에 근무하는 모든 사람은 학회에 참석한다(연구소 근무 → 학회 참석)'이다.

오답 분석

② '~연구소 근무 → 학회 참석'이 전제로 추가되어도 결론은 도출할 수 없다. 따라서 '연구소에 근무하지 않는 모든 사람은 학회에 참석한다(~연구소 근무 → 학회 참석)'는 결론을 이끌어 내기 위해 추가해야 할 전제로 적절하지 않다.

③ '대학 교수 → ~연구소 근무'가 전제로 추가되어도 결론은 도출할 수 없다. 따라서 '대학에서 강의하는 모든 교수는 연구소에 근무하지 않는다(대학 교수 → ~연구소 근무)'는 결론을 이끌어 내기 위해 추가해야 할 전제로 적절하지 않다.

④ '논문 발표 → ~학회 참석'이 전제로 추가되면 (1)과 결합하여 '대학 교수 ∧ ~학회 참석'을 도출할 수 있으나, '대학 교수 ∧ 학회 참석'은 도출할 수 없다. 따라서 '연구 논문을 발표하는 모든 사람은 학회에 참석하지 않는다(논문 발표 → ~학회 참석)'는 결론을 이끌어 내기 위해 추가해야 할 전제로 적절하지 않다.

4일 하프모의고사 04 정답·해설

■ 정답   p.28

01	② 독해	06	① 독해 + 문법
02	④ 논리	07	① 독해
03	① 논리	08	④ 독해
04	② 독해	09	③ 독해
05	③ 논리	10	④ 논리

■ 취약영역 분석표

영역	틀린 답의 개수
독해	/ 5
독해 + 문법	/ 1
독해 + 문학	/ -
논리	/ 4
어휘	/ -
TOTAL	10

* 취약영역 분석표를 이용해 1개라도 틀린 문제가 있는 영역은 그 영역의 문제만 골라 해설을 다시 한번 꼼꼼히 학습하세요.

01 독해 | 공공언어 바로 쓰기 난이도 하 ●○○

정답 설명

② 자동 제세동기를 사용할 때는 사용법에 유의해야 한다(×) → 자동 심장 충격기를 사용할 때는 사용법에 유의해야 한다(○): 수정 전 문장은 '자동 심장 충격기'와 같이 쉬운 말로 풀어 쓴 문장이다. 그러나 수정 후 문장에서 '자동 제세동기'는 어려운 전문 용어에 해당하므로, ②는 적절하지 않은 수정이다.

오답 분석

① 회의에 참석한 사람 전원이 모두 동의했습니다(×) → 회의에 참석한 사람이 모두 동의했습니다(○): 수정 전 문장은 '전원이'와 '모두'가 의미상 중복되는 표현이다. 따라서 이를 ㉠에 따라 중복 표현을 제거하여 '회의에 참석한 사람이 모두 동의했습니다'로 수정하는 것은 적절하다.

③ 운동장에 있는 학생들의 가방을(×) → 운동장에 있는 학생들이 소지한 가방을(○): 수정 전 문장은 수식어구 '운동장에 있는'이 '학생들'을 수식하는 것인지, '가방'을 수식하는 것인지 명료하지 않은 표현이다. 따라서 이를 ㉢에 따라 '운동장에 있는 학생들이 소지한 가방을 경비실에 보관하세요'로 수정하는 것은 적절하다.

④ 환경 보호와 건강을 증진합니다(×) → 환경을 보호하고 건강을 증진합니다(○): 수정 전 문장은 접속 조사 '와'로 접속되었으나 앞뒤가 대등한 구조를 이루지 않는 표현이다. 따라서 이를 앞뒤가 대등한 구조를 이루도록 ㉣에 따라 '환경을 보호하고 건강을 증진합니다'로 수정하는 것은 적절하다.

02 논리 | 논증의 강화 및 약화 평가하기 난이도 하 ●○○

정답 설명

④ 제시문에서는 환경 보호가 경제 성장을 저해하는 것이 아니라 장기적 경제 안정을 위한 필수 조건이며, 환경 보호를 미래 투자로 인식해야 한다고 주장한다. 환경(E), 사회적 책임(S), 지배구조(G), 즉 ESG를 중시하는 기업들이 장기적으로 더 안정적인 수익률을 보인다는 ④의 내용은 환경 보호가 경제적 성과에 긍정적 영향을 미친다는 제시문의 주장을 뒷받침하므로 제시문의 논지를 강화한다.

오답 분석

① 환경 보호를 위한 규제를 실시한 A 국가의 경제 발전 속도가 규제를 실시하지 않은 B 국가보다 10년 느리다는 연구 결과는 환경 보호를 위한 규제가 경제 성장을 저해했음을 의미한다. 이는 환경 보호를 위한 규제와 투자가 장기적으로 경제 안정을 위한 필수 조건이라는 제시문의 논지와 상충하므로 제시문의 논지를 약화한다.

② 엄격한 환경 규제로 인해 생산 시설이 이전되고 일자리가 감소했다는 것은 환경 규제로 인해 경제적으로 부정적 결과가 발생했음을 의미한다. 이는 환경 보호를 위한 규제와 투자가 장기적으로 경제 안정을 위한 필수 조건이라는 제시문의 논지와 상충하므로 제시문의 논지를 약화한다.

③ 신재생 에너지 기술 개발에 대한 정부 규제가 완화되어 관련 기업들이 친환경 기술을 개발했지만, 투자자들의 관심을 받지 못해 적자를 기록했다는 것은 환경 보호를 지향하는 기업이 환경 관련 산업에 투자했으나, 부정적인 결과를 얻었음을 의미한다. 이는 환경 보호를 미래를 위한 투자로 인식하는 제시문의 논지와 상충하므로 제시문의 논지를 약화한다.

03 논리 | 논증의 강화 및 약화 평가하기 난이도 중 ●●○

정답 설명

① 1문단에 의하면 마틴은 리더십 중심 이론을 주장하며, 성공적인 기업 문화의 핵심 요소를 최고 경영자의 명확한 비전 제시와 일관된 행동으로 본다. 이때 최고 경영자가 부재한 상태에서 건강한 조직 문화가 형성된 사례는 조직 문화가 주로 창업자와 경영진의 비전과 가치관에 의해 형성되고 전파된다는 마틴의 주장과는 상반된 사례이다. 이는 리더의 가치관이 조직 구성원들의 행동 양식과 의사결정 방식에 결정적인 영향을 미친다는 마틴의 주장과 상충하므로, 마틴의 주장을 약화한다.

오답 분석

② 4문단에 의하면 글쓴이는 조직 문화 형성 과정에서 산업 특성, 기업 규모, 조직 연령 등의 상황적 요인과 외부 환경의 영향을 고려해야 한다고 주장한다. 이때 동일 산업 기업들 사이에 유사한 문화적 특징이 나타난 사례는 조직 문화 형성에 산업 특성이 영향을 미칠 수 있음을 보여 준다. 이는 산업 특성이 조직 문화 형성에 영향을 미친다는 글쓴이의 주장을 뒷받침하므로, 글쓴이의 주장을 약화하지 않고 강화한다.

③ 2문단에 의하면 로젠은 조직 문화가 구성원들의 일상적인 상호 작용과 공유된 경험을 통해 자연스럽게 형성된다고 주장한다. 이때 구성원 참여 중심의 문화 프로그램을 도입한 기업에서 업무 시 최고 경영자에 대한 의존도가 높아진 사례는 구성원들이 최고 경영자 없이는 업무를 수행하며 발생하는 문제들에 능동적으로 대응하지 못함을 보여 준다. 이는 구성원 중심의 조직 문화 형성을 강조하는 로젠의 주장과 상충하므로, 로젠의 주장을 강화하지 않고 약화한다.

④ 1문단에 의하면 마틴은 조직 문화가 주로 창업자와 경영진의 비전과 가치관에 의해 형성되고 전파된다고 주장한다. 이때 창업자의 가치관이 뚜렷했던 기업에서 높은 조직 문화 일관도를 보인 사례는 창업자의 가치관에 의해 조직 문화가 형성되고 전파될 수 있음을 보여 준다. 이는 리더십이 조직 문화 형성에 중요한 역할을 한다는 마틴의 주장을 뒷받침하므로, 마틴의 주장을 약화하지 않고 강화한다.

04 독해 | 세부 내용 파악하기 난이도 하 ●○○

정답 설명

② ⓒ과 ⓒ은 문맥상 '마틴과 로젠'을 의미하므로, 지시 대상이 같은 것만으로 묶인 것은 ② 'ⓒ, ⓒ'이다.

- ⓒ: ⓒ이 포함된 문단에서는 ⓒ의 단편적 관점을 비판하며, 통합적 관점을 제시하는 다이어의 견해를 제시하고 있다. 이때 1~2문단에서 마틴은 최고 경영자 중심의 리더십 중심 이론을, 로젠은 구성원 중심의 상호 작용 진화론을 설명하고 있다. 따라서 ⓒ은 문맥상 단편적 관점을 제시하는 '마틴과 로젠'을 의미한다.
- ⓒ: ⓒ의 앞 문장에서는 ⓒ을 비판하는 다이어의 견해를 제시하고 있고, ⓒ이 포함된 문장에서는 다이어의 비판에 대한 ⓒ의 반박을 설명하고 있다. 따라서 ⓒ은 문맥상 다이어의 절충적 접근에 대해 반박하는 '마틴과 로젠'을 의미한다.

오답 분석

- ⊙: ⊙의 앞 문장에서는 구성원들의 일상적인 상호 작용과 공유된 경험을 통해 조직 문화가 자연스럽게 형성된다는 로젠의 주장을 설명하고 있다. 또한 ⊙이 포함된 문장에서는 ⊙이 조직을 구성하며 업무를 수행한다고 설명하고 있다. 따라서 ⊙은 문맥상 조직을 구성하며 조직 문화를 형성하는 존재인 '구성원들'을 의미한다.
- ⓔ: ⓔ이 포함된 문단에서는 ⓔ이 상황적 요인과 외부 환경의 영향을 고려하지 못하고, 디지털 전환 시대의 원격 근무와 비대면 환경이 조직 문화 형성에 미치는 영향을 간과했다는 글쓴이의 견해를 제시하고 있다. 이때 1~3문단에서는 마틴, 로젠, 다이어의 관점을 제시하고, ⓔ이 포함된 문단에서는 이들의 관점이 가진 한계를 제시하고 있다. 따라서 ⓔ은 문맥상 글쓴이가 조직 문화의 형성 과정에서 복잡한 요소들이 작용한다는 점을 고려하지 못한다고 보는 '마틴, 로젠, 다이어'를 의미한다.

05 논리 | 명제의 결론 추론하기 난이도 하 ●○○

정답 설명

③ 제시된 진술을 기호화하면 아래와 같다.

(1) 고성능 → 발열 ≡ ~발열 → ~고성능 (대우)
(2) ~발열 ∧ 저전력
(3) 발열 → ~저전력 ≡ 저전력 → ~발열 (대우)

(1)의 대우와 (2)를 결합하면 '(~발열 → ~고성능) ∧ 저전력'이므로, '~고성능 ∧ 저전력'을 도출할 수 있다. 또한 이것을 (3)의 대우와 결합하면 '~고성능 ∧ (저전력 → ~발열)'이므로 '~고성능 ∧ ~발열'을 도출할 수 있다. 따라서 제시된 진술이 모두 참일 때 반드시 참인 것은 ③ '고성능이 아닌 어떤 기기는 발열 문제가 없다(~고성능 ∧ ~발열)'이다.

오답 분석

① (1)과 (3)을 결합하면 '고성능 → 발열 → ~저전력'이므로, '고성능 → ~저전력'을 도출할 수 있다. 따라서 '고성능 → 저전력'은 거짓이므로, '고성능인 모든 기기는 저전력을 소비한다(고성능 → 저전력)'는 반드시 참이 아니다.

② (1)의 대우와 (3)의 대우를 결합하면 '저전력 → ~발열 → ~고성능'이므로, '저전력 → ~고성능'을 도출할 수 있다. 따라서 '저전력 → 고성능'은 거짓이므로, '저전력을 소비하는 모든 기기는 고성능이다(저전력 → 고성능)'는 반드시 참이 아니다.

④ (3)의 대우를 통해 '저전력 → ~발열'을 도출할 수 있다. 따라서 '저전력 ∧ 발열'은 거짓이므로, '저전력을 소비하는 어떤 기기는 발열 문제가 있다(저전력 ∧ 발열)'는 반드시 참이 아니다.

06 독해 + 문법 | 빈칸 내용 추론하기, 부사어   난이도 중 ●●○

정답 설명

① (가)와 (나)에 들어갈 말로 적절한 것은 (가) '다양한 대상', (나) '부사어가 쓰인 문장과 그 앞 문장'이다.

- (가): (가)의 뒤에서는 부사어의 수식 대상으로 '용언', '관형어', '부사어' 등이 있다고 서술하며 여러 가지 대상을 꾸미는 부사어를 성분 부사어라고 설명한다. 이를 통해 관형어는 체언만을 수식하는 데 비해 부사어는 용언뿐만 아니라 관형어, 다른 부사어 등 여러 대상을 수식할 수 있음을 알 수 있다. 그러므로 (가)에 들어갈 말로 적절한 것은 '다양한 대상'이 적절하다.
- (나): 마지막 문단에서는 접속 부사어에 대해 설명하며, "비가 온다. 그리고 바람도 분다"와 "그가 일을 망쳐 놓았다. 그러나 아직도 희망은 있다"를 예로 들고 있다. 여기서 '그리고'와 '그러나'는 부사어가 포함된 문장과 그 앞에 제시된 문장을 의미적으로 연결해주는 역할을 한다. 따라서 (나)에 들어갈 말로 적절한 것은 '부사어가 쓰인 문장과 그 앞 문장'이다.

이것도 알면 합격

부사어의 종류

구분	기능	예
성분 부사어	다른 문장 성분을 수식함	• 빨리 가자 (용언 수식) • 매우 빨리 간다 (부사 수식) • 아주 새 옷이다 (관형사 수식) • 바로 네가 문제야 (체언 수식)
문장 부사어	문장 전체를 꾸며 주는 부사어로, 말하는 이의 심리적 태도를 반영함	• 과연 듣던 대로 이 사람은 훌륭한 소설가로구나. • 만일 네가 한 일이 아니라면 내가 사과할게.
접속 부사어	문장을 이어 주는 기능을 함	• 문장 접속 부사: 그러나, 그리고, 그러므로 등 • 단어 접속 부사: 및 등

07 독해 | 주장 및 견해 파악하기   난이도 하 ●○○

정답 설명

① 을은 마지막 발화에서 이성을 통한 판단이 도덕과 관련해 객관적이고 보편적인 기준을 제공한다고 주장한다. 반면 병은 마지막 발화에서 도덕적 판단의 기저에는 이성이 아닌 인간의 공감 능력이 있다고 주장한다. 따라서 이성이 도덕적 판단에 중요한 역할을 한다는 점에 대해 을은 동의하지만, 병은 동의하지 않는다는 것을 알 수 있으므로 ①은 적절하지 않다.

[관련 부분]
- 이성을 통한 판단은 도덕과 관련해 보다 객관적이고 보편적인 기준을 제공합니다.
- 도덕적 판단의 기저에는 이성이 아닌 인간의 공감 능력이 있다고 생각합니다.

오답 분석

② 을은 첫 번째 발화에서 도덕적 행위의 근거가 이성에 있다고 주장한다. 반면 병은 첫 번째 발화에서 도덕적 행위의 근원이 공감 능력에 있다고 주장한다. 따라서 도덕적 행위의 근원이 공감 능력에 있다는 점에 대해 을은 동의하지 않고, 병은 동의한다는 것을 알 수 있으므로 ②는 적절하다.

[관련 부분]
- 도덕적 행위의 근거는 이성에 있습니다.
- 저는 도덕적 행위의 근원이 공감 능력에 있다고 생각합니다.

③ 갑은 첫 번째 발화에서 사회적 합의만이 도덕의 근거가 된다고 주장한다. 반면 을은 갑의 주장을 반박하며, 도덕적 행위의 근거가 이성에 있다고 주장한다. 따라서 도덕적 행위가 사회적 합의에 의해 결정된다는 점에 대해 갑은 동의하고, 을은 동의하지 않는다는 것을 알 수 있으므로 ③은 적절하다.

[관련 부분]
- 사회적 합의만이 도덕의 근거가 됩니다.
- 저는 그렇게 생각하지 않습니다. 도덕적 행위의 근거는 이성에 있습니다.

④ 갑은 첫 번째 발화에서 문화와 시대에 따라 도덕 기준이 달라지며, 절대적인 도덕 기준이 없다고 주장한다. 반면 을은 문화나 시대를 초월한 보편적 도덕 법칙이 존재하며, 이를 이성을 통해 발견할 수 있다고 주장한다. 따라서 문화와 시대를 초월한 보편적 도덕 기준이 존재한다는 점에 대해 갑은 동의하지 않고, 을은 동의한다는 것을 알 수 있으므로 ④는 적절하다.

[관련 부분]
- 문화와 시대에 따라 도덕 기준이 달라지는 것을 보면 알 수 있죠. ~ 절대적인 도덕 기준은 없으며,
- 문화나 시대를 초월한 보편적 도덕 법칙이 존재하며, 이는 이성을 통해 발견할 수 있습니다.

08 독해 | 글의 순서 파악하기   난이도 하 ●○○

정답 설명

④ (가)~(다)를 맥락에 맞게 순서대로 나열한 것은 ④ '(다) - (가) - (나)'이다.

순서	중심 내용	순서 판단의 단서와 근거
첫 문장	현대 민주주의 국가에서 삼권분립의 핵심 원칙이 되는 사법부의 독립	-

(다)	사법부 독립의 기원이 된 몽테스키외의 권력 분립론	접속어나 지시 표현으로 시작하지 않으면서, 글의 중심 화제인 '사법부 독립'의 기원이 된 몽테스키외의 권력 분립론을 설명함
(가)	헌법에 명문화된 사법부 독립 원칙과 그 한계	· 지시 표현 '이와 같은': (다)에서 설명한 삼권 분립의 토대가 구축된 역사적 배경을 가리킴 · 키워드 '실질적인 사법 독립': 사법부 독립을 법조문으로 보장하는 것이 가지는 한계를 제시함
(나)	오늘날 사법부의 실질적 독립을 위한 제도적 장치의 필요성	키워드 '이러한 한계': (가)에서 법조문 상의 보장만으로는 실질적인 사법 독립을 이루기 어렵다는 점을 가리킴

09 독해 | 중심 내용 및 핵심 논지 파악하기 난이도 하 ●○○

정답 설명

③ 제시문은 대중문화의 발달에 따른 문화 민주주의의 확산과 해결 과제에 대해 설명하고 있다. 1문단에서는 대중매체의 발달과 교육 수준의 향상으로 인해 일반 대중이 문화의 생산자이자 소비자로 참여하게 되었음을 제시하고 있다. 또한 2~3문단에서는 문화 민주주의의 개념과 더불어 디지털 기술의 발달로 인해 문화 민주주의가 확산되었음을 제시하고 있으며, 4문단에서는 문화 민주주의의 한계와 해결 과제를 제시하고 있다. 따라서 대중문화의 발달로 문화 민주주의가 확산되었지만 여전히 해결해야 할 과제가 있다는 것이 제시문의 핵심 논지임을 알 수 있다. 따라서 정답은 ③이다.

오답 분석

① 4문단 3~4번째 줄을 통해 상업주의의 영향으로 문화적 다양성이 제한되는 경우가 있음을 알 수 있다. 하지만 이는 부분적인 내용에 불과하므로, ①은 제시문의 핵심 논지로 적절하지 않다.

② 1문단 끝에서 3~4번째 줄을 통해 일반 대중이 문화의 생산자이자 소비자로 참여하게 되었음을 알 수 있다. 또한 3문단을 통해 전문가와 아마추어의 경계가 모호해 졌음을 알 수 있다. 하지만 이는 부분적인 내용에 불과하므로 ②는 제시문의 핵심 논지로 적절하지 않다.

④ 3문단을 통해 디지털 기술의 발달은 문화 민주주의를 촉진시켰음을 알 수 있다. 따라서 ④는 제시문에 대한 이해로 적절하지 않다. 또한 4문단 4~5번째 줄을 통해 디지털 격차로 인해 새로운 형태의 문화적 소외가 발생하기도 함을 알 수 있다. 하지만 이는 부분적인 내용에 불과하므로, ④는 제시문의 핵심 논지로 적절하지 않다.

10 논리 | 명제의 전제 추론하기 난이도 하 ●○○

정답 설명

④ 제시된 진술을 기호화하면 아래와 같다.

(1) 등산 → 등산화
(2) 등산 ∧ ~자전거
[결론] ~자전거 ∧ 암벽등반

(1)과 (2)를 결합하면 '(등산 → 등산화) ∧ ~자전거'이므로, '등산화 ∧ ~자전거'를 확정할 수 있다. 이는 '~자전거 ∧ 등산화'와 논리적으로 동치이다. 이때 결론인 '~자전거 ∧ 암벽등반'을 도출하기 위해서는 '등산화'와 결론의 '암벽등반'을 연결할 수 있는 전제가 추가되어야 한다. 따라서 밑줄 친 결론을 이끌어 내기 위해 추가해야 할 것은 ④ '등산화를 신는 모든 사람은 암벽등반을 한다(등산화 → 암벽등반)'이다.

오답 분석

① '자전거 ∧ 등산'이 전제로 추가되어도 '~자전거 ∧ 암벽등반'은 도출할 수 없다. 따라서 ① '자전거를 타는 어떤 사람은 등산을 한다(자전거 ∧ 등산)'는 결론을 이끌어 내기 위해 추가해야 할 것으로 적절하지 않다.

② '등산 ∧ 등산화'가 전제로 추가되어도 결론인 '~자전거 ∧ 암벽등반'은 도출할 수 없다. 따라서 ② '등산을 하는 어떤 사람은 등산화를 신는다(등산 ∧ 등산화)'는 결론을 이끌어 내기 위해 추가해야 할 것으로 적절하지 않다.

③ '등산화 → 자전거'는 (1)과 (2)의 결합을 통해 도출되는 '등산화 ∧ ~자전거'와 모순된다. 따라서 ③ '등산화를 신는 모든 사람은 자전거를 탄다(등산화 → 자전거)'는 결론을 이끌어 내기 위해 추가해야 할 것으로 적절하지 않다.

5일 하프모의고사 05 정답·해설

정답   p.34

01	④ 독해	06	① 어휘
02	① 논리	07	② 독해
03	③ 독해	08	② 어휘
04	① 독해 + 문법	09	④ 논리
05	④ 독해 + 문학	10	③ 논리

취약영역 분석표

영역	틀린 답의 개수
독해	/ 3
독해 + 문법	/ 1
독해 + 문학	/ 1
논리	/ 3
어휘	/ 2
TOTAL	10

* 취약영역 분석표를 이용해 1개라도 틀린 문제가 있는 영역은 그 영역의 문제만 골라 해설을 다시 한번 꼼꼼히 학습하세요.

01 독해 | 개요 작성하기   난이도 하 ●○○

정답 설명

④ 〈지침〉에 따르면 결론은 제시된 방안의 기대 효과와 시행 전략을 순서대로 제시해야 한다. 이때 Ⅳ-2에서 제시된 방안의 시행 전략인 '단계적 시행과 지속적인 모니터링 체계 구축'이 제시되어 있으므로, (라)에는 방안의 기대 효과가 들어가야 한다. 그러나 ④ '국내 유적지 관리 예산 확보를 위한 재정 지원 확대'는 기대 효과가 아닌 향후 과제에 해당하므로 (라)에 들어갈 내용으로 적절하지 않다. 참고로 (라)에는 '국내 유적지의 보존과 지속 가능한 관광 산업의 발전'과 같은 내용이 들어가는 것이 적절하다.

오답 분석

① 〈지침〉에 따르면 서론은 중심 소재의 개념과 현황을 포함해야 한다. 이때 Ⅰ-1에는 중심 소재의 개념을 정의하는 '국내 유적지의 정의와 가치'가 제시되어 있으므로, (가)에는 현황에 대한 내용이 들어가야 한다. 따라서 ① '국내 유적지의 관광 자원화 현황'은 (가)에 들어갈 내용으로 적절하다.

② 〈지침〉에 따르면 본론의 하위 항목은 서로 대응되어야 한다. 이때 Ⅲ-2에는 지속 가능한 관광을 위한 개발 방안으로 '국내 유적지 보존을 위한 법적·제도적 장치 강화'가 제시되어 있으므로, (나)에는 국내 유적지 보존을 위한 법적·제도적 장치가 미흡하다는 문제점이 들어가야 한다. 따라서 ② '국내 유적지 보존을 위한 법적·제도적 장치 미흡'은 (나)에 들어갈 내용으로 적절하다.

③ 〈지침〉에 따르면 본론의 하위 항목은 서로 대응되어야 한다. 이때 Ⅱ-3에는 국내 유적지 관광화의 문제점으로 '지역사회의 참여 부족과 이해관계 충돌'이 제시되어 있으므로, (다)에는 지역사회의 참여를 독려하고 이해관계의 충돌을 해소하는 방안이 들어가야 한다. 따라서 ③ '지역사회와의 협력 체계 구축 및 이익 공유 방안 마련'은 (다)에 들어갈 내용으로 적절하다.

02 논리 | 명제의 전제 추론하기   난이도 하 ●○○

정답 설명

① 갑의 진술을 기호화하면 다음과 같다.

```
(1) 온라인 접수 ∨ 현장 접수
(2) 현장 접수 → ~입장료 할인
(3) ~입장료 할인 → 동반자
[결론] 온라인 접수
```

결론을 도출하기 위해서는 (1)에서 선언지 제거를 통해 결론인 '온라인 접수'를 이끌어내야 하므로, 선언지 제거를 위해 '~현장 접수'가 확정되어야 한다. 이때 (2)와 (3)을 결합하면 '현장 접수 → ~입장료 할인 → 동반자'이므로 '현장 접수 → 동반자'를 확정할 수 있다. 이를 대우로 변환하면 '~동반자 → ~현장 접수'를 확정할 수 있다. 따라서 '~동반자'가 전제로 주어지면 '~현장 접수'를 확정할 수 있으므로 (가)에 들어갈 말로 적절한 것은 '동반자가 없다(~동반자)'이다.

오답 분석

② '현장 접수'가 전제로 추가되어도 (1)에서 '온라인 접수'는 도출할 수 없다. 따라서 '현장에서 접수했다(현장 접수)'는 (가)에 들어갈 말로 적절하지 않다.

③ '~입장료 할인'이 전제로 추가되면 (2)의 대우에서 '~현장 접수'를 도출할 수 없으므로 (1)에서 '온라인 접수'는 도출할 수 없다. 따라서 '입장료 할인을 받지 않았다(~입장료 할인)'는 (가)에 들어갈 말로 적절하지 않다.

④ '동반자 ∧ 현장 접수'가 전제로 추가되어도 (1)에서 '온라인 접수'는 도출할 수 없다. 따라서 '동반자가 있고 현장에서 접수했다(동반자 ∧ 현장 접수)'는 (가)에 들어갈 말로 적절하지 않다.

03 독해 | 세부 내용 파악하기　　난이도 하 ●○○

정답 설명

③ 제시문 끝에서 1~8번째 줄에 따르면 무의식은 억압된 욕망, 충동, 트라우마적 경험 등을 포함하고 정신의 가장 깊은 층위에 해당하며 인간의 비이성적 행동이나 심리적 증상의 근원은 무의식에 있다. 또한 제시문에 따르면 프로이트는 특히 무의식이 인간 행동에 미치는 강력한 영향력을 강조했다. 따라서 심리적 증상의 근원이 되는 정신 영역(무의식)이 인간의 행동에 강력한 영향을 미친다는 ③의 설명은 적절하다.

오답 분석

① 제시문 7~10번째줄에 따르면 전의식은 현재 의식하고 있지는 않지만 필요하면 쉽게 의식으로 불러올 수 있는 기억이나 정보를 포함하는 영역이다. 억압된 욕망, 충동, 트라우마적 경험 등을 포함하는 것은 무의식에 해당한다. 따라서 전의식이 억압된 욕망과 충동이 저장되는 영역이라는 ①의 설명은 적절하지 않다.

② 제시문 끝에서 1~3번째 줄에 따르면 프로이트는 인간의 많은 행동, 특히 이해하기 어려운 비이성적 행동이나 심리적 증상의 근원이 무의식에 있다고 주장했다. 따라서 프로이트는 인간의 비이성적인 행동이 주로 의식적 사고에서 비롯된다고 보았다는 ②의 설명은 적절하지 않다.

④ 제시문 끝에서 5·8번째 줄에 따르면 인간 정신의 가장 깊은 층위는 무의식으로, 이는 의식적으로 접근하기 어려운 정신 층위에 해당한다. 따라서 프로이트에 따르면 인간 정신의 가장 깊은 층위(무의식)는 필요에 따라 쉽게 떠올릴 수 있다는 ④의 설명은 적절하지 않다. 참고로 프로이트에 따르면 현재 의식하고 있지는 않지만 필요하면 쉽게 의식으로 불러올 수 있는 기억이나 정보를 포함하는 것은 전의식이다.

04 독해 + 문법 | 사례 추론하기, 형태소의 교체　　난이도 중 ●●○

정답 설명

① 3문단에 따르면 모든 형태소가 이형태를 갖는 것은 아니며, '에', '도'와 같은 조사는 어떤 환경에서도 형태가 변하지 않는다. 이때 '불시에', '아침에'에서 조사 '에'는 어떤 환경에서도 형태가 변하지 않는 형태소이다. 따라서 '에'는 선행 요소에 따라 달라지지 않아 이형태를 갖지 않으므로, '에'가 이형태를 갖는다는 ①의 추론은 적절하지 않다.

오답 분석

② 1문단에 따르면 이형태라는 말은 형태소가 교체에 의해 달리 실현된 형태라는 의미로, 교체를 하지 않은 경우에는 그 자체가 기본형이 된다. 이때 '소리'는 교체가 일어나지 않는 형태소이므로, 형태가 달리 실현되지 않는다. 따라서 '소리'는 교체를 하지 않는 형태소이므로 그 자체가 이형태가 없는 기본형에 해당한다는 ②의 추론은 적절하다.

③ 2문단에 따르면 형태소는 일정한 의미와 기능을 지니며, 환경에 따라 그 형태를 달리한다. 3문단에 따르면 '은/는'과 같은 조사는 선행 요소가 자음인지 모음인지에 따라 형태가 바뀐다. 이때 '시험은'의 조사 '은'은 선행 요소 '시험'이 자음 'ㅁ'으로 끝나기 때문에 '은'으로, '문제는'의 조사 '는'은 선행 요소 '문제'가 모음 'ㅔ'로 끝나기 때문에 '는'으로 실현된다. 두 조사는 모두 문장 속의 어떤 대상이 화제임을 나타내는 동일한 의미와 기능을 가지지만, 선행 요소에 따라 형태가 달라지는 교체 현상이 나타난다. 따라서 '은/는'과 같은 조사가 의미나 기능은 같지만 선행 요소에 따라 형태가 달라진다는 ③의 추론은 적절하다.

④ 2문단에 따르면 조사 '이/가'는 앞 음절의 받침 유무에 따라 형태가 결정된다. 또한 3문단에 따르면 이와 같이 '은/는'과 같은 조사는 선행 요소가 자음인지 모음인지에 따라 형태가 바뀐다. 이때 '밭이'의 조사 '이'는 앞 음절 '밭'이 받침 'ㅌ'을 가지기 때문에 '이'로, '학교가'의 조사 '가'는 앞 음절 '교'가 받침을 갖지 않기 때문에 '가'로 실현된다. 따라서 이는 3문단의 '은/는'과 같은 조사가 선행 요소에 따라 형태가 바뀐 것에 해당하므로, 조사 '이'와 '가'가 선행 요소에 따라 형태가 달라지는 형태소의 교체가 나타난다는 ④의 추론은 적절하다.

이것도 알면 합격

이형태

1. 개념: 의미와 기능이 같은 하나의 형태소이지만, 환경에 따라 다른 형태를 가지고 있는 형태소
2. 종류

음운론적 이형태	하나의 형태소가 음운 환경에 따라 달라지며 나타나는 이형태 예) '-아라' (앞 모음 음절이 양성 모음일 때) / '-어라' (앞 모음 음절이 음성 모음일 때)
형태론적 이형태	하나의 형태소가 특정 형태소 뒤에서만 달라지며 나타나는 이형태 예) '-여라' (용언 어간 '하-'와 명령형 어미가 결합할 때)

05 독해 + 문학 | 숨겨진 내용 추론하기, 문학의 이해　　난이도 하 ●○○

정답 설명

④ 3문단을 통해 전통적 희곡이 '제4의 벽'을 유지하며 관객을 수동적 관람자로 취급했던 것과 달리 현대 희곡은 관객을 적극적 참여자로 변화시키려 했다는 것을 알 수 있다. 또한 이를 위해 브레히트는 소외 효과를, 아르토는 잔혹극을 사용했다는 것을 알 수 있다. 따라서 현대 희곡의 작가들이 관객이 '수동적 관람자'라는 전통적 지위에서 벗어나도록 관객의 참여성을 높이고자 했다는 것을 추론할 수 있으므로, ④의 추론은 적절하다.

오답 분석

① 2문단을 통해 현대 희곡은 작가의 주관적 의식을 강화하는 경향이 있다는 것을 알 수 있다. 따라서 현대 희곡은 객관적 현실의 재현보다 작가의 주관을 강화하는 것에 중점을 두었음을 추론할 수 있으므로, ①의 추론은 적절하지 않다.

② 4문단을 통해 베케트는 언어를 의사소통의 도구가 아닌 의사소통의 불가능성을 반영하는 매체로 활용하였음을 알 수 있다. 따라서 베케트의 작품에서 언어는 의사소통의 수단으로 기능하지 못하였음을 추론할 수 있으므로, ②의 추론은 적절하지 않다.

③ 3문단을 통해 아르토는 잔혹극에서 관객을 배우로 참여시킨 뒤 관객에게 불안과 긴장을 체험하도록 해 그들에게 충격을 주며 일상적 의식에서 벗어나게 하는 것을 목표로 하였음을 알 수 있다. 따라서 아르토의 잔혹극은 관객의 일상적 감정 상태를 강화하지 않았음을 추론할 수 있으므로, ③의 추론은 적절하지 않다.

③ 3문단에 의하면 객관적이고 공정한 평가를 위해서는 평가 항목을 명확히 구분하고, 항목별로 독립적인 평가를 해야 한다. 이때 면접관이 지원자의 실제 직무 능력을 확인하기 위해 지원자에게 구조화된 문항지로 질문하는 것은 후광 효과를 극복하여 객관적이고 공정한 평가를 하기 위한 사례에 해당한다. 따라서 이를 통해 객관적이고 공정한 평가를 할 수 있음을 추론할 수 있으므로 ③의 추론은 적절하다.

④ 2문단에 의하면 마케팅 영역에서도 후광 효과는 중요하게 활용되며, 소비자들은 유명 연예인의 긍정적 이미지를 광고 제품에 투영하는 경향이 있다. 이때 은행에서 행실이 바르기로 유명한 연예인을 신규 예금 상품의 광고 모델로 채택한 것은 연예인의 긍정적 이미지를 상품 마케팅에 활용한 사례에 해당한다. 따라서 은행이 연예인의 이미지를 활용하여 마케팅을 했다는 것을 추론할 수 있으므로, ④의 추론은 적절하다.

06 어휘 | 고유어와 한자어의 대응   난이도 하 ●○○

정답 설명

① ㉠의 기본형 '초월(超越)하다'는 문맥상 '어떠한 한계나 표준을 뛰어넘다'를 의미한다. 그러나 ①의 기본형 '옮기다'는 '어떤 곳에서 다른 곳으로 자리를 바꾸게 하다'를 의미하므로 문맥상 기존의 경계를 넘어선다는 것을 뜻하는 ㉠과 바꿔 쓰기에 적절하지 않다. 참고로 ㉠과 바꿔 쓸 수 있는 유사한 표현으로는 '일정한 범위나 표준에서 벗어나다'를 의미하는 '뛰어넘다'가 있다.

오답 분석

② · 취급(取扱)하다: 사람이나 사건을 어떤 태도로 대하거나 처리하다.
　· 대하다: 어떤 태도로 상대하다.

③ · 유도(誘導)하다: 사람이나 물건을 목적한 장소나 방향으로 이끌다.
　· 이끌다: 사람, 단체, 사물, 현상 따위를 인도하여 어떤 방향으로 나가게 하다.

④ · 탈피(脫皮)하다: 일정한 상태나 처지에서 완전히 벗어나다.
　· 벗어나다: 어떤 힘이나 영향 밖으로 빠져나오다.

08 어휘 | 다의어의 의미   난이도 하 ●○○

정답 설명

② 갈등을 일으킨 장본인은 바로 당신이다: ②와 ㉠의 기본형 '일으키다'는 문맥상 '생리적이거나 심리적인 현상을 생겨나게 하다'를 뜻한다. 따라서 ㉠의 의미와 가장 가까운 것은 ②이다.

오답 분석

① 주몽은 고구려를 일으킨 시조이다: 이때 '일으키다'는 '무엇을 시작하거나 흥성하게 만들다'를 뜻한다.

③ 찬 바람이 불자 그는 옷깃을 일으켜 세웠다: 이때 '일으키다'는 '옷깃 따위를 올리다'를 뜻한다.

④ 아들이 집에 돌아오자 노모는 아픈 몸을 일으켰다: 이때 '일으키다'는 '일어나게 하다'를 뜻한다.

07 독해 | 사례 추론하기   난이도 하 ●○○

정답 설명

② 1문단에 의하면 후광 효과란 한 개인의 특정 인상이 그 사람의 다른 특성에 대한 평가에도 영향을 미치는 인지적 현상이다. 이때 국민이 뇌물수수 사실이 밝혀진 원로 정치인의 이전 정책 성과를 객관적으로 평가한다면, 이는 후광 효과를 극복한 사례에 해당한다. 만약 후광 효과가 발생했다면, 뇌물을 수수했다는 사실로 인해 그의 이전 정책 성과에 대한 국민의 평가도 부정적으로 이루어질 것임을 추론할 수 있다. 따라서 제시문에서 추론한 내용으로 적절하지 않은 것은 ②이다.

오답 분석

① 2문단에 의하면 교육 현장에서 교사들은 외모가 단정한 학생을 학업 능력도 우수하다고 판단하는 경향이 있다. 이때 교복을 단정하게 입은 학생을 본 교사가 해당 학생의 과제물을 긍정적으로 평가했다는 것은 외모가 단정한 학생을 학업 능력도 우수하다고 평가한 사례에 해당한다. 따라서 후광 효과가 발생하였음을 추론할 수 있으므로, ①의 추론은 적절하다.

09 논리 | 논증의 강화 및 약화 평가하기   난이도 중 ●●○

정답 설명

④ ㉠ '매체 적응성 이론'을 평가한 내용으로 적절한 것만을 〈보기〉에서 모두 고른 것은 ④ 'ㄱ, ㄴ, ㄷ'이다.

· ㄱ: 평소 전자책을 선호하는 사람에게 종이책을 읽게 한 결과 전자책을 읽었을 때보다 텍스트의 내용을 잘 이해하지 못했다는 것은 독서 매체에 대한 독자의 선호와 친숙도에 따라 이해력과 관련된 독서 매체의 효과가 달라질 수 있음을 보여준다. 이는 독서 매체의 효과가 절대적이지 않고, 독자의 특성 및 선호, 매체에 대한 친숙도에 따라 달라진다는 ㉠의 주장을 뒷받침하므로 ㉠의 주장을 강화한다. 따라서 'ㄱ'의 평가는 적절하다.

· ㄴ: 전자책에 익숙한 중고등학생들과 종이책에 익숙한 중고등학생들 모두 종이책을 읽었을 때 텍스트의 내용을 더 잘 기억했다는 조사 결과는 매체에 대한 친숙도와 상관없이 종이책의 독서 효과가 전자책보다 높다는 것을 보여 준다. 이는 독서 매체의 효과가 절대적이지 않고, 매체에 대한 친숙도에 따라 달라진다는 ㉠의 주장과 상충한다. 따라서 ㉠을 약화하므로, 'ㄴ'의 평가는 적절하다.

- ㄷ: 전자책에 익숙하지 않은 성인들이 초기에는 독서 부담을 40% 이상 높게 느꼈다는 것은 매체 적응의 초기 과정에서 독자가 느끼는 인지적 부담이 증가했음을 보여 준다. 또한 시간이 지남에 따라 두 매체에서 독서 부담을 느끼는 정도 차이가 줄었다는 것은 적응 기간을 가지면 인지 부담의 차이가 줄어들었음을 보여 준다. 이는 독자가 특정 매체에 적응하는 초기 과정에는 인지적 부담이 증가하지만, 충분한 적응 기간이 주어지면 그 차이가 크게 줄어든다는 ㉠의 주장을 뒷받침하므로 ㉠을 강화한다. 따라서 'ㄷ'의 평가는 적절하다.

10 논리 | 명제의 결론 추론하기   난이도 하 ●○○

정답 설명

③ 제시된 진술을 기호화하면 다음과 같다.

```
(1) 스마트폰 ∨ 태블릿 PC
(2) 노트북 → ~스마트폰 ≡ 스마트폰 → ~노트북 (대우)
(3) ~태블릿 PC
```

(3)을 통해 '~태블릿 PC'임을 알 수 있으므로, (1)에서 선언지 제거를 통해 '스마트폰'을 도출할 수 있다. 이에 따라 (2)의 대우에서 전건을 긍정하여 '~노트북'을 도출할 수 있으므로 제시된 진술이 모두 참일 때 반드시 참인 것은 '스마트폰이 있고 노트북이 없다(스마트폰 ∧ ~노트북)'이다.

오답 분석

① (1)과 (3)을 통해 '스마트폰'을 도출할 수 있고, 이에 따라 (2)의 대우에서 '~노트북'을 도출할 수 있으므로 '노트북이 있다(노트북)'는 거짓이다.

② (1)과 (3)을 통해 '스마트폰'을 도출할 수 있으므로 '스마트폰이 없다(~스마트폰)'는 거짓이다.

④ (3)을 통해 '~태블릿 PC'임을 알 수 있으므로 '~태블릿 PC'는 참이다. 그러나 (1)과 (3)을 통해 '스마트폰'을 도출할 수 있고, 이에 따라 (2)의 대우에서 전건을 긍정해 '~노트북'을 도출할 수 있으므로 '노트북이 있다'는 거짓이다. 따라서 '태블릿 PC가 없고 노트북이 있다(~태블릿 PC ∧ 노트북)'는 거짓이다.

6일 하프모의고사 06 정답·해설

■ 정답
p.40

01	④ 독해	06	② 논리
02	④ 독해	07	② 독해
03	③ 독해 + 문법	08	① 어휘
04	③ 논리	09	① 논리
05	② 독해 + 문학	10	③ 독해

■ 취약영역 분석표

영역	틀린 답의 개수
독해	/ 4
독해 + 문법	/ 1
독해 + 문학	/ 1
논리	/ 3
어휘	/ 1
TOTAL	10

* 취약영역 분석표를 이용해 1개라도 틀린 문제가 있는 영역은 그 영역의 문제만 골라 해설을 다시 한번 꼼꼼히 학습하세요.

01 독해 | 공공언어 바로 쓰기 난이도 하 ●○○

정답 설명

④ 저하하는(×) → 향상하는, 개선하는(○): 공공언어 바로 쓰기 네 번째 원칙에 의하면 문맥에 맞는 정확한 어휘를 사용해야 한다. 이때 '저하(低下)하다'는 '정도, 수준, 능률 따위가 떨어져 낮아지다'를 뜻하는 말로 문화재단의 목적(시민들의 문화생활의 질을 높이고 지역 문화예술 발전에 기여하는 것)과 정반대의 의미(문화생활 수준 하락)를 전달하기 때문에 문맥상 부적절하다. 이를 '막아서 못 하도록 해치다'를 뜻하는 '저해(沮害)하다'로 수정하여도 여전히 문맥상 부적절한 의미를 전달하게 되므로 적절하지 않다. 참고로 이는 '향상(向上)하다', '개선(改善)하다' 등의 말로 수정하는 것이 적절하다.

오답 분석

① 리서치(×) → 조사(○): 공공언어 바로 쓰기 첫 번째 원칙에 의하면 외래어나 외국어는 가급적 우리말로 다듬어 사용해야 한다. 이때 '리서치'는 외래어이므로, 우리말인 '조사'로 수정한 것은 적절하다.

② 지역 문화 현황 조사 분석 연구(×) → 지역 문화 현황을 조사하고 분석하는 연구(○): 공공언어 바로 쓰기 두 번째 원칙에 의하면 지나친 명사의 나열은 피하고 조사, '-하다'를 적절하게 사용해야 한다. 수정 전의 문장은 명사가 지나치게 나열되어 있어 의미 파악이 어려운 문장이다. 따라서 조사 '의', '을'과 '-하고', '-하는'을 활용하여 의미를 명확히 전달하도록 수정한 것은 적절하다.

③ 수행한 기관들을 대상으로 합니다(×) → 수행한 기관들입니다(○): 공공언어 바로 쓰기 세 번째 원칙에 의하면 주어와 서술어의 관계를 명확하게 표현해야 한다. 수정 전의 문장은 주어부 '본 조사의 대상은'과 서술부 '대상으로 합니다'의 호응이 어색하다. 따라서 서술부를 '기관들입니다'로 수정하여 주어와 서술어의 관계를 명확히 표현하도록 수정한 것은 적절하다.

02 독해 | 빈칸 내용 추론하기 난이도 하 ●○○

정답 설명

④ 제시문은 카텔과 혼의 유동적 지능과 결정체적 지능에 관해 설명하고 있다. 제시문에 의하면 유동적 지능은 새로운 추상적인 문제를 해결하는 능력과 관련이 있고, 결정체적 지능은 어휘력, 일반 상식, 문화적 지식 등과 관련이 있다. 또한 연구 결과를 살펴보면 유동적 지능은 20대 후반에 정점에 도달한 뒤 30대부터 서서히 감소하기 시작해 나이가 들수록 지속적으로 하락하는 양상을 보였음을 알 수 있다. 반면 결정체적 지능은 참가자들의 점수가 50대까지 꾸준히 상승하다가 70대까지 비교적 안정적으로 유지되었음을 알 수 있다. 이를 종합해 볼 때, 유동적 지능은 새로운 상황에 적응하는 능력으로 나이가 들면서 감소하는 반면, 결정체적 지능은 지식과 경험에 기반한 것으로 노년기까지 유지되거나 증가함을 추론할 수 있다. 따라서 빈칸에 들어갈 내용으로 적절한 것은 ④이다.

오답 분석

① 제시문 끝에서 2~4번째 줄에 의하면 교육 수준이 높을수록 결정체적 지능이 높게 나타남을 알 수 있으나, 제시문 1번째 줄에 의하면 카텔과 혼의 연구는 연령이 인지 기능에 영향을 미침을 전제로 한다. 따라서 인지 발달이 연령보다는 교육 수준과 환경에 의해 결정된다는 ①은 빈칸에 들어갈 내용으로 적절하지 않다.

② 제시문에 의하면 카텔과 혼은 지능을 유동적 지능과 결정체적 지능으로 구별하였음을 알 수 있다. 따라서 결정체적 지능의 발달이 유동적 지능에 의존하며, 서로 분리될 수 없다는 추론은 적절하지 않으므로 ②는 빈칸에 들어갈 내용으로 적절하지 않다.

③ 제시문에 의하면 유동적 지능은 연령이 증가할수록 감소하나, 결정체적 지능은 연령이 증가할수록 오히려 증가함을 알 수 있다. 따라서 모든 형태의 인지 능력은 신경학적 노화에 따라 일정한 비율로 감소한다는 추론은 적절하지 않다. 또한 보상 메커니즘과 관련된 내용은 제시문에서 언급되지 않으므로 ③은 빈칸에 들어갈 내용으로 적절하지 않다.

03 독해+문법 | 숨겨진 내용 추론하기, 높임 표현 난이도 중 ●●○

정답 설명

③ 2문단에 의하면 종결 어미를 통해 실현되는 상대 높임법에는 비격식체의 '해요체'와 '해체'가 있다. 또한 3문단에 의하면 주체 높임법은 선어말 어미 '-(으)시-'를 사용하여 문장의 주체인 주어가 가리키는 대상을 높인다. ③에서 '읽으셨어요'는 '읽-+-으시-+-었-+-어요'로 분석할 수 있는데, 선어말 어미 '-으시-'를 사용하여 문장의 주어(주체)인 '아버지'를 높이고 있으므로 선어말 어미를 통한 주체 높임법이 나타난다는 추론은 적절하다. 또한 종결 어미 '-어요'는 비격식체 중 '해요체'에 해당하므로, 비격식체의 상대 높임법이 나타난다는 추론 역시 적절하다. 따라서 제시문을 읽고 추론한 내용으로 가장 적절한 것은 ③이다.

오답 분석

① 2문단에 의하면 상대 높임법은 화자가 청자를 높이거나 낮추는 표현법으로, 종결 어미를 통해 실현된다. ①에서 '뵈었습니다'는 '뵈-+-었-+-습니다'로 분석할 수 있는데, '하십시오체'의 종결 어미 '-습니다'를 통해 대화 상대인 어머니를 높이고 있으며, 이때 '뵈었습니다'의 기본형 '뵈다'는 목적어(객체)인 '선생님'을 높이는 객체 높임의 특수 어휘이다. 따라서 ①의 추론은 적절하지 않다.

② 2문단에 의하면 상대 높임법은 종결 어미를 통해 실현된다. ②에서 '여든입니다'는 '여든+이+-ㅂ니다'로 분석할 수 있는데, '하십시오체'의 종결 어미 '-ㅂ니다'를 통해 청자인 아버지를 높이고 있으므로, 상대 높임법이 나타난다는 추론은 적절하다. 또한 3문단에 의하면 주체 높임법은 조사 '께서'를 사용하여 주어(주체)를 높인다. ②는 '할머니께서는'과 같이 '께서'를 통해 주어인 할머니를 높이고 있으므로, 주체 높임법이 나타난다는 추론 역시 적절하다. 그러나 ②에는 문장의 목적어나 부사어가 지시하는 대상인 객체를 높이는 객체 높임법이 나타나지 않는다. 따라서 ②의 추론은 적절하지 않다.

④ 4문단에 의하면 객체 높임법은 문장 내에서 목적어나 부사어 등이 지시하는 대상을 높이는 표현법으로, 특수 어휘나 조사 '께'를 사용하여 객체를 높인다. ④는 '남의 집이나 가정'의 높임말인 '댁'과 '데리다'의 높임말인 '모시다', '주다'의 높임말인 '드리다'를 통해 목적어(객체)인 '할아버지'를 높이고 있으므로, 특수 어휘를 통한 객체 높임법이 나타난다는 추론은 적절하다. 그러나 ④의 '모셔다 드렸어요'는 '해요체'의 종결 어미 '-어요'를 통해 청자인 아버지를 높이고 있으므로, 종결 어미를 통한 객체 높임법이 아닌 상대 높임법이 나타난다는 것을 알 수 있다. 따라서 ④의 추론은 적절하지 않다.

이것도 알면 합격

높임법의 종류

주체 높임법	서술의 주체가 화자보다 나이가 많거나 사회적 지위가 높을 때 서술의 주체를 높이는 표현	
	직접 높임	주체를 직접적으로 높이는 방법으로, 높임의 표지가 주어에게 향해 있을 때 예 • 아버지께서 노하셨나 보다. • 할머니께서 집에 계신다.
	간접 높임	주체를 간접적으로 높이는 방법으로, 높임의 표지가 주체의 신체 부분이나 생활에 필수적인 사물, 개인적인 소유물 등과 같이 주체와 관련된 것일 때 예 • 곧 선생님의 말씀이 있으시겠습니다. • 할머니께서는 손가락이 아프시다. • 사장님, 시간 좀 있으십니까?
객체 높임법	목적어나 부사어가 지시하는 대상, 즉 서술의 객체를 높이는 표현 예 • 나는 아버지를 모시고 집으로 왔다. • 나는 어머님께 용돈을 드렸다.	
상대 높임법	화자가 청자를 높이거나 낮추는 표현. 하십시오체, 하오체, 하게체, 해라체 등의 격식체와 해요체, 해체 등의 비격식체가 있음 예 • 다음에 또 드르겠습니다. (하십시오체) • 다음에 또 드르겠소. (하오체) • 다음에 또 드르겠네. (하게체) • 다음에 또 드르겠다. (해라체) • 다음에 또 드르겠어요. (해요체) • 다음에 또 들를게. (해체)	

04 논리 | 명제의 전제 추론하기 난이도 하 ●○○

정답 설명

③ 제시된 진술을 기호화하면 아래와 같다.

(1) 교사 → (판단력 ∨ 사교적)
(2) 사교적 → 자기 계발
[결론] 교사 → 자기 계발

(1)과 (2)를 결합하면 '교사 → [판단력 ∨ (사교적 → 자기 계발)]'이므로 '교사 → (판단력 ∨ 자기 계발)'을 도출할 수 있다. 이때 결론인 '교사 → 자기 계발'을 도출하기 위해서는 '판단력'과 결론의 '자기 계발'을 연결할 수 있는 전제가 추가되어야 한다. 따라서 결론을 이끌어 내기 위해 추가해야 할 것은 '판단력이 뛰어난 모든 사람은 자기 계발에 투자한다(판단력 → 자기 계발)'이다.

오답 분석

① '사교적인 모든 사람은 판단력이 뛰어나지 않다(사교적 → ~판단력)'가 추가되어도 결론은 도출할 수 없다.

② '자기 계발에 투자하는 모든 사람은 사교적이다(자기 계발 → 사교적)'가 추가되어도 결론은 도출할 수 없다.

④ '판단력이 뛰어나고 사교적인 모든 사람은 자기 계발에 투자하지 않는다[(판단력 ∧ 사교적) → ~자기 계발]'은 (2) '사교적 → 자기 계발'과 모순되므로 전제로 추가되어도 결론은 도출할 수 없다.

05 독해 + 문학 | 세부 내용 파악하기, 문학의 이해 난이도 하 ●○○

정답 설명

② 4문단을 통해 삽입 시가 자주 사용되었음과 묘사가 발달하지 않았던 당시에 주인공의 정서를 표출하는 방법으로 삽입 시가 유용하게 쓰였음을 알 수 있다. 따라서 전기 소설에서 인물의 심리를 나타낼 때 묘사가 아닌 삽입 시를 사용하였다는 설명은 제시문에 대한 이해로 적절하다.

오답 분석

① 3문단을 통해 전기 소설의 비현실적 공간은 작가의 이루지 못한 소망을 이루거나, 현실 정치를 비판하는 등 작가의 욕구를 실현하는 공간으로 기능하였음을 알 수 있다. 하지만 제시문을 통해 비현실적 공간이 당시 서민의 욕구를 대리만족시켜 주었는지는 알 수 없으므로 ①은 제시문에 대한 이해로 적절하지 않다.

③ 2문단을 통해 전기 소설의 인물은 재자가인형 인물로 비범한 능력이나 뛰어난 자질을 갖추었음을 알 수 있다. 하지만 그들의 내면에는 고독과 소외가 있음을 알 수 있을 뿐, 그들이 시련을 의연하게 극복하는 의지적인 태도를 가진 인물이었는지는 제시문을 통해 알 수 없으므로 ③은 제시문에 대한 이해로 적절하지 않다.

④ 1문단을 통해 전기 소설은 비현실적 요소를 가미한 소설 양식임을 알 수 있다. 따라서 전기 소설이 주로 당대 현실의 구체적 사건을 있는 그대로 나타내는 데 주목하였다는 ④의 설명은 제시문에 대한 이해로 적절하지 않다.

이것도 알면 합격

1. 김시습, '만복사저포기(萬福寺樗蒲記)'의 주제 및 특징
   (1) 주제: 죽음을 초월한 남녀 간의 애정
   (2) 특징
      - 삽입 시를 통해 인물의 심리를 효과적으로 드러냄
      - 불교의 윤회 사상을 바탕으로 한 전기적 요소가 나타남
2. 김시습, '용궁부연록(龍宮赴宴錄)'의 주제 및 특징
   (1) 주제: 주인공의 용궁 체험과 세속적 명리의 덧없음
   (2) 특징
      - '현실 - 비현실 - 현실'의 몽유 구조를 취함
      - 뛰어난 글재주를 지녀 세종에게 부름을 받았던 작가의 개인적 경험을 바탕으로 창작됨

06 논리 | 명제의 결론 추론하기 난이도 하 ●○○

정답 설명

② 제시된 진술을 기호화하면 아래와 같다.

(1) 김치찌개 ∨ 된장찌개
(2) 된장찌개 → ~공깃밥 ≡ 공깃밥 → ~된장찌개 (대우)
(3) ~공깃밥 → 냉면 ≡ ~냉면 → 공깃밥 (대우)
(4) ~냉면

(4)에서 '~냉면'이 확정됨에 따라 (3)의 대우에서 전건 '~냉면'을 긍정하여 '공깃밥'을 도출할 수 있다. 이에 따라 (2)의 대우에서 전건 '공깃밥'을 긍정하여 '~된장찌개'를 도출할 수 있으므로, (1)에서 선언지 제거를 통해 '김치찌개'를 도출할 수 있다. 따라서 빈칸에 들어갈 말로 가장 적절한 것은 '김치찌개를 주문했다(김치찌개)'이다.

오답 분석

① (4)에서 '~냉면'이 확정됨에 따라 (3)의 대우에서 '공깃밥'을 도출할 수 있으므로, (2)의 대우에서 '~된장찌개'를 도출할 수 있다. 따라서 '된장찌개를 주문했다(된장찌개)'는 빈칸에 들어갈 말로 적절하지 않다.

③ (4)에서 '~냉면'이 확정됨에 따라 (3)의 대우에서 '공깃밥'을 도출할 수 있다. 따라서 '공깃밥을 주문하지 않았다(~공깃밥)'는 빈칸에 들어갈 말로 적절하지 않다.

④ (4)에서 '~냉면'이 확정됨에 따라 (3)의 대우에서 '공깃밥'을 도출할 수 있으므로, (2)의 대우에서 '~된장찌개'를 도출할 수 있다. 이에 따라 (1)에서 선언지 제거를 통해 '김치찌개'를 도출할 수 있다. 따라서 '김치찌개를 주문하지 않았다(~김치찌개)'는 빈칸에 들어갈 말로 적절하지 않다.

07 독해 | 세부 내용 파악하기 난이도 하 ●○○

정답 설명

② 3문단에 따르면 발명의 4가지 단계인 문제 인식, 아이디어 생성, 실험 및 검증, 개선에서 실패는 반드시 겪는 필수적인 학습 경험이다. 이때 발명가들은 대개 실패를 통한 인식의 전환으로 새로운 결과를 만들어 낸다. 이를 통해 발명 과정에서의 실패는 반드시 존재한다는 것을 알 수 있으나, 실패가 사회 구조를 근본적으로 변화시키는 데 걸림돌이 된다는 내용은 제시문을 통해 확인할 수 없다. 따라서 제시문을 이해한 내용으로 적절하지 않은 것은 ②이다.

오답 분석

① 1~2문단에 따르면 인류 역사에서 발명은 문명의 발전을 이끄는 핵심 동력이었으며, 산업 혁명 시기에는 생산 방식의 혁신을 이루고, 20세기에는 현대 문명의 기초를 형성했다. 이를 통해 발명이 산업 혁명과 현대 문명의 기초를 이루며 인류 문명의 발전을 이끌었음을 알 수 있으므로, ①의 설명은 적절하다.

③ 마지막 문단에 따르면 현대 사회에서 발명은 다양한 분야의 전문 지식이 필요하기 때문에 점차 개인의 영역에서 팀과 조직의 영역으로 확장되고 있다. 이를 통해 현대의 발명은 팀과 조직을 중심으로 하여 전문 지식을 필요로 하는 특성이 있음을 알 수 있으므로, ③의 설명은 적절하다.

④ 마지막 문단에 따르면 미래 발명의 방향은 편의성 증진은 물론, 사회적 가치 창출과 인류 공동의 문제 해결에 더욱 초점을 맞추고 있다. 이를 통해 미래의 발명은 인류의 편의를 높이고 인류가 공동으로 느끼는 문제를 해결하는 데 중점을 두고 있음을 알 수 있으므로, ④의 설명은 적절하다.

08 어휘 | 고유어와 한자어의 대응 난이도 하 ●○○

정답 설명
① ㉠의 기본형 '조성(造成)하다'는 문맥상 '무엇을 만들어서 이루다'를 뜻하나, ⓛ의 기본형 '잇다'는 '두 끝을 맞대어 붙이다', '끊어지지 않게 계속하다', '뒤를 잇따르다'를 뜻하므로 ㉠과 바꿔 쓰기에 적절하지 않다. 참고로 ㉠과 바꿔 쓸 수 있는 유사한 표현으로는 '어떤 대상이 일정한 상태나 결과를 생기게 하거나 일으키거나 만들다'를 뜻하는 '이루다'가 있다.

오답 분석
② ・경험(經驗)하다: 자신이 실제로 해 보거나 겪어 보다.
・겪다: 어렵거나 경험될 만한 일을 당하여 치르다.
③ ・확장(擴張)되다: 범위, 규모, 세력 따위가 늘어나서 넓어지다.
・넓어지다: 넓게 되다.
④ ・시사(示唆)하다: 어떤 사실을 넌지시 드러내거나 간접적으로 예고하다.
・드러내다: 알려지지 않은 사실을 보이거나 밝히다.

09 논리 | 논증의 강화 및 약화 평가하기 난이도 중 ●●○

정답 설명
① 1문단에 의하면 환경 결정론자들은 건축 환경이 인간의 행동을 직접적으로 결정한다고 주장하며, 개방적인 공간이 소통과 협업을 증가시킨다고 주장한다. 이때 개방형 열람실로 새 단장한 대학 도서관에서 학생들 간의 소통과 협업이 증가했다는 조사 결과는 환경이 행동을 결정한 사례에 해당한다. 이는 환경 결정론자들의 주장을 뒷받침하므로 환경 결정론자들의 주장을 강화한다. 따라서 평가한 내용으로 가장 적절한 것은 ①이다.

오답 분석
② 환경 가능론자들은 같은 공간이라도 개인의 문화적 배경, 경험, 심리 상태에 따라 다르게 인식될 수 있다고 주장한다. 이때 폐쇄형 사무실이 서구와 동아시아에서 다르게 인식된다는 연구 결과는 같은 공간이 개인의 문화적 배경에 따라 다르게 해석되는 사례에 해당한다. 이는 환경 가능론자들의 주장을 뒷받침하므로, 이들의 주장을 약화하지 않고 강화한다. 따라서 ②는 적절하지 않다.

③ 환경 결정론자들은 건축 환경이 인간의 행동을 직접적으로 결정한다고 주장한다. 이와 달리 환경 가능론자들은 건축 환경이 인간 행동에 영향을 미치지만 전적으로 결정하지는 않으며, 건축 환경은 행동 가능성의 틀을 제공할 뿐, 이용자의 해석과 선택에 따라 실제 행동이 달라진다고 주장한다. 환경 가능론자에 의하면 이는 건축 환경이 설계된 의도대로 인간이 행동하지 않을 수 있음을 의미한다. 이때 범죄 예방 환경 설계를 적용한 주거 단지에서 범죄율이 크게 변하지 않았다는 연구 결과는 환경 설계가 행동(범죄 예방)에 직접적인 영향을 미치지 못하는 사례에 해당한다. 이는 환경 결정론자들의 주장을 반박하므로, 이들의 주장을 강화하지 않고 약화한다. 그러나 이는 환경 가능론자들의 주장은 뒷받침하므로, 이들의 주장을 강화한다. 따라서 ③은 적절하지 않다.

④ 사회 구성론자들은 건축물의 의미가 시간에 따라 사회적 해석과 함께 변화하며, 그에 따라 인간의 행동도 변화한다고 주장한다. 이때 과거 종교적 권위의 상징이었던 성당이 현대에 이르러 관광 시설로 개방되자 사람들이 건물 내부에서 소란스럽게 행동하기 시작한 것은 시간에 따라 건축물에 대한 사회적 해석이 변화함에 따라 인간의 행동도 변화함을 보여주는 사례에 해당한다. 이는 사회 구성론자들의 주장을 뒷받침하므로, 이들의 주장을 약화하지 않고 강화한다. 따라서 ④는 적절하지 않다.

10 독해 | 말하기 전략 파악하기 난이도 하 ●○○

정답 설명
③ 제시된 대화에서 을은 처음에는 대중교통 무료화 정책에 대해 서비스 질이 떨어질 수 있다고 우려하며, 서비스를 개선하고 적정 가격을 유지하는 것이 중요하다고 생각한다. 그러나 을은 병이 제시한 '소득 수준에 따른 차등 요금제'에 대한 의견을 수용하며, 서비스 질을 떨어뜨리지 않는 현실적인 정책이 있을 수 있다는 점을 긍정한다. 이를 통해 을이 병의 의견을 수용하며 대중교통 정책에 대한 자신의 의견을 수정하고 있다는 점을 알 수 있다. 따라서 대화를 분석한 내용으로 가장 적절한 것은 ③이다.

[관련 부분]
・제가 다시 생각해 보니 소득에 따른 차등 요금제는 서비스 질을 유지할 수 있는 현실적인 대안이 될 수 있겠네요.

오답 분석
① 제시된 대화에서 자신의 전문성을 강조하며 설득력을 높이려는 사람은 나타나지 않는다. 따라서 ①은 대화를 분석한 내용으로 적절하지 않다.
② 제시된 대화에서 감정적 표현을 통해 상대방의 의견을 반박하는 사람은 나타나지 않는다. 따라서 ②는 대화를 분석한 내용으로 적절하지 않다.
④ 제시된 대화에서 논점을 의도적으로 전환하여 자신에게 유리한 방향으로 대화를 이끄는 사람은 나타나지 않는다. 따라서 ④는 대화를 분석한 내용으로 적절하지 않다.

7일 하프모의고사 07 정답·해설

■ 정답 p.46

01	③ 독해	06	④ 어휘
02	① 독해	07	④ 논리
03	③ 독해 + 문학	08	④ 논리
04	④ 어휘	09	④ 독해 + 문법
05	② 독해	10	② 논리

■ 취약영역 분석표

영역	틀린 답의 개수
독해	/ 3
독해 + 문법	/ 1
독해 + 문학	/ 1
논리	/ 3
어휘	/ 2
TOTAL	10

* 취약영역 분석표를 이용해 1개라도 틀린 문제가 있는 영역은 그 영역의 문제만 골라 해설을 다시 한번 꼼꼼히 학습하세요.

01 독해 | 글 고쳐쓰기   난이도 하 ●○○

정답 설명

③ ⓒ의 뒤 문장에서는 통과 의례가 개인의 생물학적 성장에 사회문화적 의미를 부여하는 역할을 한다고 설명한다. 따라서 통과 의례가 개인에게 성인으로서의 권리와 책임을 부여하는 의례임을 알 수 있으므로, ⓒ을 '개인이 성인으로서의 권리와 책임을 부여받는 의례이다'로 수정하는 것은 적절하다.

오답 분석

① ㉠의 앞 문장에서는 의례가 초자연적 존재와의 소통 여부에 따라 종교적 의례와 세속적 의례로 나눌 수 있다고 설명한다. 또한 ㉠이 포함된 문장에서는 전자인 종교적 의례가 초자연적 존재와의 소통을 목적으로 한다고 설명한다. 따라서 후자인 세속적 의례는 초자연적 존재가 나타나지 않는 의례임을 알 수 있으므로, ㉠을 '초자연적 요소와 함께 사회적 관계나 규범을 강화하기 위해 수행된다'로 수정하는 것은 적절하지 않다.

② ㉡이 포함된 문장에서는 통과 의례를 분리, 전이, 통합의 세 단계로 분리하여 설명한다. 이때 ㉡의 '구성된다'는 적절한 피동 표현으로, 이를 '구성되어진다'와 같이 피동 접미사 '-되다'에 피동 표현 '-어지다'가 결합한 이중 피동 표현으로 수정하는 것은 적절하지 않다.

④ ㉣의 앞 문장에서는 의례가 공동체의 결속력을 강화하고 사회적 통합을 촉진한다고 설명한다. 따라서 주기적으로 반복되는 의례는 공동체인 집단의 정체성과 공유된 기억을 강화하며 결속력을 높인다는 것을 알 수 있으므로, ㉣을 '집단의 정체성과 공유된 기억을 약화하며'로 수정하는 것은 적절하지 않다.

02 독해 | 글의 순서 파악하기   난이도 하 ●○○

정답 설명

① (가)~(라)를 맥락에 맞게 순서대로 나열한 것은 '(가) - (나) - (라) - (다)'이므로 답은 ①이다.

순서	중심 내용	순서 판단의 단서와 근거
(가)	포스트잇은 스펜서 실버가 우연히 개발한 약한 접착제에서 비롯되었으나 당시에는 실패작으로 여겨짐	접속어나 지시 표현으로 시작하지 않으면서 글의 중심 화제인 '포스트잇'이 발명된 기원을 설명함
(나)	실버가 만든 약한 접착제는 주목받지 못했지만, 프라이는 이를 활용할 수 있는 아이디어를 떠올림	지시 표현 '이것': (가)에서 스펜서 실버가 개발했으나, 당시 회사에서는 실패작으로 생각한 '약한 접착제'를 가리킴
(라)	프라이의 아이디어는 시제품 제작과 시범 판매를 거쳐 전국적으로 성공을 거둔 '포스트잇 노트'로 상용화됨	지시 표현 '이 아이디어': (나)에서 프라이가 떠올린 아이디어로, 실버의 약한 접착제로 찬송가에 표시하던 종이가 떨어지는 문제를 해결할 수 있다는 것을 가리킴
(다)	출시된 포스트잇은 다양한 형태로 발전하며 사무실과 현대 사회에서 널리 활용됨	・접속어 '특히': (라)에서 포스트잇이 출시된 이후 포스트잇이 사무실 환경에 혁신적인 변화를 주었음을 설명함 ・현대 사회에서 다양하게 활용되는 포스트잇에 대해 설명하며 글을 마무리함

03 독해+문학 | 세부 내용 파악하기, 문학의 이해 난이도 하 ●○○

정답 설명
③ 2문단에 따르면 현대 문학에서 신화의 차용은 재맥락화를 통한 새로운 의미 생성 과정으로, 작가들은 전통적 신화 서사를 현대적 상황에 적용하면서 익숙한 이야기에 낯선 시각을 부여하였다. 따라서 문학 작품에서 신화의 재맥락화는 익숙한 이야기에 새로운 의미를 부여하는 과정이라는 ③의 설명은 적절하다.

오답 분석
① 3문단에 따르면 한국 현대 문학에서는 토착 신화와 무속 신앙의 요소가 주로 민족적 정체성과 역사 인식을 매개하는 역할을 했다. 따라서 한국 문학에서 신화적 요소가 주로 서구 신화를 차용하는 방식으로 나타난다는 ①의 설명은 적절하지 않다.

② 2문단에 따르면 현대 문학에서 신화의 차용은 단순한 원형적 이야기 구조의 반복이 아니라 재맥락화를 통한 새로운 의미 생성 과정이다. 따라서 현대 문학에서 신화는 주로 원형적 서사 구조를 그대로 복제하는 데 의의가 있다는 ②의 설명은 적절하지 않다.

④ 2문단에 따르면 작가들은 재맥락화 과정에서 고대 신화 속 인물을 현대적 문맥에서 재해석하였으며, 조이스는 『율리시즈』에서 호메로스의 『오디세이』 구조를 더블린의 일상에 중첩하여, 영웅적 서사를 평범한 인물의 내면 여정으로 전환했다. 이는 『율리시즈』에 신화적 요소가 포함되어 있음을 의미한다. 따라서 조이스의 『율리시즈』는 신화적 요소를 배제하고 일상의 사실적 묘사에 집중한 작품이라는 ④의 설명은 적절하지 않다.

이것도 알면 합격

김동리 '무녀도(巫女圖)'의 주제 및 특징
1. 주제: 전통적인 무속 신앙과 외래 종교인 기독교 사이의 갈등이 빚은 혈육 간의 비극적 결말
2. 특징
   - 서술자인 '나'가 등장하는 외부 이야기와 '무녀도'에 얽힌 사연이 그려지고 있는 내부 이야기로 구성됨
   - 1인칭 주인공 시점과 전지적 작가 시점이 나타남

04 어휘 | 고유어와 한자어의 대응 난이도 하 ●○○

정답 설명
④ ㉣의 기본형 '조명(照明)하다'는 문맥상 '어떤 대상을 일정한 관점으로 바라보다'의 의미로 사용되었으나, ④의 기본형 '비치다'는 '빛이 나서 환하게 되다' 또는 '물체의 그림자나 영상이 나타나 보이다' 또는 '뜻이나 마음이 밖으로 드러나 보이다'를 의미하므로 ㉣과 바꿔 쓰기에 적절하지 않다. 참고로 ㉣과 바꿔 쓸 수 있는 유사한 표현으로는 '어떤 현상이나 사태를 자신의 시각으로 관찰하다'를 의미하는 '바라보다'가 있다.

오답 분석
① ・차용(借用)하다: 다른 나라 언어에서 단어, 형태소, 문자나 개별적 표현 따위를 빌려다 쓰다.
・빌리다: 일정한 형식이나 이론, 또는 남의 말이나 글 따위를 취하여 따르다.

② ・분명(分明)하다: 1. 모습이나 소리 따위가 흐릿함이 없이 똑똑하고 뚜렷하다. 2. 어떤 사실이 틀림이 없이 확실하다.
・뚜렷하다: 엉클어지거나 흐리지 아니하고 아주 분명하다.

③ ・중첩(重疊)하다: 거듭 겹치거나 포개어지다.
・겹치다: 여러 사물이나 내용 따위가 서로 덧놓이거나 포개어지다.

05 독해 | 숨겨진 내용 추론하기 난이도 중 ●●○

정답 설명
② 3문단 끝에서 1~4번째 줄에 의하면 리소좀은 세포 내의 소화 기관 같은 소기관으로, 오래되거나 손상된 세포 구성 요소나 외부에서 들어온 물질을 소화하고 분해한다. 만약 리소좀에 이상이 생기면 오래되거나 손상된 세포 구성 요소나 외부 물질을 분해하는 능력이 떨어질 것이므로, 세포 내 노폐물이 축적될 것임을 추론할 수 있다. 따라서 제시문에서 추론한 내용으로 가장 적절한 것은 ②이다.

오답 분석
① 2문단 4~5번째 줄에 의하면 물질들은 핵막에 있는 작은 구멍인 핵공을 통해 핵과 세포질 사이를 이동한다. 이를 통해 핵공이 막히면 핵과 세포질 사이 물질들의 출입이 방해받을 것임은 알 수 있다. 그러나 제시문을 통해 DNA의 복제 과정이나 핵공이 DNA 복제 속도에 미치는 영향은 알 수 없다. 따라서 ①은 제시문에서 추론한 내용으로 적절하지 않다.

③ 3문단 2~4번째 줄에 의하면 미토콘드리아는 음식물로부터 얻은 영양소를 이용한 세포 호흡을 통해 에너지를 생산함은 알 수 있으나, 미토콘드리아가 단백질 합성과 관련이 있는지는 제시문을 통해 알 수 없다. 따라서 미토콘드리아가 많은 세포일수록 단백질 합성 능력이 우수할 것이라는 ③의 추론은 적절하지 않다. 참고로 단백질 합성과 관련이 있는 세포의 소기관은 리보솜이다.

④ 3문단 끝에서 6~8번째 줄에 의하면 매끈면 소포체는 지방 성분을 합성하고 해독 작용을 수행한다. 이를 통해 매끈면 소포체가 증가할수록 세포 내 지방 성분 합성량은 증가할 것임을 추론할 수 있으므로 매끈면 소포체가 증가하면 세포 내 지방 성분 합성량이 감소할 것이라는 ④의 추론은 적절하지 않다.

06 어휘 | 다의어의 의미 　　　　　난이도 하 ●○○

정답 설명

④ 내가 이 사건을 맡은 이상 반드시 범인을 잡고 말 것이다: ④와 ⊙의 '맡다'는 '어떤 일에 대한 책임을 지고 담당하다'의 뜻으로 쓰였다. ⊙의 의미와 가장 가까운 것은 ④이다.

오답 분석

① 이 숙소는 짐을 맡아 주기 때문에 편리하다: 이때 '맡다'는 '어떤 물건을 받아 보관하다'를 뜻한다.
② 주차장에서 자리를 맡아 두는 행위는 옳지 못하다: 이때 '맡다'는 '자리나 물건 따위를 차지하다'를 뜻한다.
③ 그 사업을 진행하기 위해서는 시청의 허가를 맡아야 했다: 이때 '맡다'는 '면허나 증명, 허가, 승인 따위를 얻다'를 뜻한다.

07 논리 | 논증의 강화 및 약화 평가하기 　　　　난이도 하 ●○○

정답 설명

④ ⊙에 의하면 기업 채용에서 경쟁과 서열화를 통한 선별 기능이 필수적이며, 이를 위해 객관적이고 공정한 평가 시스템이 요구된다. 반면 ⓒ에 의하면 과정적 접근의 관점에서 지원자들의 고차원적 역량을 측정하고 개인의 발전 가능성을 평가할 수 있는 다양한 평가 방식이 필요하다. 면접이나 인턴십 경험 등 다양한 전형 요소를 통해 선발된 직원들이 필기시험 성적으로만 채용된 직원보다 문제 해결 능력이 더 높고 조직 내에서도 상위 성과를 보인다는 통계 결과는 표준화된 시스템만으로는 적합한 인재를 선별하기 어렵다는 것을 보여주므로 ⊙을 약화한다. 또한 이는 과정을 평가하는 다양한 대안적 평가 방식이 인재의 역량을 최대한 발휘하도록 돕는다는 ⓒ의 내용을 뒷받침하므로 ⓒ을 강화한다.

오답 분석

① 표준화된 채용 시험에서 높은 점수를 받은 지원자들이 실제 직무 수행에서 낮은 성과를 보인다는 연구 결과는 표준화된 시험이 직무 능력을 제대로 측정하지 못함을 보여준다. 이는 표준화된 시험이 지원자의 역량을 효과적으로 측정한다는 ⊙의 내용과 상충하므로 ⊙을 강화하지 않고 약화한다.
② 자기 평가와 역량 중심 평가 비중을 높인 기업에서 표준화된 평가 비중이 높았을 때보다 직원들의 업무 성과가 더 높게 나타났다는 조사 결과는 과정을 평가하는 다양한 평가 방식이 조직과 지원자 모두에게 성장 기회를 제공한다는 ⓒ의 주장을 뒷받침한다. 따라서 ⓒ을 약화하지 않고 강화한다.
③ 채용 시 필기 시험의 반영 비율을 줄이고 프로젝트 수행 결과나 포트폴리오를 중심으로 인재를 선발한 기업이 산업 내 혁신 지수와 성장률이 높았다는 사례는 표준화된 평가 방식보다 과정을 평가하는 다양한 평가 방식이 더 효과적임을 보여준다. 이는 표준화된 방식의 한계를 드러내므로 ⊙을 약화하고, 다양한 대안적 평가 방식의 효과성을 입증하므로 ⓒ을 강화한다.

08 논리 | 명제의 결론 추론하기 　　　　난이도 하 ●○○

정답 설명

④ 제시된 진술을 기호화하면 아래와 같다.

(1) 독서실 → 공부 ≡ ~공부 → ~독서실 (대우)
(2) 공부 → ~휴대폰 ≡ 휴대폰 → ~공부 (대우)
(3) 휴대폰

(3)에서 '휴대폰'이 확정되었음을 알 수 있다. 이에 따라 (2)의 대우에서 전건인 '휴대폰'을 긍정할 수 있으므로 '~공부'를 확정할 수 있다. 또한 (1)의 대우에서 전건 '~공부'를 긍정하여 '~독서실'을 확정할 수 있으므로, '휴대폰', '~공부', '~독서실'이 참이 된다. 따라서 반드시 참인 것은 ④ '지수는 공부를 하지 않고 독서실에 가지 않는다(~공부 ∧ ~독서실)'이다.

오답 분석

① (3)에서 '휴대폰'이 확정되었으므로 (2)의 대우에서 '~공부'를 확정할 수 있다. 따라서 '지수는 공부를 한다(공부)'는 거짓이다.
② (3)에서 '휴대폰'이 확정되었으므로 (2)의 대우에서 '~공부'를 확정할 수 있고, 이에 따라 (1)의 대우에서 '~독서실'을 확정할 수 있다. 따라서 '지수는 독서실에 간다(독서실)'는 거짓이다.
③ (3)에서 '휴대폰'이 확정되었으므로 (2)의 대우에서 '~공부'를 확정할 수 있고, 이에 따라 (1)의 대우에서 '~독서실'을 확정할 수 있다. 따라서 '공부'는 거짓이므로, '지수는 공부를 하고 독서실에 가지 않는다(공부 ∧ ~독서실)'가 반드시 참이 되지 않음을 알 수 있다.

09 독해 + 문법 | 빈칸 내용 추론하기, 합성 부사의 형성 　난이도 중 ●●○

정답 설명

④ (가)와 (나)에 들어갈 말을 적절하게 나열한 것은 (가) '관형사', (나) '동사의 관형사형'이므로 답은 ④이다.

- (가) 관형사: 2문단을 통해 '한층'과 '한바탕'에서 '한'이 명사인 '층'과 '바탕'을 수식하며, 국어에서 명사, 대명사, 수사와 같은 체언을 꾸며 주는 것은 관형사임을 알 수 있다. 따라서 '한층, 한바탕'은 명사를 꾸며 주는 관형사 '한'과 명사 '층, 바탕'이 결합한 합성 부사임을 추론할 수 있으므로, (가)에 들어갈 말로 적절한 것은 '관형사'이다.
- (나) 동사의 관형사형: (나)가 포함된 문장의 뒤 문장을 통해 '이른바'가 동사 '이르다'의 어간에 관형사형 어미 '-ㄴ'이 결합한 후 의존 명사 '바'가 결합하여 만들어졌음을 알 수 있다. 따라서 '이른바'는 동사 '이르다'의 관형사형 '이른'과 의존 명사 '바'가 결합한 합성 부사임을 추론할 수 있으므로, (나)에 들어갈 말로 적절한 것은 '동사의 관형사형'이다.

이것도 알면 합격

합성 부사의 구성 방식

구성 방식	예
부사 + 부사	곧잘, 곧바로, 이리저리
부사 또는 비자립성 어근의 반복	두근두근, 길이길이
명사 + 명사	밤낮, 어제오늘
명사나 수사의 반복	갈래갈래, 하나하나
관형사 + 명사	한층, 한바탕
용언(동사, 형용사)의 관형사형 + 명사	된통, 이른바

10 논리 | 명제의 전제 추론하기   난이도 하 ●○○

정답 설명
② 제시된 진술을 기호화하면 아래와 같다.

> (1) 5월 → 강당
> (2) 밴드 공연 → 마이크
> [결론] 강당 ∧ 마이크

'강당 ∧ 마이크'를 결론으로 도출하기 위해서는 (1)과 (2)에서 각각의 후건을 도출할 수 있는 전제가 추가되어야 한다. 이때 '5월 ∧ 밴드 공연'이 전제로 추가되면 (1)과 (2)에서 전건을 긍정하여 '강당'과 '마이크'를 도출할 수 있다. 따라서 빈칸에 들어갈 말로 가장 적절한 것은 ② '학교 축제를 5월에 개최하고 밴드 공연을 진행합니다(5월 ∧ 밴드 공연)'이다.

오답 분석
① '~밴드 공연'이 전제로 추가되면 (2)에서 '마이크'를 도출할 수 없으므로, 결론의 '강당 ∧ 마이크'를 도출할 수 없다. 따라서 '학교 축제에서 밴드 공연을 진행하지 않습니다(~밴드 공연)'는 빈칸에 들어갈 말로 적절하지 않다.

③ '~5월 ∧ 밴드 공연'이 전제로 추가되면 (2)에서 '마이크'는 도출할 수 있으나, '강당'은 도출할 수 없다. 따라서 '학교 축제를 5월에 개최하지 않고 밴드 공연을 진행합니다(~5월 ∧ 밴드 공연)'는 빈칸에 들어갈 말로 적절하지 않다.

④ '~5월 ∧ ~밴드 공연'이 전제로 추가되면 (1)과 (2)에서 '강당'과 '마이크'를 도출할 수 없으므로, 결론의 '강당 ∧ 마이크'를 도출할 수 없다. 따라서 '학교 축제를 5월에 개최하지 않고 밴드 공연을 진행하지 않습니다(~5월 ∧ ~밴드 공연)'는 빈칸에 들어갈 말로 적절하지 않다.

8일 하프모의고사 08 정답·해설

정답
p.52

01	④ 독해	06	③ 논리
02	④ 독해	07	③ 독해
03	③ 논리	08	① 어휘
04	① 독해	09	④ 논리
05	④ 독해	10	③ 독해 + 문법

취약영역 분석표

영역	틀린 답의 개수
독해	/ 5
독해 + 문법	/ 1
독해 + 문학	/ -
논리	/ 3
어휘	/ 1
TOTAL	10

* 취약영역 분석표를 이용해 1개라도 틀린 문제가 있는 영역은 그 영역의 문제만 골라 해설을 다시 한번 꼼꼼히 학습하세요.

---

01 독해 | 공공언어 바로 쓰기   난이도 하 ●○○

정답 설명
④ 시민 참여 프로세스를 강화하여 행정 투명성을 높인다(×) → 시민참여 절차를 강화하여 행정 투명성을 높인다(○): ㉣에 따르면 외국어나 외래어는 가급적 우리말로 바꾸어야 한다. 이때 ④의 수정 전 문장은 '과정, 절차'를 의미하는 외래어인 '프로세스'가 사용되었다. 그러나 수정 후 문장에서 이를 순화한 '활동'은 '몸을 움직여 행동함'을 뜻하므로 적절한 외래어 순화가 이루어지지 않았다. 따라서 ④의 수정은 적절하지 않다. 참고로 '프로세스'는 '절차', '과정' 등으로 바꾸는 것이 적절하다.

오답 분석
① 이번 사태의 대책을 신속하고 빠르게 마련하겠습니다(×) → 이번 사태의 대책을 신속하게 마련하겠습니다(○): ㉠에 따르면 의미가 중복되는 표현을 사용하지 않아야 한다. 이때 ①의 수정 전 문장은 '신속하고'의 기본형 '신속(迅速)하다'가 '매우 날쌔고 빠르다'를 뜻하므로 '빠르게'와 의미가 중복된다. 따라서 '신속하고'를 삭제함으로써 의미가 중복되는 표현을 사용하지 않도록 수정하였으므로, ①의 수정은 적절하다.
② 우리 지역의 환경 보호와 지속 가능한 발전을 위해 생활 쓰레기 분리배출 방법이 새롭게 바뀌며, 이에 따라 종이류, 플라스틱류, 유리류, 금속류 등으로 세분화하여 분리배출 해야 합니다(×) → 우리 지역의 환경 보호와 지속 가능한 발전을 위해 생활 쓰레기 분리배출 방법이 새롭게 바뀝니다. 이에 따라 종이류, 플라스틱류, 유리류, 금속류 등으로 세분화하여 분리배출 해야 합니다(○): ㉡에 따르면 복잡한 내용은 여러 문장으로 나누어 표현해야 한다. 이때 ②의 수정 전 문장은 길고 복잡한 내용이 하나의 문장으로 연결되어 있다. 따라서 이를 두 개의 문장으로 나누어 수정하였으므로, ②의 수정은 적절하다.

③ 민원 접수 후 처리 결과 안내(×) → 민원을 접수한 후 처리 결과를 안내합니다(○): ㉢에 따르면 필요한 조사와 '-하다' 등을 적절히 사용해야 한다. 이때 ③의 수정 전 문장은 조사와 '-하다'가 생략되어 있다. 따라서 조사 '을', '를'과 '-하다' 등을 적절히 추가하여 수정하였으므로, ③의 수정은 적절하다.

---

02 독해 | 중심 내용 및 핵심 논지 파악하기   난이도 하 ●○○

정답 설명
④ 1~2문단에서는 간편식에 대한 사회적 담론이 주로 건강 문제를 중심으로 전개되어 왔으나, 최근의 담론은 보다 복합적으로 전개되고 있다는 점을 설명한다. 또한 마지막 문단에서는 간편식을 둘러싼 담론은 이분법적 시각에서 보다 체계적이고 실용적인 방향으로 발전하였음을 설명한다. 따라서 지문은 간편식에 대한 담론이 건강 중심의 단순한 시각에서 벗어나, 복합적이고 실용적으로 발전하게 되었음을 설명하므로 글의 핵심 논지로 가장 적절한 것은 ④이다.

오답 분석
① 마지막 문단에서는 식품 기업들이 간편식에 대한 대중들의 딜레마에 대응하며, 덜 나쁜 간편식을 개발하고 있다는 점을 설명한다. 따라서 식품 기업들은 이윤 추구를 위해 간편식의 건강 위험성을 숨기고 있지 않으므로, ①은 글의 핵심 논지로 적절하지 않다.
② 제시문에서는 간편식의 소비를 줄이거나, 이를 위한 개인의 의지와 선택이 중요하다는 점을 설명하지 않는다. 오히려 3문단에서는 식품 기업들의 사회적 노력이 개인의 선택과 책임을 넘어 식품 정책, 교육, 환경적 접근 등 다층적 대응을 요구한다는 점을 설명한다. 따라서 ②는 글의 핵심 논지로 적절하지 않다.
③ 2문단에서는 모든 간편식을 동일하게 평가할 수 없다는 인식이 확산되며 고급 간편식이 등장했음을 설명한다. 그러나 이는 글의 일부에 해당하는 내용이다. 따라서 제시문의 전체 내용을 포함하지 못하므로, ③은 글의 핵심 논지로 적절하지 않다.

03 논리 | 명제의 결론 추론하기 난이도 하 ●○○

정답 설명
③ 제시된 진술을 기호화하면 다음과 같다.

> (1) 동물 → 산소 ≡ ~산소 → ~동물 (대우)
> (2) 수생생물 ∧ 동물

(1)과 (2)를 결합하여 '수생생물 ∧ (동물 → 산소)'를 도출할 수 있고, 이를 통해 '수생생물 ∧ 산소'를 도출할 수 있다. 따라서 제시된 진술이 모두 참일 때 반드시 참인 것은 ③ '어떤 수생생물은 산소를 필요로 한다(수생생물 ∧ 산소)'이다.

오답 분석
① (2)를 통해 '수생생물 ∧ 동물'은 알 수 있으나, 제시된 진술을 통해 '수생생물 → 동물'은 반드시 참인지 알 수 없다.
② (1)을 통해 '동물 → 산소'는 알 수 있으나, 제시된 진술을 통해 '산소 → 동물'은 반드시 참인지 알 수 없다.
④ (1)의 대우를 통해 '~산소 → ~동물'을 알 수 있으므로, 이와 모순되는 '~산소 → 동물'은 반드시 참인지 알 수 없다.

04 독해 | 숨겨진 내용 추론하기 난이도 중 ●●○

정답 설명
① 1문단에 따르면 유사한 음악적 패턴이 발견되는 것은 음악의 기본 요소가 인간의 생물학적·인지적 특성과 관련이 있음을 드러낸다. 또한 3문단에 따르면 각 문화는 언어, 사회 구조, 종교적 관습 등의 문화적 요인에 따라 독특한 음악적 문법을 발전시킨다. 이를 통해 음악의 유사성은 인간의 생물학적 특성과, 음악의 특수성은 문화적인 요인과 관련이 있음을 추론할 수 있다. 따라서 제시문에서 추론한 내용으로 가장 적절한 것은 ①이다.

오답 분석
② 3문단에 따르면 서양의 반음보다 더 작은 음정을 활용하는 것은 중동 음악이므로 중동 문화권이다. 또한 2문단에 따르면 옥타브 인식은 여러 문화권에서 공통적으로 나타나는 음악의 유사한 특징이므로, 중동 문화권에도 옥타브 인식이 존재할 것임을 추론할 수 있다. 따라서 서양의 반음보다 더 작은 음정을 활용하는 문화권에 옥타브에 대한 인식이 존재하지 않는다는 ②의 추론은 적절하지 않다.
③ 3문단에 따르면 각 문화는 언어, 사회 구조, 종교적 관습에 따라 독특한 음악적 문법을 발전시켰다. 그러나 제시문을 통해 다양한 문화권의 음악에서 나타나는 리듬 패턴이 각 문화의 언어 구조와 일치하는지는 추론할 수 없다. 따라서 다양한 문화권의 음악에서 나타나는 리듬 패턴은 각 문화의 언어 구조와 일치하는 경향이 있다는 ③의 추론은 적절하지 않다.
④ 4문단에 따르면 자신의 문화권 음악에서는 감정의 미묘한 차이를 잘 식별하지만, 다른 문화권의 음악에 대해서는 그러한 능력이 감소한다는 것을 알 수 있다. 이는 자신이 속하지 않은 문화권의 음악에 대하여 감정의 미묘한 차이를 상대적으로 잘 느끼지 못함을 의미한다. 따라서 동양인에게 서구 문화권의 음악을 들려주면 음악에서 나타나는 감정의 미묘한 차이를 서양인보다 더 잘 느낄 것이라는 추론은 적절하지 않다.

05 독해 | 주장 및 견해 파악하기 난이도 하 ●○○

정답 설명
④ 민수는 첫 번째 발화에서 칸막이 설치에 대해 어느 한쪽의 입장을 지지하지 않는 중립적 입장을 보인다. 그러나 두 번째 발화에서는 칸막이로 인해 회사의 창의성과 혁신 역량이 저하될 수 있다며 칸막이 설치에 대한 부정적인 입장을 보인다. 따라서 민수가 처음에는 중립적 입장이었다는 설명은 적절하나, 논의 과정에서 칸막이 설치를 지지하는 쪽으로 입장을 바꾼다는 ④의 설명은 적절하지 않다.

[관련 부분]
- 칸막이 설치가 업무 효율성 측면에서 좋을지, 아니면 기존처럼 설치하지 않는 게 나을지 의견을 나눠보자.
- 칸막이 때문에 ~ 결국 회사의 창의성과 혁신 역량이 저하될 수 있어.

오답 분석
① 서윤은 칸막이 설치에 대한 지지와 반대 입장이 모두 타당하다고 주장하며, 업무의 성격에 따라 개인 작업 공간(집중 업무)과 공용 공간(협업)을 적절히 배치하는 혼합형 구조를 제시한다. 따라서 서윤이 집중 업무와 협업 업무의 균형을 고려한 절충적 방식을 제안한다는 ①의 설명은 적절하다.

[관련 부분]
- 집중이 필요한 개인 작업 공간과 협업이 필요한 공용 공간을 적절히 배치하는 혼합형 구조가 최선이라고 생각해.

② 지현은 칸막이 설치를 지지하는 입장을 밝히며, 그 이유로 개인의 업무 집중도를 높이고 불필요한 시선과 소음으로부터 보호받을 권리가 중요하다는 점과 함께 물리적 경계를 만드는 것이 개인의 효율성을 높이는 방법임을 제시한다. 따라서 지현이 개인의 권리와 업무 효율성을 이유로 칸막이 설치에 찬성하는 입장이라는 ②의 설명은 적절하다.

[관련 부분]
- 나는 칸막이 설치를 지지해. 개인의 업무 집중도를 높이고 불필요한 시선과 소음으로부터 보호받을 권리가 중요하다고 생각하거든.
- 칸막이로 물리적 경계를 만드는 것이 개인의 효율성을 높이는 방법이지.

③ 유진은 칸막이가 소통의 벽을 만들어 아이디어 교환을 방해하고 팀워크를 약화시킨다고 주장한다. 또한 민수는 유진과 같이 칸막이 설치에 대한 부정적인 견해를 보이며, 칸막이의 설치와 유지에 상당한 비용이 든다고 주장한다. 따라서 유진은 소통의 약화를 이유로, 민수는 경제적 이유로 칸막이 설치에 대해 반대하는 입장이라는 ③의 설명은 적절하다.

[관련 부분]
- 칸막이는 결국 소통의 벽을 만들 뿐이야.
- 칸막이 때문에 ~ 설치와 유지에 상당한 비용이 들지.

06 논리 | 명제의 전제 추론하기   난이도 중 ●●○

정답 설명

③ 제시된 진술을 기호화하면 다음과 같다.

> (1) 피아노 → 손가락
> (2) (손가락 ∧ 청각) → 연주
> [결론] 피아노 → 연주

결론을 '피아노 → 연주'로 도출하기 위해서는 피아노를 치는 사람이 모두 손가락이 길고, 청각이 예민해야 한다. (1)에서 '피아노 → 손가락'은 제시되어 있으므로, '피아노'와 '청각'을 연결할 수 있는 전제가 추가되어야 한다. 이때 ③ '피아노를 치는 사람은 모두 청각이 예민하다(피아노 → 청각)'를 추가하면, 이것을 (1)과 결합하여 '피아노 → (손가락 ∧ 청각)'을 도출할 수 있다. 이어서 이를 (2)와 결합하면 결론인 '피아노 → 연주'를 도출할 수 있으므로, 결론을 도출하기 위해 추가해야 할 전제는 ③이다.

오답 분석

① '청각이 예민한 사람은 모두 손가락이 길다(청각 → 손가락)'가 전제로 추가되더라도 결론은 도출할 수 없다.

② '연주를 잘하는 사람은 모두 손가락이 길다(연주 → 손가락)'가 전제로 추가되더라도 결론은 도출할 수 없다.

④ '손가락이 긴 사람 중에 피아노를 치지 않는 사람도 있다(손가락 ∧ ~피아노)'가 전제로 추가되더라도 결론은 도출할 수 없다.

07 독해 | 숨겨진 내용 추론하기   난이도 하 ●○○

정답 설명

③ 끝에서 6~9번째 줄에 의하면 로우 키 조명이 만드는 강한 명암 대비와 짙은 그림자는 미스터리하고 불안한 분위기를 형성한다. 이를 통해 SF 영화에서 미래 도시의 어두운 면을 강조하기 위해서는 미스터리하고 불안한 분위기를 만드는 강한 명암 대비를 활용하는 것이 효과적이라고 추론할 수 있다. 따라서 제시문으로부터 추론한 내용으로 가장 적절한 것은 ③이다.

오답 분석

① 3~4번째 줄과 끝에서 8~9번째 줄에 의하면 필름 누아르 영화는 로우 키 조명을 주로 사용하며, 3점 조명 기법은 고전 할리우드 영화에서 주로 사용되었다. 따라서 필름 누아르 영화에서 선명한 이미지를 위해 3점 조명 기법을 주로 활용한다는 ①의 추론은 적절하지 않다.

② 끝에서 6~9번째 줄에 의하면 로우 키 조명은 '미스터리하고 불안한 분위기'를 형성한다. 따라서 로맨틱 코미디 영화의 밝은 분위기를 형성하기 위해 로우 키 조명을 사용해야 한다는 ②의 추론은 적절하지 않다.

④ 끝에서 1~6번째 줄에 의하면 현대 영화에서는 자연광을 활용한 촬영이 증가하고 있으며, 특히 다큐멘터리 영화나 사실주의 영화에서는 인위적인 조명보다 자연광을 선호한다. 그러나 이는 자연광 촬영의 증가를 설명하는 것일 뿐, 모든 장르에서 인위적인 조명 사용이 불필요해졌음을 의미하지는 않는다. 따라서 현대 영화에서는 기술 발전으로 인해 모든 장르에서 인위적인 조명 사용이 불필요해졌다는 ④의 추론은 적절하지 않다.

08 어휘 | 고유어와 한자어의 대응   난이도 하 ●○○

정답 설명

① ㉠의 기본형 '더하다'는 문맥상 '어떤 요소가 더 있게 하다'를 뜻하지만 '부과(賦課)하다'는 '세금이나 부담금 따위를 매기어 부담하게 하다' 또는 '일정한 책임이나 일을 부담하여 맡게 하다'를 뜻하므로 바꿔 쓰기에 적절하지 않다. 참고로 ㉠ 대신 바꿔 쓸 수 있는 말로는 '사람에게 권리·명예·임무 따위를 지니도록 해 주거나, 사물이나 일에 가치·의의 따위를 붙여 주다'를 뜻하는 '부여(附與)하다'가 있다.

오답 분석

② • 돕다: 어떤 상태를 증진하거나 촉진하다.
   • 보조(補助)하다: 보태어 돕다.

③ • 늘다: 수나 분량 따위가 본디보다 많아지거나 무게가 더 나가게 되다.
   • 증가(增加)하다: 양이나 수치가 늘다.

④ • 얻다: 구하거나 찾아서 가지다.
   • 획득(獲得)하다: 얻어 내거나 얻어 가지다.

09 논리 | 논증의 강화 및 약화 평가하기   난이도 하 ●○○

정답 설명

④ 제시문은 현대 미술관이 예술적 가치와 학술적 엄밀성을 최우선으로 고려해야 한다는 전문성 우선론자들의 입장을 설명한다. 이들에 따르면 대중의 관심이나 상업적 성과에 치중하며 미술관이 운영되면, 예술의 본질적 가치가 훼손될 수 있다. 따라서 글의 논지는 '미술관이 관람객 증가나 화제성은 배제하고, 예술 문화의 수준을 향상하는 데 기여해야 한다'이다. 이때 ④에는 체험형 놀이 프로그램을 가미한 미술 전시회를 개최한 결과, 전시회 방문 후 미술에 흥미를 갖고 미술사를 공부하는 관람객들이 늘어나고 있다는 내용이 제시되어 있다. 이는 대중의 흥미와 관심을 유발하는 미술 전시가 관람객들의 미술에 대한 학술적 관심을 이끌어 냈음을 보여 주므로 전문성 우선론자들의 주장을 반박한다. 따라서 ④는 제시문의 논지를 약화한다.

오답분석

① 2문단 끝에서 1~3번째 줄에서 전문성 우선론자들은 상업적 성과에 치중하다 보면 미술관이 단순한 오락 시설로 전락할 수 있다고 경고하였다. 이때 ①에는 상업성을 추구하는 미술관이 늘어남에 따라 기념품 구매를 목적으로 미술관을 방문하는 관람객이 늘었다는 내용이 제시되어 있다. 이는 상업성을 추구한 미술관이 예술의 본질적 가치를 추구하는 공간이 아닌 부차적인 상품 구매의 장소로 전락한 사례이므로, 전문성 우선론자들의 경고와 일치한다. 따라서 ①은 제시문의 논지를 강화한다.

② 3문단 끝에서 1~4번째 줄에서 전문성 우선론자들은 일시적인 관람객 증가나 화제성보다는 예술 문화의 수준 향상에 기여하는 것이 미술관 운영의 핵심이라고 하였다. 이때 ②에는 학술 가치보다 화제성 있는 작품이 우선 보존되었으나, 화제성이 떨어지자 대량으로 폐기되었다는 내용이 제시되어 있다. 이는 화제성을 우선하며 예술의 본질적 가치를 고려하지 않은 미술관들로 인해 예술 문화의 수준이 떨어질 수 있음을 보여 주므로, 전문성 우선론자들의 주장을 뒷받침한다. 따라서 ②는 제시문의 논지를 강화한다.

③ 3문단 1~3번째 줄에서 전문성 우선론자들은 진정한 예술 교육은 체계적이고 깊이 있는 미술사적 지식을 바탕으로 이루어져야 한다고 하였다. 이때 ③에는 체계적인 미술사 교육을 받은 관광객일수록 미술에 흥미를 갖고 미술관을 더 자주 방문한다는 연구 결과가 밝혀졌다는 내용이 제시되어 있다. 이는 전문적인 미술 교육이 미술에 대한 흥미와 미술관 방문 승가로 이어짐을 의미하며, 체계적인 미술사 교육의 중요성을 강조하므로 전문성 우선론자들의 주장을 뒷받침한다. 따라서 ③은 제시문의 논지를 강화한다.

10 독해 + 문법 | 사례 추론하기, 전제   난이도 하 ●○○

정답 설명

③ 제시문에 따르면 ⊙ '전제'는 부정문에서도 여전히 참으로 유지되는 특징이 있으며, '후회하다'와 같은 특정 동사로 인해 생성될 수 있다. 이때 "그녀는 유학을 포기한 것을 후회한다"라는 문장에서 "그녀는 유학을 포기했다"라는 문장은 부정문인 "그녀는 유학을 포기한 것을 후회하지 않았다"에서도 여전히 참으로 유지된다. 또한 "그녀는 유학을 포기한 것을 후회한다"에서 '후회하다'는 전제를 생성하는 특정 동사이므로, 내포된 문장인 "그녀는 유학을 포기했다"가 사실임을 전제한다. 따라서 ③은 ⊙의 사례로 적절하다.

오답분석

① 제시문에 따르면 ⊙ '전제'는 어떤 문장이 성립하기 위해 이미 그 참이 보장되어야 하는 문장으로, 부정문에서도 여전히 참으로 유지되는 특징이 있다. 이때 '민수는 자신이 합격한 것을 알았다'라는 문장이 참임이 되기 위해서는 '민수는 합격했다'가 참임이 보장되어야 한다. 또한 '민수는 자신이 합격한 것을 알았다'라는 문장을 부정하면 '민수는 자신이 합격한 것을 알지 못했다'이므로 '민수는 합격했다'가 참으로 유지된다. 그러므로 ⊙ '전제'는 '민수는 합격하지 않았다'가 아닌 '민수는 합격했다'이다. 따라서 ①은 ⊙의 사례로 적절하지 않다.

② 제시문에 따르면 ⊙ '전제'는 어떤 문장이 성립하기 위해 이미 그 참이 보장되어야 하는 문장으로, 부정문에서도 여전히 참으로 유지되는 특징이 있다. 이때 '영희의 친할머니께서 집에 오셨다'라는 문장이 참임이 되기 위해서는 '영희는 친할머니가 있다'가 참임이 보장되어야 한다. 또한 '영희의 친할머니께서 집에 오셨다'라는 문장을 부정하면 '영희의 친할머니께서 집에 오시지 않으셨다'이므로 '영희는 친할머니가 있다'가 참으로 유지된다. 그러므로 ⊙ '전제'는 '영희는 외할아버지가 있다'가 아닌 '영희는 친할머니가 있다'이다. 따라서 ②는 ⊙의 사례로 적절하지 않다.

④ 제시문에 따르면 ⊙ '전제'를 생성하는 특정 동사에는 '후회하다, 깨닫다' 등이 있으며 '생각하다, 믿다, 기대하다'는 내포된 문장이 사실임을 전제하지 않는다. 이때 "그는 이번에 시험에 합격하리라고 기대했다"라는 문장은 '기대하다'라는 동사가 사용된 문장으로, 이는 내포된 문장인 "그는 이번에 시험에 합격했다"가 사실임을 전제하지 않는다. 따라서 ④는 ⊙의 사례로 적절하지 않다.

이것도 알면 합격

전제와 함의

전제	문장 안에 또 다른 정보가 들어가 있는 것으로, 전체 주문장이 그대로 있든 부정이 되든 상관없이 참으로 존재하는 것 예 나는 작년에 본 영화를 기억하고 있다. → '나는 작년에 영화를 보았다.'라는 정보가 문장에 들어 있음을 알 수 있다. 이 정보는 '나는 작년에 본 영화를 기억하지 못한다.'와 같이 전체 문장을 부정하여도 참으로 존재한다.
함의	문장 안에 또 다른 정보가 들어 있는 것으로, 어떤 문장이 참이면 그에 따라 당연히 참이 되는 것 예 나는 이번에 자격증 시험에 합격했다. → '나는 이번에 자격증 시험에 응시했다', '나는 이번에 자격증을 획득했다'라는 정보가 문장에 들어 있음을 알 수 있으며, '나는 이번에 자격증 시험에 합격했다'가 참이면, '나는 이번에 자격증 시험에 응시했다', '나는 이번에 자격증을 획득했다'도 당연히 참이 된다.

9일 하프모의고사 09 정답·해설

■ 정답   p.58

01	④ 독해	06	② 독해
02	③ 독해	07	① 논리
03	④ 논리	08	② 독해 + 문법
04	② 어휘	09	④ 논리
05	② 독해	10	④ 독해

■ 취약영역 분석표

영역	틀린 답의 개수
독해	/ 5
독해 + 문법	/ 1
독해 + 문학	/ -
논리	/ 3
어휘	/ 1
TOTAL	10

* 취약영역 분석표를 이용해 1개라도 틀린 문제가 있는 영역은 그 영역의 문제만 골라 해설을 다시 한번 꼼꼼히 학습하세요.

---

01 독해 | 공공언어 바로 쓰기   난이도 하 ●○○

정답 설명

④ 본 기관(×) → 귀 기관(○): 공공언어 바로 쓰기 세 번째 원칙에 따라 공문서를 작성할 때는 문맥에 맞는 정확한 어휘를 사용해야 한다. 이때 ㉢에서 '귀(貴)'는 '상대편이나 그 소속체를 높이는 뜻을 나타내는 말'로, '귀 기관'은 상대방의 기관을 높여 부르는 표현이다. 따라서 공문서의 수신자를 지칭할 때 적절하게 사용되었다. 그러나 ④에서 '본(本)'은 '어떤 대상이 말하는 이와 직접 관련되어 있음을 나타내는 말'로, '본 기관'은 자신의 기관을 지칭하는 표현이다. 따라서 상대방의 기관을 지칭하는 맥락에서 '귀 기관'을 '본 기관'으로 수정한 것은 문맥에 맞는 정확한 어휘를 사용해야 한다는 원칙에 부합하지 않으므로, ④의 수정은 적절하지 않다.

오답 분석

① 증진 향상(×) → 향상(○): 공공언어 바로 쓰기 첫 번째 원칙에 따라 공문서를 작성할 때는 중복되는 표현을 삼가야 한다. 이때 ㉠에서 '증진'은 '기운이나 세력 따위가 점점 더 늘어 가고 나아감'을 의미하며, '향상'은 '실력, 수준, 기술 따위가 나아짐. 또는 나아지게 함'을 의미하므로 '더 나아지게 함'이라는 유사한 의미가 중복되어 나타난 표현이다. 따라서 이를 '향상'으로 수정한 것은 중복되는 표현을 삼간다는 원칙에 부합하므로, ①의 수정은 적절하다.

② 새로운 농업 기술의 개발에 있어서(×) → 새로운 농업 기술의 개발에서(○): 공공언어 바로 쓰기 두 번째 원칙에 따라 공문서를 작성할 때는 외국어 번역 투를 삼가야 한다. 이때 ㉡에서 '~에 있어서'는 일본어 표현을 직역한 번역 투 표현이다. 따라서 이를 우리말 표현인 '~에서'로 수정한 것은 외국어 번역 투를 삼간다는 원칙에 부합하므로, ②의 수정은 적절하다.

③ 반면(×) → 따라서(○): 공공언어 바로 쓰기 네 번째 원칙에 따라 공문서를 작성할 때는 문장 간의 의미 관계에 맞는 접속어를 사용해야 한다. 이때 ㉢에서 '반면'은 뒤에 오는 말이 앞의 내용과 상반됨을 나타내는 접속어인데, 앞 문장(새로운 농업 기술 개발의 성과)과 뒤 문장(설명회를 통한 성공 사례 공유 및 혁신 기술 실용화 촉진)은 대조 관계가 아닌 인과 관계에 해당한다. 따라서 이를 인과 관계를 나타내는 접속어인 '따라서'로 수정한 것은 문장 간의 의미 관계에 맞는 접속어를 사용한다는 원칙에 부합하므로 ③의 수정은 적절하다.

02 독해 | 숨겨진 내용 추론하기   난이도 중 ●●○

정답 설명

③ 제시문에서는 고대 이집트의 피라미드가 당시의 종교적 신념과 정치적 권력을 표현하는 형태였으며, 그 웅장한 규모는 노동력을 동원할 수 있는 파라오의 권위를 상징했다는 점을 설명한다. 이를 통해 건축물이 정치적 권력과 사회적 맥락을 반영한다는 점을 알 수 있다. 따라서 이와 마찬가지로 바로크 건축의 장식적 특성은 당시의 경제적 번영과 절대 왕정의 권위를 반영한 것이라고 추론할 수 있으므로, ③의 추론은 적절하다.

오답 분석

① 제시문에서는 건축이 사회적, 경제적, 문화적, 기술적 요소들에 의해 복합적으로 영향을 받는다고 설명한다. 따라서 건축이 사회적 맥락과 관계없이 독자적인 미학적 원칙에 따라 발전해왔다는 추론은 제시문의 내용과 상반되므로, ①의 추론은 적절하지 않다.

② 제시문에서는 디지털 기술의 발전으로 복잡하고 유기적인 형태의 건축이 가능해졌다고 설명한다. 그러나 이는 기능성보다 형태적 실험이 더 중요시된 것이라는 의미는 아니다. 따라서 ②의 추론은 적절하지 않다.

④ 제시문에서는 21세기에 들어서 환경 문제에 대한 인식이 높아지면서 지속 가능한 건축 디자인이 중요한 가치로 부상하고 있다고 설명한다. 따라서 현대 초고층 건물의 유리 외피 디자인이 특별히 환경적 지속 가능성보다 미적 가치를 우선시했다는 추론은 제시문의 내용과 상반되므로, ④의 추론은 적절하지 않다.

03 논리 | 논증의 강화 및 약화 평가하기 난이도 중 ●●○

정답 설명

④ (가)에 따르면 기업의 디지털 전환의 성공은 향후 기업 생존과 경쟁력을 결정한다. 이때 ④에서 디지털 전환을 성공적으로 이룬 대형 유통 기업들의 최근 10년간 평균 매출은 증가한 반면, 소극적이었던 기업들은 시장 점유율이 감소했다는 것은 디지털 전환이 기업의 생존과 경쟁력에 영향을 줄 수 있음을 보여 준다. 따라서 이는 기업의 생존과 경쟁력에 대한 디지털 전환의 영향력을 긍정하는 (가)를 뒷받침하여 강화한다.

오답 분석

① ①에서 디지털 전환 기술에 투자하였으나, 투자 비용 대비 효과를 제대로 누리지 못한 것은 디지털 전환의 한계를 보여 준다. 따라서 이는 디지털 전환이 기업의 생존이나 경쟁력을 결정하는 핵심 요소라는 (가)의 주장과 상반되므로, (가)를 약화한다.
② ②에서 디지털 채널을 통해 고객 데이터를 수집한 기업들에 대해 소비자들의 불매 운동이 일어나는 것은 디지털 전환에 성공한 기업의 경쟁력이 낮아질 수 있음을 보여 준다. 따라서 이는 기업의 디지털 전환 성공 여부가 기업의 생존과 경쟁력을 결정하는 핵심 요소라는 (가)의 주장과 상반되므로, (가)를 약화한다.
③ ③에서 디지털 전환에 성공했으나, 경영진의 리더십 부재와 참여 부족으로 3년 이후 폐업하게 된 기업의 사례는 디지털 전환의 성공이 기업의 생존을 결정짓지 못함을 보여 준다. 따라서 이는 기업의 디지털 전환 성공 여부가 향후 기업의 생존과 경쟁력을 결정하는 핵심 요소라는 (가)의 주장과 상반되므로, (가)를 약화한다.

04 어휘 | 다의어의 의미 난이도 하 ●○○

정답 설명

② ㉠의 기본형 '떠오르다'는 문맥상 '관심의 대상이 되어 나타나다'를 뜻하므로, 문맥상 ㉠의 의미와 가장 가까운 것은 ② '이 지역은 최근 관광 명소로 떠오르고 있다'의 '떠오르다'이다.

오답 분석

① 동해에서 아침 해가 붉게 <u>떠오른다</u>: 이때 '떠오르다'는 문맥상 '솟아서 위로 오르다'를 뜻한다.
③ 그 노래를 들으니 어린 시절의 추억이 <u>떠올랐다</u>: 이때 '떠오르다'는 문맥상 '기억이 되살아나거나 잘 구상되지 않던 생각이 나다'를 뜻한다.
④ 소식을 듣자마자 그녀의 얼굴에 미소가 <u>떠올랐다</u>: 이때 '떠오르다'는 문맥상 '얼굴에 어떠한 표정이 나타나다'를 뜻한다.

05 독해 | 중심 내용 및 핵심 논지 파악하기 난이도 하 ●○○

정답 설명

② 제시문은 1~2문단에서 인공 눈물이 현대인의 건강 필수품으로 자리 잡게 되었으나, 이러한 위상 변화에 비해 올바른 사용법에 대한 대중의 이해가 부족함을 지적하고 있다. 이에 따라 2문단에서는 인공 눈물을 올바르게 사용하는 방법을, 3문단에서는 인공 눈물이 안과 치료의 보조적 수단이라는 점을 설명하고, 이를 바람직하게 사용할 것을 권고하고 있다. 따라서 중심 내용으로 가장 적절한 것은 ② '인공 눈물의 효과적인 사용법을 올바르게 인식하고 유의점을 지키며 사용해야 한다'이다.

오답 분석

① 1문단에서 제약 회사들이 인공 눈물을 치료제가 아닌 눈 건강 관리 제품으로 홍보하며 마케팅 전략을 바꾸고 있음을 설명하고 있으나, 이는 제시문의 일부 내용에 해당한다. 따라서 ① '인공 눈물 시장이 확대됨에 따라 제약 회사들은 마케팅 전략을 변화시키고 있다'는 중심 내용으로 적절하지 않다.
③ 제시문에서 인공 눈물에 대한 대중의 오해나 부작용에 대한 내용은 나타나지 않는다. 따라서 ③ '인공 눈물 사용에 대한 대중의 오해는 다양한 부작용을 일으킬 수 있어 주의가 필요하다'는 중심 내용으로 적절하지 않다.
④ 3문단에서 안구 건조증에 대해 언급하고 있으나, 안구 건조증의 원인이나 다양한 치료 방법에 대한 내용은 나타나지 않는다. 따라서 ④ '현대인의 안구 건조증이 증가하는 원인은 다양하며 이에 따른 치료 방법도 다양화되고 있다'는 중심 내용으로 적절하지 않다.

06 독해 | 말하기 전략 파악하기 난이도 하 ●○○

정답 설명

② 병은 마지막 발언에서 갑과 을의 의견을 반영하여 주 2~3회 정도 채식 메뉴를 도입하는 절충안을 제시하고 있다. 이는 을의 우려(채식 메뉴가 필수 영양소를 충분히 공급할 수 있는지, 학교에서 채식 메뉴를 지속적으로 제공하는 게 가능한지)를 인정한 것이다. 따라서 상대방의 우려를 인정하면서 절충안을 제시하는 사람이 있다는 ②의 설명은 적절하다.
[관련 부분]
• 주 2~3회 정도 채식 메뉴를 도입하는 절충안은 어떨까? ~ 살펴볼 필요가 있어.

오답 분석

① 제시된 대화에서 감정에 호소하는 전략을 사용하는 사람은 나타나지 않는다. 따라서 감정에 호소하며 상대방의 동의를 이끌어내려는 사람이 있다는 ①의 설명은 적절하지 않다.
③ 제시된 대화에서 개인적 경험을 근거로 상대방의 주장을 반박하는 사람은 나타나지 않는다. 대화에서 갑은 연구 내용을 바탕으로, 을은 현실적인 가능 여부를 바탕으로 상대방의 주장을 반박하고 있다. 따라서 개인적 경험을 근거로 상대방의 주장을 반박하는 사람이 있다는 ③의 설명은 적절하지 않다.

[관련 부분]
- 콩류나 견과류 등으로도 충분한 단백질을 섭취할 수 있다는 연구가 많이 있어.
- 학교 급식 예산과 조리 환경에서 그런 메뉴를 지속적으로 제공하는 게 현실적으로 가능할까?

④ 제시된 대화에서 권위자의 견해를 인용하여 자신의 입장을 강화하는 사람은 나타나지 않는다. 대화에서 갑은 콩류나 견과류 등으로도 충분한 단백질을 섭취할 수 있다는 연구가 있다는 점을 언급하고 있을 뿐 권위자의 견해를 인용하고 있지는 않다. 따라서 권위자의 견해를 인용하여 자신의 입장을 강화하는 사람이 있다는 ④의 설명은 적절하지 않다.

07 논리 | 명제의 결론 추론하기   난이도 중 ●●○

정답 설명

① 제시된 전제를 기호화하면 다음과 같다.

| (가) ~야외 활동 ∨ 체력 향상 ≡ 야외 활동 → 체력 향상 (실질 함축) |
| (나) 과도한 업무 → ~체력 향상 ≡ 체력 향상 → ~과도한 업무 (대우) |

(가) '~야외 활동 ∨ 체력 향상'은 '야외 활동 → 체력 향상'과 동치이므로, 이것을 (나)의 대우와 결합하면 '야외 활동 → 체력 향상 → ~과도한 업무'를 도출할 수 있다. 이를 통해 '야외 활동 → ~과도한 업무'를 도출할 수 있으므로, 빈칸에 들어갈 결론으로 가장 적절한 것은 ①이다.

오답 분석

② (가)를 통해 '야외 활동 → 체력 향상'임을 알 수 있다. 그러나 이를 통해 '야외 활동을 하지 않는 사람이 모두 체력이 향상되지 않는지(~야외 활동 → ~체력 향상)'는 알 수 없으므로, ②는 빈칸에 들어갈 결론으로 적절하지 않다.

③ (나)를 통해 '과도한 업무 → ~체력 향상'임을 알 수 있다. 그러나 이를 통해 '과도한 업무를 하지 않는 사람이 모두 체력이 향상되지 않는지(~과도한 업무 → ~체력 향상)'는 알 수 없으므로, ③은 빈칸에 들어갈 결론으로 적절하지 않다.

④ 제시된 전제를 통해 '과도한 업무를 하면서 체력이 향상된 사람은 모두 야외 활동을 하지 않는지[(과도한 업무 ∧ 체력 향상) → ~야외 활동]'는 알 수 없으므로, ④는 빈칸에 들어갈 결론으로 적절하지 않다.

🖐 이것도 알면 합격

실질 함축 (가언 명제와 동치인 명제)

가언 명제 'P → Q'가 참일 경우에, 전건(P)이 참이면서 후건(Q)이 거짓인 경우는 성립하지 않는다. 이에 따라 참인 가언 명제 'P → Q'는 연언 명제 '~(P ∧ ~Q)', 선언 명제 '~P ∨ Q'와 진릿값이 모두 같다. 이와 같이 명제 간의 진릿값이 모두 같을 때, 해당 명제들은 논리적으로 동일한 의미를 갖는다. 이와 같은 관계의 명제를 동치라고 하며, 'P → Q ≡ ~(P ∧ ~Q) ≡ ~P ∨ Q'와 같이 기호화할 수 있다.

[가언 명제] P이면 Q이다. (P → Q)
　　　예 사람이면 동물이다.
[연언문] P이면서 Q가 아닌 경우는 없다. [~(P ∧ ~Q)]
　　　예 사람이면서 동물이 아닌 경우는 없다.
[선언문] P가 아니거나 Q이다. (~P ∨ Q)
　　　예 사람이 아니거나 동물이다.

08 독해 + 문법 | 숨겨진 내용 추론하기, 단어   난이도 중 ●●○

정답 설명

② 1문단에 따르면 정서법적 관점에서 단어는 띄어 쓴 빈칸 사이의 글자 연쇄로 정의되지만, 이것은 단어의 다양한 정의 중 하나일 뿐이다. 또한 2문단에 따르면 '나는'에서의 조사 '는'은 학교 문법에서 단어로 취급된다. 이는 하나의 어절인 '나는'이 두 개의 단어인 '나'와 '는'으로 구성될 수 있음을 의미한다. 따라서 표기법에서의 단어는 띄어쓰기로 구분되는 어절과 항상 일치한다고 볼 수 없다는 추론은 적절하다.

오답 분석

① 2문단에 따르면 '봄꽃'은 '봄'과 '꽃'이라는 자립성 있는 요소로 구성된다. 그러나 2문단에서는 이로 인해 '봄꽃'이 하나의 단어로 취급될 수 없다고 설명하지 않으며, 오히려 단어와 단어가 모여 또 다른 단어가 될 수 있음을 설명한다. 이는 '최소의 자립성'이 있는 단어가 모인 표현 역시 하나의 단어로 취급될 수 있음을 의미한다. 따라서 ①의 추론은 적절하지 않다.

③ 2문단에 따르면 자립성은 단어를 정의하는 중요한 기준이지만, 모든 단어가 독립적으로 사용될 수 있는 것은 아니다. 예를 들어 '는'과 같은 조사는 체언과 같은 자립성이 없어 독립적으로 사용될 수는 없지만, 앞에 오는 체언이 자립성이 있기 때문에 단어로 처리된 것이다. 이는 자립성을 단어의 기준으로 삼을 때 독립적으로 올 수 없는 조사 역시 단어가 될 수 있음을 의미한다. 따라서 ③의 추론은 적절하지 않다.

④ 3문단에 따르면 '나는'은 자리 이동이나 휴지를 기준으로 보면 하나의 단어이지만, 고립성의 측면에서 보면 두 개의 단어가 되어 어느 쪽으로도 처리하기 어렵다. 이는 자리 이동, 휴지, 고립성의 기준이 모든 언어 요소를 하나의 단어 또는 여러 단어를 분류하는 데 한계가 있음을 의미한다. 따라서 ④의 추론은 적절하지 않다.

🖐 이것도 알면 합격

단어

개념	뜻을 지니고 홀로 설 수 있는 말의 단위로, 문장 내에서 자립하여 쓰일 수 있는 말이나 자립할 수 있는 형태소에 붙어서 쉽게 분리될 수 있는 말
예시	소년과 소녀는 함께 달렸다. → '소년, 과, 소녀, 는, 함께, 달렸다'

특징	① 단어의 내부에 휴지(休止)를 두어 발음하지 않는다. → '미소'의 '미'와 '소' 사이에 휴지를 두고 발음하는 일이 없다. ② 단어의 내부에 다른 단어가 끼어들 수 없다. → '책상'이라는 단어 내부에 '책이상'처럼 다른 단어가 끼어들 수 없다. ③ 조사를 제외한 모든 단어는 띄어쓰기 단위와 일치한다. ④ 단어는 하나 이상의 형태소로 구성된다.

09 논리 | 명제의 전제 추론하기 난이도 하 ●○○

정답 설명

④ 제시된 진술을 기호화하면 다음과 같다.

```
(1) 신제품 → 광고 ≡ ~광고 → ~신제품 (대우)
(2) 광고 → 마케팅 ≡ ~마케팅 → ~광고 (대우)
(3) 마케팅 → 매출 증가 ≡ ~매출 증가 → ~마케팅 (대우)
[결론] ~신제품
```

결론을 '~신제품'으로 도출하기 위해서는 (1)의 대우에서 전건인 '~광고'를 긍정할 수 있는 전제가 추가되어야 한다. 이때 '~매출 증가'가 전제로 추가되면 (3)의 대우에서 전건을 긍정하여 '~마케팅'을 도출할 수 있고, 이로 인해 (2)의 대우에서 '~광고'를 도출할 수 있다. 따라서 (1)의 대우에서 전건을 긍정하여 '~신제품'을 도출할 수 있으므로 빈칸에 들어갈 말로 가장 적절한 것은 ④ '매출이 증가하지 않았습니다(~매출 증가)'이다.

오답 분석

① '광고'가 전제로 추가되어도 결론인 '~신제품'은 도출되지 않는다. 따라서 ① '광고를 했습니다(광고)'는 빈칸에 들어갈 말로 적절하지 않다.
② '매출 증가'가 전제로 추가되어도 결론인 '~신제품'은 도출되지 않는다. 따라서 ② '매출이 증가했습니다(매출 증가)'는 빈칸에 들어갈 말로 적절하지 않다.
③ '마케팅'이 전제로 추가되어도 결론인 '~신제품'은 도출되지 않는다. 따라서 ③ '마케팅이 잘되었습니다(마케팅)'는 빈칸에 들어갈 말로 적절하지 않다.

10 독해 | 글 고쳐쓰기 난이도 하 ●○○

정답 설명

④ 수정 전 ㉣은 주로 부정을 나타내는 말과 함께 쓰이는 부사 '전혀'와 '반드시 요구되는 바가 있다'를 의미하는 서술어 '필요하며'가 호응하지 않는 문장이다. 따라서 ㉣을 서술어 '필요하며'에 호응하는 부사 '반드시'를 사용하여 '최고 경영진의 리더십과 중간 관리자의 헌신이 반드시 필요하며'로 수정하는 것은 적절하다.

오답 분석

① 수정 전 ㉠은 문장의 주어인 '기업은'과 능동 표현인 서술어인 '식별하는데'가 호응하는 적절한 문장이다. 그러나 ①은 주어인 '기업은'과 이중 피동 표현인 서술어 '식별되어지는데'가 호응하지 않는 문장이다. 따라서 ㉠을 '기업은 SWOT 분석으로 기업의 강점, 약점, 기회, 위협 요인을 식별되어지는데'로 수정하는 것은 적절하지 않다.
② 수정 전 ㉡은 문장의 주어인 '가장 중요한 것은'과 서술부 '개발하는 것이다'가 호응하는 적절한 문장이다. 그러나 ②는 주어인 '가장 중요한 것은'과 서술부 '개발할 수 있다'가 호응하지 않는 문장이다. 따라서 ㉡을 '기업의 장기적 비전에 부합하면서도 실현 가능한 전략의 개발할 수 있다'로 수정하는 것은 적절하지 않다.
③ 수정 전 ㉢은 '지시, 명령, 물품 따위를 다른 사람이나 기관에 전하여 이르게 하다'를 의미하는 '전달하여'가 사용된 적절한 문장이다. 그러나 ③은 '잘못이나 책임을 다른 사람에게 넘겨씌우다'를 의미하는 '전가하여'가 사용된 적절하지 않은 문장이다. 따라서 ㉢을 '선정된 전략을 조직 전체에 효과적으로 전가하여 이행한다'로 수정하는 것은 적절하지 않다.

10일 하프모의고사 10 정답·해설

■ 정답   p.64

01	④ 독해	06	③ 어휘
02	② 독해 + 문법	07	① 독해 + 문학
03	① 독해	08	② 논리
04	④ 어휘	09	④ 논리
05	① 독해	10	③ 논리

■ 취약영역 분석표

영역	틀린 답의 개수
독해	/ 3
독해 + 문법	/ 1
독해 + 문학	/ 1
논리	/ 3
어휘	/ 2
TOTAL	10

* 취약영역 분석표를 이용해 1개라도 틀린 문제가 있는 영역은 그 영역의 문제만 골라 해설을 다시 한번 꼼꼼히 학습하세요.

01 독해 | 개요 작성하기   난이도 하 ●○○

정답 설명

④ 〈지침〉에 따르면 결론은 기대 효과와 향후 과제로 구성하되, 본론에 제시된 내용의 하위 항목에 대응해야 한다. 이때 Ⅳ-1에서는 '국악의 현대적 계승을 통한 문화적 정체성 확립'이라는 기대 효과가 제시되어 있으므로, ㉣에는 국악의 현대적 계승 및 대중화를 위한 향후 과제가 제시되어야 한다. 그러나 ④ '국악의 현대화에 따른 정체성 훼손 우려'는 새로운 문제점이나 우려에 해당하며, 향후 과제에 해당하지 않는다. 또한 국악의 현대적 계승과 대중화를 다루는 본론의 하위 항목과도 대응하지 않으므로, ④는 ㉣에 들어갈 내용으로 적절하지 않다.

오답 분석

① 〈지침〉에 따르면 서론은 중심 소재의 개념과 현재 상황, 문제점을 제시해야 한다. 이때 Ⅰ-1에는 '국악의 정의와 역사적 가치'와 같이 중심 소재인 국악의 개념이 제시되어 있으므로, ㉠에는 국악의 현재 상황과 문제점에 대한 내용이 들어가야 한다. 따라서 ① '국악의 현대적 가치에 대한 인식 부족과 대중화의 필요성'은 ㉠에 들어갈 내용으로 적절하다.

② 〈지침〉에 따르면 본론은 제목의 하위 내용으로 구성하되, 각 장의 하위 항목끼리 대응하도록 작성해야 한다. 이때 Ⅲ-2에는 '국악의 대중적 인지도 향상을 위한 미디어 활용 확대'와 같이 국악의 대중화를 위한 방안이 제시되어 있으므로, ㉡에는 국악이 대중적으로 자리 잡지 못하고 있다는 내용이 들어가야 한다. 따라서 ② '현대 문화 속 국악의 대중적 인지도 하락'은 ㉡에 들어갈 내용으로 적절하다.

③ 〈지침〉에 따르면 본론은 제목의 하위 내용으로 구성하되, 각 장의 하위 항목끼리 대응하도록 작성해야 한다. 이때 Ⅱ-1에는 '전통 국악 교육 기관의 감소 및 전문 연주자 부족'이라는 문제점이 제시되어 있으므로, ㉢에는 이를 해결하기 위한 대중화 방안이 들어가야 한다. 따라서 ③ '전통 국악 교육 기관의 확충 및 전문 연주자 육성 프로그램 강화'는 ㉢에 들어갈 내용으로 적절하다.

02 독해 + 문법 | 숨겨진 내용 추론하기, 음절 구조   난이도 중 ●●○

정답 설명

② 1문단을 통해 한국어의 음절은 초성, 중성, 종성으로 구성되며 이 중 모음이 담당하는 중성은 모든 음절에서 필수적이라는 것을 알 수 있다. 또한 2문단을 통해 'C'는 자음을 의미하므로 CC형은 '자음 + 자음'의 음절 구조라는 것을 알 수 있다. 이를 통해 CC형은 모음인 V를 가지지 않는 음절 구조이며, 이는 모든 음절에서 필수적인 중성 V를 갖지 않기 때문에 한국어에서 존재하지 않음을 추론할 수 있다. 따라서 한국어의 음절 유형에서 CC형 음절은 존재하지 않는다는 ②의 추론은 적절하다.

오답 분석

① 2문단을 통해 CVC형은 '자음 + 모음 + 자음'의 음절 구조이며, 초성의 'ㅇ'은 음가를 가지지 않는다는 것을 알 수 있다. 또한 3문단을 통해 폐음절은 종성이 있는 음절이라는 것을 알 수 있다. 이를 통해 한국어에서 '옷'은 VC형 폐음절에 해당한다는 것을 추론할 수 있다. 따라서 한국어에서 '옷'은 CVC형 폐음절에 해당한다는 ①의 추론은 적절하지 않다.

③ 2문단을 통해 초성과 종성이 없는 V형이 존재한다는 것을 알 수 있다. 이를 통해 한국어 음절에서는 초성이나 종성이 없는 음절 구조가 존재하므로 초성과 종성은 필수적이지 않다는 것을 추론할 수 있다. 따라서 모든 한국어 음절에서 초성과 종성은 필수적인 요소라는 ③의 추론은 적절하지 않다.

④ 3문단을 통해 폐음절은 종성이 있는 음절이며, 개음절은 종성이 없는 음절이라는 것을 알 수 있다. 또한 선행 명사가 CVC형 끝음절 뒤에는 '이'가, CV형 끝음절 뒤에는 '가'가 온다는 것을 알 수 있다. 이를 통해 CVC형과 같은 폐음절에서는 주격 조사 '이'가, CV형과 같은 개음절에서는 주격 조사 '가'가 온다는 것을 추론할 수 있다. 따라서 폐음절 뒤에 오는 주격 조사는 '가'이고, 개음절 뒤에 오는 주격 조사는 '이'라는 ④의 추론은 적절하지 않다.

이것도 알면 합격

한국어 음절 구조의 유형
한국어에서 음절 구조는 초성과 종성에서의 자음 유무, 중성에 오는 모음의 종류에 따라 분류된다.

음절 구조	예
V형 (모음)	아, 어, 오, 우, …
CV형 (자음+모음)	가, 너, 도, 루, …
SV형 (반모음+모음)	야, 여, 와, 워, …
VS형 (모음+반모음)	의
VC형 (모음+자음)	악, 언, 온, 울, …
CSV형 (자음+반모음+모음)	갸, 녀, 묘, 류, …
CVC형 (자음+모음+자음)	각, 난, 닫, 랄, …
CVS형 (자음+모음+반모음)	[바틔] (밭+의), …
VSC형 (모음+반모음+자음)	[의왼데] (의의+인데), …
SVC형 (반모음+모음+자음)	약, 연, 율, 융, …
CSVC형 (자음+반모음+모음+자음)	격, 년, 명, 별, …
CVSC형 (자음+모음+반모음+자음)	[하뷜] (합의+를)

03 독해 | 세부 내용 파악하기 난이도 하 ●○○

정답 설명
① 3문단에 따르면 강성이 적절히 분포된 구조 시스템은 지진력을 균등하게 분산시켜 특정 부위에 과도한 힘이 집중되는 것을 방지한다. 또한 비정형 건물은 질량이나 강성의 불균형으로 인해 지진 시 비틀림 현상이 발생할 수 있다. 따라서 비정형적인 건물은 정형적인 건물보다 지진력이 균등하게 분산되지 않는다는 것을 알 수 있으므로, ①의 설명은 적절하다.

오답 분석
② 2문단에 따르면 감쇠 시스템을 갖춘 건물은 지진 진동이 빠르게 줄어들어 구조물의 부담을 경감할 수 있다. 따라서 감쇠 시스템을 갖춘 구조물은 지진 진동에 대한 부담이 증가하지 않고 줄어든다는 것을 알 수 있으므로, ②의 설명은 적절하지 않다.
③ 1문단에 따르면 연성은 재료가 파괴되거나 떨어져 나가기 전에 상당한 변형을 견딜 수 있는 성질이며, 연성을 갖춘 구조물은 변형으로 인한 붕괴를 방지할 수 있다. 따라서 연성은 재료가 변형을 견디게 한다는 것을 알 수 있으므로, ③의 설명은 적절하지 않다.
④ 마지막 문단에 따르면 성능 기반 설계는 지진 규모별로 건축물에 따른 최적의 설계를 모색하는 방식으로, 건물의 용도와 중요도에 따라 차별화된 내진 성능을 제공한다. 따라서 성능 기반 설계는 모든 건축물에 서로 다른 수준의 내진 성능을 제공하는 것을 목표로 한다는 것을 알 수 있으므로, ④의 설명은 적절하지 않다.

04 어휘 | 고유어와 한자어의 대응 난이도 하 ●○○

정답 설명
④ ㉣의 기본형 '경감(輕減)하다'는 문맥상 '부담이나 고통 따위를 덜어서 가볍게 하다'를 의미하지만, ④의 기본형 '없애다'는 '어떤 일이나 현상, 증상 따위를 사라지게 하다'를 의미한다. 따라서 ④는 ㉣과 바꿔 쓸 수 있는 유사한 표현으로 적절하지 않다. 참고로 ㉣과 바꿔 쓸 수 있는 표현으로는 '힘이나 세력 따위를 본디보다 약하게 하다'를 의미하는 '줄이다'가 있다.

오답 분석
① · 분산(分散)되다: 갈라져 흩어지다.
  · 흩어지다: 한데 모였던 것이 따로따로 떨어지거나 사방으로 퍼지다.
② · 흡수(吸收)하다: 전자기파나 입자선이 물질 속을 통과할 때 에너지나 입자가 물질에 빨려 들어 그 세기나 입자 수가 감소하다.
  · 빨아들이다: 수분, 양분, 기체 따위를 끌어들이거나 흡수하다.
③ · 변환(變換)하다: 달라져서 바뀌다. 또는 다르게 하여 바꾸다.
  · 바꾸다: 원래 있던 것을 없애고 다른 것으로 채워 넣거나 대신하게 하다.

05 독해 | 숨겨진 내용 추론하기 난이도 하 ●○○

정답 설명
① 2문단에 따르면 텔로미어 단축설에서는 텔로미어가 세포 분열 과정에서 점차 짧아지며, 이러한 단축이 특정 임계점에 도달하면 세포가 더 이상 분열하지 못하고 노화가 진행된다고 본다. 또한 1문단에 따르면 이러한 노화는 모든 생명체가 경험하는 보편적 과정이지만, 그 속도와 양상은 개체마다 상이하게 나타난다. 따라서 텔로미어 단축설에서 노화의 원인인 텔로미어의 길이 단축 속도는 사람마다 다르다는 것을 추론할 수 있으므로, ①의 추론은 적절하다.

오답 분석
② 1문단에 따르면 고령화 사회에서는 노동력 구조의 변화나 의료비 증가와 같은 다양한 사회 문제가 야기되고 있다. 그러나 이것이 사회적으로 노인의 의료비 감소나 노인 의료 정책 축소와 같은 조치로 이뤄지는지는 제시문을 통해 추론할 수 없으므로, ②의 추론은 적절하지 않다.
③ 3문단에 따르면 동물 실험을 통해 칼로리를 제한하거나 특정 약물을 투여하며 노화 관련 유전자의 발현을 변화시키는 연구가 진행 중이며, 이를 통해 수명을 연장할 수 있다는 가능성이 제기되었다. 그러나 이러한 방법이 모든 개체에서 동일한 효과를 보이는지는 제시문을 통해 추론할 수 없으므로, ③의 추론은 적절하지 않다.
④ 3문단에 따르면 노화를 지연시키거나 관리하는 방법에 대한 연구가 진행 중이며, 동물 실험을 통해 특정 약물을 투여하는 등의 의료적 개입이 가능함을 언급하고 있다. 따라서 의료 개입을 통한 인위적 지연이 가능함을 추론할 수 있으므로, ④의 추론은 적절하지 않다. 참고로 1문단에 따르면 노화는 시간이 지남에 따라 대부분의 다세포 생물이 경험하는 보편적인 과정일 뿐, 모든 생명체가 경험하는지는 제시문을 통해 알 수 없으므로 노화가 생물학적으로 필연적인 변화라는 추론 역시 적절하지 않다.

06 어휘 | 다의어의 의미 난이도 하 ●○○

정답 설명

③ ⊙의 기본형 '접어들다'는 문맥상 '일정한 때나 기간에 이르다'를 뜻한다. 따라서 문맥상 ⊙의 의미와 가장 가까운 것은 ③ '올해도 어느덧 마지막 분기에 접어들었다'의 '접어들다'이다.

오답 분석

① ② ④ 시내 중심가에 접어드니 정신이 없다 / 좁은 골목길에 접어들어 천천히 걸었다 / 등산로에 접어들며 본격적인 산행을 시작했다: 이때 '접어들다'는 문맥상 '일정한 지점이나 길로 들어서다'를 뜻한다.

07 독해+문학 | 빈칸 내용 추론하기, 문학의 이해 난이도 하 ●○○

정답 설명

① ⊙~ⓒ에 들어갈 말을 적절하게 나열한 것은 ⊙ '교훈적인', ⓒ '자연 경물', ⓒ '대화 형식'이므로 답은 ①이다.

- ⊙ 교훈적인: 1문단에서는 설(說)이 작품에서 일상의 체험을 바탕으로 깨달음을 주는 경우가 많다고 설명한다. 또한 ⊙의 뒤 문장에서는 작가가 유추의 방법을 통해 독자에게 깨달음을 제시한다고 설명한다. 따라서 ⊙에 들어갈 말로 적절한 것은 '교훈적인'이다.
- ⓒ 자연 경물: 2문단에서는 강유선의 「주봉설」과 이규보의 「슬견설」을 사례로 들어, 벌이나 개, 이(虱)와 같은 구체적 사물에 대한 관찰이 도덕적 교훈으로 이어진다고 설명한다. 따라서 ⓒ에 들어갈 말로 적절한 것은 '자연 경물'이다.
- ⓒ 대화 형식: 3문단에서는 권근의 「주옹설」과 이규보의 「경설」을 사례로 들어, 손의 질문과 다른 인물(주옹, 거사)의 대답을 통해 작가가 교훈을 전달한다고 설명한다. 따라서 ⓒ에 들어갈 말로 적절한 것은 '대화 형식'이다.

이것도 알면 합격

1. 이규보, '이옥설(理屋說)'의 주제 및 특징
   (1) 주제: 잘못을 알고 고치고자 하는 자세의 중요성
   (2) 특징
   - 유추를 통해 글을 전개함
   - 사실과 의견으로 글을 구성함
2. 강유선, '주봉설(酒蜂說)'의 주제 및 특징
   (1) 주제: 과욕을 경계하는 것의 중요성
   (2) 특징
   - 경험을 통해 깨달음을 얻는 구조로 글을 전개함
   - 자연물(벌)을 관찰한 경험을 바탕으로 글을 서술함
3. 권근, '주옹설(舟翁說)'의 주제 및 특징
   (1) 주제: 삶을 살아가는 올바른 태도
   (2) 특징
   - 손의 질문과 허구적 대리인(주옹)의 대답 구조가 나타남
   - 역설적 인식을 통해 삶의 교훈을 전달하는 계몽적인 성격을 지님

08 논리 | 명제의 결론 추론하기 난이도 하 ●○○

정답 설명

② 제시된 진술을 기호화하면 다음과 같다.

> (1) 용산구 → (관악구 ∧ 서초구)
> ≡ ~(관악구 ∧ 서초구) → ~용산구 (대우)
> ≡ ~관악구 ∨ ~서초구 → ~용산구 (드모르간의 법칙)
> (2) 용산구 ∨ 노원구
> (3) ~서초구

(3)에 의해 '~서초구'가 확정됨을 알 수 있다. 이를 (1)의 대우에 대입하면 '~용산구'를 확정할 수 있다. 또한 '~용산구'를 (2)에 대입하면 선언지 제거에 의해 '노원구'가 도출된다. 따라서 '~서초구', '~용산구', '노원구'가 참이 된다. 그러므로 반드시 참인 것은 ② '노원구에 비가 온다(노원구)'임을 알 수 있다.

오답 분석

① (3)에 의해 '~서초구'가 확정됨을 알 수 있고, 이를 (1)의 대우에 대입하면 '~용산구'를 확정할 수 있다. 따라서 ① '용산구에 비가 온다(용산구)'는 거짓이다.

③ 제시된 진술을 통해 관악구에 비가 오는지 안 오는지는 알 수 없다. 따라서 ③ '관악구에 비가 온다(관악구)'는 반드시 참이라고 할 수 없다.

④ (3)에 의해 '~서초구'가 확정됨을 알 수 있고, 제시된 진술을 통해 관악구에 비가 오는지 안 오는지는 알 수 없다. 따라서 ④ '서초구와 관악구에 모두 비가 온다(서초구 ∧ 관악구)'는 거짓이다.

이것도 알면 합격

선언지 제거 (=선언 삼단 논법)	
개념	선언 명제를 통해 결론을 도출하는 방법으로, 어느 하나의 명제를 부정하여 다른 하나를 긍정하는 방식이다. 'A ∨ B'가 참이고 '~A'가 참인 경우, 'B'는 참이다.

논증 방법	[전제 1] P이거나 Q이다. (P ∨ Q)
	  예 오 주무관이 회의에 참석하거나 박 주무관이 회의에 참석한다.
	[전제 2] P가 아니다. (~P)
	  예 오 주무관이 회의에 참석하지 않는다.
	[결론] 따라서 Q이다. (Q)
	  예 따라서 박 주무관이 회의에 참석한다.

09 논리 | 논증의 강화 및 약화 평가하기　난이도 중 ●●○

정답 설명

④ 대화에 대해 평가한 내용으로 적절한 것은 'ㄱ, ㄴ, ㄷ'이므로 답은 ④ 'ㄱ, ㄴ, ㄷ'이다.

- ㄱ: 제시된 대화에서 갑은 인공지능이 예술가들의 일자리를 위협하고 예술의 가치를 하락시킨다고 주장한다. 이때 ㄱ에서 AI 작곡 프로그램을 사용하는 음악가들이 창작 시간을 단축하면서도 더 많은 작품을 발표하게 되었다는 통계 결과는 인공지능이 예술가들의 일자리를 위협하지 않고, 오히려 예술가들의 생산성을 높일 수 있음을 보여준다. 이는 갑의 주장과 상충하므로 갑의 입장을 약화한다. 따라서 ㄱ의 평가는 적절하다.
- ㄴ: 제시된 대화에서 갑은 인공지능이 만든 작품과 인간이 만든 작품을 구별하기 어려워지는 상황에서 인간 예술가의 가치가 평가절하될 수 있다고 주장한다. 이때 ㄴ에서 AI가 생성한 음악과 인간 작곡가의 음악을 구분하지 못하는 청취자가 60%에 달했으며, AI의 음악에 대한 긍정적인 평가가 높았다는 설문 조사 결과는 인공지능과 인간이 만든 작품을 구별하기 어려워지며 인간 예술가의 가치가 평가절하된 사례에 해당한다. 이는 갑의 주장을 뒷받침하므로 갑의 입장을 강화한다. 따라서 ㄴ의 평가는 적절하다.
- ㄷ: 제시된 대화에서 을은 인공지능이 예술가의 도구로 활용되고 예술의 대중화에 기여한다고 주장한다. 이때 ㄷ에서 인공지능 그림 도구를 활용하는 장애인 예술가들이 신체적인 제약을 극복하고 자신의 예술적 비전을 효과적으로 표현하게 되면서 많은 예술 작품을 창작한 사례는 인공지능이 예술가의 도구로 활용되어 예술의 대중화에 기여한 사례이다. 이는 을의 주장을 뒷받침하므로 을의 입장을 강화한다. 따라서 ㄷ의 평가는 적절하다.

10 논리 | 명제의 전제 추론하기　난이도 하 ●○○

정답 설명

③ 갑의 진술을 기호화하면 다음과 같다.

(1) 과학자 → 생물학 ≡ ~생물학 → ~과학자 (대우)
(2) 생물학
[결론] 과학자

(1)을 통해 '과학자면 생물학을 좋아함(과학자 → 생물학)'을 알 수 있다. 하지만 결론으로 제시한 '과학자'는 (1)의 후건인 '생물학'을 긍정함으로써 전건의 긍정을 결론으로 도출한 후건 긍정의 오류를 범한 것이다. 이때 ③ '과학자가 아닌 사람은 모두 생물학을 좋아하지 않는다 (~과학자 → ~생물학)'을 추가하면 이것의 대우인 '생물학을 좋아하면 모두 과학자이다(생물학 → 과학자)'를 결론으로 도출할 수 있다. 따라서 (가)에 들어갈 말로 적절한 것은 ③이다.

오답 분석

① '어떤 과학자는 생물학을 좋아하지 않는다(과학자 ∧ ~생물학)'는 (1)과 모순되므로 전제로 추가하더라도 결론을 도출할 수 없다. 따라서 ①은 (가)에 들어갈 말로 적절하지 않다.
② '과학자인 사람은 모두 생물학을 좋아하지 않는다 (과학자 → ~생물학)'는 (1)과 모순되므로 전제로 추가하더라도 결론을 도출할 수 없다. 따라서 ②는 (가)에 들어갈 말로 적절하지 않다.
④ '생물학을 좋아하지 않는 사람은 모두 과학자가 아니다(~생물학 → ~과학자)'는 (1)의 대우이므로 전제로 추가하더라도 결론을 도출할 수 없다. 따라서 ④는 (가)에 들어갈 말로 적절하지 않다.

11일 하프모의고사 11 정답·해설

■ 정답   p.70

01	① 독해	06	④ 어휘
02	① 독해	07	② 논리
03	③ 독해 + 문법	08	② 독해 + 문학
04	③ 논리	09	④ 독해
05	① 독해	10	① 논리

■ 취약영역 분석표

영역	틀린 답의 개수
독해	/ 4
독해 + 문법	/ 1
독해 + 문학	/ 1
논리	/ 3
어휘	/ 1
TOTAL	10

* 취약영역 분석표를 이용해 1개라도 틀린 문제가 있는 영역은 그 영역의 문제만 골라 해설을 다시 한번 꼼꼼히 학습하세요.

01 독해 | 글 고쳐쓰기   난이도 하 ●○○

정답 설명

① ㉠의 뒤 문장에서는 태양 에너지가 지표면에 도달하는 양에 따라 기온이 다름을 설명한다. 이는 기온을 결정하는 요인이 '태양 에너지가 지표면에 도달하는 양'이라는 것을 의미한다. 이때 수정 전 ㉠은 '양'에 대한 수식어구가 나타나지 않은 어색한 문장이다. 따라서 수식어구인 '지구 표면에 도달하는'을 추가하여 '양'을 수식하도록 수정하는 것은 적절하다.

오답 분석

② ㉡이 포함된 문장에서는 온실가스가 지구에서 방출되는 열이 우주로 빠져나가는 것을 막는다고 설명한다. 이는 온실가스가 지구에서 방출되는 열을 다시 가져오며 지구의 기후를 유지하는 역할을 하고 있음을 의미한다. 이때 수정 전 ㉡은 '외부에 있는 사람이나 사물 따위를 내부로 모아들이다'를 의미하는 '흡수(吸收)하다'가 사용된 적절한 문장이다. 따라서 ㉡을 '어떤 물질이 달라붙다'를 의미하는 '흡착(吸着)하다'를 사용하여 수정하는 것은 문맥상 적절하지 않다.

③ ㉢의 뒤 문장에서는 서울의 여름철 기후는 고온다습하지만, 오늘의 날씨는 맑고 건조할 수 있다고 설명한다. 이는 기후가 평균적인 대기 상태를, 날씨가 특정 시점과 장소의 대기 상태를 나타냄을 의미한다. 따라서 ㉢을 '기후는 특정 시점과 장소의 대기 상태를 의미하는 반면, 날씨는 장기간에 걸친 대기 상태의 평균을 나타낸다'로 수정하는 것은 문맥상 적절하지 않다.

④ ㉣의 뒤 문장에서는 이전에는 보기 힘들었던 태풍, 가뭄, 폭우, 폭염 등이 빈번해지면서 전 세계인들의 생활에 직간접적인 영향을 미치고 있다고 설명한다. 이는 최근 증가하고 있는 기상 현상이 이전에 볼 수 없었던 극단적인 현상임을 의미한다. 따라서 ㉣을 '전 세계적으로 빈번하게 나타났던 기상 현상이 반복되고 있다'로 수정하는 것은 문맥상 적절하지 않다.

02 독해 | 숨겨진 내용 추론하기   난이도 하 ●○○

정답 설명

① 2문단에서는 몽타주 편집이 관객이 스스로 장면들 간의 관계를 파악하고 의미를 구성해 나가도록 하며, 관객의 적극적인 사고를 유도한다고 설명한다. 여기서 '스스로 의미를 구성해 나가는 것'과 '적극적인 사고'는 관객의 능동적 해석 과정을 의미한다. 따라서 영화에서 관객의 능동적 해석을 유도하려면 몽타주 편집을 사용하는 것이 적절함을 추론할 수 있으므로, ①의 추론은 적절하다.

오답 분석

② 1문단에서는 연속 편집이 관객이 이야기에 몰입할 수 있도록 하는 데 중점을 둔다고 설명한다. 또한 2문단에서는 몽타주 편집을 활용한 에이젠슈테인의 충돌 몽타주가 관객에게 충격과 함께 새로운 개념을 전달한다고 설명한다. 이는 연속 편집이 관객의 몰입을 방해하지 않으며, 관객에게 충격을 주는 것은 몽타주 편집임을 의미한다. 따라서 현대에는 연속 편집을 통해 관객에게 충격을 주거나 관객의 몰입을 방해하지 않음을 추론할 수 있으므로, ②의 추론은 적절하지 않다.

③ 2문단에서는 현대 영화에서 연속 편집과 몽타주 편집을 상황에 맞게 혼합하여 사용하는 경향이 있다고 설명한다. 또한 제시문을 통해 현대 영화에서 인물의 갈등 관계를 표현하기 위해 연속 편집만을 사용하는 것이 좋은지는 추론할 수 없으므로, ③의 추론은 적절하지 않다.

④ 1문단에서는 연속 편집이 시공간의 연속성을 유지하며 이야기를 자연스럽게 전개하는 방식이라고 설명한다. 이는 사건을 시간에 따라 연속적으로 전개할 때는 연속 편집이 효과적인 기법임을 의미한다. 반면 몽타주 편집은 서로 관련 없어 보이는 장면들을 병치하여 새로운 의미를 창출하는 방식이므로 시간 순 전개와는 거리가 있다. 따라서 영화에서 사건을 시간 순으로 전개하기 위해서는 몽타주 편집보다 연속 편집이 더 많이 활용됨을 추론할 수 있으므로, ④의 추론은 적절하지 않다.

03 독해 + 문법 | 사례 추론하기, 의미 확장   난이도 중 ●●○

정답 설명

③ 제시문에 의하면 ㉠은 유사성에 기반하여 은유를 통해 이루어지거나, 인접성에 기반하여 환유를 통해 이루어진다. 이때 '차'가 '차나무의 어린잎을 달이거나 우린 물'의 의미와 '바퀴가 굴러서 나아가게 되어 있는, 사람이나 짐을 실어 옮기는 기관'의 의미로 쓰이는 것은 유사성이나 인접성에 의한 것이 아닌, 별개의 단어로 쓰인 사례로 동음이의어에 해당한다. 동음이의어는 소리는 같으나 뜻이 다른 별개의 단어로, 하나의 단어가 의미 확장된 다의어와는 구별된다. 따라서 ㉠의 사례에 해당하지 않는 것은 ③이다.

오답 분석

① 2문단에 의하면 원래의 의미와 새로운 의미 사이에 모습이나 행동 등의 유사점을 찾아 의미가 확장되는 것은 ㉠에 해당한다. 이때 '여우'가 '갯과의 포유류'의 의미와 '매우 교활한 사람을 비유적으로 이르는 말'의 의미로 쓰이는 것은 여우의 행동과 교활한 사람의 행동이 유사하여 은유에 의한 의미 확장이 일어난 사례이다. 따라서 ①은 ㉠의 사례에 해당한다.

② 3문단에 의하면 원래 지시하는 대상과 새롭게 지시하는 대상이 시간상 서로 인접해 있어서 의미가 확장되는 것은 ㉠에 해당한다. 이때 '아침'이 '날이 새면서 오전 반나절쯤까지의 동안'의 의미와 '아침에 끼니로 먹는 음식'의 의미로 쓰이는 것은 아침 시간과 아침 식사 행위가 시간상 인접하여 환유에 의한 의미 확장이 일어난 사례이다. 따라서 ②는 ㉠의 사례에 해당한다.

④ 3문단에 의하면 원래 지시하는 대상과 새롭게 지시하는 대상이 공간적으로 서로 인접해 있어서 의미가 확장되는 것은 ㉠에 해당한다. 이때 '책갈피'가 '책장과 책장의 사이'의 의미와 '읽던 곳이나 필요한 곳을 찾기 쉽도록 책의 낱장 사이에 끼워 두는 물건을 통틀어 이르는 말'의 의미로 쓰이는 것은 책갈피와 책갈피에 끼워 두는 공간이 위치적, 즉 공간적으로 인접하여 환유에 의한 의미 확장이 일어난 사례이다. 따라서 ④는 ㉠의 사례에 해당한다.

이것도 알면 합격

다의어와 동음이의어

다의어	• 중심적 의미와 하나 이상의 주변적 의미를 가지는 단어 • 중심 의미에서 주변 의미들이 분화되었기 때문에 공통된 의미와 의미의 유사성(類似性)이 있음 • 사전에 하나의 단어로 등재됨
동음이의어	• 두 개 이상의 단어가 서로 소리는 같으나 그 의미가 다른 경우 • 우연히 소리가 같을 뿐, 두 단어 사이에 공통된 의미가 전혀 없음 • 사전에 별개의 단어로 등재됨

04 논리 | 명제의 결론 추론하기   난이도 하 ●○○

정답 설명

③ 제시된 전제를 기호화하면 다음과 같다.

> (가) 채소 ∧ 소화
> (나) 과식 → ~소화 ≡ 소화 → ~과식 (대우)

(가)는 '채소를 좋아하는 사람 중 일부는 소화 기능이 원활하다(채소 ∧ 소화)'이고 (나)의 대우는 '소화 기능이 원활한 사람이면 과식을 하지 않는다(소화 → ~과식)'이다. 이때 (가)와 (나)의 대우를 결합하면 '채소를 좋아하는 어떤 사람은 과식을 하는 사람이 아니다(채소 ∧ ~과식)'가 도출되므로 빈칸에 들어갈 결론으로 적절한 것은 ③이다.

오답 분석

① '과식을 하는 어떤 사람은 소화 기능이 원활하다(과식 ∧ 소화)'는 (나) '과식을 하는 사람이면 소화 기능이 원활하지 않다(과식 → ~소화)'를 통해 거짓임을 알 수 있다. 따라서 ①은 빈칸에 들어갈 결론으로 적절하지 않다.

② (나)의 대우를 통해 '소화 → ~과식'은 알 수 있으나, '소화 기능이 원활한 사람이면 과식을 하는 사람이다(소화 → 과식)'는 제시된 전제를 통해 도출할 수 없다. 따라서 ②는 빈칸에 들어갈 결론으로 적절하지 않다.

④ (가)를 통해 '채소 ∧ 소화'는 알 수 있으나, '소화 기능이 원활한 어떤 사람은 채소를 좋아하는 사람이 아니다(소화 ∧ ~채소)'는 제시된 전제를 통해 도출할 수 없다. 따라서 ④는 빈칸에 들어갈 결론으로 적절하지 않다.

이것도 알면 합격

교환 법칙

개념	연언과 선언으로 기호화하는 명제는 앞 명제와 뒤 명제의 순서를 바꾸어도 그 진릿값은 변하지 않음
예	• P ∧ Q ≡ Q ∧ P 눈이 오고 바람이 분다. ≡ 바람이 불고 눈이 온다. • P ∨ Q ≡ Q ∨ P 눈이 오거나 바람이 분다. ≡ 바람이 불거나 눈이 온다.

05 독해 | 세부 내용 파악하기   난이도 하 ●○○

정답 설명

① 1문단에 따르면 체내 시계는 생물의 몸 안에 존재하며, 외부 환경의 변화 없이도 약 24시간을 주기로 하는 생체 주기를 유지한다. 따라서 체내 시계는 외부 환경의 변화 없이도 일정한 주기를 유지한다는 ①의 설명은 적절하다.

오답 분석

② 3문단에 따르면 전자기기에서 나오는 청색광은 멜라토닌의 분비를 억제해서 수면의 질을 저하시킨다. 따라서 전자기기의 빛이 멜라토닌의 분비를 촉진하여 수면의 질을 향상시킨다는 ②의 설명은 적절하지 않다.

③ 2문단에 따르면 과학자들이 체내 시계를 조절하는 시계 유전자를 밝혀냈으며, 이는 체내 시계가 아주 작은 분자 단위에서 일어나는 복잡한 기제를 기반으로 한다는 사실을 입증했다. 따라서 시계 유전자의 발견으로 체내 시계의 기반이 단순한 반응 기제임이 입증되었다는 ③의 설명은 적절하지 않다.

④ 1문단에 따르면 뇌의 시상 하부에 있는 신경 세포 집단은 눈 안쪽의 망막으로부터 받은 빛 정보를 처리하여 멜라토닌의 분비를 조절한다. 따라서 뇌의 신경 세포 집단은 눈에서 직접 빛 정보를 수집하지 않으므로, ④의 설명은 적절하지 않다.

06 어휘 | 다의어의 의미   난이도 중 ●●○

정답 설명

④ ㉠의 기본형 '받다'는 문맥상 '빛, 별, 열이나 바람 따위의 기운이 닿다'를 뜻한다. 따라서 문맥상 ㉠의 의미와 가장 가까운 것은 '아이는 퇴근한 엄마의 손을 잡고 달빛을 받으며 골목길을 걸었다'의 '받다'이다.

오답 분석

① 막내의 어리광을 받아만 주는 게 좋은 건 아니다: 이때 '받다'는 문맥상 '다른 사람의 어리광, 주정 따위에 무조건 응하다'를 뜻한다.

② 그는 첫 월급을 받은 기념으로 친구들에게 밥을 샀다: 이때 '받다'는 문맥상 '다른 사람이 주거나 보내오는 물건 따위를 가지다'를 뜻한다.

③ 그녀는 많은 사람 앞에서 주목을 받으면 얼굴이 빨개졌다: 이때 '받다'는 문맥상 '다른 사람이나 대상이 가하는 행동, 심리적인 작용 따위를 당하거나 입다'를 뜻한다.

07 논리 | 논증의 강화 및 약화 평가하기   난이도 하 ●○○

정답 설명

② 대화에 대해 평가한 내용으로 적절한 것은 'ㄱ, ㄴ'이므로 답은 ② 'ㄱ, ㄴ'이다.

- ㄱ: 갑은 초기 데이터가 유의미한 감소 추세를 보이면 정책의 긍정적 효과를 인정할 수 있다고 주장한다. 이때 정책 초기 효과 분석을 통해 86%의 정확도로 장기적 효과를 예측할 수 있다는 통계학적 모델은 초기 데이터의 중요성과 예측 가능성을 뒷받침하므로 갑의 입장을 강화한다. 따라서 ㄱ은 대화에 대한 평가로 적절하다.

- ㄴ: 갑은 초기 데이터만으로도 정책의 긍정적 효과를 인정할 수 있다고 주장한다. 이때 초기 데이터가 유의미한 변화를 보여도 장기적 행동 패턴은 다르게 나타날 수 있다는 행동경제학 연구는 초기 데이터만으로는 정책 효과를 정확히 판단하기 어렵다는 점을 시사하므로 갑의 입장을 약화한다. 따라서 ㄴ은 대화에 대한 평가로 적절하다.

오답 분석

- ㄷ: 을은 단기간 데이터만으로는 정책의 효과를 판단할 수 없으며, 장기적인 관찰과 다양한 요인을 고려한 분석이 필요하다고 주장한다. 이때 환경 정책의 효과는 계절적 요인, 경제 상황 등 다양한 변수에 영향을 받기 때문에 단기간 데이터로는 판단하기 어렵다는 전문가의 의견은 다양한 요인을 고려한 장기적 분석이 필요하다는 을의 주장을 뒷받침하므로 을의 입장을 약화하는 것이 아니라 오히려 강화한다. 따라서 ㄷ은 대화에 대한 평가로 적절하지 않다.

08 독해 + 문학 | 세부 내용 파악하기, 문학의 이해   난이도 하 ●○○

정답 설명

② 3문단에 따르면 고전 애정 소설 속 주인공들의 결합 과정에서는 다양한 혼사 장애가 나타나며, 이는 작품의 서사적 긴장감을 높이는 동시에 당대 사회의 모순과 제약을 반영한다. 이를 통해 고전 애정 소설에서 나타나는 혼사 장애는 작품의 긴장감을 높이고 사회의 모순을 반영한다는 것을 알 수 있다. 따라서 고전 애정 소설의 혼사 장애는 작품의 긴장감을 높이고 사회적 모순을 반영한다는 ②의 설명은 적절하다.

오답 분석

① 3문단에 따르면 고전 애정 소설에서 주인공들은 자유로운 사랑과 개인의 행복을 추구하며 결합을 이루는 모습을 보이며, 이러한 작품들은 사회의 모순을 드러내고 저항 의식을 담아내는 사회 비판적 기능을 수행한다. 이를 통해 고전 애정 소설의 주인공들은 비극적 결말뿐만 아니라 결합을 이루기도 한다는 것을 알 수 있다. 따라서 고전 애정 소설이 비극적 결말을 통해 유교적 윤리 질서의 회복을 강조한다는 ①의 설명은 적절하지 않다.

③ 2문단에 따르면 고전 애정 소설의 주인공은 성별에 따라 각기 다른 전형성을 보이나, 후기로 갈수록 보다 복합적이고 현실적인 인물상으로 등장한다. 이를 통해 고전 애정 소설의 주인공들은 시대의 흐름에 따라 전형적인 인물에서 복합적인 인물로 변화한다는 것을 알 수 있다. 따라서 고전 애정 소설의 주인공들은 시대의 흐름에 따라 전형적이고 이상화된 인물로 변화한다는 ③의 설명은 적절하지 않다.

④ 1문단에 따르면 고전 애정 소설 중 한문 작품은 사대부 남성들이 격조 높은 문체로 유교적 윤리의식을 강조하는 소설이다. 이를 통해 고전 애정 소설 중 한문으로 쓰인 소설은 사대부 남성들이 강조하는 유교적 윤리의식을 묘사한다는 것을 알 수 있다. 따라서 고전 애정 소설 중 한문으로 쓰인 소설은 서민층의 유교적 윤리의식을 생동감 있게 묘사한다는 ④의 설명은 적절하지 않다.

09 독해 | 중심 내용 및 핵심 논지 파악하기 난이도 하 ●○○

정답 설명

④ 제시문은 공유 경제의 개념과 현황, 발전으로 인한 문제점을 설명한 후 공유 경제가 지속 가능한 경제 모델로 자리 잡기 위한 발전 방향을 제시하고 있다. 따라서 제시문은 공유 경제의 현황과 문제점을 바탕으로 발전 방향을 모색하는 데 초점을 맞추고 있으므로, 중심 내용으로 가장 적절한 것은 ④이다.

오답 분석

① 3문단에서 공유 경제의 한계에 대해 다루고 있으나, 제시문은 공유 경제의 문제점뿐만 아니라 발전 방향까지 제시하고 있다. 또한 제시문에서 공유 경제를 대체할 수 있는 새로운 경제 활동의 필요성은 나타나지 않는다. 따라서 ①은 중심 내용으로 적절하지 않다.

② 2문단에서 공유 경제의 현황과 사례에 대해 다루고 있으나, 이는 제시문의 일부 내용이므로 글 전체의 중심 내용으로 보기 어렵다. 따라서 ②는 중심 내용으로 적절하지 않다.

③ 3문단에서 공유 경제가 가진 기존 산업과의 마찰, 노동자의 권리 보호 미흡 등의 문제점을 다루고 있으나, 제시문은 이러한 문제점을 해결하는 것에 초점을 맞추고 있다. 따라서 ③은 중심 내용으로 적절하지 않다.

10 논리 | 명제의 결론 추론하기 난이도 하 ●○○

정답 설명

① 제시된 진술을 기호화하면 다음과 같다.

> (1) 근력 운동 ∨ 유산소 운동
> (2) 근력 운동 → 기초 대사량 증가
> [결론] 기초 대사량 증가 ∨ 심폐 지구력 향상

(1)과 (2)를 결합하면 '기초 대사량 증가 ∨ 유산소 운동'을 도출할 수 있다. 이때 결론인 '기초 대사량 증가 ∨ 심폐 지구력 향상'을 도출하기 위해서는 '유산소 운동'과 '심폐 지구력 향상'을 연결하는 전제가 추가되어야 한다. 따라서 ① '유산소 운동을 하면 심폐 지구력이 향상된다(유산소 운동 → 심폐 지구력 향상)'를 전제로 추가하면 '유산소 운동'과 '심폐 지구력 향상'을 연결하여 '기초 대사량 증가 ∨ 심폐 지구력 향상'을 결론으로 도출할 수 있으므로, 답은 ①이다.

오답 분석

② '근력 운동을 하면 심폐 지구력이 향상되지 않는다(근력 운동 → ~심폐 지구력 향상)'가 추가되더라도 결론은 도출할 수 없으므로 ②는 추가해야 할 전제로 적절하지 않다.

③ '심폐 지구력이 향상되었다면 유산소 운동을 한 것이다(심폐 지구력 향상 → 유산소 운동)'가 추가되더라도 결론은 도출할 수 없으므로 ③은 추가해야 할 전제로 적절하지 않다.

④ '유산소 운동을 하지 않으면 기초 대사량이 증가하지 않는다(~유산소 운동 → ~기초 대사량 증가)'가 추가되더라도 결론은 도출할 수 없으므로 ④는 추가해야 할 전제로 적절하지 않다.

12일 하프모의고사 12 정답·해설

■ 정답
p.76

01	② 독해	06	③ 논리
02	③ 논리	07	② 독해
03	④ 독해	08	④ 논리
04	② 어휘	09	① 독해
05	① 독해 + 문법	10	③ 어휘

■ 취약영역 분석표

영역	틀린 답의 개수
독해	/ 4
독해 + 문법	/ 1
독해 + 문학	/ -
논리	/ 3
어휘	/ 2
TOTAL	10

* 취약영역 분석표를 이용해 1개라도 틀린 문제가 있는 영역은 그 영역의 문제만 골라 해설을 다시 한번 꼼꼼히 학습하세요.

---

01 독해 | 글 고쳐쓰기 난이도 하 ●○○

정답 설명
② ⓒ의 뒤 문장을 통해 결과론자들은 최대 다수의 최대 행복을 실현할 수 있는 방향으로 의사결정을 해야 한다고 보았음을 알 수 있다. 이는 결과론적 윤리학이 도덕 규칙의 준수보다 행위 결과의 유용성을 더 중요하게 생각함을 의미한다. 따라서 ⓒ은 문맥상 '도덕 규칙보다는 행위가 가져오는 결과의 유용성과 행복의 총량을 극대화하는 것'으로 수정하는 것이 적절하다.

오답 분석
① 1문단에서는 결과론자들이 국가 전체의 효용을 증가시키는 방향으로 의사결정을 해야 한다고 보았음을 설명한다. 이는 결과론적 윤리학에서는 행위가 초래하는 결과의 가치에 따라 행위의 도덕적 옳고 그름이 결정된다는 것을 의미한다. 따라서 ㉠을 '그 행위가 초래하는 결과와 무관하게, 행위 자체의 내재적 속성에 따라'로 수정하는 것은 문맥상 적절하지 않다.

③ ⓒ의 앞 문장에서는 의무론적 윤리학이 행위의 결과보다 행위 자체의 도덕적 특성을 중시한다고 설명한다. 이는 의무론에서 행위의 옳고 그름이 결과의 유용성이나 행복에 의해 판단되는 것이 아니라, 도덕적 동기의 유무와 의무 이행 여부에 따라 판단된다는 것을 의미한다. 따라서 ⓒ을 '그 행위가 가져올 결과의 유용성이나 행복에 의해 판단해야 한다고'로 수정하는 것은 문맥상 적절하지 않다.

④ 2문단에서는 의무론적 윤리학이 행위의 결과보다 행위 자체의 도덕적 특성을 중시한다고 설명한다. 이는 의무론에서 행위 자체가 도덕적이지 않으면 그 행위는 결과의 유용성과 상관없이 윤리적으로 정당화될 수 없음을 의미한다. 따라서 ㉣을 '전체 경제에 긍정적 영향을 준다면 윤리적으로 정당화될 수 있다'로 수정하는 것은 문맥상 적절하지 않다.

---

02 논리 | 논증의 강화 및 약화 평가하기 난이도 하 ●○○

정답 설명
③ 제시문은 대도시 교통 혼잡 문제를 해결하기 위해 대중교통의 요금 인하나 운행 횟수의 증가와 같은 기존 정책보다는 근무 방식의 변화가 핵심이라는 논지를 전개하고 있다. 이때 한 대기업에서 유연 근무제를 도입한 결과 인근 지역의 출퇴근 시간대 교통량이 많이 감소하고 주변 도로의 혼잡도가 개선되었다는 것은 제시문에서 제안한 해결책인 근무 방식의 변화가 실제로 교통 혼잡 문제 해결에 효과적임을 보여주는 구체적 사례이다. 따라서 ③은 제시문의 핵심 논지를 뒷받침하므로 제시문의 논지를 강화하는 것으로 적절하다.

오답 분석
① 대중교통 요금을 30% 인하했더니 도시의 교통 혼잡도가 유의미하게 감소하는 효과를 보였다는 것은 제시문에서 비판한 대중교통의 요금 인하 정책이 실제로 교통 혼잡 해결에 효과가 있다는 증거가 된다. 이는 요금 인하가 근본적 해결책이 되기 어렵다는 제시문의 주장을 반박하므로 ①은 제시문의 논지를 강화하는 것으로 적절하지 않다.

② 대중교통 만족도 조사에서 시민 대다수가 요금 부담보다 배차 간격을 더 큰 불만으로 꼽았다는 것은 운행 횟수를 늘리는 정책의 필요성을 뒷받침하는 근거가 된다. 이는 제시문에서 비판한 기존 대중교통 정책의 타당성을 지지하는 내용이므로 ②는 제시문의 논지를 강화하는 것으로 적절하지 않다.

④ A 산업단지의 기업들이 동시에 유연 근무제를 실시하였으나, 특정 시간대가 출근 시간으로 선호되면서, 해당 지역의 출근 시간 교통 체증이 심해졌다는 것은 교통 혼잡을 줄이기 위한 목적으로 근무 방식을 유연 근무제로 변경하였으나, 특정 시간대 선호라는 예상치 못한 상황이 발생해 오히려 교통 혼잡이 심화되었음을 의미한다. 이는 근무 방식의 변화가 교통 혼잡을 완화할 것이라는 제시문의 핵심 논지를 반박하므로 ④는 제시문의 논지를 강화하는 것으로 적절하지 않다.

03 독해 | 세부 내용 파악하기   난이도 하 ●○○

정답 설명

④ 1문단에 따르면 집단 기억은 사회 구성원들이 공유하는 공적 기억이다. 알박스에 의하면 집단 기억은 현재의 사회적 틀과 관점에 의해 지속적으로 변형된다. 따라서 집단 기억이 사회 구성원 간의 합의를 통해 단일한 형태로 확립된다는 ④의 설명은 적절하지 않다.

오답 분석

① 1문단에 따르면 사회학자 모리스 알박스는 집단 기억이 현재의 사회적 틀과 관점에 의해 지속적으로 변형된다고 주장했다. 이를 통해 알박스에 의하면 현재의 사회적 틀이나 관점이 집단 기억을 변형시킬 수 있다는 것을 알 수 있다. 따라서 알박스에 의하면 사회적 틀이나 관점은 집단의 기억을 바꿀 수 있다는 ①의 설명은 적절하다.

② 1문단에 따르면 집단 기억은 구전 전통, 문서, 기념물 등의 다양한 매개체를 통해 전승되고 유지되며, 국가의 공식 역사 서술이나 교육 과정은 이를 형성하고 확산시키는 중요한 역할을 한다. 이를 통해 집단 기억이 구전 전통(입을 통해 전해 내려오는 것)과 국가 교육에 의해 유지된다는 것을 알 수 있다. 따라서 집단 기억은 입을 통해 전해 내려오거나 국가 교육에 의해 유지된다는 ②의 설명은 적절하다.

③ 3문단에 따르면 디지털 시대의 도래는 개인들이 자신의 기억과 경험을 더 쉽게 공유하고, 집단 기억을 형성하는 데 참여할 수 있는 기회를 제공한다. 이를 통해 디지털 시대에는 개인이 집단 기억 형성에 참여할 수 있는 기회가 증가한다는 것을 알 수 있다. 따라서 디지털 시대에는 개인이 집단 기억 형성에 참여할 기회가 증가한다는 ③의 설명은 적절하다.

04 어휘 | 다의어의 의미   난이도 중 ●●○

정답 설명

② ㉠의 기본형 '이어지다'는 문맥상 '끊어지지 않고 계속되다'를 뜻한다. 이는 어떠한 것이 시간적으로 지속된다는 것을 의미하므로, 문맥상 ㉠의 의미와 가장 가까운 것은 '이 축제는 조선 시대부터 현재까지 이어지고 있다'의 '이어지다'이다.

오답 분석

① ③ ④ 두 철로가 이어져 새로운 노선이 완성되었다 / 그 소설의 마지막 부분에 이어질 내용을 상상하며 잠에 들었다 / 고속도로와 이어지는 국도를 따라가면 해안가에 도착할 수 있다: 이때 '이어지다'는 문맥상 '끊어졌거나 본래 따로 있던 것이 서로 잇대어지다'를 뜻한다.

05 독해+문법 | 숨겨진 내용 추론하기, 합성성   난이도 하 ●○○

정답 설명

① 2문단을 통해 인지 언어학자들이 합성어나 구가 합성성의 원리에 따라 해석되지 않는 이유를 창조성의 작동으로 주장하였음을 알 수 있다. 그러나 제시문을 통해 이들이 합성성과 창조성 중 무엇을 우선순위로 두고 있는지는 알 수 없다. 따라서 인지 언어학자들이 합성어의 의미 파악에서 합성성을 우선순위로, 창조성을 후순위로 고려하며 합성어의 의미를 파악하고자 했는지는 추론할 수 없으므로, ①의 추론은 적절하지 않다.

오답 분석

② 1문단을 통해 동일한 단어로 이루어진 문장이라도 구조, 즉 결합 방식에 따라 전혀 다른 의미를 지닐 수 있음을 알 수 있다. 따라서 복합 단위 문장인 '현우가 민지를 본다'와 '민지가 현우를 본다'가 서로 다른 의미를 갖는 것은 구성 요소들의 결합 방식 때문임을 추론할 수 있으므로, ②의 추론은 적절하다.

③ 3문단을 통해 '머리를 굴리다'와 같은 관용 표현은 구성 성분인 단어의 의미를 합치는 것만으로는 의미를 정확히 파악할 수 없다는 것을 알 수 있다. 따라서 '머리를 굴리다'가 '생각하다'의 의미로 해석되는 것은 단어의 의미 합으로 해석되지 않는 합성성 원리의 한계를 보여줌을 추론할 수 있으므로, ③의 추론은 적절하다.

④ 1문단에 제시된 합성성의 원리에 의하면 복합적인 언어 표현의 의미는 그것을 구성하는 요소와 결합하는 방식에 따라 결정된다. 하지만 2문단을 통해 동일한 구조를 가진 합성어라도 합성성의 원리에 따라 그 의미가 해석되지 않을 수 있음을 알 수 있다. 따라서 '감기약'과 '모기약'이 같은 구조를 가졌으나 의미 해석에 차이가 있는 것은 합성어의 의미가 단순히 구성 요소의 의미 합이 아님을 의미하므로, ④의 추론은 적절하다.

이것도 알면 합격

합성성 원리

1. 개념: 복합적인 모든 언어 표현의 의미가 구성 요소들의 의미와 결합 방식에 의해 결정되는 원리
2. 예외

합성어	예 감기약[감기를 치료하는 데 쓰는 약(O)] / 쥐약[쥐를 치료하는 약(×)]
구	예 생계 보장[생계를 보장하다(O)] / 암 보장[암을 보장하다(×)]
관용 표현	예 비행기(를) 태우다[남을 지나치게 칭찬하거나 높이 추어올려 주다]
은유적 사용	예 깊은 잠에 빠져들다, 어린이날이 다가오다

06 논리 | 명제의 전제 추론하기　　난이도 하 ●○○

정답 설명
③ 제시된 진술을 기호화하면 다음과 같다.

> (1) 집중력 저하 → 학업 성취도 저하
> (2) SNS 사용 → 집중력 저하
> [결론] SNS 사용 → 자존감 떨어짐

(1)과 (2)를 결합하면 'SNS 사용 → 집중력 저하 → 학업 성취도 저하'이므로 'SNS 사용 → 학업 성취도 저하'를 도출할 수 있다. 이때 결론이 'SNS 사용 → 자존감 떨어짐'으로 도출되기 위해서는 'SNS 사용 → 학업 성취도 저하'의 후건인 '학업 성취도 저하'와 결론의 '자존감 떨어짐'을 연결할 수 있는 전제가 추가되어야 한다. 따라서 빈칸에 들어갈 말로 가장 적절한 것은 ③ '학업 성취도가 저하되면 자존감이 떨어집니다(학업 성취도 저하 → 자존감 떨어짐)'이다.

오답 분석
① '집중력이 저하되지 않습니다(~집중력 저하)'를 추가하더라도 결론을 도출할 수 없으므로 ①은 빈칸에 들어갈 말로 적절하지 않다.
② '학업 성취도가 저하되지 않습니다(~학업 성취도 저하)'를 추가하더라도 결론을 도출할 수 없으므로 ②는 빈칸에 들어갈 말로 적절하지 않다.
④ '학업 성취도가 저하되지 않으면 집중력이 저하되지 않습니다(~학업 성취도 저하 → ~집중력 저하)'는 (1)의 대우이다. 따라서 이를 추가하더라도 결론을 도출할 수 없으므로 ④는 빈칸에 들어갈 말로 적절하지 않다.

07 독해 | 빈칸 내용 추론하기　　난이도 하 ●○○

정답 설명
② 1문단에서는 예술적 영감의 원천에 관해서 다양한 관점이 존재한다는 점을 설명하며, 낭만주의 시대에서는 영감이 신의 계시나 초자연적 힘에 의해 비롯된다고 보았음을 설명한다. 그러나 2~4문단에서는 20세기에 접어들면서 예술적 창의성과 관련해 창작의 과정을 심리적 메커니즘으로 보는 정신분석학적 견해, 시대정신을 구체적으로 실현한 것으로 보는 사회학적 접근, 인간 인지 능력의 특별한 발현으로 보는 인지과학 연구가 등장하였음을 설명한다. 이에 대해 마지막 문단에서는 예술적 영감의 원천에 대한 이해가 시대에 따라 변화하였음을 언급하고 있으므로, 빈칸에 들어갈 말로 가장 적절한 것은 ②이다.

오답 분석
① 제시문에서는 예술적 영감의 원천에 대한 이해가 시대별로 달라지는 과정을 설명할 뿐, 이로 인해 예술이 지닌 본질적 가치가 이전보다 약화되었음을 언급하고 있지는 않다. 따라서 ①은 빈칸에 들어갈 내용으로 적절하지 않다.
③ 제시문에서는 예술적 영감의 원천에 대한 이해나 예술가들을 보는 시각이 시대별로 달라졌음을 설명할 뿐, 이로 인해 예술가들의 창작 의욕이 저하되었음을 언급하고 있지는 않다. 따라서 ③은 빈칸에 들어갈 내용으로 적절하지 않다.
④ 제시문에서는 예술적 영감을 바라보는 시각이 신성한 계시로 여기던 전통적 견해에서 나아가, 무의식적 충동이나 사회적 산물, 인지적 기능으로 보는 현대적 관점이 등장했음을 언급하고 있다. 따라서 ④는 빈칸에 들어갈 내용으로 적절하지 않다.

08 논리 | 명제의 결론 추론하기　　난이도 중 ●●○

정답 설명
④ 제시된 진술을 기호화하면 다음과 같다.

> (1) 갑〈토론부〉 → 을〈음악부〉
> (2) 을〈음악부〉 → (병〈미술부〉 ∨ 병〈체육부〉)
> (3) 갑〈토론부〉
> (4) ~병〈체육부〉

(3)에 의해 '갑〈토론부〉'가 확정되었으므로 (1)에서 '을〈음악부〉'가 확정된다. 이를 (2)에 대입하면 전건인 '을〈음악부〉'를 긍정할 수 있으므로 '병〈미술부〉 ∨ 병〈체육부〉'를 확정할 수 있다. 이때 (4)에서 '~병〈체육부〉'가 확정되었으므로 선언지 제거에 의해 '병〈미술부〉'가 확정된다. 따라서 '병'이 〈미술부〉에 가입한다는 것을 알 수 있고 갑, 을, 병, 정 네 학생은 각자 서로 다른 동아리에 가입하므로, '정'은 〈체육부〉에 가입함을 알 수 있다.

오답 분석
① (3)에 의해 〈토론부〉에 가입하는 사람은 '갑'임을 알 수 있다. 따라서 ①은 빈칸에 들어갈 말로 적절하지 않다.
② (3)에 의해 '갑〈토론부〉'가 확정되었으므로 (1)에서 '을〈음악부〉'가 확정된다. 이를 통해 〈음악부〉에 가입하는 사람은 '을'임을 알 수 있다. 따라서 ②는 빈칸에 들어갈 말로 적절하지 않다.
③ (3)에 의해 '갑〈토론부〉'가 확정되었으므로 (1)에서 '을〈음악부〉'가 확정된다. 이를 (2)에 대입하면 '병〈미술부〉 ∨ 병〈체육부〉'를 확정할 수 있다. 또한 (4)에서 '~병〈체육부〉'가 확정되었으므로 선언지 제거에 의해 '병〈미술부〉'가 확정된다. 따라서 〈미술부〉에 가입하는 사람은 '병'임을 알 수 있으므로 ③은 빈칸에 들어갈 말로 적절하지 않다.

이것도 알면 합격

전건 긍정
가언 명제(조건문)의 전건을 긍정하여 후건의 긍정을 결론으로 추론하는 논증 방법이다.

전제 1	P이면 Q이다. (P → Q) 예 비가 오면 땅이 젖는다. (비 → 땅 젖음)
전제 2	P이다. (P) 예 비가 왔다. (비)
결론	따라서 Q이다. (Q) 예 따라서 땅이 젖었다. (땅 젖음)

09 독해 | 세부 내용 파악하기   난이도 하 ●○○

정답 설명

① 2문단에 따르면 민가는 양반 가옥에 비해 상대적으로 단순한 구조였으나, 제한된 공간을 효율적으로 활용하였다. 따라서 민가는 양반 가옥보다 복잡하지 않고 단순한 구조를 가졌다는 점을 알 수 있으므로, ①의 설명은 적절하지 않다.

오답 분석

② 1문단에 따르면 우리나라의 전통 마을은 자연 지형을 거스르지 않고 주변 환경과 밀접한 관계 속에서 발달하였다. 이를 통해 산지촌은 계단식 구조를, 평야 지대 마을은 열린 구조를 보였으며 특히 풍수지리 사상에 따라 배산임수 형태가 나타났다는 것을 알 수 있으므로, ②의 설명은 적절하다.

③ 2문단에 따르면 전통 마을에서의 공간은 공적 공간과 사적 공간으로 구분되며, 공적 공간은 마을 구성원들의 소통과 결속을 강화하는 역할을 했다. 따라서 마을의 공적 공간은 구성원들의 소통과 결속을 강화했다는 것을 알 수 있으므로, ③의 설명은 적절하다.

④ 1문단에 따르면 풍수지리 사상이 마을의 입지를 정하고 공간을 배치하는 데 중요한 영향을 미치며, 전통 마을에서는 배산임수 형태를 이상적으로 여겼다. 따라서 풍수지리 사상이 마을 입지와 공간 배치에 영향을 미쳤다는 것을 알 수 있으므로, ④의 설명은 적절하다.

10 어휘 | 고유어와 한자어의 대응   난이도 하 ●○○

정답 설명

③ ⓒ의 기본형 '배분(配分)하다'는 문맥상 '몫몫이 별러 나누다'를 뜻하나, ③의 기본형 '누리다'는 '생활 속에서 마음껏 즐기거나 맛보다'를 뜻하므로 ⓒ과 바꿔 쓸 수 있는 유사한 표현으로 적절하지 않다. 참고로 ⓒ과 바꿔 쓸 수 있는 표현으로는 '몫을 분배하다'를 뜻하는 '나누다'가 있다.

오답 분석

① · 밀접(密接)하다: 아주 가깝게 맞닿아 있다. 또는 그런 관계에 있다.
  · 맞닿다: 마주 닿다.
② · 위치(位置)하다: 일정한 곳에 자리를 차지하다.
  · 자리하다: 일정한 공간을 차지하다.
④ · 고려(考慮)하다: 생각하고 헤아려 보다.
  · 생각하다: 사물을 헤아리고 판단하다.

13일 하프모의고사 13 정답·해설

정답 p.82

01	① 독해	06	④ 어휘
02	④ 독해+문법	07	① 독해
03	② 독해	08	③ 논리
04	① 논리	09	① 어휘
05	③ 독해	10	① 논리

취약영역 분석표

영역	틀린 답의 개수
독해	/ 4
독해 + 문법	/ 1
독해 + 문학	/ -
논리	/ 3
어휘	/ 2
TOTAL	10

* 취약영역 분석표를 이용해 1개라도 틀린 문제가 있는 영역은 그 영역의 문제만 골라 해설을 다시 한번 꼼꼼히 학습하세요.

01 독해 | 공공언어 바로 쓰기   난이도 하 ●○○

정답 설명
① 민원을 접수한지 3일이 지났습니다(×) → 민원을 접수한 지 3일이 지났습니다(○): 수정 전 문장은 '어떤 일이 있었던 때로부터 지금까지의 동안을 나타내는 말'을 의미하는 의존 명사인 '지'가 앞말과 띄어쓰기를 정확히 하고 있다. 따라서 이를 '민원을 접수한 3일이 지났습니다'와 같이 앞말에 붙여 쓰도록 수정하는 것은 적절하지 않다.

오답 분석
② 양축 농가에서는 위생 관리에 주의해야 합니다(×) → 축산 농가에서는 위생 관리에 주의해야 합니다(○): 수정 전 문장은 어려운 전문 용어인 '양축 농가'를 사용하였다. 따라서 이를 ⓒ에 따라 일반인이 이해하기 쉬운 표현인 '축산 농가'로 수정하는 것은 적절하다.

③ 담당 부서와 협의한 후 제출하셔야 합니다(×) → 귀하께서는 담당 부서와 이번 문제를 협의한 후 서류를 제출하셔야 합니다(○): 수정 전 문장은 필수 성분인 주어와 서술어 '협의하다', '제출하다'가 필요로 하는 목적어가 생략되었다. 따라서 이를 ⓒ에 따라 주어인 '귀하께서는'과 목적어 '이번 문제를', '서류를'을 추가하여 수정하는 것은 적절하다.

④ 지난해 우리 시의 녹지 면적은 크게 감소했다. 그리고 녹지에 대한 시민 만족도는 높게 나타났다(×) → 지난해 우리 시의 녹지 면적은 크게 감소했다. 그러나 녹지에 대한 시민 만족도는 높게 나타났다(○): 수정 전 문장은 녹지 면적이 크게 감소하였다는 앞 문장과 시민들의 녹지 만족도가 높게 나타났다는 뒤 문장이 접속어 '그리고'를 통해 연결되었다. 앞뒤 문장의 의미 관계를 고려하였을 때 이는 녹지 면적이 감소하였음에도 불구하고, 녹지에 대한 시민 만족도가 높게 나타난 상황이다. 따라서 단어, 구, 절, 문장 따위를 병렬적으로 연결할 때 쓰는 접속 부사인 '그리고'를 사용하는 것은 의미 관계상 적절하지 않으므로, 이를 ⓔ에 따라 앞의 내용과 뒤의 내용이 상반될 때 쓰는 접속 부사인 '그러나'로 수정하는 것은 적절하다.

02 독해+문법 | 사례 추론하기, 문장 성분   난이도 중 ●●○

정답 설명
④ 제시문에 따르면 관형어는 관형사와 관형절이 포함된다. 관형사는 '새, 헌, 온갖, 모든' 등과 같이 체언을 꾸며 주는 품사이고, 관형절은 용언에 관형사형 어미가 결합하여 체언을 꾸며 주는 구성이다. '아름다운'은 형용사 '아름답다'에 관형사형 어미 '-ㄴ'이 결합한 관형절이므로 관형사에 해당한다는 ④의 추론은 적절하지 않다. 참고로 '아름다운 풍경에 감탄할 수밖에 없었다'에서 '아름다운'은 주어 '풍경이'가 생략된 관계 관형절에 해당한다.

오답 분석
① 3문단에 따르면 관형절의 시제 표현에서 미래 시제는 '-(으)ㄹ'에 의해 표현된다. '먹을 음식'은 '앞으로 먹게 될 음식'을 의미하므로 미래의 의미를 나타낸다는 ①은 적절한 추론이다.

② 2문단에 따르면 관계 관형절은 수식하는 체언과 동일한 체언이 생략되어 있는 관형절이며, 생략된 체언은 관계 관형절 내에서 주어로 해석할 수 있다. 이때 '쥐를 잡은 고양이가 운다'에서 '쥐를 잡은'은 '고양이'를 수식하고 있으므로, '고양이'가 생략되어 있음을 알 수 있다. 또한 '쥐를 잡은'은 의미상 '고양이가 쥐를 잡다'로 해석되어 '고양이가'라는 주어가 생략되었음을 추론할 수 있으므로 ②는 적절한 추론이다.

③ 2문단에 따르면 동격 관형절은 한 문장의 필수 성분을 온전히 갖추고 있는 관형절을 의미한다. 이때 '새 건물이 지어진 사실이 밝혀졌다'에서 '새 건물이 지어진'은 관형사 '새'가 '건물'을 수식하고 있으며, '지어지다'에 관형사형 어미 '-ㄴ'이 결합한 것으로, 서술어 '지어지다'가 요구하는 문장 성분인 주어부 '새 건물이'를 온전히 갖추고 있다. 따라서 '새 건물이 지어진 사실이 밝혀졌다'에는 동격 관형절이 포함되어 있음을 추론할 수 있으므로 ③은 적절한 추론이다.

이것도 알면 합격

관형어의 형식

① 관형사	예 오늘 새 신발을 신었다.
② 체언	예 아빠 가게는 내일 문을 닫는다.
③ 체언 + 관형격 조사 '-의'	예 친구의 아버지가 과장으로 승진하셨다.
④ 용언의 관형사형	예 하늘에는 예쁜 구름이 떠다니고 있었다.

03 독해 | 세부 내용 파악하기   난이도 하 ●○○

정답 설명

② 4문단을 통해 산업 유산의 재활용 과정에서 나타나는 지나친 상업화가 지역 주민의 공간 향유권을 제한하는 경우가 있다는 것을 알 수 있다. 이는 산업 유산의 재활용이 항상 성공적인 결과를 보이지 않으며, 때로는 지나친 상업화가 지역 주민의 권리를 침해할 수 있음을 의미한다. 따라서 ②의 설명은 적절하다.

오답 분석

① 2문단을 통해 산업 유산의 재활용은 산업 유산을 보존하고 새로운 기능을 부여하여, 도시가 과거와의 연속성을 유지하면서도 미래로 나아갈 수 있도록 한다는 것을 알 수 있다. 이는 산업 유산의 재활용이 산업화 시대의 유산이라는 과거를 창의적으로 계승하며 미래로 나아간다는 것을 의미한다. 따라서 산업 유산이 재활용되는 과정에서 과거를 벗어난다는 ①의 설명은 적절하지 않다.

③ 1문단을 통해 1980년부터 폐산업 시설을 문화 공간으로 탈바꿈해서 도시의 활력을 회복하려는 시도가 나타났다는 것을 알 수 있다. 그러나 3문단을 통해 이러한 변화가 새로운 상권을 형성할 수 있다는 것만을 알 수 있을 뿐, 이로 인해 기존 상권이 회복되는지는 알 수 없다. 따라서 폐산업 시설을 문화 시설로 바꾸면 도시의 기존 상권을 회복시키며 활력이 생길 수 있다는 ③의 설명은 적절하지 않다.

④ 4문단을 통해 산업 유산의 재활용이 항상 성공적이지만은 않으며, 무분별한 개발로 인해 역사적 가치가 훼손되기도 한다는 것을 알 수 있다. 이는 산업 유산의 재활용이 반드시 문화유산의 가치를 상승시키지는 않는다는 것을 의미한다. 따라서 산업 유산의 재활용 후 문화유산의 가치가 상승한다는 ④의 설명은 적절하지 않다.

04 논리 | 명제의 결론 추론하기   난이도 중 ●●○

정답 설명

① 제시된 전제를 기호화하면 다음과 같다.

(가) 학생 → (수업료 ∨ 장학금)
   ≡ (학생 → 수업료) ∨ (학생 → 장학금) (후건 분리)
(나) 학생 → ~장학금

(가)는 후건 분리에 의해 '(학생 → 수업료) ∨ (학생 → 장학금)'과 논리적으로 동치이다. 이때 (나)에서 '학생 → ~장학금'이 확정되었으므로, (가)에서 '학생 → 장학금'이 거짓임을 도출할 수 있고, 선언지 제거에 의해 '학생 → 수업료'를 결론으로 도출할 수 있다. 따라서 답은 ① 이다.

오답 분석

② (나)를 통해 '학생 → ~장학금'을 도출할 수 있으므로, '학생 → 장학금'은 빈칸에 들어갈 말로 적절하지 않다.

③ (가)와 (나)를 통해 '학생 → 수업료'를 도출할 수 있으므로, '학생 → ~수업료'는 빈칸에 들어갈 말로 적절하지 않다.

④ 제시된 진술을 통해 '~학생 → ~장학금'을 도출할 수 없으므로, '~학생 → ~장학금'은 빈칸에 들어갈 말로 적절하지 않다.

이것도 알면 합격

후건 분리

후건 분리는 '동치(≡)'의 유형 중 하나로, 후건을 분리한다는 것은 복잡한 후건을 각각의 독립된 명제로 분리하는 것이다. 이때 '동치(≡)'란 표현은 달라도 내용적으로 동일한 명제를 의미한다.

- C → (A ∧ B) ≡ (C → A) ∧ (C → B)
- C → (A ∨ B) ≡ (C → A) ∨ (C → B)

05 독해 | 숨겨진 내용 추론하기   난이도 하 ●○○

정답 설명

③ 제시문에서 패시브 디자인은 건물의 향(向)을 고려하여 자연광을 최대한 활용한다고 설명하고 있으며, '남향으로 배치된 창문은 겨울철 태양열을 실내로 끌어들여 난방 효과를 높이고, 처마나 차양 장치는 여름철 직사광선을 차단하여 냉방 효과를 높인다'라고 구체적 사례를 제시하고 있다. 추운 북반구에서의 남향 건물은 겨울철 태양광을 최대한 끌어들여 난방 효과를 높이는 데 효과적일 것이므로 자연광을 최대한 활용하는 패시브 디자인의 원리를 적용한 사례로 볼 수 있다.

오답 분석

① 전통 한옥의 온돌과 마루는 기계 장치에 의존하지 않고 건물 자체의 구조를 통해 온도를 조절하는 시스템으로, 패시브 디자인의 사례에 가깝다. 액티브 디자인은 태양광 패널, 지열 시스템 등 첨단 기술을 활용하는 방식이다.

② 제시문에는 혼합형 디자인이 '패시브 디자인의 장점과 액티브 디자인의 효율성을 결합한 방식'이라고 설명하고 있을 뿐, 혼합형 디자인이 액티브 디자인보다 더 많은 에너지를 소비한다는 내용은 추론할 수 없다.

④ 제시문에서는 두 접근법을 통합한 혼합형 디자인이 주목받고 있다고 언급하고 있을 뿐, 어느 디자인을 우선시해야 한다는 내용은 확인할 수 없다.

06 어휘 | 고유어와 한자어의 대응   난이도 하 ●○○

정답 설명

④ ㉣의 기본형 '낮추다'는 '높낮이로 잴 수 있는 수치나 정도를 기준이 되는 대상이나 보통 정도에 미치지 못하는 상태가 되게 하다'를 뜻하지만, '절하(切下)하다'는 '화폐 가치의 수준을 낮추다'를 뜻하므로 바꿔 쓰기에 적절하지 않다.

오답 분석

① ・나누다: 하나를 둘 이상으로 가르다.
　・구분(區分)하다: 일정한 기준에 따라 전체를 몇 개로 갈라 나누다.
② ・기대다: 남의 힘에 의지하다.
　・의존(依存)하다: 다른 것에 의지하여 존재하다.
③ ・들이다: 빛, 볕, 물 따위를 안으로 들어오게 하다.
　・인입(引入)하다: 안으로 끌어들이다.

07 독해 | 개요 작성하기   난이도 하 ●○○

정답 설명

① 〈개요〉의 빈칸에는 Ⅲ의 '접경 지역의 평화적 공존 방안'과 대응하며 Ⅱ의 '접경 지역 갈등의 주요 원인'의 하위 항목에 해당하는 내용이 들어가야 한다. 이때 ① '접경 지역의 경제 협력 기회 확대'는 접경 지역 갈등을 유발하는 원인이 아니라, 오히려 갈등을 해소하고 평화적 공존을 이루기 위한 방안에 해당하므로 'Ⅲ. 접경 지역의 평화적 공존 방안'의 하위 항목에 해당한다. 따라서 〈개요〉의 빈칸에 들어갈 내용으로 적절하지 않은 것은 ①이다.

오답 분석

② '접경 지역 주민 간 사회문화적 차이'는 Ⅲ-1에 대응하는 접경 지역 갈등의 원인에 해당하므로 빈칸에 들어갈 내용으로 적절하다.
③ '접경 지역의 자원 이용을 둘러싼 갈등'은 Ⅲ-3에 대응하는 접경 지역 갈등의 원인에 해당하므로 빈칸에 들어갈 내용으로 적절하다.
④ '영토 경계선 획정을 둘러싼 국가 간 마찰 증가'는 Ⅲ-2에 대응하는 접경 지역 갈등의 원인에 해당하므로 빈칸에 들어갈 내용으로 적절하다.

08 논리 | 논증의 강화 및 약화 평가하기   난이도 하 ●○○

정답 설명

③ (가)는 기업의 과도한 현금 보유가 장기적으로 해당 기업의 혁신 역량과 경쟁력을 약화한다는 주장이다. 이때 ③에서 현금 보유량이 많은 글로벌 기술 기업들의 특허 건수가 현금 보유량이 적은 기업들보다 평균 30% 적다는 것은 기업의 과도한 현금 보유가 특허 출원이라는 혁신 활동을 저하한 사례에 해당한다. 따라서 이는 현금 보유의 부정적 영향을 강조하는 (가)의 주장을 뒷받침하므로, (가)를 강화한다.

오답 분석

① ①에서 현금을 많이 보유한 기업일수록 경제 불황기에 평균 생존율이 20% 더 높았다는 것은 현금 보유가 기업의 생존에 긍정적 영향을 미쳤음을 의미한다. 이는 현금 보유의 긍정적 효과를 보여 주므로, 현금 보유가 기업의 혁신 역량과 경쟁력을 약화한다는 (가)의 주장을 반박하는 사례에 해당한다. 따라서 ①은 (가)의 주장을 약화한다.
② ②에서 현금 보유율이 높은 기업들이 더 철저한 위기 관리 시스템을 구축하는 경향이 있다는 것은 현금 보유가 기업의 생존에 긍정적 영향을 미쳤음을 의미한다. 이는 현금 보유의 긍정적 효과를 보여 주므로, 현금 보유의 부정적 측면을 강조하는 (가)의 주장을 반박하는 사례에 해당한다. 따라서 ②는 (가)의 주장을 약화한다.
④ ④에서 산업별로 상위권에 속하는 기업들이 현상 유지를 선택하며 현금을 많이 보유한다는 것은 기업의 현금 보유가 기업의 경쟁력을 높였음을 의미한다. 이는 현금 보유의 긍정적 효과를 보여 주므로, 현금 보유가 시장 변화에 대한 기업의 적응력을 저하한다는 (가)의 주장을 반박하는 사례에 해당한다. 따라서 ④는 (가)의 주장을 약화한다.

09 어휘 | 다의어의 의미   난이도 하 ●○○

정답 설명

① 그 마을은 개발로 인해 전통적인 모습을 잃어버렸다: ①과 ㉠의 기본형 '잃어버리다'는 문맥상 '어떤 대상이 본디 지녔던 모습이나 상태를 아주 유지하지 못하게 되다'의 의미로 사용되었다. 따라서 ㉠과 의미가 가장 가까운 것은 ①이다.

오답 분석

② 오해 때문에 소중한 친구이자 스승을 잃어버리게 되었다: 이때 '잃어버리다'는 문맥상 '어떤 사람과의 관계가 아주 끊어지거나 헤어지게 되다'를 뜻한다.
③ 전쟁에서 그는 한쪽 팔을 잃어버리고 고향으로 돌아왔다: 이때 '잃어버리다'는 문맥상 '몸의 일부분이 잘려 나가거나 본래의 기능을 전혀 발휘하지 못하다'를 뜻한다.
④ 너무 긴장한 나머지 무대에서 침착함을 잃어버리고 실수했다: 이때 '잃어버리다'는 문맥상 '의식이나 감정 따위가 아주 사라지다'를 뜻한다.

10 논리 | 명제의 전제 추론하기   난이도 하 ●○○

정답 설명

① 제시된 진술을 기호화하면 아래와 같다.

> (1) 사전 홍보 → 자원봉사자
> (2) ⬜
> (3) ~모집 공고 → ~자원봉사자 ≡ 자원봉사자 → 모집 공고 (대우)
> [결론] 모집 공고

이때 결론을 '모집 공고'로 도출하기 위해서는 (3)의 대우에서 전건 '자원봉사자'를 긍정할 수 있는 전제가 추가되어야 한다. 이때 '사전 홍보'가 전제로 추가되면 (1)에서 후건 '자원봉사자'를 도출할 수 있고, 이를 통해 (3)의 대우에서 전건을 긍정해 '모집 공고'를 도출할 수 있다. 따라서 빈칸에 들어갈 말로 가장 적절한 것은 ① '사전 홍보가 이뤄집니다(사전 홍보)'이다.

오답 분석

② '~모집 공고'가 전제로 추가되면 결론과 모순이 발생하므로 '모집 공고'를 도출할 수 없다. 따라서 ② '모집 공고를 내지 않습니다(~모집 공고)'는 빈칸에 들어갈 말로 적절하지 않다.

③ '~자원봉사자'가 전제로 추가되면 (3)의 대우에서 '모집 공고'를 도출할 수 없다. 따라서 결론을 도출할 수 없으므로 ③ '자원봉사자가 오지 않습니다(~자원봉사자)'는 빈칸에 들어갈 말로 적절하지 않다.

④ '~사전 홍보 ∧ ~모집 공고'가 전제로 추가되어도 결론은 도출할 수 없다. 따라서 ④ '사전 홍보가 이뤄지지 않고 모집 공고를 내지 않습니다(~사전 홍보 ∧ ~모집 공고)'는 빈칸에 들어갈 말로 적절하지 않다.

14일 하프모의고사 14 정답·해설

■ 정답

p.88

01	③ 독해	06	③ 독해
02	④ 논리	07	① 독해 + 문학
03	② 독해	08	④ 독해 + 문법
04	① 논리	09	③ 논리
05	② 독해	10	③ 어휘

■ 취약영역 분석표

영역	틀린 답의 개수
독해	/ 4
독해+문법	/ 1
독해+문학	/ 1
논리	/ 3
어휘	/ 1
TOTAL	10

* 취약영역 분석표를 이용해 1개라도 틀린 문제가 있는 영역은 그 영역의 문제만 골라 해설을 다시 한번 꼼꼼히 학습하세요.

01 독해 | 개요 작성하기   난이도 하 ●○○

정답 설명

③ 〈지침〉에 따르면 본론은 제목에서 밝힌 내용을 2개의 장으로 구성하되, 각 장의 하위 항목이 서로 대응하도록 작성해야 한다. 이때 Ⅱ-2에서는 '국제 지역 분쟁과 전쟁'을 국제 난민 발생의 원인으로 제시하고 있으므로, ⓒ에는 이에 대응하는 해결 방안이 들어가야 한다. 그러나 '국제 난민 수용의 사회적 비용과 경제적 부담 증가'는 국제 난민 문제의 해결 방안에 해당하지 않으며, 오히려 국제 난민 발생으로 인한 문제점이나 현황에 해당한다. 따라서 ③ '국제 난민 수용의 사회적 비용과 경제적 부담 증가'는 ⓒ에 들어갈 내용으로 적절하지 않다. 참고로 ⓒ에는 '평화 정착을 위한 국제 협력' 등이 들어가는 것이 적절하다.

오답 분석

① 〈지침〉에 따르면 서론에서는 중심 소재의 개념 정의와 현황 분석을 포함해야 한다. 이때 Ⅰ-1에서는 중심 소재의 개념 정의에 해당하는 '국제 난민의 개념과 유형'을 제시하고 있으므로, ㉠에는 중심 소재인 '국제 난민'에 대한 현황이 나타나야 한다. 따라서 ① '전 세계적 난민 증가 추세와 인도적 위기 상황'은 현황에 해당하므로 ㉠에 들어갈 내용으로 적절하다.
② 〈지침〉에 따르면 본론은 제목에서 밝힌 내용을 2개의 장으로 구성하되, 각 장의 하위 항목이 서로 대응하도록 작성해야 한다. 이때 Ⅲ-1에서는 '국제적 기후 위기 대응 협력 체계 구축 및 재난 복원력 강화'와 같이 환경 문제와 재난으로 인한 국제 난민의 해결 방안을 제시하고 있으므로, ⓒ에는 국제적 기후 위기 상황과 재난에 대한 내용이 들어가야 한다. 따라서 ② '기후 변화와 환경 재해'는 ⓒ에 들어갈 내용으로 적절하다.
④ 〈지침〉에 따르면 결론에서는 국제적 차원과 개인적 차원의 과제를 제시해야 한다. 이때 Ⅳ-1에서는 '인도주의적 지원과 국제법 체계 강화'라는 국제적 차원의 과제를 제시하고 있으므로, ⓔ에는 개인적 차원의 과제에 대한 내용이 들어가야 한다. 따라서 ④ '국제 난민에 대한 시민 의식 함양'은 ⓔ에 들어갈 내용으로 적절하다.

02 논리 | 명제의 결론 추론하기   난이도 중 ●●○

정답 설명

④ 제시된 진술을 기호화하면 아래와 같다.

(1) 요리 → (집 ∧ 불) ≡ ~(집 ∧ 불) → ~요리 (대우)
(2) ~집 ∨ ~불
(3) 요리 ∨ 정원

(1)의 대우 '~(집 ∧ 불) → ~요리'는 드모르간의 법칙에 따라 '(~집 ∨ ~불) → ~요리'와 논리적으로 동치이다. 이때 (2)에서 '~집 ∨ ~불'이 확정되므로 (1)의 대우에서 전건을 긍정하여 '~요리'를 도출할 수 있다. 따라서 (3)에서 선언지 제거를 통해 '정원'을 도출할 수 있으므로 반드시 참인 것은 '민수는 정원을 가꾼다(정원)'이다.

오답 분석

① 제시된 진술을 통해 '민수는 집에 있다(집)'는 반드시 참인 결론으로 도출할 수 없다.
② 제시된 진술을 통해 '민수는 요리를 한다(요리)'는 반드시 참인 결론으로 도출할 수 없다.
③ 제시된 진술을 통해 '민수는 불을 사용한다(불)'는 반드시 참인 결론으로 도출할 수 없다.

🔖 이것도 알면 합격

드모르간의 법칙	
설명	연언 명제(P ∧ Q)의 부정을 선언 명제로, 선언 명제(P ∨ Q)의 부정을 연언 명제로 표현할 수 있음을 정리한 법칙이다.

기호화	• ~(P ∧ Q) ≡ ~P ∨ ~Q 예 학교에 가면서 오락실에 가는 경우는 없다. 　≡ 학교에 가지 않거나 오락실에 가지 않는다. • ~(P ∨ Q) ≡ ~P ∧ ~Q 예 학교에 가거나 오락실에 가는 경우는 없다. 　≡ 학교에 가지 않고 오락실에 가지 않는다.

03 독해ㅣ세부 내용 파악하기   난이도 하 ●○○

정답 설명

② 2문단을 통해 불소가 1914년에 치약의 주요 성분으로 추가되었으며, 1950년대에 대중적으로 널리 쓰이게 되었다는 것을 알 수 있다. 따라서 1910년대에 치약의 주요 성분으로 추가된 불소가 1950년대에 대중적으로 사용되기 시작했다는 ②의 설명은 적절하다.

오답 분석

① 1문단을 통해 과거 이집트의 치약은 소금, 민트, 후추 등이 섞여 만들어졌음을 알 수 있다. 그러나 2문단을 통해 현대 치약의 주요 성분은 세정제, 연마제, 불소, 감미료, 방부제, 습윤제로 구분된다는 것을 알 수 있다. 따라서 과거 이집트인들이 사용한 치약 가루의 성분은 현대 치약의 주요 성분과 차이가 있다는 것을 알 수 있으므로, ①의 설명은 적절하지 않다.

③ 2문단을 통해 세정제가 치아 표면의 음식물 찌꺼기와 세균을 제거하는 역할을 함을 알 수 있다. 그러나 3문단을 통해 치약의 주요 성분 중 가장 낮은 비율을 차지하는 성분은 세정제(1~2%)가 아닌 불소(0.1~0.15%)임을 알 수 있다. 따라서 현대 치약의 주요 성분 중 가장 낮은 비율을 차지하는 성분이 세정제라는 ③의 설명은 적절하지 않다.

④ 마지막 문단을 통해 치약을 선택할 때는 개인의 구강 상태와 필요에 맞는 제품을 선택하는 것이 중요함을 알 수 있다. 또한 충치 예방이 필요하다면 불소 함량이 높은 치약을 선택하는 것이 좋다는 것을 알 수 있다. 따라서 충치 예방을 위해서는 항균 성분이 포함된 치약이 아닌 불소 함량이 높은 치약을 사용하는 것이 효과적이나 이는 개인의 구강 상태에 따라 차이가 있다는 것을 알 수 있으므로, ④의 설명은 적절하지 않다.

04 논리ㅣ명제의 전제 추론하기   난이도 하 ●○○

정답 설명

① 제시된 진술을 기호화하면 아래와 같다.

(1) (회의실 예약 ∧ ~연차 직원) → 회의
(2) 회의실 예약
[결론] 회의

결론이 '회의'로 확정되기 위해서는 (1)의 전건을 긍정할 수 있는 전제가 추가되어야 한다. 이때 (2)에서 '회의실 예약'이 확정된 상태이므로 '~연차 직원'이 전제로 추가되면 (1)에서 전건을 긍정할 수 있다. 따라서 '회의'가 결론으로 확정되므로 빈칸에 들어갈 말로 가장 적절한 것은 '연차인 직원이 없습니다(~연차 직원)'이다.

오답 분석

② '연차 직원'이 전제로 추가되면 (1)의 전건을 긍정할 수 없으므로 '회의'를 확정할 수 없다. 따라서 ② '연차인 직원이 있습니다(연차 직원)'는 빈칸에 들어갈 말로 적절하지 않다.

③ '~회의실 예약'이 전제로 추가되면 (1)의 전건을 긍정할 수 없으므로 '회의'를 확정할 수 없다. 또한 이는 (2)와 모순되는 전제이다. 따라서 ③ '회의실을 예약하지 않았습니다(~회의실 예약)'는 빈칸에 들어갈 말로 적절하지 않다.

④ '회의실 예약 ∧ 연차 직원'이 전제로 추가되면 (1)의 전건을 긍정할 수 없으므로 '회의'를 확정할 수 없다. 따라서 ④ '회의실을 예약했고 연차인 직원이 있습니다(회의실 예약 ∧ 연차 직원)'는 빈칸에 들어갈 말로 적절하지 않다.

05 독해ㅣ숨겨진 내용 추론하기   난이도 중 ●●○

정답 설명

② 2문단을 통해 사막에 주로 서식하는 선인장은 살아남기 위해 집중된 시기에 크고 화려한 꽃을 피운다는 것을 알 수 있다. 또한 마지막 문단을 통해 건조화가 심해지는 지역의 식물들은 개화 시기와 빈도를 조절한다는 것을 알 수 있다. 이를 통해 사막화가 일어나는 지역에 서식하는 식물 중 일부는 꽃의 개화 시기와 빈도를 조절할 것임을 알 수 있다. 따라서 제시문에서 추론한 내용으로 가장 적절한 것은 ②이다.

오답 분석

① 마지막 문단을 통해 기후 변화와 인간 활동에 따라 식물의 번식 시기나 빈도에 변동이 관찰된다는 것을 알 수 있다. 그러나 모든 식물이 번식 전략을 집중형으로 바꾸는지는 제시문을 통해 알 수 없다. 또한 제시문에서는 번식 전략 자체가 근본적으로 바뀐다기보다는, 개화 시기와 빈도를 조절하는 수준에서 이뤄진다고 보는 것이 정확하다고 서술하고 있으므로 기후가 변화하면 모든 식물이 번식 전략을 집중형으로 바꿀 것이라는 ①의 추론은 적절하지 않다.

③ 2문단과 3문단을 통해 사막과 같이 물과 영양분, 수분 매개자가 제한적인 환경에서는 크고 화려한 꽃을 피워 수분 매개자를 효율적으로 유인한다는 것을 알 수 있다. 그러나 이에 따라 번식 성공률이 떨어지는지는 제시문을 통해 알 수 없다. 따라서 사막의 식물이 화려한 꽃으로 수분 매개자를 쉽게 유인하는 대신 번식 성공률이 떨어질 것이라는 ③의 추론은 적절하지 않다.

④ 3문단을 통해 양치식물은 주로 습윤하고 비교적 안정적인 환경에서 크기가 매우 작고 가벼운 포자를 대량으로 생산한다는 것을 알 수 있다. 그러나 이러한 분산형 번식 전략이 새들의 위협으로부터 스스로를 보호하기 위한 것인지는 제시문을 통해 알 수 없다. 따라서 양치식물은 꽃을 피우는 대신 포자를 생산해 새들의 위협으로부터 스스로를 보호하는 전략을 사용한다는 ④의 추론은 적절하지 않다.

06 독해 | 세부 내용 파악하기   난이도 하 ●○○

정답 설명

③ ⓒ이 포함된 문장과 ⓒ의 뒤 문장을 통해 '크기가 매우 작고 가벼운 포자를 대량 생산'하는 것은 '분산형 번식 전략'에 해당함을 알 수 있다. 이는 '집중형 번식 전략'에 해당하는 ⊙, ⓛ, ⓔ과 문맥상 의미가 다르므로, 답은 ③이다.

오답 분석

① ② ④ ⊙ '크고 화려한 꽃을 피워', ⓛ '에너지와 자원을 한 번에 집중 투자', ⓔ '한 번의 개화에 큰 투자를 하는 전략'은 극도로 건조한 환경에서 살아남기 위해 식물이 선택한 방법과 전략을 의미하므로 문맥상 '집중형 번식 전략'에 해당한다.

07 독해 + 문학 | 빈칸 내용 추론하기, 문학의 이해   난이도 하 ●○○

정답 설명

① ⊙~ⓒ에 들어갈 말은 ⊙ '예술적 저항', ⓛ '실험적 장치', ⓒ '사회적 역할'이므로 답은 ①이다.

- ⊙ 예술적 저항: ⊙이 포함된 문장에서는 1920년대 현대 시가 일제로부터 겪는 민족의 고통과 일제에 대한 저항 의식을 표현했다고 설명한다. 따라서 ⊙에 들어갈 말로 적절한 것은 '예술적 저항'이다.
- ⓛ 실험적 장치: ⓛ의 앞 문장에서는 1930년대에 시인들이 급격한 근대화 과정에서 발생하는 인간 소외와 정체성 혼란을 새로운 형식 실험을 통해 표현했다고 설명한다. 따라서 ⓛ에 들어갈 말로 적절한 것은 '실험적 장치'이다.
- ⓒ 사회적 역할: 3문단에서는 해방 이후에 산업화와 독재 정권에 대한 비판 의식이 시의 중요한 흐름을 형성했으며, 시가 당시의 사회 운동과 연결되어 사회 변혁의 도구로 기능했다고 설명한다. 따라서 ⓒ에 들어갈 말로 적절한 것은 '사회적 역할'이다.

🙌 이것도 알면 합격

1. 한용운, '님의 침묵'의 주제 및 특징
   (1) 주제: 임을 향한 영원한 사랑
   (2) 특징
      - 역설적인 표현으로 임을 향한 화자의 사랑을 부각함
      - 여성적 어조와 경어체, 불교적인 비유 표현 등을 사용함

2. 김지하, '타는 목마름으로'의 주제 및 특징
   (1) 주제: 민주주의를 향한 간절한 염원
   (2) 특징
      - '민주주의'를 의인화하여 나타냄
      - 격렬한 시어와 다양한 표현 기법(반복, 상징, 역설 등)을 사용함

08 독해 + 문법 | 숨겨진 내용 추론하기, 저지 현상   난이도 중 ●●○

정답 설명

④ 제시문에 따르면, 저지 현상은 다른 단어가 이미 존재하여 거의 동일한 의미로 쓰이는 경우, 잠재적으로 형성 가능한 다른 파생어가 실제로 사용되지 못하는 현상이다. 이는 기존에 존재하는 단어('높이', '깊이')가 유사한 의미의 새로운 단어('높기', '깊기')의 형성이나 사용을 방해하는 현상일 뿐, 동일한 의미를 가진 단어들이 모두 소멸하는 현상임을 의미하지 않는다. 따라서 저지 현상으로 인해 동일한 의미를 가진 단어들이 모두 소멸하게 된다는 ④의 추론은 적절하지 않다.

오답 분석

① 제시문에 따르면 단어의 형성 과정에서 어근과 파생 접사가 결합하여 새로운 파생어가 만들어질 수 있으며, '-기'는 척도 명사의 파생에 참여하는 접미사이다. 이는 '-기'가 어근과 결합하여 척도 명사라는 파생어를 만드는 접미사임을 의미한다. 따라서 '-기'는 어근에 결합해서 척도 명사를 만드는 접미사라는 ①의 추론은 적절하다.

② 제시문에 따르면 '높이', '깊이'가 존재하기 때문에 '높기', '깊기'가 일반적으로 사용되지 않는다. 따라서 이와 유사하게 형용사 어근 '길-'에 접미사 '-이'가 결합한 '길이'가 존재하므로 '길기'가 일반적으로 사용되지 않는다는 ②의 추론은 적절하다.

③ 제시문 2~5번째 줄에 따르면 다른 단어가 이미 존재하여 거의 동일한 의미로 쓰이는 경우, 잠재적으로 형성 가능한 다른 파생어가 실제로 사용되지 못하는 저지 현상이 발생할 수 있다. 따라서 이미 존재하는 단어가 유사한 의미의 다른 단어 형성을 방해할 수 있다는 ③의 추론은 적절하다.

09 논리 | 논증의 강화 및 약화 평가하기   난이도 하 ●○○

정답 설명

③ ⊙을 평가한 내용으로 적절한 것만을 <보기>에서 모두 고른 것은 'ㄴ, ㄷ'이므로 답은 ③ 'ㄴ, ㄷ'이다.

- ㄴ: 순환 경제 모델에 따라 일부 기업에서 분해가 가능하도록 출시한 컴퓨터의 부품이 소비자들의 재조립 과정에서 폐기되고 있다는 것은 순환 경제 모델이 폐기물 발생을 감소시키지 못함을 보여 준다. 이는 순환 경제 모델을 통해 조립과 분해가 쉽게 만들어진 모듈식 제품이 폐기물 발생을 원천적으로 감소시킨다는 ⊙을 반박하는 사례이다. 따라서 ⊙을 약화하므로, ㄴ은 ⊙을 평가한 내용으로 적절하다.
- ㄷ: 순환 경제 모델을 도입한 기업들이 장기적으로 원자재 비용 절감과 브랜드 가치 상승으로 수익성이 향상된 것은 순환 경제 모델이 경제적 이익을 가져올 수 있음을 보여 준다. 이는 순환 경제 모델이 경제적으로 최선의 대안책이라는 ⊙을 뒷받침하는 사례이다. 따라서 ⊙을 강화하므로, ㄷ은 ⊙을 평가한 내용으로 적절하다.

> **오답 분석**

ㄱ: 순환 경제 원칙에 따라 설계된 에어컨이 일반 제품보다 내구성이 떨어지고 수리 가능성이 제한되어 오히려 교체 주기가 짧아진 것은 순환 경제 모델이 환경 부담을 초래할 수 있음을 보여 준다. 이는 순환 경제 모델이 자원의 효율성을 증대하고 환경 부담을 줄일 수 있는 대안책이라는 ㉠을 반박하는 사례이다. 따라서 ㉠을 강화하지 않고 약화하므로 ㄱ은 ㉠을 평가한 내용으로 적절하지 않다.

10 어휘 | 고유어와 한자어의 대응   난이도 하 ●○○

> **정답 설명**

③ ⓒ의 기본형 '만들다'는 '노력이나 기술 따위를 들여 목적하는 사물을 이루다'를 뜻하지만 ③의 기본형 '계발(啓發)하다'는 '슬기나 재능, 사상 따위를 일깨워 주다'를 뜻하므로 바꿔 쓰기에 적절하지 않다. 참고로 ⓒ와 바꿔 쓰기에 적절한 것은 '새로운 물건을 만들거나 새로운 생각을 내어놓다'를 뜻하는 '개발(開發)하다'가 있다.

> **오답 분석**

① • 낳다: 어떤 결과를 이루거나 가져오다.
　• 초래(招來)하다: 일의 결과로서 어떤 현상을 생겨나게 하다.
② • 바꾸다: 원래 있던 것을 없애고 다른 것으로 채워 넣거나 대신하게 하다.
　• 전환(轉換)하다: 다른 방향이나 상태로 바꾸다.
④ • 쉽다: 하기가 까다롭거나 힘들지 않다.
　• 용이(容易)하다: 어렵지 아니하고 매우 쉽다.

15일 하프모의고사 15 정답·해설

■ 정답   p.94

01	③ 독해	06	④ 독해
02	③ 독해 + 문법	07	④ 어휘
03	② 논리	08	① 독해
04	② 논리	09	① 어휘
05	④ 논리	10	④ 독해 + 문학

■ 취약영역 분석표

영역	틀린 답의 개수
독해	/ 3
독해 + 문법	/ 1
독해 + 문학	/ 1
논리	/ 3
어휘	/ 2
TOTAL	10

* 취약영역 분석표를 이용해 1개라도 틀린 문제가 있는 영역은 그 영역의 문제만 골라 해설을 다시 한번 꼼꼼히 학습하세요.

---

01 독해 | 공공언어 바로 쓰기   난이도 하 ●○○

정답 설명

③ 제출되어야 합니다(×) → 제출해 주시기 바랍니다(○): 세 번째 원칙에 따라 능동과 피동 표현에 유의하여 주어와 서술어를 호응시켜야 한다. 이때 ⓒ '제출해 주시기 바랍니다'는 주어 '각 기관에서는'과 적절하게 호응하는 능동 표현의 서술부이다. 그러나 이를 피동 표현으로 수정한 ③ '제출되어야 합니다'가 주어와 호응하지 않으므로, 공공언어 바로 쓰기 원칙에 따라 수정한 것으로 적절하지 않다.

오답 분석

① 피드백(×) → 평가 의견(○): 첫 번째 원칙에 따라 외래어나 외국어는 가급적 우리말로 다듬어야 한다. 이때 ⊙ '피드백'은 외래어이므로, 이를 우리말인 '평가 의견'으로 순화한 것은 공공언어 쓰기 원칙에 따라 수정한 것으로 적절하다.

② 성과 달성과 계획을 수립하기(×) → 성과를 달성하고 계획을 수립하기(○): 두 번째 원칙에 따라 대등한 것끼리 접속할 때는 구조가 같은 표현을 사용해야 한다. 이때 ⓒ은 대등한 것끼리 접속한 경우임에도 '성과 달성', '계획을 수립하기'와 같이 구조가 다른 표현을 사용하고 있으므로, 이를 구조가 같은 표현인 '성과를 달성하고', '계획을 수립하기'로 수정하는 것은 공공언어 바로 쓰기 원칙에 따라 수정한 것으로 적절하다.

④ 교육 정책의 앞으로의 계획에(×) → 교육 정책의 계획에(○): 네 번째 원칙에 따라 중복되는 표현을 삼가야 한다. '계획'은 '앞으로 할 일의 절차, 방법, 규모 따위를 미리 헤아려 작정함. 또는 그 내용'을 의미하므로 ㉣의 '앞으로의 계획'은 '앞으로'라는 의미가 중복되는 표현이다. 따라서 이를 중복되는 표현을 삭제하여 '계획에'로 바꾼 것은 공공언어 바로 쓰기 원칙에 따라 수정한 것으로 적절하다.

---

02 독해 + 문법 | 빈칸 내용 추론하기, 음운 체계   난이도 하 ●○○

정답 설명

③ (가)와 (나)에 들어갈 말을 적절하게 나열한 것은 (가) '변화하는', (나) '줄이는'이므로 답은 ③이다.

- (가) 변화하는: 1문단에서는 한국어 모음 체계가 역사적으로 많은 변화를 겪었다고 설명한다. 또한 (가)가 포함된 문장에서는 언어가 살아있는 유기체처럼 시대와 환경에 따라 적응하고 발전한다고 설명한다. 이는 언어가 고정되지 않고 변화하는 특성을 가졌음을 의미하므로, (가)에 들어갈 말로 적절한 것은 '변화하는'이다.

- (나) 줄이는: 2문단 첫 문장에서는 음운 체계의 변화가 발음의 경제성을 높이기 위한 방향으로 진행된다고 설명한다. 또한 (나)가 포함된 문장에서는 이러한 변화가 최소한의 노력으로 최대한의 의사소통 효과를 얻으려는 보편적 경향이라고 설명한다. 이는 발음 기관의 움직임을 효율적으로 조절해서 부담은 낮추고 의사소통의 효과는 높인다는 것을 의미하므로, (나)에 들어갈 말로 적절한 것은 '줄이는'이다.

---

03 논리 | 명제의 전제 추론하기   난이도 하 ●○○

정답 설명

② 제시된 진술을 기호화하면 아래와 같다.

(1) 찹쌀떡 → 단팥빵 ≡ ~단팥빵 → ~찹쌀떡 (대우)
(2) ~단팥빵 ∧ ~호떡
[결론] ~찹쌀떡 ∧ 시루떡

(1)의 대우와 (2)를 결합하면 '(~단팥빵 → ~찹쌀떡) ∧ ~호떡'이므로 '~찹쌀떡 ∧ ~호떡'을 도출할 수 있다. 또한 '~찹쌀떡 ∧ 시루떡'을 결론으로 도출하기 위해서는 '~호떡'과 '시루떡'을 연결할 수 있는 전제가 추가되어야 한다. 따라서 결론을 이끌어 내기 위해 추가해야 할 것은 '호떡을 먹지 않는 모든 사람은 시루떡을 먹는다(~호떡 → 시루떡)'이다.

(오답 분석)
① '찹쌀떡 → 호떡'이 전제로 추가되면 이것의 대우를 (2)와 결합하여 '~단팥빵 ∧ ~찹쌀떡'을 도출할 수 있으나, 결론은 도출할 수 없다.
③ '단팥빵 ∧ 찹쌀떡'이 전제로 추가되어도 결론은 도출할 수 없다.
④ '~호떡 → ~시루떡'이 전제로 추가되면 이것을 (2)와 결합하여 '~단팥빵 ∧ ~시루떡'을 도출할 수 있다. 또한 이것을 (1)의 대우와 결합하여 '~찹쌀떡 ∧ ~시루떡'을 도출할 수 있으나, 결론은 도출할 수 없다.

04 논리 | 논증의 강화 및 약화 평가하기 난이도 중 ●●○

(정답 설명)
② 제시문은 글로벌 제조 업체 D사가 생산 비용 절감을 위해 해외 저임금 국가 집중 생산에서 주요 시장 근처에 생산 기지를 분산 배치하는 지역화 전략으로 전환했다는 논지를 전개하고 있다. 그 근거로 생산 기지를 시장 근처로 이전하면 운송비와 같은 물류비가 대폭 절감되고, 최근 글로벌 공급망 불안정으로 인한 운송 지연과 비용 증가 위험을 최소화할 수 있으며, 생산 비용이 다소 증가하더라도 운송비 절감과 리스크 감소 효과가 더 크기 때문에 전체적인 수익성이 향상될 것이라는 점을 제시한다. 이때 최근 글로벌 운송비가 지속적으로 하락하며 자국 내에서 제품을 생산하는 B사의 운송비 부담이 감소하였다는 것은 제시문에서 제안한 지역화 전략의 핵심 근거인 운송비 절감 효과의 필요성을 약화하는 구체적 사례이다. 글로벌 운송비 하락으로 물류비 부담이 감소하면 굳이 생산 비용을 증가시키면서까지 지역화 전략을 추진할 이유가 줄어든다. 따라서 ②는 제시문의 핵심 논지를 약화시키므로 제시문의 논지를 약화하는 것으로 적절하다.

(오답 분석)
① 생산 기지를 주요 시장 인근으로 이전한 A사에서 제품을 시장으로 운송하는 비용이 35% 줄어들었다는 것은 제시문에서 주장한 지역화 전략의 운송비 절감 효과가 실제로 나타났다는 증거가 된다. 이는 지역화 전략이 실제로 물류비 절감에 효과적이라는 제시문의 주장을 뒷받침하므로 ①은 제시문의 논지를 약화하는 것으로 적절하지 않다.
③ 전 세계적으로 환율이 급등한 상황에서도 현지 시장에서 생산을 진행한 C사는 높은 영업 이익을 달성하였다는 것은 지역화 전략의 환율 변동 리스크 감소 효과를 입증하는 사례가 된다. 이는 제시문에서 주장한 지역화 전략의 장점 중 하나인 환율 변동 리스크 감소 효과가 실제로 유효함을 보여주므로 ③은 제시문의 논지를 약화하는 것으로 적절하지 않다.

④ 현지 생산 체제를 통해 시장별 맞춤 제품을 신속하게 출시한 E사가 현지 소비자 만족도에서 1위를 차지하였다는 것은 지역화 전략이 고객 요구에 대한 신속한 대응을 가능하게 한다는 제시문의 주장을 뒷받침하는 근거가 된다. 이는 지역화 전략의 효과성을 지지하는 내용이므로 ④는 제시문의 논지를 약화하는 것으로 적절하지 않다.

05 논리 | 명제의 결론 추론하기 난이도 하 ●○○

(정답 설명)
④ 제시된 진술을 기호화하면 아래와 같다.

(1) ~사과 ∨ 배
(2) 딸기 → 사과
(3) ~딸기 → 포도
(4) ~배

(4)에 따라 (1)에서 선언지 제거를 통해 '~사과'를 도출할 수 있다. 또한 '~사과'이므로 (2)의 후건을 부정하여 '~딸기'를 도출할 수 있고, 이에 따라 (3)의 전건을 긍정하여 '포도'를 도출할 수 있다. 따라서 반드시 참인 것은 '포도를 좋아한다(포도)'이다.

(오답 분석)
① (4)에 따라 '~배'가 확정되었으므로 '배를 좋아한다(배)'는 거짓이다.
② (4)에 따라 (1)에서 선언지 제거를 통해 '~사과'를 도출할 수 있으므로 (2)의 후건을 부정하여 '~딸기'를 도출할 수 있다. 따라서 '딸기를 좋아한다(딸기)'는 거짓이다.
③ (4)에 따라 (1)에서 선언지 제거를 통해 '~사과'를 도출할 수 있다. 따라서 '사과를 좋아한다(사과)'는 거짓이다.

이것도 알면 합격

후건 부정
가언 명제(조건문)의 후건을 부정하여 전건의 부정을 결론으로 도출하는 논증 방법이다. 'P → Q'가 참이고 '~Q'도 참인 경우에 '~P'는 참이 된다.

전제1	P이면 Q이다. (P → Q) 예 사과이면 그것은 과일이다. (사과 → 과일)
전제2	Q가 아니다. (~Q) 예 그것은 과일이 아니다. (~과일)
결론	따라서 P가 아니다. (~P) 예 따라서 그것은 사과가 아니다. (~사과)

06 독해 | 세부 내용 파악하기   난이도 하 ●○○

정답 설명
④ 1~3번째 줄을 통해 인간 행동의 핵심 원인을 본능으로 여긴 것은 프로이트로, 아들러는 인간이 목적과 방향성을 가진다고 보았음을 알 수 있다. 따라서 아들러 심리학이 개인이 가진 본능을 인간 행동의 핵심 원인으로 본다는 ④의 설명은 적절하지 않다.

오답 분석
① 끝에서 1~4번째 줄을 통해 아들러의 심리학은 상담과 치료 영역에서 현대 심리학에 큰 영향력을 미쳤으며, 인본주의적 상담 이론의 토대가 되었음을 알 수 있다. 따라서 아들러 이론이 인본주의적 상담 이론에 영향을 주었다는 ①의 설명은 적절하다.
② 5~8번째 줄을 통해 아들러는 모든 사람이 성장 과정에서 열등감을 경험하며, 이를 발전의 동기로 바라보았음을 알 수 있다. 따라서 아들러가 열등감을 인간의 성장과 변화의 동력으로 본다는 ②의 설명은 적절하다.
③ 끝에서 9~11번째 줄을 통해 아들러는 인간을 사회적 존재로 여겼으며, 개인이 건강한 방식으로 성장하기 위해서는 타인과의 협력과 공감 능력 함양이 중요하다고 보았음을 알 수 있다. 따라서 아들러가 인간을 사회적 존재로 규정하고 협력과 공감을 강조했다는 ③의 설명은 적절하다.

07 어휘 | 고유어와 한자어의 대응   난이도 하 ●○○

정답 설명
④ ㄹ의 기본형 '살아가다'는 '목숨을 이어 가거나 생활을 해 나가다'를 뜻하지만, ④의 기본형 '영속(永續)하다'는 '영원히 계속하다'를 뜻하므로 ㄹ과 바꿔 쓰기에 적절하지 않다. 참고로 ㄹ과 바꿔 쓰기에 적절한 것은 '일을 꾸려 나가다'를 뜻하는 '영위(營爲)하다'가 있다.

오답 분석
① · 좇다: 목표, 이상, 행복 따위를 추구하다.
  · 추구(追求)하다: 목적을 이룰 때까지 뒤좇아 구하다.
② · 비롯하다: 어떤 사물이 처음 생기거나 시작하다.
  · 기인(起因)하다: 어떠한 것에 원인을 두다.
③ · 채우다: 만족하게 하다.
  · 충족(充足)하다: 일정한 분량을 채워 모자람이 없게 하다.

08 독해 | 숨겨진 내용 추론하기   난이도 하 ●○○

정답 설명
① 2문단에 의하면 과학적 방법론의 핵심은 반증 가능성이며, 이는 어떤 이론이나 가설이 과학적임을 인정받기 위해서는 그것이 틀릴 수 있다는 가능성을 내포하는 것이다. 이때 자신이 정립한 이론이 틀릴 수 없다고 주장하며 비판을 수용하지 않는 태도는 반증 가능성을 차단한 것이다. 따라서 이는 과학적 사고방식에 부합하지 않으므로 ①의 추론은 적절하지 않다.

오답 분석
② 1문단에 의하면 과학적 탐구 방식은 가설 수립, 검증, 결과 분석을 통한 결론 도달의 과정을 거친다. 이때 의사가 환자의 증상을 여러 가설에 비추어 검사한 후 진단에 대해 결론 내리는 것은 가설을 수립한 후 검증 및 결론 도출의 과정을 거친 것이다. 따라서 이는 과학적 사고방식을 적용한 것이므로 ②의 추론은 적절하다.
③ 2문단에 의하면 연구자의 주관적 기대나 희망과 관계없이 데이터가 말하는 바를 수용하는 태도는 과학 발전의 원동력이 된다. 이때 연구자가 자신이 수립한 가설과 반대되는 실험 결과가 나왔을 때 그 결과를 인정하고 가설을 수정하는 것은 연구자가 자신의 주관적 기대나 희망과 관계없이 데이터를 수용한 것이다. 따라서 이는 과학적 태도를 취한 것이라고 할 수 있으므로 ③의 추론은 적절하다.
④ 3문단에 의하면 과학적 사고방식은 일상생활에도 적용할 수 있으며, 문제 상황에 직면했을 때, 가능한 원인을 체계적으로 분석하고, 각 가설을 검증할 방법을 모색하며, 증거에 기반하여 결론을 도출하는 접근법은 합리적 의사결정의 토대가 된다. 이때 사회 현상의 원인을 분석할 때 다양한 데이터를 수집하고 객관적으로 분석하여 결론을 도출하는 것은 일상생활에서 과학적 사고방식을 적용한 것이다. 따라서 이는 과학적 방법론에 따라 사회 현상의 원인을 체계적으로 분석해 결론을 도출한 것이므로 ④의 추론은 적절하다.

09 어휘 | 다의어의 의미   난이도 하 ●○○

정답 설명
① 현실을 제대로 바라보지 못하면 성공할 수 없다: ㄱ과 ①의 '바라보다'는 문맥상 '어떤 현상이나 사태를 자신의 시각으로 관찰하다'를 뜻한다. 따라서 문맥상 ㄱ과 의미가 가장 가까운 것은 ①의 '바라보다'이다.

오답 분석
② 혹시 누가 너를 불러도 앞만 바라보고 걸어가라: 이때 '바라보다'는 문맥상 '어떤 대상을 바로 향하여 보다'를 뜻한다.
③ 어머니께서는 이제 여든을 바라보는 나이가 되셨다: 이때 '바라보다'는 문맥상 '어떤 나이에 가깝게 다다르다'를 뜻한다.
④ 사원인 그는 승진만을 바라보고 열심히 노력해 왔다: 이때 '바라보다'는 문맥상 '실현 가능성이 있다고 생각한 일에 기대나 희망을 가지다'를 뜻한다.

10 독해 + 문학 | 빈칸 내용 추론하기, 문학의 이해   난이도 하 ●○○

정답 설명
④ 2문단에서는 악장이 궁중에서 사용되는 경우가 많아 향유 계층이 제한되었으며, 일반 서민층에게까지 일반화되지 못하고 소멸하게 되었음을 설명한다. 이는 궁중에서 사용되는 경우가 많은 악장의 특성상 향유 계층이 왕실과 귀족으로 한정되었으며, 서민 문학으로 발전하지 못했음을 의미한다. 따라서 빈칸에 들어갈 말로 가장 적절한 것은 ④ '귀족 문학의 성격'이다.

[오답 분석]

① 1문단에서는 나라의 창업과 문물 제도를 송축하거나, 왕의 덕을 기리기 위해 악장을 사용하였음을 설명한다. 이는 악장이 현실을 비판하는 성격보다는, 왕실을 향한 예찬적인 성격을 지녔음을 의미한다. 따라서 '현실 비판적 성격'은 빈칸에 들어갈 말로 적절하지 않다.

② 제시문에서는 악장이 왕과 왕실의 권위를 높이고 국가의 안녕과 풍요를 기원하는 성격을 가졌음을 설명한다. 그러나 이러한 성격으로 인해 악장이 자연 친화적 성격을 지니게 되었는지는 제시문을 통해 알 수 없다. 따라서 '자연 친화적 성격'은 빈칸에 들어갈 말로 적절하지 않다.

③ 2문단에서는 악장이 민심을 수습하고 왕권을 공고히 하려고 했다는 점에서 일반 서민층에게까지 일반화되지 못하고 소멸하게 되었음을 설명한다. 이는 악장이 서민 문학의 성격을 지니지 못했음을 의미한다. 따라서 ③ '서민 문학의 성격'은 빈칸에 들어갈 말로 적절하지 않다.

16일 하프모의고사 16 정답·해설

■ 정답 p.100

01	① 독해	06	③ 독해 + 문법
02	① 논리	07	① 논리
03	③ 독해	08	③ 독해
04	② 독해	09	② 독해
05	④ 논리	10	① 어휘

■ 취약영역 분석표

영역	틀린 답의 개수
독해	/ 5
독해 + 문법	/ 1
독해 + 문학	/ -
논리	/ 3
어휘	/ 1
TOTAL	10

* 취약영역 분석표를 이용해 1개라도 틀린 문제가 있는 영역은 그 영역의 문제만 골라 해설을 다시 한번 꼼꼼히 학습하세요.

01 독해 | 공공언어 바로 쓰기   난이도 하 ●○○

정답 설명

① 경찰은 용의자와 증거를 확보했다(×) → 경찰은 증거와 용의자를 확보했다(○): 공공언어 바로 쓰기 원칙에 따르면 중의적인 표현은 명확한 표현으로 바꾸어 써야 한다. 이때 수정 전 문장은 경찰이 증거, 용의자를 각각 확보했다는 의미로 중의적인 표현이 포함되어 있지 않다. 하지만 수정된 문장은 '경찰이 용의자와 함께 증거를 확보하다', '경찰이 용의자를 확보하고 증거를 확보하다'라는 두 가지 의미로 해석될 수 있다. 따라서 ①은 ㉠에 따라 수정한 것으로 적절하지 않다.

오답 분석

② 서식이 있는 규정을 모두 바꾼 후 송부했습니다(×) → 서식이 있는 규정을 모두 바꾼 후 보냈습니다(○): 공공언어 바로 쓰기 원칙에 따르면 이해하기 쉬운 용어를 사용해야 한다. 이때 원래 문장은 '편지나 물품 따위를 부치어 보내다'를 의미하는 한자어 '송부(送付)하다'를 사용했다. 따라서 이를 ㉡에 따라 이해하기 쉬운 용어인 '보내다'를 사용하여 '보냈습니다'로 수정하였으므로, ②의 수정은 적절하다.

③ 정보는 관련 부서에 의해 지속적으로 확인되고 있다(×) → 관련 부서가 정보를 지속적으로 확인하고 있다(○): 공공언어 바로 쓰기 원칙에 따르면 영어 번역 투 표현을 삼가야 하며 이를 위해 어색한 피동 표현을 능동 표현으로 바꾸어야 한다. 이때 원래 문장은 '에 의해 확인되고 있다'라는 영어 번역 투의 어색한 피동 표현을 사용했다. 따라서 이를 ㉢에 따라 '관련 부서가 정보를 ~ 확인하고 있다'와 같이 자연스러운 능동 표현으로 수정하였으므로, ③의 수정은 적절하다.

④ 환경오염이 심각해지고 있다. 반면 정부는 환경 정책을 강화하기로 했다(×) → 환경오염이 심각해지고 있다. 따라서 정부는 환경 정책을 강화하기로 했다(○): 공공언어 바로 쓰기 원칙에 따르면 문장 간의 의미 관계에 맞는 접속어를 사용해야 한다. 원래 문장의 '반면'은 대조의 의미를 나타내는 접속어로, 환경오염의 심각화와 정부의 정책 강화가 대조적인 관계임을 나타낸다. 그러나 문맥상 환경오염의 심각화가 정부의 환경 정책 강화의 원인이라고 보는 것이 자연스럽다. 따라서 이를 ㉣에 따라 인과 관계를 나타내는 '따라서'로 수정하였으므로, ④의 수정은 적절하다.

02 논리 | 명제의 전제 추론하기   난이도 중 ●●○

정답 설명

① 제시된 갑의 진술을 기호화하면 다음과 같다.

(1) 버스 ∨ 지하철
(2) 지하철 → 교통카드 충전 → 할인 혜택
[결론] (버스 ∨ 지하철) → 할인 혜택

결론은 전건 분리에 따라 '(버스 → 할인 혜택) ∧ (지하철 → 할인 혜택)'과 논리적으로 동치이다. 이때 (2)에서 '지하철 → 할인 혜택'은 확정되었으므로, '버스 → 할인 혜택'을 확정할 수 있는 전제를 추가해야 한다. '버스 → 교통카드 충전'을 전제로 추가하면 (2)의 '교통카드 충전 → 할인 혜택'과 결합하여 '버스 → 할인 혜택'을 확정할 수 있다. 따라서 (가)에 들어갈 말로 적절한 것은 ① '버스를 탄다면 교통카드를 충전할 것입니다(버스 → 교통카드 충전)'이다.

오답 분석

② '버스를 타고 교통카드를 충전하지 않을 것입니다(버스 ∧ ~교통카드 충전)'가 전제로 추가되어도 결론을 도출할 수 없다. 따라서 '버스 ∧ ~교통카드 충전'은 (가)에 들어갈 말로 적절하지 않다.

③ '할인 혜택을 받으면 교통카드를 충전할 것입니다(할인 혜택 → 교통카드 충전)'가 전제로 추가되어도 결론을 도출할 수 없다. 따라서 '할인 혜택 → 교통카드 충전'은 (가)에 들어갈 말로 적절하지 않다.

④ '지하철을 타지 않고 교통카드를 충전하지 않을 것입니다(~지하철 ∧ ~교통카드 충전)'가 전제로 추가되어도 결론을 도출할 수 없다. 따라서 '~지하철 ∧ ~교통카드 충전'은 (가)에 들어갈 말로 적절하지 않다.

이것도 알면 합격

전건 분리

경우	기호화	예
연언 명제를 전건으로 하는 경우	(P ∧ Q) → R ≡ (P → R) ∨ (Q → R)	비가 오고 바람이 불면, 외출을 취소한다. ≡ 비가 오면 외출을 취소하거나, 바람이 불면 외출을 취소한다.
선언 명제를 전건으로 하는 경우	(P ∨ Q) → R ≡ (P → R) ∧ (Q → R)	비가 오거나 눈이 내리면, 외출을 취소한다. ≡ 비가 오면 외출을 취소하고, 눈이 오면 외출을 취소한다.

03 독해 | 글의 순서 파악하기 난이도 하 ●○○

정답 설명

③ 맥락에 맞게 순서대로 나열한 것은 ③ '(다) - (가) - (라) - (나)'이다.

순서	중심 내용	순서 판단의 단서와 근거
(다)	유네스코의 세계 문화유산 제도 소개	지시어나 접속어로 시작하지 않으며, 글의 중심 화제인 '유네스코 세계 문화유산 제도'에 대해 제시함
(가)	세계 문화유산의 가장 기본적인 조건	키워드 '세계 문화유산이 되려면': 세계 문화유산이 되기 위한 가장 기본적인 조건을 제시함
(라)	세계 문화유산의 추가 조건과 심사 과정	접속 표현 '또한': (가)에 이어 세계 문화유산이 되기 위한 추가 조건을 제시함
(나)	세계 문화유산 등재로 인한 효과	지시 표현 '이러한 조건들을': (가)와 (라)에서 설명한 세계 문화유산이 되기 위한 조건들을 가리킴

04 독해 | 말하기 전략 파악하기 난이도 하 ●○○

정답 설명

② 을은 마지막 발화에서 금융 기관이나 시장의 이해관계로부터 금융 교육이 자유롭게 이뤄질 수 있는지에 대한 의문을 제기한다. 이는 이전까지의 대화에서 논의되지 않았던 '금융 교육의 중립성'이라는 새로운 쟁점에 해당한다. 따라서 이전까지 논의되지 않았던 새로운 쟁점을 제기하는 사람이 있다는 ②의 분석은 적절하다.

[관련 부분]
• 사실 내가 걱정하는 건 교과 시간의 문제만이 아니라, 금융 교육의 중립성이야.

오답 분석

① 제시된 대화에서 상대방의 발화 의도를 확대 해석하여 비판하는 사람은 나타나지 않는다. 따라서 상대방의 발화 의도를 확대 해석하여 비판하는 사람이 있다는 ①의 분석은 적절하지 않다.

③ 제시된 대화에서 자신이 제기한 문제에 대해 스스로 해결책을 제시하는 사람은 나타나지 않는다. 갑이 제시한 '금융 교육을 기존 사회나 경제 교과에 통합하는 방식'은 을이 제기한 '학생들의 학습 부담 증가' 문제에 대한 해결책에 해당한다. 따라서 자신이 제기한 문제에 대해 스스로 해결책을 제시하는 사람이 있다는 ③의 분석은 적절하지 않다.

[관련 부분]
• 을의 우려도 이해하지만, 별도의 과목으로 신설하기보다 금융 교육을 기존 사회나 경제 교과에 통합하는 방식은 어떨까?

④ 제시된 대화에서 반대 입장이었다가 논의 과정에서 찬성 입장으로 바뀐 사람은 나타나지 않는다. 금융 교육 의무화에 대해 을은 금융 교육의 필요성은 인정하나, 학교 교육과정에 추가하는 것에는 신중해야 한다고 말하며, 반대 입장을 보인다. 또한 마지막 발화에서도 '금융 교육의 중립성'이라는 쟁점을 들어 기존의 입장을 유지한다. 따라서 처음에는 반대 입장이었다가 논의 과정에서 찬성 입장으로 바뀐 사람이 있다는 ④의 분석은 적절하지 않다.

05 논리 | 명제의 결론 추론하기 난이도 하 ●○○

정답 설명

④ 제시된 전제를 기호화하면 다음과 같다.

(가) 적당한 수분 → 피부 건강
  ≡ ~피부 건강 → ~적당한 수분 (대우)
(나) 피부 건강 → 노화 느려짐
  ≡ ~노화 느려짐 → ~피부 건강 (대우)
(다) 스트레스 → ~노화 느려짐

(가)의 대우와 (나)의 대우를 결합하여 '~노화 느려짐 → ~피부 건강 → ~적당한 수분'을 통해 '~노화 느려짐 → ~적당한 수분'을 도출할 수 있다. 또한 이를 (다)와 결합하면 '스트레스 → ~노화 느려짐 → ~적당한 수분'을 통해 '스트레스 → ~적당한 수분'을 도출할 수 있다. 따라서 빈칸에 들어갈 결론으로 가장 적절한 것은 '스트레스를 많이 받는 사람은 모두 적당한 수분을 섭취하지 않는다(스트레스 → ~적당한 수분)'이다.

> 오답 분석

① (다)를 통해 '스트레스 → ~노화 느려짐'은 알 수 있으나, 제시된 전제를 통해 '~스트레스 → 노화 느려짐'은 도출할 수 없다. 따라서 '스트레스를 많이 받지 않는 사람은 모두 노화가 느려진다(~스트레스 → 노화 느려짐)'는 빈칸에 들어갈 결론으로 적절하지 않다.
② (나)의 대우를 통해 '~노화 느려짐 → ~피부 건강'을 알 수 있으므로 '~노화 느려짐 → 피부 건강'은 거짓이다. 따라서 '노화가 느려지지 않은 사람은 모두 피부 건강이 유지된다(~노화 느려짐 → 피부 건강)'는 빈칸에 들어갈 결론으로 적절하지 않다.
③ (가)와 (나)를 결합하여 '적당한 수분 → 노화 느려짐'을 알 수 있으므로 '적당한 수분 → 노화 느려짐'은 거짓이다. 따라서 '적당한 수분을 섭취하는 사람은 모두 노화가 느려지지 않는다(적당한 수분 → ~노화 느려짐)'는 빈칸에 들어갈 결론으로 적절하지 않다.

06 독해 + 문법 | 숨겨진 내용 추론하기, 된소리되기   난이도 중 ●●○

> 정답 설명

③ 3문단에 의하면 명사와 명사가 결합하여 합성 명사를 만들 때 뒤 단어의 첫소리를 된소리로 발음하고 'ㅅ'을 받쳐 적지만 뒤 단어가 모음으로 시작하면 'ㄴ' 소리가 첨가되고 된소리되기는 일어나지 않는다. 이때 '댓잎'은 명사와 명사가 결합한 합성어로 사이시옷이 나타나지만, 뒤 단어가 '잎'과 같이 모음으로 시작하므로 'ㄴ' 소리가 첨가되고 된소리되기는 일어나지 않아 [댄닙]으로 발음한다. 따라서 순우리말 '대'와 '잎'이 결합한 '댓잎'에서는 합성어의 사잇소리 현상으로서의 된소리되기가 일어나지 않는다는 추론은 적절하다.

> 오답 분석

① 3문단과 4문단에 의하면 사잇소리 현상으로서의 된소리되기는 합성어에서 일어나며, 한자어에서 나타나는 된소리되기는 한자어에서 'ㄹ'로 끝나는 한자 뒤의 'ㅅ'이 된소리로 발음되는 것이다. 이때 한자어 '일생(一生)'은 한자어에서 'ㄹ'로 끝나는 한자 뒤의 'ㅅ'이 된소리 'ㅆ'으로 나타나 [일쌩]으로 발음한다. 따라서 한자어 '일생(一生)'에서 사잇소리 현상으로서의 된소리되기가 일어난다는 추론은 적절하지 않다.
② 3문단에 의하면 사잇소리 현상으로서의 된소리되기는 명사와 명사가 결합하여 합성 명사를 만들 때 뒤 단어의 첫소리를 된소리로 발음하고 'ㅅ'을 받쳐 적는 현상이다. 이때 '콧등'은 명사 '코'와 명사 '등'이 결합한 합성어로 [코뜽/콛뜽]으로 발음되므로 사이시옷을 받쳐 적어야 한다. 따라서 '콧등'에서 합성어의 사잇소리 현상으로서의 된소리되기가 일어나지 않는다는 추론은 적절하지 않다.
④ 2문단에 의하면 받침 'ㄱ(ㄲ, ㅋ, ㄳ, ㄺ), ㄷ(ㅅ, ㅆ, ㅈ, ㅊ, ㅌ), ㅂ(ㅍ, ㄼ, ㄿ, ㅄ)' 뒤에서 앞 음절 받침의 영향으로 뒤에 오는 예사소리 'ㄱ, ㄷ, ㅂ, ㅅ, ㅈ'이 된소리로 발음된다. 이때 순우리말 '꽃'과 '다발'이 결합한 '꽃다발'은 '꽃집[꼳찝]'과 같이 앞 음절 받침 'ㅊ'의 영향으로 인한 된소리되기가 일어나므로 [꼳따발]로 발음한다. 따라서 '꽃다발'에서는 앞 음절 받침의 영향으로 인한 된소리되기가 일어나지 않는다는 추론은 적절하지 않다.

이것도 알면 합격

된소리되기 (= 경음화 현상)

경우	예
받침 'ㄱ(ㄲ, ㅋ, ㄳ, ㄺ), ㄷ(ㅅ, ㅆ, ㅈ, ㅊ, ㅌ), ㅂ(ㅍ, ㄼ, ㄿ, ㅄ)' 뒤에 연결되는 'ㄱ, ㄷ, ㅂ, ㅅ, ㅈ'이 된소리로 바뀌는 경우	역도[역또], 꽃다발[꼳따발], 덮개[덥깨], 있지[읻찌], 깎다[깍따], 삯돈[삭똔], …
용언 어간 끝소리가 'ㄴ(ㄵ), ㅁ(ㄻ)'일 때, 뒤의 예사소리가 된소리로 바뀌는 경우	안고[안꼬], 앉고[안꼬], 신고[신ː꼬], 닮고[담ː꼬], 껴안다[껴안따], 닮고[담ː꼬], …
어간 받침 'ㄼ, ㄾ' 뒤에 오는 어미의 첫소리 'ㄱ, ㄷ, ㅅ, ㅈ'이 된소리로 바뀌는 경우	넓게[널께], 할 것을[할꺼슬], 훑소[훌쏘], 떫지[떨ː찌], …
한자어에서 'ㄹ' 받침 뒤에 연결되는 자음 'ㄷ, ㅅ, ㅈ'이 된소리로 바뀌는 경우	발동(發動)[발똥], 일시(日時)[일씨], 갈증(渴症)[갈쯩], 발전(發展)[발쩐], 물질(物質)[물찔], …

07 논리 | 논증의 강화 및 약화 평가하기   난이도 하 ●○○

> 정답 설명

① 현대주의자들은 오페라의 생존을 위해 현대 관객과 소통하기 위해서는 과감한 재해석이 필요하다고 주장한다. 이때 역사적 맥락을 무시한 현대적 연출의 오페라가 공연 후 관객들의 작품 이해도 측정에서 낮은 점수를 기록한 것은 오페라의 과감한 재해석으로 인해 현대 관객과의 소통이 이뤄지지 못한 사례를 보여 준다. 이는 현대적 해석을 강조하는 현대주의자들의 주장과 상충하여 이들의 주장을 약화한다. 따라서 ①의 평가는 적절하다.

> 오답 분석

② 전통주의자들은 오페라 공연에서 작곡가와 대본가의 원래 의도를 충실히 구현하는 것을 중시하며, 원작의 시대적 배경과 연출 지시를 존중해야 한다고 주장한다. 이때 오페라 작품을 원작의 연출 지시를 따르지 않고 변형해 연출하더라도, 원작자의 의도를 충분히 전달할 수 있다는 사례는 원작의 연출 지시를 따르는 것을 강조하는 전통주의자들의 주장을 반박하므로 이들의 주장을 약화한다. 따라서 ②의 평가는 적절하지 않다.
③ 현대주의자들은 전통적 연출보다 현대적 해석을 가미할 때 젊은 관객 유입률을 높일 수 있다고 주장한다. 이때 청년층에서 원작의 의도를 충실히 구현한 전통 오페라와 현대적 해석을 가미한 오페라의 티켓 판매율이 비슷하다는 통계는 현대적 해석이 젊은 관객 유입률 상승에 기여하지 못하는 것을 보여 준다. 이는 현대적 해석의 기능을 긍정하는 현대주의자들의 주장과 상충하여 이들의 주장을 약화한다. 따라서 ③의 평가는 적절하지 않다.

④ 중도적 절충주의자들은 전통과 현대가 균형을 이룰 때 오페라의 본질을 유지하면서도 현대 관객과 소통할 수 있다고 주장한다. 이때 전통 요소와 현대 해석을 모두 반영한 오페라 공연의 관객 만족도가 순수 전통적 접근이나 순수 현대적 접근보다 평균 25% 낮게 나타난 사례는 절충적 접근을 취한 오페라 공연이 현대 관객과 소통하지 못하고 있음을 보여 준다. 이는 전통과 현대의 균형을 강조하는 중도적 절충주의자들의 주장과 상충하여 이들의 주장을 약화한다. 따라서 ④의 평가는 적절하지 않다.

08 독해 | 세부 내용 파악하기   난이도 하 ●○○

정답 설명

③ 2문단 4~7번째 줄을 통해 생수는 미네랄 워터와 정제수로 구분되며, 미네랄 워터는 자연 상태의 미네랄을 함유한 물이고 정제수는 미네랄을 제거한 순수한 물이라는 것을 알 수 있다. 이는 미네랄 워터가 자연 상태의 미네랄을 유지하는 반면, 정제수는 인위적으로 미네랄을 제거한 생수임을 의미한다. 따라서 정제수가 자연 상태의 미네랄을 유지하고, 미네랄 워터가 인위적으로 미네랄을 첨가한 생수라는 ③의 설명은 적절하지 않다.

오답 분석

① 3문단 1~3번째 줄을 통해 수돗물과 생수의 품질과 안전성을 비교했을 때 큰 차이가 없다는 연구 결과들이 생수의 유용성이나 효율성에 의문을 제기한다는 것을 알 수 있다. 이는 산업화로 급성장한 생수 산업의 필요성에 의문이 발생할 수 있음을 의미한다. 따라서 수돗물과 생수의 품질 차이가 크지 않다는 연구 결과가 생수 산업의 필요성에 의문을 제기한다는 ①의 설명은 적절하다.

② 3문단 5~10번째 줄을 통해 생수 산업은 오히려 플라스틱 폐기물을 증가시키거나 많은 탄소를 배출하는 등 환경 문제를 일으킴을 알 수 있다. 또한 이러한 환경 문제로 건강을 위해 선택한 생수가 오히려 환경에 부정적 영향을 미침을 알 수 있다. 따라서 건강을 위해 선택한 생수가 오히려 환경에 부정적인 영향을 가하고 있다는 ②의 설명은 적절하다.

④ 2문단 1~3번째 줄을 통해 생수 산업은 산업화로 인한 수질 오염의 우려로 깨끗한 물에 대한 관심이 증가한 1970년대 이후 전 세계적으로 급성장했다는 것을 알 수 있다. 따라서 1970년대 이후 생수 산업의 급성장은 산업화로 인한 수질 오염 우려와 깨끗한 물에 대한 소비자 관심 증가가 결합한 결과로 볼 수 있다는 ④의 설명은 적절하다.

09 독해 | 숨겨진 내용 추론하기   난이도 하 ●○○

정답 설명

② 제시문에 따르면 20세기 초 미스 반 데어 로에나 르 코르뷔지에와 같은 건축가들은 지역에 상관없이 적용할 수 있는 국제적 스타일을 발전시켰다. 또한 국제주의 건축은 보편적이고 표준화된 디자인 언어를 추구하며, 지역적 특성보다는 기능과 효율성을 우선시하였다. 따라서 르 코르뷔지에의 건축 철학이 지역의 문화적 특성보다 보편적 디자인 원칙을 중시했다는 추론은 적절하다.

오답 분석

① 제시문에 따르면 오늘날 많은 건축가는 지역주의와 국제주의에 대한 통합을 시도하고 있다. 이때 현대 건축에서 지역주의와 국제주의 중 어떠한 경향의 미적 가치를 더 높이 평가하는지는 제시문을 통해 추론할 수 없다. 따라서 현대 건축에서 지역주의보다 국제주의 경향이 더 높은 미적 가치를 인정받는다는 추론은 적절하지 않다.

③ 제시문에 따르면 자국의 문화, 역사적 맥락을 반영한 디자인을 중시한 것은 지역주의 건축이며, 표준화된 디자인 언어를 추구하는 것은 국제주의 건축이다. 이때 전통적 생활 공간에 현지 생활 방식을 반영한 건축은 지역의 문화와 역사적 맥락을 반영한 것이므로 지역주의 건축의 사례임을 추론할 수 있다. 따라서 전통적 생활 공간에 현지 생활 방식을 반영한 건축은 표준화된 디자인 언어를 추구한 결과물이라는 추론은 적절하지 않다.

④ 제시문에 따르면 지역의 기후, 풍토를 반영한 디자인을 중시하는 것은 지역주의 건축에 해당한다. 이때 열대 기후 지역에서 열대 우림의 활엽수를 활용해 지은 건물은 자국의 자연환경을 반영한 것이므로 지역주의 건축의 사례임을 추론할 수 있다. 따라서 열대 기후 지역에서 열대 우림의 활엽수를 활용해 지은 건물은 국제주의 건축의 사례로 볼 수 있다는 추론은 적절하지 않다.

10 어휘 | 다의어의 의미   난이도 하 ●○○

정답 설명

① 그는 발품을 판 끝에 드디어 살 만한 집을 구했다: ①과 ⊙의 기본형 '구하다'는 '필요한 것을 찾다. 또는 그렇게 하여 얻다'를 뜻한다. 따라서 ⊙과 의미가 가장 가까운 것은 ①이다.

오답 분석

②③④ 아버지께서는 집 수리를 위해 주인에게 양해를 구하셨다 / 사원은 급한 마감을 처리하기 위해 동료에게 협조를 구했다 / 그녀는 어려운 상황에 처하자 이웃에게 도움의 손길을 구했다 / : 이때 '구하다'는 '상대편이 어떻게 하여 주기를 청하다'를 뜻한다.

17일 하프모의고사 17 정답·해설

■ 정답
p.106

01	② 독해	06	③ 독해 + 문학
02	④ 독해 + 문법	07	③ 논리
03	③ 독해	08	③ 어휘
04	③ 논리	09	② 독해
05	① 독해	10	② 논리

■ 취약영역 분석표

영역	틀린 답의 개수
독해	/ 4
독해 + 문법	/ 1
독해 + 문학	/ 1
논리	/ 3
어휘	/ 1
TOTAL	10

* 취약영역 분석표를 이용해 1개라도 틀린 문제가 있는 영역은 그 영역의 문제만 골라 해설을 다시 한번 꼼꼼히 학습하세요.

01 독해 | 공공언어 바로 쓰기   난이도 하 ●○○

정답 설명

② 연구진과 귀 부처가 요청한 첨단 장비를 활용해(×) → 귀 부처가 요청한 첨단 장비를 활용해 연구진과(○): 공공언어 바로 쓰기 세 번째 원칙에 따르면 여러 뜻으로 해석되는 표현을 삼가야 한다. 이때 ⓒ은 과학기술정보통신부가 첨단 장비를 요청했다는 한 가지 의미로만 해석되는 표현이다. 그러나 ②는 연구진과 과학기술정보통신부가 함께 첨단 장비를 요청했다는 의미로도, 과학기술정보통신부가 요청한 첨단 장비를 활용해 연구진과 함께 관측을 진행했다는 의미로도 해석된다. 따라서 ⓒ을 '연구진과 귀 부처가 요청한 첨단 장비를 활용해'와 같이 여러 뜻으로 해석되는 문장으로 수정하는 것은 적절하지 않다.

오답 분석

① 수고와 노고(×) → 수고 / 노고(○): 공공언어 바로 쓰기 첫 번째 원칙에 따르면 중복되는 표현을 삼가야 한다. 이때 ⊙은 '일을 하느라고 힘을 들이고 애를 씀. 또는 그런 어려움'을 의미하는 '수고'와 '힘들여 수고하고 애씀'을 의미하는 '노고(勞苦)'가 함께 사용된 중복 표현이다. 따라서 ⊙을 '노고'와 같이 중복되는 표현을 삭제하여 수정한 것은 적절하다.

③ 천체 관측 결과를 제출되며(×) → 천체 관측 결과를 제출하며(○): 공공언어 바로 쓰기 두 번째 원칙에 따르면 주어와 서술어를 호응시켜야 한다. 이때 ⓒ은 문장의 주어인 '본 센터에서는'과 피동 표현인 서술어 '제출되며'가 호응하지 않는 표현이다. 따라서 ⓒ을 '천체 관측 결과를 제출하며'와 같이 주어와 호응하도록 능동 표현인 서술어 '제출하며'를 사용하여 수정하는 것은 적절하다.

④ 다양한 항성 분석과 별자리를 연구하겠습니다(×) → 다양한 항성을 분석하고 별자리를 연구하겠습니다(○): 공공언어 바로 쓰기 네 번째 원칙에 따르면 대등한 것끼리 접속할 때는 구조가 같은 표현을 사용해야 한다. ⓔ은 접속 조사 '과'를 통해 대등하게 연결되었으나 '다양한 항성 분석'과 '별자리를 연구하겠습니다'가 구와 절로 연결되어 구조적으로 호응하지 않는 문장이다. 따라서 ⓔ을 '다양한 항성을 분석하고 별자리를 연구하겠습니다'와 같이 구조가 같은 표현으로 수정하는 것은 적절하다.

02 독해 + 문법 | 사례 추론하기, 비음화   난이도 중 ●●○

정답 설명

④ 제시문에 의하면 ⊙ '비음화'란 비음이 아닌 자음이 비음의 영향을 받아 비음으로 바뀌는 현상으로, 단어뿐만 아니라 단어 간 경계에서도 일어난다. 이때 ④에는 'ㄱ(ㄲ, ㅋ, ㄳ, ㄺ), ㄷ(ㅅ, ㅆ, ㅈ, ㅊ, ㅌ, ㅎ), ㅂ(ㅍ, ㄼ, ㄿ, ㅄ)'과 'ㄴ, ㅁ'이 연달아 나는 단어 및 단어 간 경계가 나타나지 않는다. 이는 ⊙ '비음화'가 발생할 수 있는 환경적 조건을 갖추지 못하였음을 의미한다. 따라서 ⊙의 사례가 포함되어 있지 않은 것은 ④이다.

오답 분석

① '맏며느리가 시부모님께 인사를 드렸다'에서 '맏며느리'는 'ㄷ'이 'ㅁ'의 영향을 받아 [ㄴ]으로 발음되는 ⊙ '비음화'가 나타나 [만며느리]로 발음된다.

② '비가 와서 앞마당이 질척질척하게 변했다'에서 '앞마당'은 'ㅍ'이 대표음 'ㅂ'으로 변하고, 뒤에 오는 'ㅁ'의 영향을 받아 [ㅁ]으로 발음되는 ⊙ '비음화'가 나타나 [암마당]으로 발음된다.

③ '어머니께서 옷만이라도 단정히 입으라고 당부하셨다'에서 '옷만이라도'는 단어 경계에서 'ㅅ'이 대표음 'ㄷ'으로 변하고, 'ㅁ'의 영향을 받아 [ㄴ]으로 발음되는 ⊙ '비음화'가 나타나 [온만이라도]로 발음된다.

이것도 알면 합격

비음화

개념	받침 'ㄱ(ㄲ, ㅋ, ㄳ, ㄺ), ㄷ(ㅅ, ㅆ, ㅈ, ㅊ, ㅌ, ㅎ), ㅂ(ㅍ, ㄼ, ㄿ, ㅄ)'은 'ㄴ, ㅁ' 앞에서 [ㅇ, ㄴ, ㅁ]으로 발음함
예시	1. ㄱ(ㄲ, ㅋ, ㄳ, ㄺ) + ㄴ, ㅁ → [ㅇ] 예 국민[궁민], 깎는[깡는], 부엌만[부엉만], 몫만[몽만], 긁는[긍는] 2. ㄷ(ㅅ, ㅆ, ㅈ, ㅊ, ㅌ, ㅎ) + ㄴ, ㅁ → [ㄴ] 예 닫는[단는], 콧날[콘날], 갔니[간니], 짖는[진는], 쫓는[쫀는], 붙는[분는], 좋니[존니] 3. ㅂ(ㅍ, ㄼ, ㄿ, ㅄ) + ㄴ, ㅁ → [ㅁ] 예 굽는[굼는], 덮는[덤는], 밟는[밤는], 읊는[음는], 없는[엄는]

03 독해 | 빈칸 내용 추론하기 난이도 하 ●○○

정답 설명

③ (가)와 (나)에 들어갈 말을 적절하게 나열한 것은 (가) '집약체', (나) '형성'이므로 답은 ③이다.
- (가): (가)의 앞 문장에서는 언어가 특정 문화권의 세계관, 지식 체계, 자연 이해 방식을 응축하고 있다고 설명하고, (가)가 포함된 문장에서는 언어가 수천 년에 걸쳐 축적된 환경과 문화와 관련이 있음을 설명한다. 또한 1문단에서는 언어의 소멸을 인류 지식의 거대한 보물 창고가 사라지는 것에 비유하고 있다. 이는 언어가 인류의 모든 지식을 응축한 집약체임을 의미하므로, (가)에 들어갈 말로 적절한 것은 '집약체'이다.
- (나): (나)의 뒤 문장에서는 언어를 상실한 공동체는 문화적 뿌리와의 연결이 약화되고, 집단적 정체성의 혼란을 경험하게 된다고 설명한다. 이는 언어가 구성원들의 정체성을 형성하는 핵심 매개체임을 의미하므로, (나)에 들어갈 말로 적절한 것은 '형성'이다.

04 논리 | 명제의 결론 추론하기 난이도 중 ●●○

정답 설명

③ 제시된 진술을 기호화하면 아래와 같다.

```
(1) 눈 → (빙판 ∨ 제설) ≡ ~(빙판 ∨ 제설) → ~눈 (대우)
(2) 제설 → ~교통사고 ≡ 교통사고 → ~제설 (대우)
(3) 교통사고 ∧ ~빙판
```

(1)의 대우 '~(빙판 ∨ 제설) → ~눈'은 드모르간의 법칙에 따라 '(~빙판 ∧ ~제설) → ~눈'과 논리적으로 동치이다. (3)에서 '교통사고'가 확정됨에 따라 (2)의 대우에서 전건을 긍정하여 '~제설'을 확정할 수 있다. 또한 (3)에서 '~빙판'도 확정되었으므로 '~빙판 ∧ ~제설'을 확정할 수 있다. 이에 따라 (1)에서 전건인 '~제설 ∧ ~빙판'을 긍정하여 '~눈'을 확정할 수 있다. 따라서 반드시 참인 것은 ③ '눈이 오지 않았다(~눈)'이다.

오답 분석

① 이때 (3)에서 '교통사고'가 확정되었으므로 (2)의 대우에서 '~제설'을 확정할 수 있고, (3)에서 '~빙판'도 확정되었으므로 '~빙판 ∧ ~제설'을 확정할 수 있다. 이를 (1)의 대우에 대입하면 '~눈'을 확정할 수 있다. 따라서 '눈이 왔다(눈)'는 거짓이므로 반드시 참인 것으로 적절하지 않다.

② (3)에서 '교통사고'가 확정되었으므로 (2)의 대우에서 '~제설'을 확정할 수 있다. 따라서 제시된 진술을 통해 '제설 작업을 했다(제설)'는 거짓이므로 반드시 참인 것으로 적절하지 않다.

④ (3)에서 '~빙판'이 확정되고, (3)에서 교통사고가 확정되었으므로 (2)의 대우에서 '~제설'을 확정할 수 있다. 따라서 제시된 진술을 통해 '빙판이 생기고 제설 작업을 하지 않았다(빙판 ∧ ~제설)'는 거짓이므로 반드시 참인 것으로 적절하지 않다.

05 독해 | 개요 작성하기 난이도 하 ●○○

정답 설명

① 〈지침〉에 따르면 서론은 장애인 사회 통합의 의미와 필요성을 포함해서 작성해야 한다. 이때 Ⅰ-1에서는 '장애인 사회 통합의 개념'과 같이 장애인 사회 통합의 의미가 제시되어 있으므로, (가)에는 장애인 사회 통합의 필요성에 대한 내용이 들어가야 한다. 그러나 ① '장애인 사회 통합의 사회적 한계'는 'Ⅱ. 장애인 사회 통합의 장벽'의 하위 항목에 해당하는 내용이다. 따라서 이는 장애인 사회 통합의 필요성에 해당하지 않으므로 (가)에 들어갈 내용으로 적절하지 않다.

오답 분석

② 〈지침〉에 따르면 본론은 장애인 사회 통합의 장벽과 활성화 방안으로 구성하되, 각 장의 하위 항목이 서로 대응하도록 작성해야 한다. Ⅲ-2에서는 '장애인 교육 및 취업 기회 확대를 위한 지원 강화'를 활성화 방안으로 제시하고 있으므로, (나)에는 이와 대응하는 장벽에 대한 내용이 들어가야 한다. 따라서 ② '장애인을 위한 교육 및 취업 기회 제한'은 (나)에 들어갈 내용으로 적절하다.

③ 〈지침〉에 따르면 본론은 장애인 사회 통합의 장벽과 활성화 방안으로 구성하되, 각 장의 하위 항목이 서로 대응하도록 작성해야 한다. 이때 Ⅱ-3에서는 '장애인에 대한 사회적 편견과 차별'을 장애인 사회 통합의 장벽으로 제시하고 있으므로, (다)에는 이와 대응하는 활성화 방안에 대한 내용이 들어가야 한다. 따라서 ③ '장애 인식 개선을 위한 교육 및 캠페인 강화'는 (다)에 들어갈 내용으로 적절하다.

④ 〈지침〉에 따르면 결론은 장애인 사회 통합의 기대 효과와 향후 과제를 포함해서 작성해야 한다. 이때 Ⅳ-1에서는 '장애인 사회 통합을 통한 사회적 다양성 증진'과 같이 장애인 사회 통합의 기대 효과가 제시되어 있으므로, (라)에는 향후 과제가 들어가야 한다. 따라서 ④ '장애인 사회 통합을 위한 제도적 지원체계 마련'은 (라)에 들어갈 내용으로 적절하다.

06 독해 + 문학 | 세부 내용 파악하기, 문학의 이해 난이도 하 ●○○

정답 설명
③ 3문단을 통해 윤선도는 「오우가」에서 '물', '돌', '소나무', '대나무', '달'과 같은 자연물과 교감하여 정신적 고결함을 추구하였음을 알 수 있다. 또한 이러한 작가의 태도는 자연 친화의 태도에서 더 나아가 혼탁한 세상을 초월한 선비의 고고한 정신세계를 반영하는 것임을 알 수 있다. 따라서 윤선도의 작품에서 자연이 혼탁한 세상을 초월한 작가의 고고한 정신을 드러내는 공간으로 나타났다는 ③의 설명은 적절하다.

오답 분석
① 1문단을 통해 조선 중기에 접어든 이후 사대부 시조에서 자연은 정치적 혼란을 피해 은거하는 공간이자 학문 수양의 장소로 그려졌음을 알 수 있다. 따라서 조선 중기 이후 자연이 주로 시조에서의 아름다운 경치를 묘사하는 배경으로 활용되었다는 ①의 설명은 적절하지 않다.

② 2문단을 통해 퇴계 이황은 「도산십이곡」에서 자연을 성리학적 이치를 발견하는 공간으로, 조식은 자연을 정치적 혼란 속에서 심리적 위안을 찾는 은거의 공간으로 인식하였음을 알 수 있다. 따라서 퇴계 이황은 자연을 정치적 혼란의 위안처로, 조식은 성리학적 이치를 발견하는 공간으로 인식했다는 ②의 설명은 적절하지 않다.

④ 1~3문단을 통해 조선 중기의 자연에 대한 인식은 확인할 수 있으나, 조선 후기의 자연에 대한 인식은 확인할 수 없으며, 자연에 대한 작가들의 관심이 감소하며 인간 군상의 복잡한 양상을 드러내는 시가 문학이 창작되었는지도 제시문을 통해 확인할 수 없다. 따라서 조선 후기에 자연에 대한 작가들의 관심이 감소하며 인간 군상의 복잡한 양상을 드러내는 시가 문학이 창작되었다는 ④의 설명은 적절하지 않다.

이것도 알면 합격

1. 이황, '도산십이곡(陶山十二曲)'의 주제 및 특징
   (1) 주제: 자연 친화와 학문 수양을 추구하는 삶
   (2) 특징
   - 한자어와 다양한 수사 기법을 통해 주제를 부각함
   - 관조적 태도와 의지적 태도로 자연과 학문에 대한 화자의 인식을 드러냄

2. 윤선도, '오우가(五友歌)'의 주제 및 특징
   (1) 주제: 자연에 대한 예찬
   (2) 특징
   - 자연물의 속성을 예찬적으로 부각함
   - 자연물에 가치를 부여하는 인간 중심적인 태도를 드러냄

07 논리 | 논증의 강화 및 약화 평가하기 난이도 하 ●○○

정답 설명
③ (가)는 특정 역사적 사건을 완전히 이해하기 위해서는 실증주의적 접근과 구조주의적 접근이 모두 필요하다고 주장한다. 반면 (나)는 두 접근법을 통합한다고 해서 모든 역사적 사건에 대한 완전한 설명이 가능한 것은 아니라고 주장한다. 이때 두 접근법을 통합한 역사 연구 방법론이 표준화되어 대부분의 역사적 사건에 대해 학계가 합의하는 설명을 도출하는 데 성공한다는 것은 두 접근법의 통합이 충분한 설명력을 갖는다는 것을 의미한다. 이는 두 접근법을 통합해도 완전한 설명이 불가능하다는 (나)의 주장을 약화하는 사례이므로 ③은 (나)에 대한 평가로 옳지 않다.

오답 분석
① ①은 실증주의적 접근만으로 특정 역사적 사건의 원인을 충분히 설명한 연구 사례가 다수 발견된다면 (가)가 약화될 것이라고 하였다. 이는 두 접근법이 모두 필요하다는 (가)의 주장과 상충하므로, (가)를 약화하는 사례에 해당한다.

② ②는 구조주의적 접근과 실증주의적 접근을 모두 활용한 연구에서도 특정 역사 사건의 중요한 측면을 설명하지 못한 사례가 있다면 (나)가 강화될 것이라고 하였다. 이는 두 접근법을 통합해도 역사적 사건에 대한 완전한 설명이 불가능하다는 (나)의 주장을 뒷받침하는 사례이므로, (나)를 강화하는 사례에 해당한다.

④ ④는 특정 역사적 사건의 인과관계에 대해 실증주의적 접근과 구조주의적 접근을 통합한 연구가 개별 접근법만을 사용한 연구보다 더 합리적인 설명을 제공했다면 (가)가 강화될 것이라고 하였다. 이는 두 접근법이 모두 필요하다는 (가)의 주장을 뒷받침하는 사례이므로, (가)를 강화하는 사례에 해당한다.

08 어휘 | 고유어와 한자어의 대응 난이도 하 ●○○

정답 설명
③ ㉢의 기본형 '결정(決定)하다'는 문맥상 '행동이나 태도를 분명하게 정하다'를 의미한다. 그러나 ③의 기본형 '엮어내다'는 '물건을 엮어서 끌어내다' 또는 '꾀를 써서 남의 것을 약삭빠르게 끌어내다'를 의미하므로 ㉢과 바꿔 쓰기에 적절하지 않다.

오답 분석
① · 존재(存在)하다: 현실에 실재하다.
   · 있다: 사람, 동물, 물체 따위가 실제로 존재하는 상태이다.

② · 취(取)하다: 어떤 일에 대한 방책으로 어떤 행동을 하거나 일정한 태도를 가지다.
   · 가지다: 생각, 태도, 사상 따위를 마음에 품다.

④ · 설명(說明)하다: 어떤 일이나 대상의 내용을 상대편이 잘 알 수 있도록 밝혀 말하다.
   · 말하다: 생각이나 느낌 따위를 말로 나타내다.

09 독해 | 글의 순서 파악하기
난이도 하 ●○○

정답 설명

② (가)~(라)를 맥락에 맞추어 가장 적절하게 나열한 것은 '(가) – (다) – (나) – (라)'이므로 답은 ②이다.

순서	중심 내용	순서 판단의 단서와 근거
(가)	색채의 정의와 역사적 배경, 색채 연구의 시작	지시어나 접속어로 시작하지 않으면서 글의 중심 화제인 '색채'에 대한 기본 정보를 제시함
(다)	색채의 심리적·생리적 효과와 문화적 맥락에 따른 색채 해석의 차이	지시어 '이는': (가)에서 언급된 '색채'를 가리키며 색채의 심리적·생리적 효과를 소개하고, 서구와 동아시아에서의 문화적 맥락에 따른 해석의 차이를 제시함
(나)	색채의 특성을 활용한 시대별 미술사의 색채 활용	· 지시 표현 '이러한 특성에 따라': (다)에서 소개한 색채의 심리적·생리적 효과를 가리킴 · 중세 미술, 르네상스, 19세기 인상주의에서 색채를 활용한 방식을 소개함
(라)	현대 미술에서의 색채 활용	키워드 '20세기 이후 현대 미술에서': (나) 이후의 현대 미술에서 색채가 활용되는 방식을 소개함

10 논리 | 명제의 전제 추론하기
난이도 중 ●●○

정답 설명

② 제시된 진술을 기호화하면 아래와 같다.

(1) 식이 요법 → (샐러드 ∧ 운동)
(2) 운동 → 체육관
[결론] ~식이 요법

결론이 '~식이 요법'으로 도출되기 위해서는 (1)의 후건을 부정할 수 있는 전제가 추가되어야 한다. 이때 '~체육관'이 전제로 추가되면 (2)에서 후건을 부정하여 '~운동'을 도출할 수 있다. 이를 통해 (1)의 후건에서 '운동'을 부정할 수 있으므로 '~식이 요법'을 결론으로 도출할 수 있다. 따라서 빈칸에 들어갈 말로 가장 적절한 것은 '체육관에 가지 않고 있어(~체육관)'이다.

오답 분석

① '운동을 하고 있어(운동)'가 전제로 추가되어도 결론인 '~식이 요법'은 도출할 수 없다.
③ '운동을 하고 샐러드를 먹고 있어(운동 ∧ 샐러드)'가 전제로 추가되어도 결론인 '~식이 요법'은 도출할 수 없다.
④ '체육관에 가고 샐러드를 먹고 있어(체육관 ∧ 샐러드)'가 전제로 추가되어도 결론인 '~식이 요법'은 도출할 수 없다.

18일 하프모의고사 18 정답·해설

■ 정답   p.112

01	④ 독해	6	② 독해
02	④ 논리	7	④ 독해
03	③ 독해+문학	8	③ 어휘
04	④ 어휘	9	① 논리
05	④ 독해+문법	10	④ 논리

■ 취약영역 분석표

영역	틀린 답의 개수
독해	/ 3
독해 + 문법	/ 1
독해 + 문학	/ 1
논리	/ 3
어휘	/ 2
TOTAL	10

* 취약영역 분석표를 이용해 1개라도 틀린 문제가 있는 영역은 그 영역의 문제만 골라 해설을 다시 한번 꼼꼼히 학습하세요.

---

01 독해 | 공공언어 바로 쓰기   난이도 하 ●○○

정답 설명

④ 내년부터 보조금을 지원받는 단체는 활동 결과를 분기별로 보고되어야 합니다(×) → 내년부터 보조금을 지원받는 단체는 활동 결과를 분기별로 보고해야 합니다(○): 공공언어 바로 쓰기 원칙인 ㉣에 따라 주체와 대상에 맞는 능동과 피동 표현을 사용해야 한다. 이때 ④에서 수정 전 문장은 '보조금을 지원받는 단체'에서는 적절한 피동 표현이 사용되었다. 그러나 수정 전 문장에서 '보고되어야 합니다'는 보고를 하는 주체인 '단체'와 피동 표현인 서술어 '보고되어야 합니다'가 호응하지 않는 문장이다. 또한 이를 수정한 문장에서는 '보조금을 지원하는 단체는'과 같이 지원을 받는 대상인 '단체'가 보조금 지원의 주체가 되어 문장의 의미가 달라졌다. 따라서 ④는 ㉣에 따라 수정한 것으로 적절하지 않다. 참고로 이 문장은 '내년부터 보조금을 지원받는 단체는 활동 결과를 분기별로 보고해야 합니다'로 수정하는 것이 적절하다.

오답 분석

① 재난 상황에서는 신속한 초기 대응과 체계적 사후 관리가 중요하며, 이를 위해서는 지침서 보급이 필수적이고, 지역 주민들의 적극적 참여 및 협조가 요구됩니다(×) → 재난 상황에서는 신속한 초기 대응과 체계적 사후 관리가 중요합니다. 이를 위해서는 지침서 보급이 필수적입니다. 또한 지역 주민들의 적극적 참여와 협조가 요구됩니다(○): 공공언어 바로 쓰기 원칙인 ㉠에 따라 복잡한 내용은 여러 문장으로 나누어 표현해야 한다. 이때 ①에서 수정 전 문장은 여러 내용이 쉼표와 접속어로 연결된 긴 문장이었으나, 이를 세 개의 문장으로 나누어 수정하였다. 따라서 ①은 ㉠에 따라 수정한 것으로 적절하다.

② 지역 일자리 창출과 주민 소득을 향상하는 데 힘쓰겠습니다(×) → 지역 일자리를 창출하고 주민 소득을 향상하는 데 힘쓰겠습니다(○): 공공언어 바로 쓰기 원칙인 ㉡에 따라 '와/과', '-고/-으며' 등으로 연결될 때 구조가 같은 표현을 사용해야 한다. 이때 ②의 수정 전 문장에서는 '과'로 연결된 '지역 일자리 창출', '주민 소득을 향상하는 데'는 구조가 다른 표현이었으나, 이를 '지역 일자리를 창출하고 주민 소득을 향상하는 데'와 같이 대등한 구조로 수정하였다. 따라서 ②는 ㉡에 따라 수정한 것으로 적절하다.

③ 우리 기관은 민원인 편의 제공 위해 노력하고 있습니다(×) → 우리 기관은 민원인에게 편의를 제공하기 위해 노력하고 있습니다(○): 공공언어 바로 쓰기 원칙인 ㉢에 따라 적절한 표현을 사용하여 지나친 명사 나열을 피해야 한다. 이때 ③에서 수정 전 문장은 '민원인 편의 제공'과 같이 명사들이 나열되어 있으나, '에게', '를', '하기' 등 적절한 표현을 사용하여 지나친 명사 나열을 피하도록 수정하였다. 따라서 ③은 ㉢에 따라 수정한 것으로 적절하다.

02 논리 | 명제의 결론 추론하기   난이도 중 ●●○

정답 설명

④ 제시된 전제를 기호화하면 다음과 같다.

> (가) 디지털 아트 → 그래픽 디자인
> (나) ~(그래픽 디자인 ∧ 코딩)
>   ≡ ~그래픽 디자인 ∨ ~코딩 (드모르간의 법칙)
>   ≡ 그래픽 디자인 → ~코딩 (실질 함축)

(나)는 드모르간의 법칙에 따라 '~그래픽 디자인 ∨ ~코딩'과 논리적으로 동치이며, 이는 '그래픽 디자인 → ~코딩'으로도 표현할 수 있다. 또한 이것을 (가)와 결합하면 '디지털 아트 → 그래픽 디자인 → ~코딩'이므로 '디지털 아트 → ~코딩'을 확정할 수 있다. 따라서 이것의 대우인 '코딩 → ~디지털 아트' 역시 참이므로, 빈칸에 들어갈 말로 가장 적절한 것은 ④ '코딩을 배우는 학생은 모두 디지털 아트를 배우지 않는다(코딩 → ~디지털 아트)'이다.

오답 분석

① (가)와 (나)를 통해 '디지털 아트 → ~코딩'을 도출할 수 있으므로, '디지털 아트 → 코딩'은 거짓이 된다. 따라서 ①은 빈칸에 들어갈 말로 적절하지 않다.

② (가)와 (나)를 통해 '디지털 아트 → ~코딩'은 도출할 수 있으나, '~디지털 아트 → 코딩'은 제시된 전제를 통해 결론으로 도출할 수 없다. 따라서 ②는 빈칸에 들어갈 말로 적절하지 않다.

③ (나)는 드모르간의 법칙에 의해 '~그래픽 디자인 ∨ ~코딩'과 논리적으로 동치이고 이는 '그래픽 디자인 → ~코딩'으로도 표현할 수 있다. 이것의 대우인 '코딩 → ~그래픽 디자인'에 따라 '코딩 → 그래픽 디자인'이 거짓임을 알 수 있으므로 ③은 빈칸에 들어갈 말로 적절하지 않다.

이것도 알면 합격

실질 함축(가언 명제의 선언화)

가언 명제 'P이면 Q이다(P → Q)'는 전건(P)이 전제되면 반드시 후건(Q)이 도출된다는 의미이다. 이는 전건(P)이 참이면서 후건(Q)이 거짓인 경우가 없다는 의미이기도 하다. 이를 기호화하면 'P이면서 Q가 아닌 경우는 없다[~(P ∧ ~Q)]'로 표현할 수 있으며, 이를 드모르간의 법칙을 통해 풀면 선언 명제 'P가 아니거나 Q이다(~P ∨ Q)'로 표현할 수 있다.

기호화	P → Q ≡ ~(P ∧ ~Q) ≡ ~P ∨ Q
예	사람이면 동물이다. ≡ 사람이면서 동물이 아닌 경우는 없다. ≡ 사람이 아니거나 동물이다.

03 독해+문학 | 숨겨진 내용 추론하기, 문학의 이해   난이도 중 ●●○

정답 설명

③ 1문단에 따르면 현대 시의 패러디는 원텍스트와의 비판적 대화를 통해 현대적 맥락에서 의미를 재구성하는 창조적 행위로 분류된다. 또한 2문단에 따르면 독자는 원텍스트와 패러디 텍스트를 동시에 인식하는 과정에서 의미론적 차이를 경험하며, 이때 아이러니와 긴장이 발생한다. 이를 통해 패러디를 통한 창조적 행위는 원텍스트와 현대적 맥락으로 창작된 패러디 시 사이의 긴장을 통해 새로운 의미를 만들어 낸다는 것을 추론할 수 있다. 따라서 ③의 추론은 적절하다.

오답 분석

① 3문단에 따르면 패러디는 원작의 권위에 도전하는 해체적 기능과 원작을 재해석하는 창조적 기능을 갖는다. 이를 통해 패러디 시가 원텍스트의 권위를 인정하거나 계승하지 않고 도전하여 새로운 의미를 창출하는 데 목적이 있음을 추론할 수 있다. 따라서 ①의 추론은 적절하지 않다.

② 4문단에 따르면 패러디는 문학적 전통과 현재를 매개하며, 독자에게 능동적 읽기와 비판적 사고를 요구한다. 이를 통해 현대 시에서 패러디가 독자에게 전통과 현재를 연결하도록 하는 능동적 읽기를 요구하고 있음을 추론할 수 있다. 따라서 ②의 추론은 적절하지 않다.

④ 2문단에 따르면 황지우의 「새들도 세상을 뜨는구나」는 백석의 「흰 바람벽이 있어」를 패러디하여 원작의 서정성을 상실한 현대 도시의 소외된 삶을 비판적으로 조명한다. 이를 통해 황지우의 패러디 시에서는 백석 시의 서정성이 계승되지 않고 상실되었음을 추론할 수 있다. 따라서 ④의 추론은 적절하지 않다.

이것도 알면 합격

1. **백석, '흰 바람벽이 있어'의 주제 및 특징**
   (1) 주제: 고단한 타향에서의 삶 속에서도 고결함을 잃지 않는 자세
   (2) 특징
     - 의식의 흐름에 따른 시상 전개가 나타남
     - 감각적 이미지를 통해 화자의 구체적인 정서를 드러냄

2. **황지우, '새들도 세상을 뜨는구나'의 주제 및 특징**
   (1) 주제: 자유가 상실된 현실에 대한 인식과 좌절
   (2) 특징
     - 부정적인 현실에 대한 화자의 좌절감과 무력감이 드러남
     - 평화로운 스크린 속 새들의 모습과 화자의 암울한 현실이 대비되어 나타남

04 어휘 | 고유어와 한자어의 대응   난이도 하 ●○○

정답 설명

④ ㉣의 기본형 '매개(媒介)하다'는 문맥상 '둘 사이에서 양편의 관계를 맺어 주다'를 뜻하나, ④의 기본형 '그리다'는 '사랑하는 마음으로 간절히 생각하다' 또는 '연필, 붓 따위로 어떤 사물의 모양을 그와 닮게 선이나 색으로 나타내다'를 뜻한다. 따라서 ④는 ㉣과 바꿔 쓸 수 있는 유사한 표현으로 적절하지 않다.

오답 분석

① • 붕괴(崩壞)하다: 무너지고 깨지다.
   • 무너지다: 질서, 제도, 체제 따위가 파괴되다.

② • 등장(登場)하다: 어떤 사건이나 분야에서 새로운 제품이나 현상, 인물 등이 세상에 처음으로 나오다.
   • 나타나다: 어떤 새로운 현상이나 사물이 발생하거나 생겨나다.

③ • 상실(喪失)하다: 어떤 것을 아주 잃거나 사라지게 하다.
   • 잃다: 어떤 대상이 본디 지녔던 모습이나 상태를 유지하지 못하게 되다.

05 독해+문법 | 숨겨진 내용 추론하기, 의미장과 성분 분석 난이도 하 ●○○

정답 설명

④ 2문단에 따르면 의미장은 언어마다 다르게 구성되며, 언뜻 보기에 동일한 의미를 가진 언어들이 의미장에서 차지하는 영역이 다를 수 있다. 이를 통해 언어권이 다르다면 의미장이 다르게 구성되어, 동일한 의미를 가진 것처럼 보인다고 하더라도 의미장은 다를 수 있음을 추론할 수 있다. 따라서 동일한 의미를 가진 것으로 판단되는 언어들은 언어권이 다른 나라에서도 의미장이 동일하다는 ④의 추론은 적절하지 않다.

오답 분석

① 3문단에 따르면 의미장은 항상 채워진 상태인 것은 아니며, 시간을 나타내는 의미장에서 '내일(來日)'에 해당하는 고유어 명사가 존재하지 않는 것과 같이 빈자리로 나타나기도 한다. 이를 통해 의미장은 채워지지 않는 상태로 나타날 수 있음을 추론할 수 있다. 따라서 의미장은 경우에 따라 채워지지 않을 수 있다는 ①의 추론은 적절하다.

② 5문단에 따르면 '구름', '아지랑이'와 같이 성분 분석으로 의미 자질을 명확하게 분석하기 어려운 단어가 있다. 이를 통해 명확한 의미 자질을 분석하기 어려운 단어의 경우 성분 분석을 통해 의미를 설명할 수 없음을 추론할 수 있다. 따라서 성분 분석을 통해 설명할 수 없는 단어가 있다는 ②의 추론은 적절하다.

③ 4문단에 따르면 성분 분석은 단어의 의미를 더 작은 의미 자질로 분해하는 방법으로, 이는 단어들이 가진 의미의 공통점과 차이점을 파악하는 데 유용하고 의미 관계의 기반이 된다. 이를 통해 성분 분석에 따른 의미 자질로 단어의 의미 관계를 파악할 수 있음을 추론할 수 있다. 따라서 성분 분석에 따른 의미 자질로 단어의 의미 관계를 파악할 수 있다는 ③의 추론은 적절하다.

이것도 알면 합격

의미장과 성분 분석

1. 의미장
   (1) 개념: 어떤 언어에서 의미적으로 관련이 있는 어휘들로 집단화된 하나의 장(field)
   (2) 어휘의 의미 관계
      • 계열 관계: 같은 의미장에 속한 단어들이 동일한 위치에서 서로 번갈아 가면서 나타날 수 있는 특성
        예 '운동화', '구두': 그녀는 (운동화 / 구두)를 신고 나갔다.
      • 통합 관계: 단어들이 서로 나란히 나타날 수 있는 특성
        예 '머리', '감다': 머리를 감다.

2. 성분 분석
   (1) 개념: 단어의 의미를 더 작은 의미 구성 성분으로 분해하여 표시하는 방법
   (2) 특징: 단어들 간 의미 관계(반의 관계, 상하 관계 등)의 기반이 됨
      예 총각: [-여성], [+성년], [-기혼] / 처녀: [+여성], [+성년], [-기혼]

06 독해 | 글 고쳐쓰기 난이도 하 ●○○

정답 설명

② ⓒ의 앞 문장에서는 시인의 경험이 작품 창작 과정에 영향을 미칠 수 있지만, 시적 변용을 거친다고 설명한다. 이는 시인이 자신의 경험을 그대로 쓰지 않고 변용을 거쳐 사용하기 때문에, 시인과 화자가 별개의 대상으로 나타남을 의미한다. 따라서 ⓒ을 '시인은 실제 경험을 그대로 쓰지 않고, 시적 화자와 시인은 분리된 대상으로 존재하게 된다'라고 수정하는 것은 적절하다.

오답 분석

① ③의 뒤 문장에서는 이별을 노래하는 시에서 화자는 시인 자신이 아닌, 시인에 의해 만들어진 작품 속 인물이라고 설명한다. 이는 시적 화자가 시인이 창조한 허구적 인물임을 의미한다. 따라서 ③을 '시적 화자는 시인 자신으로'라고 수정하는 것은 적절하지 않다.

③ ⓒ이 포함된 문장에서는 시인의 경험이 해석의 방향성을 제시하여 화자의 감정을 더 잘 이해하게 한다고 설명한다. 이는 시인이 경험한 사실을 아는 것이 작품의 이해에 도움이 됨을 의미한다. 따라서 ⓒ을 '시인이 경험한 사실을 모르는 것은 작품의 이해에 도움이 된다'라고 수정하는 것은 적절하지 않다.

④ ⓔ의 앞 문장에서는 실제 사실에만 몰두해서 작품을 이해하는 것이 왜곡된 해석을 만들어 낼 수 있다고 설명한다. 이는 작품을 감상하는 데 있어서 시인의 경험과 작품 자체의 내용을 균형 있게 바라보는 시각이 필요함을 의미한다. 따라서 ⓔ을 '시인의 경험은 배제하고 작품 자체의 내용만을 살펴볼 필요가 있다'라고 수정하는 것은 적절하지 않다.

07 독해 | 숨겨진 내용 추론하기 난이도 중 ●●○

정답 설명

④ 2문단 끝에서 2~5번째 줄에 의하면 프라이빗 블록체인은 허가를 받은 주체만 참여할 수 있는 폐쇄적 시스템으로, 거래 내역이 제한된 참여자에게만 공개된다. 또한 4문단 3~5번째 줄에 의하면 프라이빗 블록체인은 데이터 기밀성이 중요한 분야에서 주로 활용된다. 이때 소수의 권한 있는 참여자만 관여하는 중앙은행의 디지털 문서는 허가를 받은 주체만 접근한다는 점에서 프라이빗 블록체인에 기반할 가능성이 높음을 추론할 수 있다. 따라서 답은 ④이다.

오답 분석

① 3문단 1~2번째 줄에 의하면 퍼블릭 블록체인은 참여자가 많을수록 시스템이 안정화된다. 이는 참여자 수와 시스템 안정성 사이에 비례 관계가 있음을 의미하므로, 참여자가 적은 상황에서는 상대적으로 안정성이 낮아질 수 있음을 추론할 수 있다. 따라서 참여자가 적은 초기 단계라도 퍼블릭 블록체인 시스템의 안정성이 확보된다는 ①의 추론은 적절하지 않다.

② 4문단 3~5번째 줄에 의하면 프라이빗 블록체인은 기업 간 거래나 의료 정보 관리 등 데이터 기밀성이 중요한 분야에서 주로 활용된다. 이때 기업 간 계약은 거래의 기밀성이 중요하므로 퍼블릭 블록체인보다는 프라이빗 블록체인이 적합할 것임을 추론할 수 있다. 따라서 기업 간 계약 시 거래의 기밀성이 중요하므로 퍼블릭 블록체인이 적합할 것이라는 ②의 추론은 적절하지 않다.

③ 4문단 2~3번째 줄에 의하면 퍼블릭 블록체인은 투명성이 중요한 디지털 화폐에 활용된다. 또한 2문단 2~4번째 줄에 의하면 퍼블릭 블록체인은 누구나 참여할 수 있는 개방형 시스템으로 참여자들이 동등한 권한을 갖는다. 이를 통해 퍼블릭 블록체인 시스템 내에서는 디지털 화폐 보유량과 관계없이 참여자들의 권한이 모두 동등함을 추론할 수 있다. 따라서 퍼블릭 블록체인에 기반한 디지털 화폐를 많이 보유한 사람일수록 시스템 내에서 더 큰 권한을 가질 것이라는 ③의 추론은 적절하지 않다.

08 어휘 | 다의어의 의미   난이도 하 ●○○

정답 설명

③ 움집을 짓는 데는 주로 나뭇가지와 지푸라기가 쓰였다: ③과 ㉠의 기본형 '쓰이다'는 '쓰다'의 피동사로 문맥상 '어떤 일을 하는 데에 재료나 도구, 수단이 이용되다'를 뜻한다. 따라서 ㉠과 의미가 가장 가까운 것은 ③이다.

오답 분석

① 어제 본 그 사람에게 자꾸만 마음이 쓰인다: 이때 '쓰이다'는 '쓰다'의 피동사로 문맥상 '어떤 일에 마음이나 관심이 기울여지다'를 뜻한다.
② 작은 공사임에도 인부가 세 사람이나 쓰였다: 이때 '쓰이다'는 '쓰다'의 피동사로 문맥상 '사람이 일정한 돈을 받고 어떤 일을 하도록 부려지다'를 뜻한다.
④ 식비에 너무 많은 돈이 쓰인 탓에 공과금을 내지 못했다: 이때 '쓰이다'는 '쓰다'의 피동사로 문맥상 '어떤 일을 하는 데 시간이나 돈이 들게 되다'를 뜻한다.

09 논리 | 명제의 전제 추론하기   난이도 하 ●○○

정답 설명

① 제시된 진술을 기호화하면 다음과 같다.

| (1) 이론 → 기억력 |
| (2) 기억력 → 협동 능력 |
| [결론] 이론 → 지식 풍부 |

(1)과 (2)를 결합하면 '이론 → 기억력 → 협동 능력'이므로 '이론 → 협동 능력'을 도출할 수 있다. 이때 결론인 '이론 → 지식 풍부'를 도출하기 위해서는 '협동 능력'과 결론의 '지식 풍부'를 연결할 수 있는 전제가 추가되어야 한다. 따라서 결론을 이끌어 내기 위해 추가해야 할 것은 '협동 능력이 뛰어난 모든 학생은 지식이 풍부하다(협동 능력 → 지식 풍부)'이다.

오답 분석

② '협동 능력이 뛰어난 모든 학생은 지식이 풍부하지 않다(협동 능력 → ~지식 풍부)'를 추가하면 '이론 → ~지식 풍부'가 결론으로 도출된다. 따라서 ②는 결론을 이끌어 내기 위해 추가해야 할 전제로 적절하지 않다.
③ '기억력이 뛰어난 모든 학생은 협동 능력이 뛰어나지 않다(기억력 → ~협동 능력)'를 추가하더라도 결론은 도출할 수 없으므로 ③은 결론을 이끌어 내기 위해 추가해야 할 전제로 적절하지 않다.
④ '협동 능력이 뛰어나지 않은 모든 학생은 지식이 풍부하다(~협동 능력 → 지식 풍부)'를 추가하더라도 결론은 도출할 수 없으므로 ④는 결론을 이끌어 내기 위해 추가해야 할 전제로 적절하지 않다.

10 논리 | 논증의 강화 및 약화 평가하기   난이도 중 ●●○

정답 설명

④ 피아제 이론에 따르면 전조작기(2-7세) 아동은 자기중심적 사고를 보이며 타인의 관점을 이해하는 능력이 부족하다고 여겨진다. 그러나 이중 언어 환경의 4세 아동들이 단일 언어 환경의 4세 아동들보다 타인의 관점을 더 잘 이해한다는 연구 결과는 언어 환경(문화적 맥락)에 따라 인지 발달 양상이 다양하게 나타날 수 있음을 보여주는 사례이다. 또한 이는 특정 환경적 조건에서 피아제가 제시한 발달 시기보다 더 뛰어난 인지 능력을 보일 수 있다는 증거가 되므로, (가)의 내용을 뒷받침하여 강화하는 사례에 해당한다.

오답 분석

① 서양과 동양 문화권 아동들의 수학적 개념 습득 순서가 동일하다는 것은 인지 발달이 보편적으로 나타난다는 것을 의미한다. 이는 문화적 맥락에 따라 발달 양상이 다양하게 나타날 수 있다는 (가)를 반박하므로, (가)를 약화하는 사례에 해당한다.
② 모든 문화권에서 아동들의 인지 발달 단계 진행 순서와 시기가 동일하게 나타난다는 것은 문화적 맥락이 인지 발달에 미치는 영향이 제한적임을 의미한다. 이는 문화적 맥락에 따라 인지 발달 양상이 다양하게 나타날 수 있다는 (가)를 반박하므로, (가)를 약화하는 사례에 해당한다.
③ 특별한 인지 훈련을 받은 5세 아동들과 그렇지 않은 아동들이 모두 자기중심적 사고를 보였다는 것은 전조작기에 있는 아동이 교육 경험과 무관하게 자기중심적 사고를 보인다는 것을 의미한다. 이는 교육 경험에 따라 인지 발달 양상이 다양하게 나타날 수 있다는 (가)를 반박하여 약화하는 사례에 해당한다.

19일 하프모의고사 19 정답·해설

■ 정답 p.118

01	① 독해	6	② 어휘
02	① 논리	7	② 논리
03	④ 독해	8	① 독해
04	③ 어휘	9	④ 독해
05	① 논리	10	② 독해 + 문법

■ 취약영역 분석표

영역	틀린 답의 개수
독해	/ 4
독해 + 문법	/ 1
독해 + 문학	/ -
논리	/ 3
어휘	/ 2
TOTAL	10

* 취약영역 분석표를 이용해 1개라도 틀린 문제가 있는 영역은 그 영역의 문제만 골라 해설을 다시 한번 꼼꼼히 학습하세요.

01 독해 | 글 고쳐쓰기   난이도 하 ●○○

정답 설명

① ㉠의 뒤 문장에서는 극심하게 추운 지역에서 온난한 지역으로 이동하거나 농사에 적합한 강가 주변으로 이동하는 것들이 인구 이동에 해당한다고 설명한다. 이는 인구가 이동하는 방향이 생존에 불리한 환경에서 살기 좋은 환경으로 나타났음을 의미한다. 따라서 ㉠을 '대부분 생존에 불리한 환경에서 살기 좋은 환경으로'라고 수정하는 것은 적절하다.

오답 분석

② ㉡의 뒤 문장에서는 ㉡은 문화 접변의 일종으로, 문화의 흡수나 혼합 등의 여러 결과로 나타난다고 설명한다. 이는 새로운 정착지의 문화가 어느 하나의 결과로 획일화되지 않고, 다양하게 나타남을 의미한다. 따라서 ㉡을 '새로운 정착지의 문화는 획일화되는데'라고 수정하는 것은 적절하지 않다.

③ ㉢의 뒤 문장에서는 세계화의 영향으로 활발해진 인구 이동이 문화적 변화 양상을 만들었으며, 이로 인해 다양한 인종과 민족이 공존하는 사회가 형성되었다고 설명한다. 이는 국제 이주민의 증가와 같은 인구의 이동이 현대 사회에서 다문화주의를 형성하는 데 영향을 미쳤음을 의미한다. 따라서 ㉢을 '국제 이주민의 증가는 현대 사회에서 단일 문화주의를 확산했으며'라고 수정하는 것은 적절하지 않다.

④ ㉣이 포함된 문장에서는 ㉣이 문화적 변화에 대한 서로 간의 견해 차이로 발생한다고 설명한다. 또한 ㉣의 뒤에서는 ㉣에도 불구하고 서로를 이해하는 과정에서 다양한 문화의 융합과 발전에 기여한다고 설명한다. 이는 ㉣과 같은 부정적인 현상이 궁극적으로는 긍정적인 결과에 기여함을 의미한다. 따라서 ㉣을 '문화적 화합을 가져오며'라고 수정하는 것은 적절하지 않다.

02 논리 | 명제의 결론 추론하기   난이도 중 ●●○

정답 설명

① 제시된 진술을 기호화하면 다음과 같다.

(1) ~A → B ≡ ~B → A (대우)
(2) ~C → ~B
(3) (~B ∧ ~C) → D
(4) ~C

(4)에 의해 '~C'가 확정된다. 또한 이를 (2)에 대입하면 '~B'가 확정되므로, 이를 (1)의 대우에 대입하면 'A'가 확정된다. (3)이 '(~B ∧ ~C) → D'일 때 '~B'와 '~C'가 확정되었으므로 'D'가 확정된다. 따라서 'A', '~B', '~C', 'D'가 확정됨을 알 수 있으므로 진술들이 참일 때 반드시 참인 것은 ① 'A 사원과 D 사원은 출장을 간다(A ∧ D)'이다.

오답 분석

② (4)에 의해 '~C'가 확정된다. 또한 이를 (2)에 대입하면 '~B'가 확정되므로, 이를 (1)의 대우에 대입하면 'A'가 확정된다. 따라서 A는 출장을 가지만 B는 출장을 가지 않음을 알 수 있으므로 ②는 거짓이다.

③ (4)에 의해 '~C'가 확정된다. 또한 이를 (2)에 대입하면 '~B'가 확정된다. 따라서 B와 C 모두 출장을 가지 않음을 알 수 있으므로 ③은 거짓이다.

④ (4)에 의해 '~C'가 확정된다. 또한 이를 (2)에 대입하면 '~B'가 확정된다. 이때 (3)이 '(~B ∧ ~C) → D'이므로 'D'가 확정된다. 따라서 D는 출장을 가지만 C는 출장을 가지 않음을 알 수 있으므로 ④는 거짓이다.

03 독해 | 세부 내용 파악하기　　난이도 하 ●○○

정답 설명

④ 1문단 1~2번째 줄에 따르면 현대 천문학의 주류 이론은 '빅뱅 이론'이며, 2문단 4~6번째 줄에 따르면 '우주 마이크로파 배경 복사'는 빅뱅 이론의 강력한 증거로 여겨진다. 따라서 우주 마이크로파 배경 복사가 현대 천문학 주류 이론인 빅뱅 이론의 증거로 여겨짐을 알 수 있으므로, ④의 설명은 적절하다.

오답 분석

① 1문단 2~5번째 줄에 따르면 우주는 약 138억 년 전 극도로 뜨겁고 밀도가 높은 상태에서 시작되어 팽창했으며, 빅뱅 이후 약 38만 년 동안 우주는 너무 뜨거워서 원자가 형성될 수 없었다. 따라서 빅뱅 직후에는 우주가 뜨거워서 원자 형성이 불가하였음을 알 수 있으므로, ①의 설명은 적절하지 않다.

② 3문단에 따르면 우리가 속한 은하는 약 2,000억 개의 별을 포함하는 나선형 은하이다. 따라서 지구가 속한 은하는 타원형 은하가 아닌 나선형 은하임을 알 수 있으므로, ②의 설명은 적절하지 않다.

③ 마지막 문단에 따르면 일반 물질은 우주 전체 에너지의 약 5%를 차지하며, 절반 이상을 차지하는 것은 약 68%를 차지하는 암흑 에너지이다. 따라서 일반 물질은 우주 전체 에너지의 절반 이상을 차지하지 않는다는 것을 알 수 있으므로, ③의 설명은 적절하지 않다.

04 어휘 | 다의어의 의미　　난이도 하 ●○○

정답 설명

③ ㉠의 기본형 '움직이다'는 문맥상 '멈추어 있던 자세나 자리가 바뀌다. 또는 자세나 자리를 바꾸다'를 뜻하며, 이와 가장 가까운 의미로 쓰인 것은 '잠에서 깨어난 아이가 몸을 움직이기 시작했다'의 '움직이다'이다.

오답 분석

① 수리를 하니 기계가 다시 움직인다: 이때 '움직이다'는 문맥상 '기계나 공장 따위가 가동되거나 운영되다. 또는 가동하거나 운영하다'를 뜻한다.

② 그의 진심 어린 사과에 내 마음이 움직였다: 이때 '움직이다'는 문맥상 '가지고 있던 생각이 바뀌다. 또는 그렇게 바뀐 생각을 하다'를 뜻한다.

④ 금융 시장이 정부의 새로운 정책에 따라 움직인다: 이때 '움직이다'는 문맥상 '어떤 사실이나 현상이 바뀌다. 또는 다른 상태가 되게 하다'를 뜻한다.

05 논리 | 논증의 강화 및 약화 평가하기　　난이도 하 ●○○

정답 설명

① (가)에 따르면 동일 산업의 기업들이 특정 지역에 집중되면 규모의 경제를 통해 생산성이 향상된다. 이때 (가)를 평가한 내용으로 적절한 것은 'ㄱ, ㄴ'이므로 답은 ①이다.

- ㄱ: (가)에 따르면 동일한 산업의 기업들이 특정 지역에 집중되면 규모의 경제를 통해 생산성이 향상된다. ㄱ에서 A사 편의점이 있는 아파트 단지에 B사와 C사 편의점이 개점한 것은 특정 지역에 편의점이 집중된 것이다. 그러나 B사와 C사 편의점이 개점한 이후에도 A사의 매출 생산성에 변동이 없는 것은 집적 효과가 나타나지 않은 사례에 해당한다. 이는 동일 업종 기업들이 인접하게 배치되었을 때 기업 집적이 생산성을 향상한다는 (가)를 반박하므로 (가)를 약화한다. 따라서 ㄱ의 평가는 적절하다.

- ㄴ: ㄴ에서 소형 대학가에 커피 전문점들이 과도하게 입점하자 가게 간 경쟁 심화로 상권이 붕괴한 것은 일정 범위 이상으로 기업이 과밀하며 과도한 경쟁이 발생한 사례에 해당한다. 이는 동일한 산업의 기업들이 특정 지역에 적절한 수준에서 집중되지 않고, 일정 범위 이상으로 기업이 과밀하게 되면 과도한 경쟁으로 비효율이 발생한다는 (가)를 뒷받침하므로 (가)를 강화한다. 따라서 ㄴ의 평가는 적절하다.

오답 분석

ㄷ: 새로 조성된 출판 산업 단지에 입점한 D사의 생산성이 입점 후 떨어졌고 이는 입점하지 않은 E사보다도 떨어진다는 것은 집적 효과가 발생하지 않고 기업의 생산성이 떨어진 사례에 해당한다. 이는 개별적으로 운영될 때보다 동일 업종 기업들이 인접하게 배치될 때 기업 집적이 경제적 효율성을 크게 향상시킬 수 있다는 (가)를 반박하는 사례이므로 (가)를 약화한다. 따라서 ㄷ의 평가는 적절하지 않다.

06 어휘 | 고유어와 한자어의 대응　　난이도 하 ●○○

정답 설명

② ㉡의 기본형 '과도(過度)하다'는 문맥상 '정도에 지나치다'를 의미한다. 그러나 ②의 기본형 '내리치다'는 '위에서 아래로 힘껏 치다' 또는 '비바람, 번개 따위가 세차게 몰아치다'를 의미하므로 문맥상 ㉡과 바꿔 쓰기에 적절하지 않다. 참고로 ㉡과 바꿔 쓸 수 있는 어휘로는 '일정한 한도를 넘어 정도가 심하다'를 의미하는 '지나치다'가 있다.

오답 분석

① ・집중(集中)되다: 한곳이 중심이 되어 모이다.
　・모이다: 여러 사람이 한곳에 오게 되거나 한 단체에 들게 되다.

③ ・인접(鄰接)하다: 이웃하여 있다. 또는 옆에 닿아 있다.
　・이웃하다: 나란히 또는 가까이 있어 경계가 서로 붙어 있다.

④ ・배치(配置)되다: 일정한 차례나 간격에 따라 벌여져 놓이다.
　・놓이다: 일정한 곳에 기계나 장치, 구조물 따위가 설치되다.

07 논리 | 명제의 결론 추론하기   난이도 하 ●○○

정답 설명

② 제시된 진술을 기호화하면 아래와 같다.

> (1) ~선인장류 → ~양치식물류 ≡ 양치식물류 → 선인장류 (대우)
> (2) 관엽식물류 → 양치식물류
> [결론] 선인장류 ∧ 덩굴식물류

(1)의 대우와 (2)를 결합하면 '관엽식물류 → 양치식물류 → 선인장류'가 성립하므로 '관엽식물류 → 선인장류'를 도출할 수 있다. 이때 '덩굴식물류 ∧ 관엽식물류'가 전제로 추가되면, 이것을 (1)의 대우와 (2)를 통해 도출한 '관엽식물류 → 선인장류'와 결합하여 '덩굴식물류 ∧ 선인장류'를 도출할 수 있다. 이는 결론인 '선인장류 ∧ 덩굴식물류'와 논리적으로 동치이다. 따라서 밑줄 친 결론을 이끌어 내기 위해 추가해야 할 전제는 ②이다.

오답 분석

① '선인장류 → 양치식물류'가 전제로 추가되어도 결론은 도출할 수 없다. 따라서 ① '선인장류를 좋아하는 모든 사람은 양치식물류를 좋아한다(선인장류 → 양치식물류)'는 추가해야 할 전제로 적절하지 않다.

③ '~양치식물류 ∧ 덩굴식물류'가 전제로 추가되어도 결론은 도출할 수 없다. 따라서 ③ '양치식물류를 좋아하지 않는 어떤 사람은 덩굴식물류를 좋아한다(~양치식물류 ∧ 덩굴식물류)'는 추가해야 할 전제로 적절하지 않다.

④ '양치식물류 → ~덩굴식물류'가 전제로 추가되면, 이것을 (2)와 결합하여 '관엽식물류 → ~덩굴식물류'를 도출할 수 있을 뿐 결론은 도출할 수 없다. 따라서 ④ '양치식물류를 좋아하는 모든 사람은 덩굴식물류를 좋아하지 않는다(양치식물류 → ~덩굴식물류)'는 추가해야 할 전제로 적절하지 않다.

08 독해 | 숨겨진 내용 추론하기   난이도 하 ●○○

정답 설명

① 3문단에 따르면 언해 문헌은 15세기와 16세기에는 각각 현재는 소실된 'ㅿ', 'ㆍ' 등의 문자와 모음 조화의 붕괴 등이 나타나며, 17세기에 이르러서 현대 국어에 가까운 형태를 보인다. 또한 이러한 특성으로 인해 언해 문헌을 통시적으로 비교하면 국어의 변천 과정을 실증적으로 확인할 수 있다. 이는 언해 문헌이 언어의 변화를 반영하는 문헌이므로 국어가 변화하는 과정을 나타낼 수 있음을 의미한다. 따라서 언해 문헌은 시대에 따른 언어의 변화를 반영하여 국어의 변천 과정을 나타낸다는 ①의 추론은 적절하다.

오답 분석

② 2문단 4~6번째 줄에 따르면 언해 사업은 민족 문자인 훈민정음의 실용화를 꾀하고, 백성들의 교화와 지식 보급을 통한 국가 통치의 안정화를 목적으로 한다. 이는 언해 사업이 백성들의 훈민정음 사용을 독려하기 위한 사업임을 의미한다. 따라서 언해 사업은 백성들의 한문 학습을 독려하기 위해 실시한 교육 정책의 일환이었다는 ②의 추론은 적절하지 않다.

③ 1문단 끝에서 1~2번째 줄에 따르면 한문에 익숙하지 않은 여성이나 아이들을 위해 우리말 번역만 실은 순언해 형식이 자주 사용되었다. 따라서 한문에 익숙하지 않은 독자층을 대상으로 할 때 언해 문헌은 구결식 언해로 나타났다는 ③의 추론은 적절하지 않다.

④ 3문단에 따르면 17세기에 이르러서 언해 문헌은 현대 국어에 가까운 형태로 변화했으며, 소실된 문자가 나타난 것은 15세기 초기 언해의 특징이다. 이는 17세기 언해가 현재 소실된 문자가 나타나지 않는 현대 국어의 형태를 보임을 의미한다. 따라서 17세기 언해에서는 현재 소실된 문자가 나타나기 때문에 현대 국어와 다른 형태를 보인다는 ④의 추론은 적절하지 않다.

09 독해 | 빈칸 내용 추론하기   난이도 하 ●○○

정답 설명

④ 제시문은 키네틱 아트가 정적인 미술의 한계를 넘어 움직임을 통해 새로운 예술 경험을 제공하며, 첨단 기술과 융합되어 관람객과 상호 작용하는 예술로 발전하고 있음을 설명하고 있다. 특히 마지막 문단에서는 센서, 프로그래밍, AI 등 첨단 기술이 적용된 양방향 작품을 통해 지속적으로 변화하는 예술 경험을 창출한다고 강조한다. 따라서 빈칸에 들어갈 가장 적절한 내용은 ④ '기술의 발전과 함께 예술의 정의와 경계를 확장하는 역할을 한다'이다.

오답 분석

① 제시문에서는 현대 키네틱 아트가 인간 창작자의 의도와 기계의 우연성이 결합한 창작 방식이라고 언급할 뿐, 기계가 예술 형태를 결정한다고 설명하지는 않는다. 따라서 ① '인간보다 기계의 자율성에 의해 결정되는 예술 형태이다'는 빈칸에 들어갈 내용으로 적절하지 않다.

② 제시문에서는 키네틱 아트가 움직임을 통해 새로운 예술적 경험을 제공하며, 작품 속에 물리적 변화를 담아냄을 설명한다. 이는 키네틱 아트가 물리적 변화를 배제하지 않음을 의미한다. 또한 제시문에서는 키네틱 아트가 감정 표현에 집중한다는 내용은 언급하고 있지 않다. 따라서 ② '물리적 변화를 배제하고 감정 표현에 집중하는 예술이다'는 빈칸에 들어갈 내용으로 적절하지 않다.

③ 제시문에서는 키네틱 아트가 정적인 예술의 한계를 뛰어넘어 움직임과 우연성, 관람자의 참여를 통해 새로운 예술 경험을 제공함을 설명한다. 이는 키네틱 아트가 정적인 예술 형식을 고수하지 않음을 의미한다. 따라서 ③ '정적인 예술 형식을 고수하며 창작자의 의도를 명확히 전달한다'는 빈칸에 들어갈 내용으로 적절하지 않다.

10 독해+문법 | 숨겨진 내용 추론하기, 피동 표현   난이도 하 ●○○

정답 설명

② 2문단에 의하면 파생적 피동은 능동사 어간에 피동 접미사 '-이-, -히-, -리-, -기-'가 결합하여 이루어진다. 이를 통해 '나무가 바람에 흔들린다'는 주어가 행위의 주체가 되는 능동문이 아닌, 능동사 '흔들다'의 어간에 피동 접미사 '-리-'가 결합한 파생적 피동임을 추론할 수 있다. 따라서 ②의 추론은 적절하지 않다.

오답 분석

① 2문단에 의하면 모든 능동문을 피동문으로 바꿀 수 있는 것은 아니며, '바라다'와 같은 동사는 피동사로 파생되지 않으므로 피동문을 형성하지 못한다. 이를 통해 '나는 너의 행복을 바란다'에서 '바란다'는 피동사로 파생되지 않는 동사이므로 피동문으로 바꾸는 것이 불가능함을 추론할 수 있다. 따라서 ①의 추론은 적절하다.

③ 1문단에 의하면 피동문은 능동문의 목적어가 주어로, 능동문의 주어는 부사어로 서술어인 능동사는 피동사로 바뀌면서 형성된다. 이를 통해 '경찰이 도둑을 붙잡았다'를 피동문으로 바꾸면 주어인 '경찰이'는 부사어 '경찰에게'로, 목적어인 '도둑을'은 주어인 '도둑이'로, 서술어 '붙잡았다'는 피동사인 '붙잡혔다'로 바뀌므로 주어가 바뀌게 됨을 추론할 수 있다. 따라서 ③의 추론은 적절하다.

④ 3문단에 의하면 피동문은 주어인 피동작주에 초점이 가게 되면서 동작주의 동작성이 잘 드러나지 않는다. 이를 통해 '이 책은 많은 사람들에게 읽혔다'라는 피동문은 주어인 피동작주 '이 책'에게 초점이 가게 되면서 동작주인 '사람들'의 동작성이 잘 드러나지 않음을 추론할 수 있다. 따라서 ④의 추론은 적절하다.

이것도 알면 합격

피동의 종류

종류	개념	예
파생적 피동	능동사의 어간을 어근으로 하여 접미사 '-이-, -히-, -리-, -기-'가 붙어 만들어진 피동	꺾이다(꺾-+-이-+-다), 걷히다(걷-+-히-+-다), 물리다(물-+-리-+-다), 안기다(안-+-기-+-다), …
통사적 피동	연결 어미 '-아/어'에 보조 동사 '지다'가 결합한 통사적 구성에 의한 피동	만들어지다(만들-+-어지다), 믿어지다(믿-+-어지다), …

20일 하프모의고사 20 정답·해설

■ 정답   p.124

01	③ 독해	6	② 논리
02	③ 논리	7	② 독해
03	④ 독해 + 문학	8	④ 독해
04	② 독해 + 문법	9	② 독해
05	① 논리	10	② 어휘

■ 취약영역 분석표

영역	틀린 답의 개수
독해	/ 4
독해 + 문법	/ 1
독해 + 문학	/ 1
논리	/ 3
어휘	/ 1
TOTAL	10

* 취약영역 분석표를 이용해 1개라도 틀린 문제가 있는 영역은 그 영역의 문제만 골라 해설을 다시 한번 꼼꼼히 학습하세요.

---

01 독해 | 공공언어 바로 쓰기   난이도 하 ●○○

정답 설명

③ 사업에 대한 이해도를 <u>첨가하기</u> 위해 설명회를 개최합니다(×) → 사업에 대한 이해도를 <u>향상하기</u> 위해 설명회를 개최합니다(○): ㉢에 따라 문맥에 맞는 정확한 단어를 사용해야 한다. 수정 전 문장은 사업에 대한 이해도를 높이기 위해 설명회를 개최한다는 내용이 제시되어 있다. 따라서 '실력, 수준, 기술 따위가 나아지다. 또는 나아지게 하다'를 의미하는 '향상(向上)하다'를 '이미 있는 것에 덧붙이거나 보태다'를 의미하는 '첨가(添加)하다'로 수정하는 것은 문맥상 적절하지 않다.

오답 분석

① 이 식당은 파인 다이닝의 정수를 보여 주는 곳입니다(×) → 이 식당은 고급 식사의 정수를 보여 주는 곳입니다(○): ㉠에 따라 외국어나 외래어는 가급적 우리말로 표현해야 한다. 수정 전 문장에는 '파인 다이닝'과 같은 외래어가 사용되었다. 따라서 이를 '고급 식사'와 같이 우리말로 수정하는 것은 적절하다.

② 민원 신청 시 민원인께서는 <u>필요 서류</u> 지참해 주시기를 바랍니다(×) → 민원을 신청할 시 민원인께서는 <u>필요한</u> 서류를 지참해 주시기를 바랍니다(○): ㉡에 따라 지나친 명사 나열을 피하고 적절한 조사와 '-하다' 등을 활용해야 한다. 수정 전 문장은 '민원', '신청', '시', '필요', '서류'와 같이 명사가 지나치게 나열되었다. 따라서 이를 '민원을 신청할 시 민원인께서는 필요한 서류를 지참해 주시기를 바랍니다'와 같이 조사 '을', '를'과 '-할', '-한'을 추가하여 수정하는 것은 적절하다.

④ 더운 날씨에도 참여하였다(×) → 더운 날씨에도 <u>행사 참여자들이 프로그램에</u> 참여하였다(○): ㉣에 따라 주어, 필수적 부사어, 서술어 등 필수 문장 성분이 생략되지 않도록 해야 한다. 수정 전 문장은 서술어 '참여하였다'가 필요로 하는 문장 성분인 주어와 필수적 부사어가 생략되었다. 따라서 주어인 '행사 참여자들이'와 필수적 부사어인 '프로그램에'를 추가하여 수정하는 것은 적절하다.

---

02 논리 | 명제의 결론 추론하기   난이도 하 ●○○

정답 설명

③ 제시된 진술을 기호화하면 다음과 같다.

(1) 환경 보호 → (자원 절약 ∧ 생태계 보존)
 ≡ (환경 보호 → 자원 절약) ∧ (환경 보호 → 생태계 보존) (후건 분리)
(2) 소비주의 → ~자원 절약 ≡ 자원 절약 → ~소비주의 (대우)

(1)에서 후건 분리에 의해 '환경 보호 → 자원 절약'과 '환경 보호 → 생태계 보존'을 도출할 수 있다. 이때 '환경 보호 → 자원 절약'과 (2)의 대우 '자원 절약 → ~소비주의'를 결합하면 '환경 보호 → ~소비주의'를 확정할 수 있다. 따라서 이것의 대우인 '소비주의 → ~환경 보호'가 참이 됨을 알 수 있으므로 반드시 참인 것은 ③ '과도한 소비주의에 빠지면 환경 보호 활동에 참여하지 않는다(소비주의 → ~환경 보호)'이다.

오답 분석

① (1)에서 후건 분리에 의해 '환경 보호 → 생태계 보존'이 참이 됨을 알 수 있으나, '생태계 보존 → 환경 보호'가 참인지는 알 수 없다.

② (1)에서 도출한 '환경 보호 → 자원 절약'과 (2)의 대우 '자원 절약 → ~소비주의'를 결합하여 '환경 보호 → ~소비주의'가 참이 됨을 알 수 있으나, '~환경 보호 → 소비주의'가 참인지는 알 수 없다.

④ (1)에서 후건 분리에 의해 '환경 보호 → 자원 절약'이 참이 됨을 알 수 있으므로 이것의 대우인 '~자원 절약 → ~환경 보호'도 참이 된다. 따라서 '~자원 절약 → 환경 보호'는 거짓이다.

03 독해 + 문학 | 빈칸 내용 추론하기, 문학의 이해 난이도 하 ●○○

정답 설명

④ 1문단에서는 한국 현대소설이 일제 강점기부터 산업화 시대까지 관통하며 독특한 문학적 지형을 형성해 왔음을 설명한다. 또한 2문단에서는 소설의 시대적 흐름이 시대의 증언자 역할을 수행해 왔음을 설명하며, 작가들이 개인의 삶과 역사적 상황을 유기적으로 연결하고 시대의 아픔을 문학적으로 승화시켰음을 이야기한다. 이를 통해 한국 현대소설이 시대의 변화에 민감하게 반응하며 작품을 통해 당대의 사회 현실을 포착하고 문학적으로 표현했음을 알 수 있다. 따라서 빈칸에 들어갈 말로 가장 적절한 것은 ④ '사회 현실의 문학적 증언'이다.

오답 분석

① 1문단에서는 1920년대 초기 소설이 감상적이고 퇴폐적인 경향을 보였다고 설명한다. 그러나 1930년대부터 문학은 사회적 현실에 더 집중하였으며 사회의 부조리와 식민지 현실, 전쟁의 상흔과 이데올로기 갈등, 분단의 아픔, 인간 소외와 계층 간 갈등 등을 주된 소재로 다루었음을 설명한다. 따라서 ① '내면 심리의 탐색'은 빈칸에 들어갈 말로 적절하지 않다.

② 2문단에서는 작가들이 개인의 삶과 역사적 상황을 유기적으로 연결하며, 시대의 아픔을 문학적으로 승화시켰다고 설명한다. 이를 통해 작가들이 현실을 마주 보며 다양한 기법을 통해 시대를 증언하였음을 알 수 있다. 따라서 ② '현실 도피적 낭만성'은 빈칸에 들어갈 말로 적절하지 않다.

③ 제시문을 통해 현대소설이 전통적 가치관을 계승하는지에 대한 내용은 알 수 없다. 따라서 ③ '전통적 가치관의 계승'은 빈칸에 들어갈 말로 적절하지 않다.

04 독해 + 문법 | 사례 추론하기, 반의어 난이도 하 ●○○

정답 설명

② '죽다'와 '살다'의 관계를 살펴보면, '죽다'의 긍정은 '살다'의 부정이며, '살다'의 긍정은 '죽다'의 부정을 의미함을 알 수 있다. 또한 '조금 죽다', '조금 살다'와 같이 정도를 표현하는 부사의 수식을 받을 수 없다는 것을 통해 '죽다'와 '살다'는 상보 반의어임을 알 수 있다. 따라서 ㉠의 사례로 가장 적절한 것은 ②이다. 참고로 '죽다'와 '살다'는 '죽지도 않고 살지도 않았다'와 같이 동시 부정이 불가능하다는 점에서 등급 반의어가 아님을 알 수 있다.

오답 분석

① '길다'와 '짧다'의 관계를 살펴보면 '길지도 않고 짧지도 않다'와 같이 두 단어를 동시에 부정할 수 있다. 또한 '조금 길다', '조금 짧다'와 같이 정도 부사의 수식을 받을 수 있다는 것을 통해 '길다'와 '짧다'는 등급 반의어임을 알 수 있다.

③ '크다'와 '작다'의 관계를 살펴보면 '크지도 않고 작지도 않다'와 같이 두 단어를 동시에 부정할 수 있다. 또한 '조금 크다', '조금 작다'와 같이 정도 부사의 수식을 받을 수 있다는 것을 통해 '크다'와 '작다'는 등급 반의어임을 알 수 있다.

④ '넓다'와 '좁다'의 관계를 살펴보면 '넓지도 않고 좁지도 않다'와 같이 두 단어를 동시에 부정할 수 있다. 또한 '조금 넓다', '조금 좁다'와 같이 정도 부사의 수식을 받을 수 있다는 것을 통해 '넓다'와 '좁다'는 등급 반의어임을 알 수 있다.

이것도 알면 합격

반의 관계의 종류

상보 반의어 – 모순 관계	중간 항이 없는 반의 관계 예 있다 ↔ 없다, 남 ↔ 여, 참 ↔ 거짓
정도(등급) 반의어 – 반대 관계	중간 항이 있는 반의 관계 예 길다 ↔ 짧다, 빠르다 ↔ 느리다
방향 반의어 – 대칭 관계	맞선 방향을 전제로 하여 관계나 이동의 측면에서 대립을 이루는 단어의 쌍으로, 공간적 관계·인간 관계·이동 측면에서의 대립으로 나뉨 예 위 ↔ 아래, 형 ↔ 동생, 가다 ↔ 오다

05 논리 | 논증의 강화 및 약화 평가하기 난이도 하 ●○○

정답 설명

① (가)는 예술 작품의 가치가 작품 자체의 내재적 속성에서 비롯된다고 주장하고, (나)는 예술 작품의 가치가 사회적·역사적 맥락에서 결정된다고 주장한다. ①에서 작품의 형식적 요소(대칭과 균형)가 시대에 따라 다른 평가를 받는 것은 작품의 가치가 작품 자체의 형식적 완성도에 의해 결정되며, 훌륭한 예술 작품은 시대를 초월해 보편적 가치를 지닌다는 (가)의 주장과 상충하므로, (가)의 주장은 약화된다. 따라서 (가)와 (나)의 주장에 대해 평가한 내용으로 가장 적절한 것은 ①이다.

오답 분석

② 어떤 예술 작품이 창작 당시 보수적 사회 분위기 때문에 외면받았으나, 사회 가치관이 변화한 후 재평가받게 된 사례는 사회적 맥락의 변화가 작품 평가를 좌우했음을 보여준다. 작품 자체의 내재적 속성보다는 사회적 배경이 평가의 핵심 요인이 되었으므로, 오히려 (가)의 주장은 약화된다. 참고로 이는 예술 작품의 가치가 사회적·문화적 맥락에 따라 달라진다는 (나)의 맥락주의적 가치론을 강화하는 사례에 해당한다.

③ 특정 문화권에서만 높이 평가받고 다른 문화권에서는 평가 절하되는 현상은 예술 작품의 가치가 문화적 맥락에 따라 달라진다는 것을 보여준다. 이는 오히려 (나)의 맥락주의적 가치론을 강화하는 사례에 해당하므로 적절하지 않다.

④ 작품의 창작 의도나 시대적 맥락을 전혀 모르는 상태에서도 모든 관람자가 일관되게 미적 감동을 받는 현상은 작품 자체의 내재적 가치가 맥락과 무관하게 존재하며 보편적임을 보여준다. 이는 시대적 맥락을 강조하는 (나)의 맥락주의적 가치관을 약화하며, 오히려 (가)의 내재적 가치론을 강화하는 사례에 해당하므로 적절하지 않다.

06 논리 | 명제의 전제 추론하기　　　난이도 하 ●○○

정답 설명
② 제시된 진술을 기호화하면 다음과 같다.

> (1) ~기후 변화 → ~탄소 규제 ≡ 탄소 규제 → 기후 변화 (대우)
> (2) 탄소 규제 ∨ 재생 에너지 투자
> (3) 재생 에너지 투자 → 산업 구조 변화
> [결론] 산업 구조 변화

(2)에 (1)의 대우와 (3)을 각각 대입하면 '기후 변화 ∨ 산업 구조 변화'를 도출할 수 있다. 이때 결론인 '산업 구조 변화'를 도출하기 위해서는 선언지 제거에 의해 '기후 변화'가 제거되어야 하므로 '~기후 변화'가 전제로 추가되어야 한다. 따라서 빈칸에 들어갈 말로 가장 적절한 것은 ②이다.

오답 분석
① '기후 변화가 심각해진다(기후 변화)'를 추가하더라도 결론이 도출되지 않는다. 따라서 ①은 빈칸에 들어갈 말로 적절하지 않다.
③ '재생 에너지에 대한 투자를 늘리지 않는다(~재생 에너지 투자)'를 추가하더라도 결론은 도출되지 않는다. 따라서 ③은 빈칸에 들어갈 말로 적절하지 않다.
④ 산업 구조가 변화하지 않으면 재생 에너지에 대한 투자를 늘리지 않는다(~산업 구조 변화 → ~재생 에너지 투자)는 (3)의 대우이므로 추가하더라도 결론은 도출되지 않는다. 따라서 ④는 빈칸에 들어갈 말로 적절하지 않다.

07 독해 | 빈칸 내용 추론하기　　　난이도 하 ●○○

정답 설명
② 제시문에서는 1~3문단에서 기술과 사회의 관계를 바라보는 기술 결정론, 사회 구성주의, 상호 결정론의 관점을 설명하고, 마지막 문단에서 현대 사회 속 기술과 사회의 관계가 더욱 복잡하고 중층적인 양상을 띠게 되었음을 설명한다. 또한 마지막 문단에서는 기술의 발전이 사회를 변화시키며, 사회적 요구와 가치가 기술의 방향을 결정하며 상호 작용한다고 설명한다. 이는 기술과 사회가 서로 영향을 주고받는 관계이므로 상호 작용에 대한 이해 없이는 기술 변화와 사회 현상을 이해할 수 없음을 의미한다. 따라서 빈칸에 들어갈 결론으로 가장 적절한 것은 ② '기술 변화에 따른 사회 현상을 이해할 수 없다'이다.

오답 분석
① 제시문에서는 기술 발전을 저지해야 한다는 내용이 나타나지 않는다. 오히려 마지막 문단에서는 기술의 발전이 사회를 변화시키며, 기술의 설계와 운영 방식이 중요한 사회적 문제가 되고 있음을 설명한다. 따라서 ① '기술의 발전을 효과적으로 저지할 수 없다'는 빈칸에 들어갈 내용으로 적절하지 않다.
③ 제시문에서는 현대 사회의 문제를 해결해야 한다는 내용이 나타나지 않는다. 따라서 ③ '현대 사회의 문제를 근본적으로 해결할 수 없다'는 빈칸에 들어갈 내용으로 적절하지 않다.
④ 제시문에서는 기술 혁신의 경제적 가치에 관한 내용이 나타나지 않는다. 따라서 ④ '기술 혁신의 경제적 가치를 제대로 평가할 수 없다'는 빈칸에 들어갈 내용으로 적절하지 않다.

08 독해 | 글 고쳐쓰기　　　난이도 하 ●○○

정답 설명
④ ②의 앞 문장에서는 알고리즘이 자율적 학습 능력으로 인간이 미처 발견하지 못한 데이터 내의 관계를 찾아낸다고 설명한다. 또한 ②이 포함된 문장에서는 현대의 인공지능 시스템이 학습 방식들을 결합하여 효과적으로 적용된다고 설명한다. 이는 현대의 인공지능 시스템이 복잡한 문제를 해결하는 뛰어난 성능을 지녔으며, 이로 인해 다양한 영역에서 학습 방식들을 적용할 수 있는 장점이 있음을 의미한다. 따라서 ②을 '더 복잡한 문제를 해결하는 데 뛰어난 성능을 보이며, 다양한 영역에'로 수정하는 것은 적절하다.

오답 분석
① ③이 포함된 문장에서는 알고리즘이 제공된 두 데이터 간의 관계를 학습한다고 설명한다. 이는 지도 학습에서 알고리즘이 함께 제공된 입력 데이터와 출력 데이터 간의 관계를 학습한다는 것을 의미한다. 따라서 ③을 '입력 데이터 없이 출력 데이터만 제공되어'로 수정하는 것은 적절하지 않다.
② ⓒ의 앞 문장에서는 지도 학습이 입력 데이터와 출력 데이터 간의 관계를 학습하며, 인식된 패턴을 바탕으로 예측 모델을 구축한다고 설명한다. 이는 학습한 데이터(입력 데이터, 출력 데이터)에 포함되지 않은 데이터라도, 데이터 간의 패턴을 바탕으로 예측 모델을 구축함으로써 새로운 데이터를 분류할 수 있다는 것을 의미한다. 따라서 ⓒ을 '학습 데이터에 포함된 이미지만 정확히 분류할 수 있다'로 수정하는 것은 적절하지 않다.
③ ⓒ의 앞 문장에서는 입력 데이터만으로 패턴을 발견하는 것이 비지도 학습이라고 설명한다. 또한 ⓒ의 뒤 문장에서는 이러한 알고리즘이 인간이 발견하지 못한 데이터 내의 관계를 찾아내는 자율적 학습 능력을 가졌음을 설명한다. 이는 알고리즘이 인간의 개입 없이 입력 데이터만으로도 데이터 구조와 패턴을 스스로 학습한다는 것을 의미한다. 따라서 ⓒ을 '알고리즘이 인간의 개입으로 데이터 구조와 패턴을 학습하며'로 수정하는 것은 적절하지 않다.

09 독해 | 세부 내용 파악하기　　　난이도 하 ●○○

정답 설명
② 1문단에 따르면 소크라테스는 자기 성찰의 중요성을 강조했으며, 무지의 자각에서 출발하는 성찰이 참된 지혜의 시작이라고 주장했다. 이를 통해 소크라테스는 무지를 깨달으며 성찰하는 것을 참된 지혜의 시작으로 보았음을 알 수 있다. 따라서 소크라테스는 자신의 무지를 깨닫는 것을 지혜의 시작으로 여겼다는 ②의 설명은 적절하다.

오답 분석

① 2문단에 따르면 칸트는 타율이 아닌 자율에 기초한 도덕적 판단이 진정한 도덕의 토대가 된다고 주장한다. 또한 자신의 행위를 반성하고 개선하는 원동력이 되는 것이 성찰적 사고에 해당한다고 보았다. 이를 통해 칸트는 도덕적 성찰이 자신의 행위를 돌아보는 것에 있다고 보았음을 알 수 있다. 따라서 칸트는 도덕적 성찰이 타인의 행위에 기초해야 한다고 보았다는 ①의 설명은 적절하지 않다.

③ 마지막 문단에 따르면 성찰은 자기 완결적 행위가 아니라 타인과 어울리며 지속적으로 발전하는 열린 과정이다. 이를 통해 성찰은 타인의 관점을 수용하여 자신의 사고의 편향을 발견하는 과정임을 알 수 있다. 따라서 성찰은 타인과 단절된 자기 완결적 행위로 사고의 편향을 강화하는 과정이라는 ③의 설명은 적절하지 않다.

④ 마지막 문단에 따르면 현대 사회의 정보의 홍수 속에서 필요한 것은 비판적 성찰 능력으로, 이는 맹목적으로 외부의 정보를 수용하는 것이 아닌 정보를 취사선택하고 재구성하는 능력이다. 이를 통해 현대 사회에서 성찰은 외부의 정보를 그대로 받아들이는 과정이 아닌, 자신만의 사고의 틀을 통해 취사선택하고 재구성하며 이뤄질 수 있다는 것을 알 수 있다. 따라서 현대 사회에서 성찰은 외부의 정보를 그대로 받아들이는 과정을 통해 이뤄질 수 있다는 ④의 설명은 적절하지 않다.

10 어휘 | 다의어의 의미   난이도 하 ●○○

정답 설명

② ㉠은 문맥상 '함께 사귀어 잘 지내거나 일정한 분위기에 끼어 들어 같이 휩싸이다'를 뜻하며, 이와 가장 가까운 의미로 쓰인 것은 '동료들과 어울리는 걸 보니 민수는 사교적인 사람이 분명하다'의 '어울리다'이다.

오답 분석

① ③ 푸른 벽지와 흰색 가구가 서로 어울려 방 안이 더 넓어 보였다 / 짙은 갈색 책장과 베이지색 소파가 잘 어울려서 공간이 안락해 보인다: 이때 '어울리다'는 문맥상 '여럿이 서로 잘 조화되어 자연스럽게 보이다'를 뜻한다.

④ 가을이 되자 노란 은행과 빨간 단풍이 한데 어울려 아름다운 풍경을 만들었다: 이때 '어울리다'는 문맥상 '여럿이 모여 한 덩어리나 판이 되다'를 뜻한다.

실전모의고사 정답·해설

■ 정답

p.132

01	① 독해	06	① 독해	11	④ 어휘	16	① 독해 + 문법
02	④ 독해	07	③ 독해 + 문학	12	④ 독해	17	④ 논리
03	② 독해 + 문법	08	② 어휘	13	③ 독해	18	② 논리
04	② 독해 + 문학	09	④ 논리	14	② 독해	19	② 독해
05	④ 독해	10	③ 독해	15	② 논리	20	④ 논리

■ 취약영역 분석표

영역	틀린 답의 개수
독해	/ 9
독해 + 문법	/ 2
독해 + 문학	/ 2
논리	/ 5
어휘	/ 2
TOTAL	20

* 취약영역 분석표를 이용해 1개라도 틀린 문제가 있는 영역은 그 영역의 문제만 골라 해설을 다시 한번 꼼꼼히 학습하세요.

---

01 독해 | 공공언어 바로 쓰기   난이도 하 ●○○

정답 설명

① 올해 폭염으로 인해 전력 사용량이 급증했다. 하지만 정전 사고가 빈번하게 발생했다(×) → 올해 폭염으로 인해 전력 사용량이 급증했다. 그래서 정전 사고가 빈번하게 발생했다(○): 수정 전 문장은 전력 사용량이 급증했다는 앞 문장과 정전 사고가 빈번하게 발생했다는 뒤 문장이 접속어 '하지만'을 통해 연결되었다. 앞뒤 문장의 의미 관계를 고려하였을 때 이는 전력 사용량 급증으로 인해 정전 사고가 발생한 인과 관계 상황이다. 따라서 앞의 내용과 뒤의 내용이 상반될 때 쓰는 접속 표현인 '하지만'이나 '그런데'를 사용하는 것은 의미 관계상 적절하지 않다. 따라서 ①은 ⊙의 원칙에 따라 수정한 것으로 적절하지 않다. 참고로, 바꾸어 사용할 수 있는 적절한 접속 표현으로는 원인과 결과의 관계를 나타내는 '그래서'나 '따라서' 등이 있다.

오답 분석

② 안전사고 예방을 위하여 철저하게 점검하겠습니다(×) → 안전사고 예방을 위하여 시설을 철저하게 점검하겠습니다(○): 수정 전 문장에서는 무엇을 점검하는지 목적어가 생략되어 있었으나, 수정 후 문장에서는 '시설을'이라는 목적어를 추가하여 문장의 의미가 명확해졌다. 따라서 ②는 ⓒ의 원칙에 따라 필요한 문장 성분이 생략되지 않도록 하여 적절하게 수정한 것이다.

③ 사전 예고 없이 공사 일정이 변경될 수도 있습니다(×) → 예고 없이 공사 일정이 변경될 수도 있습니다(○): '사전 예고'에서 '미리 알림'을 뜻하는 '예고(豫告)'는 '일이 일어나기 전, 또는 일을 시작하기 전'을 뜻하는 '사전(事前)'과 '미리 알린다'라는 의미가 중복된다. 따라서 '사전 예고'를 '예고'로 수정한 것은 ⓒ의 원칙에 따라 중복 표현을 제거하여 적절하게 수정한 것이다.

④ 금번 행사는 퍼블릭 스페이스를 최대한 활용합시다(×) → 이번 행사는 공공 공간을 최대한 활용합시다(○): 수정 전 문장에서 사용된 '금번(今番)'은 한자어, '퍼블릭'과 '스페이스'는 외래어인데, 이를 각각 '이번', '공공', '공간'이라는 우리말로 수정하였다. 따라서 ④는 ⓔ의 원칙에 따라 어려운 한자어나 불필요한 외래어는 쉬운 우리말로 바꾸어 적절하게 수정한 것이다.

---

02 독해 | 개요 작성하기   난이도 하 ●○○

정답 설명

④ 지침에 따르면 결론은 논의된 내용의 의의와 향후 과제를 포함해야 한다. '4장-1'에 논의된 내용의 의의가 제시되어 있으므로 '4장-2'인 (라)에는 향후 과제가 제시되어야 한다. 하지만 ④ '4차 산업혁명 시대에 맞는 농업 기술 발전의 필요성'은 향후 과제가 아니라 주제 선정의 배경에 해당하는 내용이다. 따라서 (라)에 들어갈 내용으로 적절하지 않다.

오답 분석

① 지침에 따르면 서론에는 주제의 선정 배경과 목적을 순서대로 제시해야 한다. '1장-2'에 연구 목적으로 '농촌 인구 감소와 고령화에 대응하는 농업 발전 방안 모색'이 제시되어 있으므로 (가)에는 주제 선정의 배경과 관련된 내용이 제시되어야 한다. 이때 ① '기후 변화와 식량 안보 위기에 따른 농업 생산성 향상 필요성 대두'는 '농업 기술'이라는 주제의 선정 배경으로 적합하므로 (가)에 들어갈 내용으로 적절하다.

② 지침에 따르면 본론은 제목의 내용을 두 개의 장으로 구성하되, 각 장의 하위 항목이 대응해야 한다. '3장-1'에 '농가 맞춤형 기술 개발 및 보급 확대'가 제시되어 있으므로, '2장-1'인 (나)에는 그에 대응하는 현황이 제시되어야 한다. 따라서 ② '농가별 기술 도입률 저조와 기술 표준화 미흡'은 농가 맞춤형 기술 개발 및 보급과 대응하는 현재 문제점을 제시하므로 (나)에 들어갈 내용으로 적절하다.

③ 지침에 따르면 본론은 제목의 내용을 두 개의 장으로 구성하되, 각 장의 하위 항목이 대응해야 한다. '2장-2'에 '농업 기술 활용을 위한 농업인 교육 및 지원 체계 부족'이 제시되어 있으므로 '3장-2'에는 그에 대응하는 발전 방안이 제시되어야 한다. 따라서 ③ '농업 기술 활용을 위한 농업인 역량 강화 프로그램 구축'은 (다)에 들어갈 내용으로 적절하다.

03 독해+문법 | 사례 추론하기, 품사 분류의 기준 난이도 하 ●○○

정답 설명
② 제시문에서 ㉠은 '의미적 기준'으로, 품사 집단이 공유하는 일반적인 의미를 뜻한다. '바람'은 자연 현상의 이름을 나타내는 명사에 속하고, '시원하다'는 기온과 관련된 상태를 표현하는 형용사에 해당한다. 이처럼 '바람'과 '시원하다'는 각각 '사물이나 사람의 이름'(명사)과 '상태'(형용사)라는 의미 범주로 묶여 품사로 분류된다. 이는 제시문의 '푸르다', '맑다'가 개별적 의미는 다르지만 '어떤 상태나 성질을 표현한다'는 공통성으로 한 품사에 묶이는 것과 같은 원리이다. 따라서 ②는 ㉠에 해당하는 사례로 적절하다.

오답 분석
① '달리다'가 다양한 어미와 결합할 수 있다는 설명은 '형태' 기준에 해당한다. 따라서 ①은 ㉠에 해당하는 사례로 적절하지 않다.
③ '먹다'가 어미에 따라 활용되는 반면 '하늘'은 형태가 변화하지 않는다는 것은 '형태' 기준에 해당한다. 따라서 ③은 ㉠에 해당하는 사례로 적절하지 않다.
④ '갑자기', '크게'가 뒤에 오는 말을 꾸며주며 문장의 내용을 구체화하는 기능은 '기능' 기준에 해당한다. 따라서 ④는 ㉠에 해당하는 사례로 적절하지 않다.

04 독해+문학 | 세부 내용 파악하기, 문학의 이해 난이도 하 ●○○

정답 설명
② 1문단 2~4번째 줄을 통해 평시조가 3장 6구의 정형적 율격을 엄격하게 지킨 것과 달리 사설시조는 중장이나 종장을 대폭 확대하였음을 알 수 있다. 즉 정형적 율격을 엄격하게 지킨 것은 사설시조가 아닌 평시조임을 알 수 있으므로, ②는 제시문에 대한 이해로 적절하지 않다.

오답 분석
① 2문단 3~4번째 줄을 통해 사설시조가 서민들의 생활상과 애환을 생생하게 그려냈음을 알 수 있으므로, ①은 제시문에 대한 이해로 적절하다.
③ 3문단 끝에서 3~4번째 줄을 통해 사설시조는 문답법, 설의법, 영탄법 등 다양한 표현 기법을 구사하여 감정을 직접적으로 드러냈음을 알 수 있으므로, ③은 제시문에 대한 이해로 적절하다.
④ 3문단 1~2번째 줄을 통해 사설시조는 한문 투의 어려운 표현 대신 일상어와 속어를 과감하게 사용했음을 알 수 있으므로, ④는 제시문에 대한 이해로 적절하다.

05 독해 | 글 고쳐쓰기 (문맥에 맞게 수정하기) 난이도 하 ●○○

정답 설명
④ ㉣ 앞에는 공룡의 번식 및 육아 행동에 대한 새로운 정보가 발견되었다는 내용이 제시되어 있고 ㉣의 뒤에는 그러한 공룡의 행동이 현재 파충류가 알을 방치하는 행동 패턴과 유사하다는 내용이 제시되어 있다. 따라서 ㉣에는 일부 공룡이 알을 낳고 난 후 둥지를 완전히 방치했다는 내용이 제시되어야 하므로 ㉣을 '공룡 알 화석을 통해 일부 공룡이 알을 낳고 난 후 둥지를 완전히 방치했다는 사실이 밝혀졌으며'로 수정하는 것은 문맥상 적절하다. 따라서 답은 ④이다.

오답 분석
① ㉠의 뒤에는 공룡이 화석이 되기 위해서는 급격하게 산소가 차단된 환경이 조성되어야 한다는 내용이 제시되어 있다. 따라서 ㉠을 '공룡이 죽은 후 그 시체가 천천히 퇴적물로 덮여야 하며'로 수정하는 것은 문맥상 적절하지 않다.
② ㉡의 앞에는 생흔 화석에 대한 정의가 제시되어 있고 ㉡의 뒤에는 생흔 화석 중 하나가 공룡의 행동 양식을 연구하는 데 매우 중요하다는 내용이 제시되어 있다. 공룡의 뼈 화석은 체화석으로, 생흔 화석에 해당하지 않는다. 따라서 ㉡을 '특히 공룡의 뼈 화석은 공룡의 걸음걸이, 무리 생활, 서식 환경 등에 대한 정보를 제공하여'로 수정하는 것은 문맥상 적절하지 않다.
③ ㉢의 앞에는 과학 기술의 발달로 공룡 화석 연구 방법도 발전했다는 내용이 제시되어 있고, ㉢의 뒤에는 알에서의 공룡 성장 과정도 추정할 수 있게 되었다는 내용이 제시되어 있다. 이는 눈에 보이지 않는 것까지 관찰할 수 있게 되었음을 의미한다. 따라서 ㉢을 '이러한 기술들을 통해 화석의 외부 구조만을 관찰할 수 있게 되었으며'로 수정하는 것은 문맥상 적절하지 않다.

06 독해 | 글의 순서 파악하기 난이도 하 ●○○

정답 설명
① (가)~(라)를 맥락에 맞추어 가장 적절하게 나열한 것은 '(다) - (가) - (나) - (라)'이므로 답은 ①이다.

순서	중심 내용	순서 판단의 단서와 근거
(다)	1980년대 낸드 플래시 메모리의 개발 배경과 장점	지시어나 접속어로 시작하지 않으며, 중심 화제인 '낸드 플래시'를 제시함
(가)	초기 낸드 플래시의 한계와 문제점	접속어 '하지만': (다)에서 언급한 낸드 플래시의 장점과 상반되는 한계와 문제점을 제시함
(나)	초기 한계를 극복한 3차원 낸드 플래시 기술의 개발과 성과	지시 표현 '이러한 한계': (가)에서 언급한 한계를 가리킴
(라)	현재 낸드 플래시의 활용 현황과 미래 전망	키워드 '현재': 시간 순서 상 가장 마지막에 해당함

07 독해+문학 | 세부 내용 파악하기, 문학의 이해   난이도 하 ●○○

정답 설명
③ 3문단 끝에서 1~4번째 줄에서 복합적 인물 창조가 독자들을 깊이 있는 성찰로 이끄는 장점이 있는 반면 지나치게 복잡한 심리 구조는 독자의 이해를 어렵게 만들어 작품의 대중적 접근성을 제한한다고 하였다. 따라서 대중적 접근성을 제한한다는 것은 적절하다. 그러나 이것이 독자로 하여금 깊이 있는 성찰을 방해한다는 내용은 제시문의 내용과 일치하지 않는다. 따라서 ③은 제시문에 대한 이해로 적절하지 않다.

오답 분석
① 2문단 1~4번째 줄에서 현대소설에서는 주인공과 대립 인물 모두 복합적이고 모순적인 성격을 지니며, 선악의 경계가 모호해졌다고 하였다. 따라서 ①은 제시문에 대한 이해로 적절하다.
② 3문단 2~6번째 줄에서「광장」의 주인공 '이명준'은 자유와 평등 사이에서 끊임없이 갈등하며 일관된 정체성을 확립하지 못한 채 헤맨다고 하였으며, 그것은 현대인의 내적 혼란과 정체성의 위기를 반영한 것이라고 하였다. 따라서 ②는 제시문에 대한 이해로 적절하다.
④ 2문단 끝에서 3~5번째 줄에서「무기의 그늘」의 주인공 '안영규'는 베트남 전쟁이라는 극한 상황에서 가해자이면서 동시에 피해자인 모습을 보인다고 하였다. 따라서 ④는 제시문에 대한 이해로 적절하다.

08 어휘 | 고유어와 한자어의 대응   난이도 하 ●○○

정답 설명
② ⓒ의 기본형 '무너지다'는 문맥상 '질서, 제도, 체제 따위가 파괴되다'를 뜻하나, ②의 기본형 '정체(停滯)되다'는 '사물이 발전되거나 나아가지 못하고 한자리에 머물러 그치게 되다'를 뜻한다. 따라서 ②는 ⓒ과 바꿔 쓰기에 적절하지 않다. 참고로 ⓒ과 바꿔 쓸 수 있는 말로는 '단체 따위가 흩어지다', '체제나 조직 따위가 붕괴하다', '구조물 따위가 헐어 무너지다' 등을 뜻하는 '해체(解體)되다'가 있다.

오답 분석
① ·형성(形成)하다: 어떤 형상을 이루다.
  ·이루다: 몇 가지 부분이나 요소를 모아 일정한 성질이나 모양을 가진 존재가 되게 하다.
③ ·방황(彷徨)하다: 이리저리 헤매어 돌아다니다.
  ·헤매다: 갈 바를 몰라 이리저리 돌아다니다.
④ ·과(過)하다: 정도가 지나치다.
  ·지나치다: 일정한 한도를 넘어 정도가 심하다.

09 논리 | 명제의 결론 추론하기   난이도 하 ●○○

정답 설명
④ 제시된 진술을 기호화하면 다음과 같다.

> (1) 공연 → 초대권
> (2) 초대권 → SNS 홍보
> (3) ~입장권 구매 → ~SNS 홍보 ≡ SNS 홍보 → 입장권 구매 (대우)

(1)과 (2)를 결합하여 '공연 → SNS 홍보'를 도출할 수 있고, 이를 (3)의 대우와 결합하여 '공연 → 입장권 구매'를 도출할 수 있다. 따라서 이것의 대우인 '~입장권 구매 → ~공연'도 반드시 참이 되므로, 제시된 진술이 모두 참일 때 반드시 참인 것은 ④ '입장권을 구매하지 않은 사람들은 모두 공연에 참석하지 않았다(~입장권 구매 → ~공연)'이다.

오답 분석
① (2)를 통해 '초대권 → SNS 홍보'가 참임은 알 수 있으나, 'SNS 홍보 → 초대권'이 참인지는 알 수 없으므로 ① 'SNS에 홍보를 한 사람들은 모두 초대권을 받았다(SNS 홍보 → 초대권)'는 반드시 참인 것으로 적절하지 않다.
② (1)과 (2)를 결합하면 '공연 → SNS 홍보'가 참임을 알 수 있으므로, '공연 → ~SNS 홍보'는 거짓이다. 따라서 ② '공연에 참석한 사람들은 모두 SNS에 홍보를 하지 않았다(공연 → ~SNS 홍보)'는 반드시 참인 것으로 적절하지 않다.
③ (3)을 통해 '~입장권 구매 → ~SNS 홍보'가 참임은 알 수 있으나, 제시된 전제를 통해 '입장권 구매 → ~SNS 홍보'가 참인지는 알 수 없으므로 ③ '입장권을 구매한 사람들은 모두 SNS에 홍보를 하지 않았다(입장권 구매 → ~SNS 홍보)'는 반드시 참인 것으로 적절하지 않다.

10 독해 | 세부 내용 파악하기   난이도 하 ●○○

정답 설명
③ 1문단 끝에서 1~3번째 줄을 통해 '분자 법의학 시기'에는 유전학자, 생물정보학자 등 다양한 전문가의 협력하는 다학문적 접근이 이루어지고 있음을 알 수 있다. 따라서 '분자 법의학 시기'에는 다양한 전문 분야의 협력이 이루어지고 있다는 ③의 설명은 적절하다.

오답 분석
① 1문단 끝에서 5~7번째 줄을 통해 현대 법의학에서는 DNA 분석 시 미량의 생체 시료만으로도 개인 식별이 가능해졌음을 알 수 있으므로 DNA 분석을 할 때 다량의 시료가 필요하다는 내용은 적절하지 않다.
② 1문단 끝에서 8~10번째 줄을 통해 '임상 법의학 시기'의 법의학자들은 의학적 소견만이 아닌 의학적 소견과 과학적 분석을 결합하여 증거를 해석했음을 알 수 있다. 따라서 '임상 법의학 시기'에는 의학적 소견만으로 증거를 해석할 수 있었다는 ②의 설명은 적절하지 않다.
④ 제시문을 통해 기초 법의학 시기에 법의인류학이 독립적인 학문 분야로 정립되었는지는 알 수 없다. 따라서 법의인류학은 '기초 법의학 시기'에 독립적인 학문 분야로 정립되었다는 ④의 설명은 적절하지 않다.

11 어휘 | 다의어의 의미　　　난이도 하 ●○○

정답 설명

④ 강한 의지 덕분에 어려운 상황도 극복할 수 있었다: ㉠의 기본형 '강하다'는 문맥상 '수준이나 정도가 높다'를 뜻하며, 이와 문맥상 가장 가까운 의미로 사용된 것은 ④의 '강하다'이다.

오답 분석

① ③ 그 품종은 더위에 강하다 / 임기응변에 강하면 위기를 잘 넘길 수 있다: 이때 '강하다'는 '무엇에 견디는 힘이 크거나 어떤 것에 대처하는 능력이 뛰어나다'를 뜻한다.

② 그녀는 나의 팔을 강하게 잡고 걸어갔다: 이때 '강하다'는 '물리적인 힘이 세다'를 뜻한다.

12 독해 | 빈칸 내용 추론하기　　　난이도 하 ●○○

정답 설명

④ 제시문에 따르면 생태계 내에서 모든 종이 고유한 역할을 수행하며, 어떤 종이 사라지면 생태계 전체에 연쇄 반응을 일으킬 수 있다. 또한 생물 다양성이 높은 생태계는 한 종이 사라지더라도 유사한 기능을 수행하는 다른 종이 그 역할을 대체할 수 있어 생태적 기능을 유지할 가능성이 높다. 따라서 제시문은 생물의 다양성을 보존하는 것이 생태계 안정을 위한 요소임을 이야기하고 있으므로, 빈칸에 들어갈 결론으로 가장 적절한 것은 ④이다.

오답 분석

① 제시문에 따르면 상어의 개체 수 감소는 해양 산성화를, 꿀벌과 같은 수분 매개체의 감소는 식물 다양성 감소를 초래한다. 이는 어떤 생물의 개체 수 감소가 생태계 전체로 이어질 수 있음을 의미한다. 따라서 어떤 생물의 개체 수 감소는 생태계 전체로 이어지지 않는다는 ①은 빈칸에 들어갈 결론으로 적절하지 않다.

② 제시문에 따르면 육상 생태계에서 꿀벌과 같은 수분 매개체의 감소는 식물 다양성 감소로 이어진다. 또한 이러한 식물 다양성 감소는 초식동물에게 영향을 주어, 연쇄적으로 육식 동물에게 영향을 미친다. 이는 수분 매개체의 감소가 육식 동물의 먹이 사슬에도 영향을 줄 수 있음을 의미한다. 따라서 수분 매개체의 감소에도 육식 동물의 먹이 사슬은 영향을 받지 않는다는 ②는 빈칸에 들어갈 결론으로 적절하지 않다.

③ 제시문에 따르면 종 다양성이 높은 생태계는 한 종이 사라지더라도 유사한 기능을 수행하는 다른 종이 그 역할을 대체할 수 있어 생태계 기능을 유지할 가능성이 높다. 이는 종 다양성이 높은 생태계일수록 환경 변화에 효과적으로 대응할 수 있음을 의미한다. 따라서 종 다양성이 낮은 생태계일수록 환경 변화에 효과적으로 대응할 수 있다는 ③은 빈칸에 들어갈 결론으로 적절하지 않다.

13 독해 | 숨겨진 내용 추론하기　　　난이도 하 ●○○

정답 설명

③ 2문단과 3문단을 통해 심리소설에서 내적 초점화는 인간 심리의 복잡성을 드러내는 데 활용되는 반면, 추리소설에서는 미스터리와 서스펜스를 창출하는 데 활용된다는 것을 알 수 있다. 또한 마지막 문단을 통해 내적 초점화의 이러한 차이는 각 장르가 추구하는 미학적 목표와 서사적 효과를 반영한다는 것을 알 수 있다. 따라서 심리소설과 추리소설에서 내적 초점화가 활용되는 방식은 두 장르가 추구하는 목표와 효과의 차이에서 기인한다는 것을 추론할 수 있으므로, ③의 추론은 적절하다.

오답 분석

① 1문단을 통해 내적 초점화는 이야기가 특정 인물의 시점에서 제한적으로 전달되는 서술 방식이며, 서술자는 해당 인물이 아는 것만을 전달함을 알 수 있다. 이는 이야기가 특정 인물의 시각에서 서술되므로, 소설 속의 정보가 특정 인물의 시점에 한정되어 전달됨을 의미한다. 이때 3문단을 통해 「셜록 홈즈」는 왓슨 의사의 시점으로 사건이 전개됨을 알 수 있는데, 이를 통해 「셜록 홈즈」의 독자에게 전달되는 정보는 왓슨 의사가 알고 있는 것에 한정될 것임을 추론할 수 있다. 따라서 「셜록 홈즈」에서는 소설 속의 모든 정보가 독자에게 전달될 것이라는 ①의 추론은 적절하지 않다.

② 3문단을 통해 추리소설에서의 내적 초점화는 정보의 제한을 통해 서스펜스와 미스터리를 창출하는 데 활용됨을 알 수 있으며, 마지막 문장에서 추리소설의 내적 초점화는 '정보의 전략적 배치'를 통한 서사적 긴장감 조성의 기법임을 밝히고 있다. 따라서 내적 초점화가 추리소설에서 서사적 긴장감을 떨어뜨리는 요소로 작용한다는 ②의 추론은 적절하지 않다.

④ 1문단을 통해 내적 초점화는 특정 인물의 시점에서 제한적으로 전달되는 서술 방식을 의미하며, 이때 서술자는 해당 인물이 알고, 느끼고, 생각하는 것만을 전달한다는 것을 알 수 있다. 이때 「댈러웨이 부인」과 「셜록 홈즈」는 모두 내적 초점화를 활용하고 있으므로, 모든 인물의 내면을 독자에게 균등하게 보여주지 않고 특정 인물의 내면만을 보여준다는 것을 추론할 수 있다. 따라서 ④의 추론은 적절하지 않다.

14 독해 | 세부 내용 파악하기　　　난이도 하 ●○○

정답 설명

② ㉢과 ㉣은 모두 문맥상 '정보'를 의미하므로 지시 대상이 같은 것끼리 짝 지은 것은 ② '㉢, ㉣'이다.

- ㉢: 3문단 1~2번째 줄에는 추리소설에서의 내적 초점화는 정보의 제한을 통해 미스터리와 서스펜스를 창출하는 데 활용된다는 내용이 제시되어 있고, ㉢이 포함된 문장에는 작가가 특정 인물만이 아는 ㉢으로 이야기를 전개한다는 내용이 제시되어 있다. 이는 추리소설에서 내적 초점화를 통해 '정보'를 제한하며 이야기를 전개한다는 의미이므로 ㉢이 가리키는 것은 '정보'임을 알 수 있다.

- ㉢: 3문단의 1~2번째 줄에는 추리소설에서 내적 초점화는 정보의 제한을 통해 미스터리와 서스펜스를 창출한다는 내용이 제시되어 있고, ㉢이 포함된 문장에는 ㉢을 의도적으로 숨겨 독자의 추리를 유도한다는 내용이 제시되어 있다. 이를 통해 추리소설에서는 내적 초점화를 통해 '정보'를 의도적으로 숨겨 독자의 추리를 유도함을 알 수 있으므로 ㉢이 가리키는 것은 '정보'임을 알 수 있다.

오답 분석
- ㉠: 이때 '이'는 '내적 초점화'를 가리킨다.
- ㉡: 이때 '이것'은 '의식'을 가리킨다.

15 논리 | 명제의 전제 추론하기   난이도 하 ●○○

정답 설명
② 제시된 진술을 기호화하면 다음과 같다.

```
(1) ~수정테이프 → ~볼펜
(2) 볼펜 ∨ 연필
(3) ~수정테이프
[결론] 지우개
```

(3)에서 '~수정테이프'가 확정되었으므로, 이를 (1)에 대입해 '~볼펜'을 확정할 수 있다. 이어서 (2)에서 선언지 제거를 통해 '연필'을 확정할 수 있다. 이때 결론인 '지우개'를 도출하기 위해서는 전제를 통해 확정된 '연필'과 결론 '지우개'를 연결할 수 있는 전제가 필요하다. 따라서 결론을 도출하기 위해 추가해야 할 전제는 ② '신입 사원이 연필을 사용하면 지우개를 구매한다(연필 → 지우개)'이다.

오답 분석
① (3)에서 '~수정테이프'가 확정되었으므로 '수정테이프'는 거짓임을 알 수 있다. 따라서 ① '신입 사원이 수정테이프가 있다(수정테이프)'는 기존 전제와 모순되므로 결론을 도출하기 위해 추가해야 할 전제로 적절하지 않다.
③ '볼펜 → 수정테이프'는 (1)의 대우를 통해 알 수 있는 내용이므로 이것을 추가하더라도 결론을 도출할 수 없다. 따라서 ③ '신입 사원이 볼펜을 사용하면 수정테이프가 있다(볼펜 → 수정테이프)'는 결론을 도출하기 위해 추가해야 할 전제로 적절하지 않다.
④ '~볼펜 → ~수정테이프'는 (1)의 역이므로 논리적으로 동치가 아니며, 이것을 추가하더라도 '연필'과 결론 '지우개'를 연결하지 못하므로 결론을 도출할 수 없다. 따라서 ④ '신입 사원이 볼펜을 사용하지 않으면 수정테이프가 없다(~볼펜 → ~수정테이프)'는 추가해야 할 전제로 적절하지 않다.

이것도 알면 합격

가언 명제의 역·이·대우

1. 역

개념	가언 명제의 전건과 후건의 위치를 바꾸는 경우
특징	원래의 명제가 참이더라도 그 역의 참, 거짓은 알 수 없다.
예	• [원 명제] 사람이면 동물이다. (사람 → 동물) • [역] 동물이면 사람이다. (동물 → 사람)

2. 이

개념	가언 명제의 전건과 후건을 부정하는 경우
특징	원래의 명제가 참이더라도 그 이의 참, 거짓은 알 수 없다.
예	• [원 명제] 사람이면 동물이다. (사람 → 동물) • [이] 사람이 아니면 동물이 아니다. (~사람 → ~동물)

3. 대우

개념	가언 명제의 전건과 후건의 위치를 바꾸고, 전건과 후건을 부정하는 경우
특징	원래의 명제가 참이라면 그 대우는 반드시 참이 된다.
예	• [원 명제] 사람이면 동물이다. (사람 → 동물) • [대우] 동물이 아니면 사람이 아니다. (~동물 → ~사람)

16 독해 + 문법 | 사례 추론하기, 부정문   난이도 하 ●○○

정답 설명
① 2문단 끝에서 1~2번째 줄에 따르면 서술어가 동사인 경우에는 '못'을 사용한 짧은 부정문을 사용할 수 있다. 이때 ①에서 서술어 '간다'의 기본형 '가다'는 '한곳에서 다른 곳으로 장소를 이동하다'라는 의미의 동사에 해당하므로, '집에 못 간다'와 같이 짧은 부정문을 쓸 수 있다. 따라서 이는 못 부정문을 만들 때 '-지 못하다'를 사용한 긴 부정문만 쓰일 수 있는 경우에 해당하지 않으므로, ㉠의 사례가 아닌 것은 ①이다.

오답 분석
② 제시문에 따르면 형용사는 못 부정문을 만들 때 '-지 못하다'를 사용한 긴 부정문만 쓰일 수 있는 경우에 해당한다. 이때 ②에서 '개운하다'는 음식의 맛이 '산뜻하고 시원하다'라는 의미의 형용사에 해당하므로, 못 부정문을 만들 때 '-지 못하다'를 사용한 긴 부정문인 '국물이 개운하지 못하다'로만 쓰일 수 있다. 따라서 ②는 ㉠의 사례에 해당한다.
③ 제시문에 따르면 형용사는 못 부정문을 만들 때 '-지 못하다'를 사용한 긴 부정문만 쓰일 수 있는 경우에 해당한다. 이때 ③에서 '시원하다'는 '덥거나 춥지 아니하고 알맞게 서늘하다'라는 의미의 형용사에 해당하므로, 못 부정문을 만들 때 '-지 못하다'를 사용한 긴 부정문인 '아침 바람이 시원하지 못하다'로만 쓰일 수 있다. 따라서 ③은 ㉠의 사례에 해당한다.

④ 제시문에 따르면 형용사는 못 부정문을 만들 때 '-지 못하다'를 사용한 긴 부정문만 쓰일 수 있는 경우에 해당한다. 이때 ④에서 '깨끗하다'는 '가지런히 잘 정돈되어 말끔하다'라는 의미의 형용사에 해당하므로, 못 부정문을 만들 때 '-지 못하다'를 사용한 긴 부정문인 '오늘따라 거리가 유독 깨끗하지 못하다'로만 쓰일 수 있다. 따라서 ④는 ㉠의 사례에 해당한다.

이것도 알면 합격

짧은 부정문과 긴 부정문

	개념	예
짧은 부정문	부정 부사 '안 / 못'에 의한 부정	· 아이가 밥을 안 먹는다. · 아이가 밥을 못 먹는다.
긴 부정문	부정 보조 용언 '(-지) 않다 / 아니하다, 못하다'에 의한 부정	· 아이가 밥을 먹지 않는다. · 아이가 밥을 먹지 못한다.

17 논리 | 명제의 결론 추론하기 난이도 하 ●○○

정답 설명

④ 제시된 진술을 기호화하면 다음과 같다.

> (1) 축구 → 팀워크
> (2) 국제 대회 → 체력 ≡ ~체력 → ~국제 대회 (대우)
> (3) 축구 ∧ ~체력

(1) '축구 → 팀워크'와 (3) '축구 ∧ ~체력'을 통해 '팀워크 ∧ ~체력'을 알 수 있다. 또한 이것을 (2)의 대우 '~체력 → ~국제 대회'와 결합하여 '팀워크 ∧ (~체력 → ~국제 대회)'를 알 수 있다. 이를 통해 '팀워크 ∧ ~국제 대회'를 알 수 있으므로 반드시 참인 것은 ④ '뛰어난 팀워크를 갖춘 어떤 선수는 국제 대회에 출전하지 않는다(팀워크 ∧ ~국제 대회)'이다.

오답 분석

① (3) '축구 ∧ ~체력'을 통해 축구를 하는 선수 중에 체력이 강하지 않은 선수가 있다는 것을 알 수 있다. 하지만 제시된 진술을 통해 축구를 하는 모든 선수가 체력이 강하지 않은지는 알 수 없다. 따라서 ① '축구를 하는 모든 선수는 체력이 강하지 않다(축구 → ~체력)'는 반드시 참인 결론으로 적절하지 않다.

② (2)의 대우 '~체력 → ~국제 대회'와 (3) '축구 ∧ ~체력'을 결합하면 '축구 ∧ ~국제 대회'이므로 축구를 하는 선수 중 국제 대회에 출전하지 않는 선수가 있다는 것을 알 수 있다. 하지만 제시된 진술을 통해 축구를 하는 어떤 선수 중 국제 대회에 출전하는 선수가 있는지는 알 수 없다. 따라서 ② '축구를 하는 어떤 선수는 국제 대회에 출전한다(축구 ∧ 국제 대회)'는 반드시 참인 결론으로 적절하지 않다.

③ (1) '축구 → 팀워크'와 (3) '축구 ∧ ~체력'을 결합하면 '팀워크 ∧ ~체력'이므로 팀워크를 갖춘 선수 중 체력이 강하지 않은 선수가 있다는 것을 알 수 있다. 하지만 제시된 진술을 통해 팀워크를 갖춘 선수 중 체력이 강한 선수가 있는지는 알 수 없다. 따라서 ③ '뛰어난 팀워크를 갖춘 어떤 선수는 체력이 강하다(팀워크 ∧ 체력)'는 반드시 참인 결론으로 적절하지 않다.

18 논리 | 논증의 강화 및 약화 평가하기 난이도 중 ●●○

정답 설명

② ㉠을 강화하는 것만을 <보기>에서 고른 것은 ② 'ㄱ, ㄷ'이다.

· ㄱ: 레베르 선천성 흑암증 환자 수가 매우 적어 대규모 임상시험이 불가능하다는 것은 환자 수가 제한적인 희귀 유전질환의 경우 임상 실험을 대규모로 하기 어려움을 보여 준다. 이는 대규모 임상 실험이 어려운 상황에서 동물 모델을 활용한 실험으로 치료법의 효과를 입증하는 것이 불가피함을 의미한다. 따라서 ㄱ은 희귀질환 연구의 현실적 제약을 고려할 때 동물 실험 결과가 유의미하다는 A 연구팀의 주장을 뒷받침하여 강화한다.

· ㄷ: 동물 실험 결과가 신빙성 있는 근거로 인정되어 여러 국가의 규제 기관에서 동물 실험을 희귀질환 치료제 개발의 필수 단계로 의무화했다는 것은 동물 실험의 타당성과 신뢰성이 입증되었음을 의미한다. 이는 A 연구팀의 연구 방법론과 결과 해석에 근본적으로 문제가 없음을 뒷받침한다. 따라서 ㄷ은 A 연구팀의 주장을 뒷받침하여 강화한다.

오답 분석

ㄴ: 실험용 쥐의 시각 구조가 인간과 근본적으로 다른 구조를 가진다는 것은 동물 실험의 결과를 인간에게 직접 적용하기에는 한계가 있음을 보여 준다. 이는 실험용 쥐와 인간에게 생리학적 차이가 있다는 점을 근거로 A 연구팀의 연구 결과를 반박한다. 따라서 ㄴ은 A 연구팀의 주장을 약화한다.

19 독해 | 말하기 전략 파악하기 난이도 하 ●○○

정답 설명

② 제시된 대화에서 갑과 을 모두 자신의 주장에 대한 한계를 인정하고 더 넓은 관점을 수용하는 모습을 보이고 있다. 갑은 마지막 발언에서 자신의 주장이 기술적 측면에 편중되었음을 인정하고, 지하수 관리 정책, 도시 계획, 생태 보존을 종합적으로 고려한 접근이 필요하다는 점을 인정하며 더 넓은 관점을 수용한다. 을 역시 도시 계획 측면만 강조한 점에 대해서 자신의 주장의 한계를 인정하고, 병이 제시한 생태학적 관점을 수용하며 전문가들의 협력을 긍정한다. 따라서 대화를 분석한 내용으로 가장 적절한 것은 ②이다.

[관련 부분]
- 제가 도시 계획 측면만 강조했네요. 생태학적 영향까지 고려하면 이 문제는 더 복합적이고 긴급하게 다뤄져야 할 사안이네요.
- 저도 기술적 측면에만 집중했던 것 같습니다. 문제 해결을 위해서는 지하수 관리 정책, 도시 계획, 생태 보존을 종합적으로 고려한 접근이 필요하겠네요.

(오답 분석)

① 제시된 대화에서 감정적 호소를 통해 상대방의 의견을 반박하는 사람은 나타나지 않는다. 따라서 ①은 대화를 분석한 내용으로 적절하지 않다.
③ 제시된 대화에서 구체적인 통계 자료를 활용하여 상대방의 의견을 비판하는 사람은 나타나지 않는다. 따라서 ③은 대화를 분석한 내용으로 적절하지 않다.
④ 제시된 대화에서 자신의 의견이 반박되자 새로운 쟁점을 제시해 논의의 초점을 바꾸는 사람은 나타나지 않는다. 따라서 ④는 대화를 분석한 내용으로 적절하지 않다.

20 논리 | 논증의 강화 및 약화 평가하기 난이도 하 ●○○

(정답 설명)

④ 대화에 대해 평가한 내용으로 적절한 것은 'ㄱ, ㄴ, ㄷ'이므로 답은 ④ 'ㄱ, ㄴ, ㄷ'이다.

- ㄱ: 병은 인공지능 자체에도 일정한 도덕적 지위와 책임을 부여해야 한다고 주장한다. 이때 ㄱ에서 인공지능의 독립적인 법적 책임을 인정한 해외의 판례는 인공적으로 구성된 존재에게도 책임 부여가 가능하다는 선례를 제공한다. 이는 인공지능 자체에 도덕적 책임을 부여해야 한다는 병의 입장을 뒷받침하는 사례에 해당하므로 병의 입장을 강화한다.
- ㄴ: 갑은 인공지능의 의사결정에 따른 피해의 책임이 개발자에게 있다고 주장한다. 이때 ㄴ에서 70% 이상의 인공지능 개발자들이 사용자들의 반복적인 명령어 때문에 인공지능을 통제하기 어려웠다고 응답한 결과는 개발자에게만 책임을 묻기 어려울 수 있음을 보여준다. 이는 인공지능의 책임 소재가 개발자에게 있다는 갑의 입장을 반박하는 사례에 해당하므로 갑의 입장을 약화한다.
- ㄷ: 을은 인공지능 책임 소재가 개발자뿐만 아니라 학습 데이터 제공자, 운영자, 사용자 등 다양한 주체에게 분산되어야 한다고 주장한다. 이때 ㄷ에서 데이터 제공자로부터 편향된 정보를 받아 사회적 편향성을 학습한 인공지능이 사용자들에게 특정한 결과를 제공할 수 있다는 전문가들의 경고는 인공지능에 대한 책임이 데이터 제공자에게도 있을 수 있음을 보여 준다. 이는 책임의 분산을 강조하는 을의 입장을 뒷받침하여 강화한다.

해커스공무원 gosi.Hackers.com

공무원 학원·공무원 인강·공무원 국어 무료 특강·
해커스 매일국어 어플·합격예측 온라인 모의고사

한국사능력검정시험 1위* 해커스!

해커스 한국사능력검정시험 교재 시리즈

* 주간동아 선정 2022 올해의 교육 브랜드 파워 온·오프라인 한국사능력검정시험 부문 1위

빈출 개념과 **기출 분석**으로
기초부터 **문제 해결력**까지
꽉 잡는 기본서

해커스 한국사능력검정시험
한권합격 심화 [1·2·3급]

스토리와 **마인드맵**으로 **개념잡고!**
기출문제로 **점수잡고!**

해커스 한국사능력검정시험
2주 합격 심화 [1·2·3급] 기본 [4·5·6급]

시대별/회차별 기출문제로
한 번에 합격 딜성!

해커스 한국사능력검정시험
시대별/회차별 기출문제집 심화 [1·2·3급]

개념 정리부터 **실전**까지!
한권완성 기출문제집

해커스 한국사능력검정시험
한권완성 기출 500제 기본 [4·5·6급]

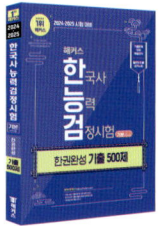

빈출 개념과 **기출 선택지**로
빠르게 합격 달성!

해커스 한국사능력검정시험
초단기 5일 합격 심화 [1·2·3급]
기선제압 막판 3일 합격 심화 [1·2·3급]

해커스공무원 **단기 합격생**이 말하는
공무원 합격의 비밀!

해커스공무원과 함께라면
다음 합격의 주인공은 바로 여러분입니다.

대학교 재학 중,
7개월 만에 국가직 합격!

김*석 합격생

영어 단어 암기를 하프모의고사로!

하프모의고사의 도움을 많이 얻었습니다. **모의고사의 5일 치 단어를 일주일에 한 번씩 외웠고**, 영어 단어 **100개씩은 하루에** 외우려고 노력했습니다.

가산점 없이
6개월 만에 지방직 합격!

김*영 합격생

국어 고득점 비법은 기출과 오답노트!

이론 강의를 두 달간 들으면서 **이론을 제대로 잡고 바로 기출문제로 들어갔습니다.** 문제를 풀어보고 기출강의를 들으며 **틀렸던 부분을 필기하며 머리에 새겼습니다.**

직렬 관련학과 전공,
6개월 만에 서울시 합격!

최*숙 합격생

한국사 공부법은 기출문제 통한 복습!

한국사는 휘발성이 큰 과목이기 때문에 **반복 복습이 중요하다고 생각**했습니다. 선생님의 강의를 듣고 나서 바로 내용에 해당되는 기출문제를 풀면서 복습했습니다.

해커스공무원 gosi.Hackers.com

더 많은 합격수기가 궁금하다면? ▶